管理学通用教材

MANAGEMENT

应用统计学

Applied Statistics

主编　陆菊春

图书在版编目(CIP)数据

应用统计学/陆菊春主编.—武汉：武汉大学出版社,2007.3
(管理学通用教材)
ISBN 978-7-307-05408-0

Ⅰ.应…　Ⅱ.陆…　Ⅲ.应用统计学—高等学校—教材　Ⅳ.C8

中国版本图书馆CIP数据核字(2006)第163713号

责任编辑:范绪泉　　责任校对:黄添生　　版式设计:杜　枚

出版发行:**武汉大学出版社**　(430072　武昌　珞珈山)
(电子邮件:cbs22@whu.edu.cn　网址:www.wdp.com.cn)
印刷:湖北睿智印务有限公司
开本:720×1000　1/16　印张:23　字数:457千字　插页:1
版次:2007年3月第1版　2010年7月第2次印刷
ISBN 978-7-307-05408-0/C·171　定价:30.00元

内容简介

本书是在编著者多年从事应用统计学教学与科研的基础上编著的，旨在提供一本内容全面、系统且通俗易懂的统计学教材。

本书的重点是统计方法的应用，包括了应用统计学领域中的最新研究成果，特别是在管理领域的应用成果。

本书主要内容涉及应用统计学的各个方面，共十一章。包括绪论、统计数据的收集与整理、统计数据分布特征的测度、概率与概率分布、抽样与参数估计、假设检验、相关和回归分析、线性回归问题的诊断和处理、时间序列分析、方差分析、统计指数。

本教材的特色主要表现在以下几方面：

1. 内容系统全面。本教材是针对非统计专业的读者编写的，因此在理论和方法的论述上，注意广泛吸收国内外优秀教材的成果，同时集编者们十余年的教学科研经验，从实用的角度构造了一个在管理活动中较常用的统计方法体系，既系统全面又简明清楚、通俗易懂，尽可能涵盖研究客观事物数量关系和数量特征的各类方法，突出应用，加强对实际背景的描述。

2. 应用性强。基于问题提出统计的理论与方法，便于读者真正掌握和领会统计的方法及应用。

3. 突出案例分析。在阐明理论的同时，编者们收集了大量的资料编制成案例，每一章都附有实用的案例分析，通过生动独特的案例分析，理论联系实践，使读者更容易理解统计方法应用的背景和前提条件，掌握统计方法选择和运用的思路。

4. 强调与计算机的结合。本书中所有的例题和案例均运用当今最流行的统计软件 SPSS 来分析，给出了用 SPSS 进行计算和分析的步骤，同时也介绍使用 SAS、MINITAB、Excel 等软件，这是当今统计学学习者所急需和所必须的，希望能解决目前普遍存在的统计学教材和统计分析软件操作不配套、不衔接的问题，提高学生运用统计方法分析和解决实际问题的能力。

前　言

应用统计学作为一门研究收集、整理和分析统计数据的方法论科学，主要从应用的角度阐述统计数据或统计信息获取、处理、概括、推断、分析和应用的一系列统计理论和统计方法。目前，统计学在各学科领域和各行各业有着非常广泛的应用，成为当代最活跃的学科之一。与此相适应，也出现了很多统计学教材。为了使统计学教材适应教育改革和社会经济发展的需要，更适应应用型学科学生的学习和掌握，本教材吸收了近年来国内外教学改革和教材编写的最新成果，紧密结合实际研究中出现的新问题，系统介绍了基本的统计学理论和方法，着重阐述具体应用和实例分析，以培养学生运用统计理论和方法分析问题和解决问题的能力。

本书编写的指导思想是：一是通俗易懂，在不失严谨的前提下尽量避免大量数学公式的推导，主要使读者掌握统计方法应用的背景和前提条件；二是以方法为主，着重介绍不同统计理论和方法的应用条件和统计思想，结合具体案例，阐述如何应用统计方法去解决实际问题；三是以计算机为主要计算工具，本书运用统计中最流行的SPSS统计软件辅助进行复杂的计算，使读者掌握软件的应用，这也是当今统计学学习者所急需和所必须的。本书各章附有小结和思考与练习，以便读者对各章内容有个总体的把握，在学习过程中通过思考和练习，掌握和巩固所学知识，进一步加深对相关内容的理解。

本书由武汉大学的陆菊春主编，编写工作分工如下：第一章、第四章、第六章、第十章、第十一章：陆菊春；第二章、第三章：田洪芬；第七章：袁春兰；第五章：陆菊春、袁春兰；第八章、第九章：陆菊春、田洪芬。全书由陆菊春总撰统稿。

本教材适合作为经济、管理类本科生、研究生的教材，也可供从事工商行政管理和经济分析的各类人员参考。

本书在编写过程中参阅了大量国内外教材和文献，在此谨向作者表示深深的谢意。武汉大学出版社的范绪泉博士对本书的写作和出版给予了大力的支持和帮助，在此表示感谢。由于编者水平和掌握资料所限，本书内容难免有不足之处，敬请读者批评指正。

编　者

2007年元月

目　　录

第一章　绪　　论

统计学是研究不确定性现象数量规律的方法论科学，也是对客观现象进行定量分析的重要工具。科学技术的突飞猛进，对统计学理论与方法的发展产生了巨大的推动作用，统计方法与技术的应用越来越广泛。19世纪统计技术为基因学说奠定了理论基础，21世纪的今天，科学技术对统计方法的依赖愈来愈强，世界上许多国家尤其是发达国家都非常重视统计学理论的研究和发展。统计学作为一门方法论，在各学科中的应用越来越广泛，无论是在宏观方面的国家治理，还是在微观方面的企业管理和个人理财，统计的作用都越来越突显。本章在阐述统计学含义和特点的基础上，分析了统计学的发展历程，介绍了国内外统计学科的研究概况及相应的统计软件，以便为统计学课程的学习奠定基础。

第一节　统计学的含义及分类

一、统计学的含义

统计是随着社会经济的发展而产生的。在社会经济活动中，随着社会管理的日趋复杂，仅仅用数字计量客观现象已不能满足社会的需要，人们试图对客观现象进行定量分析，与此相适应，统计学科逐渐发展起来。

自统计学诞生以来，统计方法逐渐在各个领域得到应用，统计学已经发展成为具有多个分支学科的大家族，因而统计学的定义也很多，最具代表性的有以下两种：(1)统计学是收集、分析、表述和解释数据的科学（不列颠百科全书）；(2)统计是对客观事物的数量方面进行核算和分析，是人们对客观事物的数量表现、数量关系和数量变化进行描述和分析的一种计量活动，因此统计学是一门收集、整理和分析统计数据的方法论科学，其目的是探索数据的内在规律，以达到对客观事物的科学认识。对于这两种定义，目前统计学界基本上以第二种为主，究其原因主要是第二种定义不仅认为统计学是对统计数据的收集、分析、表述和解释，而且是一门方法论科学，更加符合统计学的研究内容。

从以上的统计学的定义可以看出，统计学研究的过程主要包括三个方面：统计数据收集、统计数据整理和统计数据分析。

统计数据收集是取得统计数据的过程,是进行统计分析的基础。如何取得准确可靠的统计数据是统计学研究的内容之一。

统计数据整理是对统计数据的加工处理过程,目的是使统计数据系统化、条理化,符合统计分析的需要。数据的整理是数据收集和数据分析的一个必要环节。

统计数据分析是统计学的核心内容,通过统计描述和统计推断的方法分析研究对象的客观规律。

统计数据收集是统计的基础工作,没有调查收集就没有以后的整理与分析,统计数据整理是统计工作的中间一环,目的是使杂乱无序的调查数据变得有序,为以后的统计分析做准备,统计数据分析是统计工作中最后一步,也是最重要的一步,分析结果可以作为决策的参考。

二、统计学的特点

统计学是一门收集、整理和分析统计数据的方法论科学,其目的是探索数据的内在规律,以达到对客观事物的科学认识。作为一门方法论科学,统计学具有以下特点:

第一,统计学的研究对象是客观现象的数量方面。从早期的统计研究的问题到近期统计的研究对象,都离不开数据。随着社会经济的发展,不论社会的、自然的还是试验的研究对象,都有大量数据出现,都要用到统计学。统计方法已渗透到社会经济生活的各个层面,成为最活跃的学科之一。

第二,统计学研究的是群体现象的数量特征和规律。客观世界是非常复杂的,但根据其不同的性质加以分类就形成各种群体,在统计学中把所研究的某类客观现象的群体称为总体,统计学研究的就是总体的数量特征及其分布规律。总体是由许多个体组成的,各个个体在数量特征上受必然和偶然两种因素的支配,必然因素反映了该总体的特征,但由于受偶然因素的影响又是有差异的,如何通过这些个体的差异来描述或推断总体的特征就产生了统计学。

第三,统计学是一门方法论的科学,是实用性较强的科学。就统计来讲它总是研究实际问题的,统计的方法也总是从实际中产生的,随着统计方法的日益广泛,其内容也不断发展和充实,尤其是概率论的发展为统计方法提供了理论基础,使其形成了自己独特的体系。

三、统计学的分类

统计理论和方法的应用已渗透到社会经济的各个层面,统计学也已发展成为由若干分支科学组成的学科体系。根据统计方法的构成,统计学可分为描述统计学和推断统计学;根据统计方法研究和应用,可将统计学分为理论统计学和应用统计学。

（一）描述统计学和推断统计学

描述统计学研究如何取得反映客观现象的数据，并通过图表形式对所收集的数据进行加工处理和显示，进而通过综合、概括和分析得出反映客观现象的规律性数量特征，包括统计数据的收集方法、数据的加工处理方法、数据的显示方法、数据分布特征的概括和分析方法等。描述统计学是整个统计学的基础和统计研究工作的第一步，它包括对客观对象的度量、调查方案的设计、数据的收集和整理、用图表方法和数量方法综合分析统计资料等。常见的报刊上的数据表格、图形等都属于描述统计学范畴。

推断统计学是研究如何根据样本数据去推断总体数量特征的方法，它是在对样本数据进行描述的基础上，对统计总体的未知数量特征作出以概率形式表述的推断。推断统计学是现代统计学的核心，也是统计研究工作的关键环节，它根据概率论揭示随机变量的一般规律，利用样本信息对总体的某些性质或数量特征进行推断和检验。

描述统计和推断统计是统计方法的两个组成部分，描述统计是基础，推断统计是现代统计学的主要内容。因为在对现实问题的研究中，我们所获得的是样本数据，要通过样本数据来推断总体的情况，必须利用推论统计的理论和方法，因此推断统计在现代统计学中的地位和作用越来越重要，已成为统计学的核心内容。从描述统计学到推断统计学，既反映了统计学发展的巨大成就，也是统计学发展成熟的重要标志。

（二）理论统计学和应用统计学

理论统计学是指统计学的数学原理，它主要研究统计学的一般理论和统计方法的数学基础。概率论是统计推断的数学和理论基础，因而广义地讲统计学也应该包括概率论在内。理论统计学是统计方法的理论基础，没有理论统计学的发展，就没有统计学的科学知识体系。在统计实践中常常会遇到一些新的问题，使原有的统计方法不适应，需要建立一个与新问题相适应的统计模型，这就需要理论统计学来指导。

与理论统计学相对应的是应用统计学。应用统计学是研究如何应用统计理论方法去解决实际问题。在统计研究领域，从事理论统计学研究的人比较少，大部分人从事应用统计学的研究。这类统计学不着重于统计数学原理的推导，而是侧重于阐明统计的思想，并将理论统计学的结论应用于各个具体领域。统计学应用覆盖了各个领域，包括农业、工业、人口、经济管理等，本书属于应用统计学的范畴。

四、统计学与其他学科的关系

（一）统计学与数学的关系

统计学是研究客观现象数量方面的，它是应用数学的一个分支，因此与数学的关系十分密切。统计学中使用了很多数学方法，这些数学方法是统计学的理论基础。但数学只是为统计理论和统计方法的发展提供基础，统计学的主要特征是研究数据。统计学与其他数学分支相比又有自己的特殊性。统计方法处理的数据必须是受到偶然性的影响而产生差异的数据，偶然现象在统计中常称为随机现象，也就是说统计学是研究随机现象的一门科学。在方法上数学常常用演绎的方法，即在作结论时，从一些假设命题已知的事实出发，按一定的逻辑推理去得到有关的结论；而统计学基本上是采用归纳的方法，根据观察的大量个别现象，归纳起来去推断总体的情况。也就是说数学家可以坐在屋里，进行假设命题的推导和论证，而统计学家要深入实际收集资料，与具体的问题相结合，通过科学的归纳得出结论。因此，国际上有一种趋势，把统计学看成是与数学独立的学科。

(二)与其他学科的关系

统计学是一门应用性很强的学科。由于很多学科的研究都涉及到数据，因此统计学与许多学科有着或多或少的联系。很多学科可以借助统计的理论和方法去探索学科内在的数量规律。比如在研究经济增长与投资之间的关系时，可以得出投资促进经济增长的结论，但为什么投资促进经济的增长就需要经济学进行解释了。也就是说统计方法只是从事物的外在数量表现去推断该事物可能的规律性，它本身不能说明为什么会有这种规律，这是各专门学科的任务。

第二节 统计学的发展历程

任何科学都有其萌芽、发展、成熟的过程，统计学也不例外。统计学的发展已有悠久的历史，早在公元前3050年，埃及为建造金字塔征集建筑费用，对全国财产和人口就进行了普查。在我国公元前2250年，大禹治水时，根据地理位置、人口及物产和贡赋的多少，将全国分为九个州，汇编成禹贡九州篇，从而形成统计的雏形，为统计学的萌芽奠定了基础。

从统计学的产生和发展过程来看，统计学大致可以分为古典统计学的萌芽时期、近代统计学的形成时期和现代统计学的发展时期三个阶段。

一、古典统计学的萌芽时期

古典统计学的萌芽时期是指从17世纪中叶到18世纪中叶。当时欧洲各国相继进入了资本主义手工业阶段，但某些国家封建制度还未解体，处于思想比较活跃的阶段。为了适应各国经济发展的需要，欧洲各国从不同领域开始了统计学奠基工作。当时有国势学派和政治算术学派两大学派。

(一)国势学派

最初的统计学主要是记述国家重大事项，因此被称为国势学派，其创始人为17世纪德国的海尔曼·康令(H. Conring,1606～1681)和18世纪德国哥廷根大学教授阿亨瓦尔(G. Achenwall,1719～1772)。康令于1660年把国势学从法学、史学和地理学等学科中独立出来，对许多国家的状况进行了记述，并在大学中讲授“实际政治家所必需的知识”。康令的国势学和我们现在的统计学是明显不同的，虽然对人口、版图、政体、财政、军备等方面进行了文字性的记述，但几乎不用数字资料。到18世纪，阿亨瓦尔将统计学明确定义为“把国家的显著事项全部记述下来的学科”，并称为统计学，被称为统计学之父。他的主要著作是《近代欧洲各国国势学概论》，但他很少进行数量方面的观察，没有涉及到统计资料的实质。

国势学派只是对国情的记述，未能进一步揭示社会经济现象的规律，也不研究事物的计量分析方法，只是用比较级别和最高级的词汇对事物的状态进行描述，所以人们也把国势学派称为记述学派，并认为国势学派有统计学之名，而无统计学之实。

（二）政治算术学派

政治算术学派产生于17世纪中叶的英国，主要代表人物是威廉·配第（W. petty，1623～1678）和约翰·格朗特（J. Graunt，1620～1674）。威廉·配第是英国古典政治经济学的创始人，其代表作是《政治算术》，这部著作以数字资料为基础，用计算和对比的方法将英、法、荷的实力进行了比较，论证了英国称雄世界的条件和地位。他提出用图表形式概括数字资料的理论和方法，所采用的方法是前所未有的，对后来统计学的形成和发展产生了很大影响。该学派的另一代表人物是约翰·格朗特，在1662年发表了学术著作《关于死亡表的自然和政治的观察》，书中通过大量观察发现了人口各年龄组的死亡率、性别比例等重要数量规律，并对人口总数进行了较为科学的估计，被称为人口统计学的创始人。

政治算术学派在当时的欧洲大陆广泛传播，并逐渐形成了两大支流，即以信奉配第为主的经济统计学派和以信奉格朗特为主的人口统计学派。政治算术派用计量方法以及对比综合方法研究社会经济问题，具有开创性意义。尽管当时还没有采用统计学之名，但事实上已有统计学之实了。

二、近代统计学的形成时期

18世纪末到19世纪末的一百多年中，统计学有了很大的发展。近代统计学的主要贡献是建设和完善统计学的理论体系，并逐渐形成了以随机现象的推断统计为主要内容的数理统计学和以传统的政治经济现象描述为主要内容的社会统计学两大学派。

（一）数理统计学派

数理统计学派产生于19世纪中叶，它是在概率论已有相当发展的基础上，把概率论引进统计学而形成的。其奠基人是比利时物理学家和统计学家凯特勒（A. Quetelet，1796～1874），其代表作为《论人类》、《概率论书简》，他认为概率论是适于政治及道德科学中以观察和计数为基础的方法，以此方法对自然现象和社会现象的规律性进行观察，论证了社会生活现象纷繁复杂变化不定的偶然中存在着规律性，提出了误差理论，用来解决统计学上的准确性问题，被称为近代统计学之父。

(二)社会统计学派

社会统计学派产生于19世纪后半叶的德国。由于当时数理统计学派尚未充分发展,社会统计学派便在欧洲大陆占有优势地位。社会统计学派由德国大学教授克尼斯(K. G. A. Knies,1821～1898)首创,他认为统计学是一门独立的具有政治算术内容的社会科学。主要代表人物有恩格尔(C. L. E. Engel,1821～1896)以及梅尔(G. V. Mayr,1841～1925)等人。恩格尔通过工人家庭生活费用调查提出了著名的"恩格尔法则",1857年,恩格尔根据"家庭收入越多,则饮食费支出在家庭收入中所占百分比越少;家庭收入越少,则饮食费支出在家庭收入中所占百分比越大"这一法则,引申出恩格尔系数,以此作为衡量生活水平的标准。梅尔把统计学作为实质性研究的社会科学,以社会集团的规律性为其独立的研究对象,以大量观察法为其特殊的研究方法,初步建立了社会统计的学科体系。

三、现代统计学的发展时期

19世纪末期以来,欧洲自然科学飞跃发展,促进了统计学的发展。20世纪初到至今是现代统计学的发展时期。进化论和能量守恒定律的出现促进了描述统计的完善,是描述统计发展的顶峰。20世纪20年代以后,在细胞学的发展推动下,统计学迈进了推断统计的新阶段。这期间有影响的学者有英国数学家哥塞特(N. S. Gosset,1876～1936)、波兰统计学家尼曼(J. Neyman,1894～?)等,他们建立了统计假设检验。美国统计学家瓦尔德(A. Wald,1902～1952)又将统计学中的估计和假设理论加以归纳,创立了决策理论。美国德威尔克斯(S. S. Willks,1906～1964)和英国的威沙特(J. Wishart,1898～1956)等统计学家对样本分布理论又加以充实和发展。美国的科克伦(W. G. Cochran,1909～1980)等又提出了实验设计的理论和方法,进一步拓宽了统计学的范围。

20世纪中期至今的几十年中,是统计学全面发展的阶段。统计学的发展越来越广泛地应用数学方法,出现了抽样理论、非参数估计、多变量分析和时间序列分析等新分支和计量经济学、工程统计等边缘学科。计算机的应用和推广,促进了统计学的发展。可以说现代统计学已发展成为一门基础性的方法论科学。

现代主流统计学的发展有四个明显趋势:(1)随着现代数学的发展,更广泛地应用数学方法;(2)统计学与其他新学科、新理论的结合,不断产生新的边缘科学或新的统计分支;(3)借助计算机,大量数理方法得以普及应用,并成为实证分析的主要工具;(4)统计的作用,从描述向推断、预测及决策方向发展。

第三节 统计分析软件简介

统计软件的应用始于20世纪60年代后期,目前常用的统计分析软件有SPSS

(社会科学统计软件)、SAS(统计分析软件)、MINITAB 和 BMDP(生物医学资料处理)等。

一、SPSS 软件

SPSS 是 Statistical Package for Social Science 的英文缩写,即社会科学统计分析软件包,它是当今应用最广的统计分析软件。SPSS 以其强大的统计分析功能、方便的用户操作界面、灵活的表格式分析报告及其精美的图形展现,受到了社会各界统计分析人员的喜爱。SPSS 具有操作简便、统计功能齐全、数据交换功能强大以及视窗组合等特点,在商务、政府部门、教学与科研单位的定量研究中发挥了巨大的作用,本书的案例以 SPSS 软件的应用为例进行说明。

SPSS 起源于20 世纪60 年代的美国斯坦福大学,进入20 世纪70 年代,专门研制和经营 SPSS 软件的 SPSS 公司成立。此时的 SPSS 软件是在中小型计算机上运行的,其版本通称为 SPSSx。20 世纪 80 年代初,随着微型计算机的出现,SPSS 公司以其敏锐的目光,迅速研制成功了运行在微型计算机 DOS 操作系统上的 SPSS 的第一版、第二版、第三版等,从而使 SPSS 得到了更为广泛的应用,并占领了计算机统计分析软件的大部分市场份额,此时的 SPSS 版本通称为 SPSS/PC +。20 世纪 90 年代,随着微型计算机 Windows 操作系统的出现和盛行,SPSS 公司又研制出了 SPSS for Windows 第五版、第六版。20 世纪 90 年代中后期的第七版、第八版、第九版、第十版相继诞生,与 SAS 等统计分析软件共享市场。

SPSS/PC + 版本是通过用户输入 SPSS 命令程序和参数的方式来完成数据的管理和统计分析工作的,统计分析文字结果和图形结果均以文本字符方式展现。SPSS for Windows 的第五版、第六版,在保留以前版本的人工输入命令、参数操作方式的同时,还为用户提供了直观的图形化菜单界面,以后的各个版本,功能上不断完善。

二、SAS 软件

SAS 系统全称为 Statistics Analysis System,最早是由北卡罗来纳大学的两位生物统计学研究生编制的,并于 1976 年成立了 SAS 研究所,正式推出了 SAS 软件。SAS 是用于大型决策支持的综合集成信息系统,但最早的功能仅限于统计分析,统计分析功能仍是它的重要组成部分和核心内容。SAS 的版本现在为 9.0 版,大小约为 1G。经过多年的发展,SAS 已被全世界 120 多个国家和地区的近 3 万家机构所采纳,直接用户超过 300 万人,国内已广泛用于医学、理学、财经、社会科学等一切从事数据管理和数据分析处理的领域,在数据处理和统计领域,SAS 被誉为国际标准软件系统。

SAS 系统是一个组合软件系统,由多个功能模块组合而成。SAS 用户可选择不同功能的模块组合以满足不同的需要。它集数据访问、管理、分析和显示于一体,除统计分析外还有制图、矩阵运算、线性规划、质量控制等功能,为经济管理、社会科学、生物医学、质量控制等领域的众多用户所采用，是公认的较完善的软件包。由于SAS是从大型机上发展起来的，在设计上也是完全针对专业用户的，因此操作仍以编程为主，人机对话界面不太友好，非专业统计人员操作起来比较困难。

三、MINTAB软件

MINTAB是一套一般性用途的统计分析软件，发表于1972年。它可以应用于统计资料的整理与分析，由于其结果显示易于理解，所占的记忆容量不大，所以它可以作为大型研究的先期探究和小型研究的主力。MINTAB目前的最高版本为V14.1，它提供了对存储在二维工作表中的数据进行分析的多种功能，包括基本统计分析、回归分析、统计分析、多元分析、非参数分析、时间序列分析，绘制高质量三维图形。

MINITAB提供了一个类似DOS命令行环境的命令解释环境，在其命令行提示符下输入MINITAB的命令即可以完成特定的任务。MINITAB的命令字都类同英语单词，极易记忆，命令参数少，安排合理，容易理解。MINITAB提供了180条命令，可以用来完成数据处理、统计分析、矩阵运算等，同时还可以绘制统计图形。

MINTAB的主要功能有：

1. 数据的一般处理。用户数据的输入、存储、显示及输出打印，工作表中数据的编辑修改和简单的数学运算。

2. 作图。对用户指定的数据可以作出各种图形，如散点图、饼图等。

3. 制表。根据数据可以制作次数分布表、相关变量表等。

4. 多组数据比较。统计样本的分布、置信区间、两个均值的比较等。

5. 方差分析。包括单因素、双因素方差分析。

6. 相关与回归分析。包括相关分析、多元回归以及回归检验等。

四、BMDP软件

BMDP是Bio Medical Data Processing的英文缩写，第一版诞生于1961年。1968年BMDP正式发行，是最早的综合统计分析软件，与SAS、SPSS并称为国际三大软件包，在国际上影响很大。它方法全面、灵活，早期有很多具有特色的分析方法。但BMDP发展不畅，1991年以后就没有新的版本，最后被SPSS收购。

BMDP可称得上统计软件包的元老，它有40多个相互独立的程序模块，较易增加新的模块，统计分析功能强大，在生物医学界和研究部门应用很广。尽管BMDP发展不畅，但在国外的影响还存在，许多国外的大学在统计课程中专门对其介绍，而且大型学术机构的服务器上也安装着BMDP for unix软件供终端用户使用。

五、P-STAT

P-STAT的P是指普林斯顿大学（Princeton University），STAT是Statistical的缩

写。该软件包最初是普林斯顿大学的科学家用 FORTRAN 语言写成的,用于数据管理和统计分析。

P-STAT 主要有以下功能:

1. 文件管理。P-STAT 提供系统文件、编辑文件、输入文件等多种形式的文件管理。

2. 数据管理。可以建立数据、交叉表、多变量散点图及其他各种图形。

3. 数据分析。对数据进行描述统计以及各种检验等。

小 结

统计学是研究不确定性现象数量规律的方法论科学,也是对客观现象进行定量分析的重要工具。统计学作为一门方法论,在各学科中的应用越来越广泛。本章在阐述统计学含义和特点的基础上,分析了统计学的发展历程,并介绍了国内外统计学科的研究概况及相应的统计软件,为统计学课程的学习奠定基础。

统计学具有以下特点:(1)统计学的研究对象是客观现象的数量方面。(2)统计学研究的是群体现象的数量特征和规律性。(3)统计学是一门方法论科学。

随着统计理论和方法在社会经济各个层面的应用,它已发展成为由若干分支科学组成的学科体系。根据统计方法的构成,统计学可分为描述统计学和推断统计学;根据统计方法研究和应用,可将统计学分为理论统计学和应用统计学。

从统计学的产生和发展过程来看,统计学大致可以分为古典统计学的萌芽时期、近代统计学的形成时期和现代统计学的发展时期三个阶段。

统计软件的应用始于 20 世纪 60 年代后期,目前常用的统计分析软件有 SPSS(社会科学统计软件)、SAS(统计分析软件)、MINITAB、BMDP(生物医学资料处理)、P-STAT 等。

思考与练习

1.1 简述统计学的概念和分类。

1.2 简述统计学的特点。

1.3 简述统计学的发展历程。

1.4 简述统计软件 SPSS 和 SAS 的特点。

1.5 简要说明统计研究的基本方法与研究过程。

第二章 统计数据的收集与整理

统计数据是统计学研究的出发点,也是统计加以实施的载体。为了保证统计数据的客观、准确、可靠,统计数据的收集与整理就成为统计分析中尤其重要的环节。统计数据的收集与整理是依据统计分析的目的和要求,有组织、有计划地收集资料并对这些资料进行去伪存真、去粗取精的分类整理。本章主要对统计数据分类、统计数据收集、统计数据整理的方法进行描述,为进一步进行统计分析奠定基础。

第一节 统计数据的分类与特点

统计数据是采用某种计量尺度对现象进行计量的结果,通常是对社会现象或自然现象的某一研究总体在特定的时间、空间条件下,依据总体内个体的特征(属性和数量),采用一定的计量尺度所得到的结果。

一、统计数据的类型

由于所采用的计量尺度不同,统计数据可以分为不同的类型,下面从不同角度说明统计数据的分类。

(一)按照统计数据的收集方法分类

按照统计数据的收集方法,可以将统计数据分为观测数据和实验数据。

观测数据(observational data)是通过调查或观测而收集到的数据,是在没有对事物人为控制的条件下而得到的数据,有关社会经济现象的统计数据几乎都是观测数据。

实验数据(experimental data)是在实验中控制实验对象而收集到的数据。例如,对一种新药疗效的实验数据,对一种新的农作物品种的实验数据等。自然科学领域的大部分数据都是实验数据。

(二)按照所采用的计量尺度分类

按照所采用的计量尺度不同,统计数据可以分为定类数据、定序数据和数值型数据。

定类数据(categorical data)是对事物进行分类的结果,主要表现为类别,但不区分顺序。例如,企业按照经济性质分为国有、集体、私营、合资、独资企业;公司雇员按性别、文化程度、婚姻状况等来归类统计。在实际中,为了方便,往往给每个类别赋予数字代码。如,“男性”用1表示,“女性”用0表示;“已婚”用1表示,“未婚”用0表示等。这里的数字就像商品的标签一样,仅是示意性的,数字代码不能直接进行计算。

定序数据(rank data),又称顺序数据,也是对事物进行分类的结果,表现为类别,但是有顺序的。例如产品的质量分为优等品、合格品和不合格品;用户的满意度分为很满意、满意、不满意和很不满意;学生的成绩分为优秀、良好、中等、及格和不及格等。同样,定序数据也可以用数字代码来表示,如“优等品”用1表示,“合格品”用2表示,“不合格品”用3表示。

数值型数据(metric data)是使用自然或度量单位对事物进行测量的结果,其结果表现为具体数值,用于描述现象的数量特征。例如,人的年龄用周岁来表示;产品的产量用件、箱、吨等来表示。数值型数据有两种衡量尺度:一是定距尺度(interval scale),这种尺度的每一间隔都是相等的,只要给出一个度量单位,就可以准确的计算出两个计数之间的差值。例如,甲的身高是180cm,乙的身高是172cm,二者相差8cm;二是定比尺度(ratio scale),这种尺度可以计算两个测度值之间的比值。例如,甲的月收入是600元,乙的月收入为300元,由此可以知道甲的收入为乙收入的2倍。

定类数据和定序数据说明的是事物的品质特征,通常用文字来表示,其结果均表现为类别,因此也把它们统称为定性数据或品质数据;数值型数据说明的是现象的数量特征,通常是用数值来表现的,因此也可称为定量数据或数量数据。

(三)按照被描述的对象与时间的关系分类

按照与时间的关系,统计数据可以分为截面数据、时间序列数据和面板数据。

截面数据(cross-sectional data)是在相同或近似相同的时间点上收集的数据,用于描述事物在某一时刻的变化情况。例如,2005年我国各地区的国内生产总值、2005年武汉市各区的人口总数都是截面数据。

时间序列数据(time series data)是在不同时间上收集到的数据,用于描述现象随时间而变化的情况。例如,1990~2005年我国历年国内生产总值、1990~2005年武汉市历年的人口总数都属于时间序列数据。

面板数据(panel data)是截面数据和时间序列数据的组合,用于描述几个对象在一定的时间范围内的变化情况。例如,1990~2005年我国各地区的国内生产总值情况、1990~2005年武汉市各区历年人口总数的变化情况都属于面板数据。

二、统计数据的特点

统计数据又称为统计信息,凡是利用统计方法搜集和描述的有关总体现象数量特征的资料都是统计信息。与其他信息相比,统计数据具有以下几个显著特点:

第一,客观性。统计资料必须是观察、调查、实验或登记而得到的具体存在的事实,不是凭空捏造的数据,故统计信息是客观的。

第二,总体性。统计资料是对社会现象或自然现象的总体的数量表现的描述,而不是表现个体的数量特征,故统计信息具有总体性。

第三,数量性。统计资料一般都是数量化的信息,它能够表明在一定时间、空间条件下,所研究的总体的数量表现,包括数量多少、数量关系和数量界限。

第四,扩展性。任何统计资料或统计信息都可以从时间、空间、总体内部结构和现象之间的相互关联等方面进行扩展,使统计信息不断充实、系统和完整。

第二节 统计数据的收集

统计数据的收集就是根据统计研究的目的和要求,采用一定的组织形式与科学方法,采集与研究问题相关的各类信息资料的过程。统计数据的收集,在整个统计研究过程中,担负着提供基础数据的任务,关系到统计信息职能作用的有效发挥,因此统计数据的收集也是统计研究中的一个关键环节。统计数据收集涉及为何收集、向谁收集、收集什么、怎样收集、谁来收集等基本问题。

一、统计数据的来源

统计数据的来源渠道很多,不同的统计数据可通过不同渠道获得。我们把来源于直接的调查和科学实验的统计数据称为原始资料,也称为第一手资料;把已经存在的经他人整理分析过的资料称为次级资料,也称为第二手资料。一般在可能的情况下,我们尽量采用第一手资料。

统计数据的直接来源主要有两个渠道:一是来源于管理和研究需要而专门组织的调查,二是来源于科学试验的数据。统计调查是获取社会经济数据的重要手段,其中有统计部门进行的统计调查,也有其他部门或机构为特定目的而进行的调查。科学试验是取得自然科学数据的主要手段。

然而,对于社会上绝大多数的研究工作者和实际工作者来说,亲自去做直接的调查往往是不可能的。这时,可以通过各种渠道获取别人调查或科学试验的第二手资料。第二手资料主要是公开出版的或公开报道的数据,当然也有些是来源于尚未公开的内部调查的数据。通过查阅文献、统计年鉴、Internet 库等搜集到的数据都是第二手资料。需要注意的是,在引用第二手资料时,一定要注明数据的来源,以尊重他人的劳动成果。

二、统计数据收集的要求

统计数据的收集要做到准确性、及时性和系统性。

准确性是指统计数据必须对客观现象进行客观如实的描述，统计数据的计量范围必须明确，计量单位科学，统计数据有可靠的来源，原始记录齐全，没有人为的干扰。

及时性是指统计数据的时效性，统计数据的收集应及时完成，及时提供，提高使用效率，统计数据从收集到加工再到使用的时间间隔应尽量缩短，同时应注意及时更新和充实。

系统性是指统计项目必须齐全，能组成一个有机的指标体系。统计数据中要贯彻总括性数据和结构性数据相结合、横向数据和纵向数据相结合、内部统计信息和外部统计信息相结合、主体统计信息和相关统计信息相结合的原则。

三、统计数据的搜集方法

统计数据的收集方法主要是统计调查，它按研究的目的和要求，有组织地向调查对象收集相关的各种资料。为了保证统计数据资料的准确性、及时性和系统性，必须熟悉各种收集方法及各自的特点。

(一)原始资料的收集方法

1. 直接观察法

直接观察法是指调查者带有明确目的到调查现场，对调查对象进行直接观察、计数、计量和记录，以获取统计资料的方法。观察法的特点就是从侧面观察被观察者的言行和反应，一般不直接向被调查人提出问题，所以，被调查者往往是在不知情的状况下被调查的。

2. 报告法

报告法一般是指统计调查机构将设计的调查表格分发或电传给被调查者，被调查者则根据调查表的要求，按照隶属关系，逐级向有关部门上报统计资料的一种调查方法。现行统计报表制度采用的就是这种方法。

3. 登记法

登记法是由统计机构规定当事人在某种事件发生后到该机构进行有关事项的申报和登记，如人口的出生和死亡的统计以及流动人口的统计，就是采用到指定的公安派出所进行登记的方法。

4. 问卷法

问卷法是指数据收集者运用统一设计的问卷向被调查者了解情况、征询意见的数据收集方法。问卷是调查者向被调查者了解情况或征询意见时所运用的统一设计的调查表，绝大多数旨在收集定量数据的调查都要采用某种形式的问卷。问卷的质量高低对调查成功与否起决定作用，只有研究者设计出高水平、高质量的问卷，才会使调查得以顺利完成，并获得令人满意的数据。

5. 访谈法

访谈法是指以口头形式,根据被调查者的答复搜集客观的、不带偏见的事实材料,以准确地说明样本所要代表的总体的一种方式。尤其是在研究比较复杂的问题时需要向不同类型的人了解不同类型的材料。根据访谈对象的不同,主要有三种访谈形式:个别面谈、集体面谈、管理人员面谈。访谈法虽然灵活性大,适应范围广,控制性强,但是访谈费时、费力、费用开支也大。而且,访谈面对面接触,匿名性低,故访谈对象有可能因顾虑而不作真实回答。

6. 实验法

实验法是指实验者为了特定的研究目的,通过实验方案设计和具体实验而获取数据资料的一种方法。这种方法不仅广泛适用于自然科学研究,而且也可适用于社会经济问题的研究。如对某一商品改变其品种、价格、包装、广告等任何因素时的市场反应,或者对于新产品的试销、试用等均可采用此方法。

(二)次级资料的收集方法

次级资料可以通过内部渠道和外部渠道获得。内部渠道主要指企业内、系统内、部门内、行业内的已有的统计资料、财务核算资料、业务资料及其他资料等,外部渠道主要包括各级政府部门发布的有关资料和各级统计机关发布的有关统计资料,以及各种公开出版的统计资料。

根据次级资料的来源渠道,其资料的收集方法有以下几种:

1. 直接引用法

直接引用法是直接从统计年鉴、各种公开刊物和电子读物上抄录有关统计数据,以满足统计研究的需要。

2. 参考文献查找法

主要是利用有关研究报告、论文、著作等文献资料及末尾开列的参考文献资料,以此为线索追踪查找有关文献资料的方法。这种方法获得的资料系统,可以直接利用,但需要调查者有较强的分析问题的能力和相关的专业知识。

3. 检索工具查找法

检索查找有手工检索和计算机检索两种。手工检索主要是利用目录、索引、文摘等检索工具查找所需要的出版资料,计算机检索主要是利用计算机从有关数据库和网络中检索资料。

四、统计调查的方案设计

统计数据收集的主要形式是统计调查。在统计调查开始之前,必须事先设计一个切实可行、周密细致的工作方案,以此方案开展统计调查。其设计的基本内容有:

(一)明确调查的目的

明确调查目的,也就是明确统计调查要解决什么问题,为什么要进行统计调查。它是统计数据搜集的首要问题,只有明确了调查目的之后,才能确定向谁调查、调查什么以及采用什么方法进行调查等。

(二)确定调查对象和调查单位

调查对象是根据调查目的而确定的。所谓调查对象,是指需要调查和研究的由性质相同的许多调查单位组成的现象总体或调查范围。所谓调查单位,是指构成调查对象的每一个单位,是调查项目和指标的承担者或载体,是搜集数据、分析数据的基本单位。例如,我们要调查某地区城镇居民的家庭收入状况,调查对象就是该地区所有的城镇居民家庭,而调查单位是构成该地区城镇居民这个总体的每一个城镇居民家庭。

调查对象的确定关系到所采集数据的准确性,因此在调查过程中要严格分清调查对象的范围,这就要求调查者还必须分清调查单位与报告单位。报告单位亦称填报单位,是负责上报调查资料的单位。根据不同的调查目的,调查单位与报告单位有时一致,有时则不一致。例如,我们要调查农村家庭的受教育程度,那么每个农村家庭既是调查单位又是报告单位;如果我们要调查农村家庭中女性的受教育程度,那么每个农村家庭中的女性是调查单位,而报告单位是每个农村家庭。

(三)确定调查项目

调查项目就是调查的具体内容,是指调查中所要登记的调查单位的特征,由一系列品质标志和数量标志所构成。如要调查企业的所属行业类别、性质或者企业职工人数、各年产值等。

(四)调查表及问卷设计

调查表就是将若干调查项目按照一定的顺序排列在一定的表格上,便于能够有条理地填写需要搜集的数据,及调查后对资料的汇总整理。调查表一般是由表头、表体和表外附加三部分组成的。主要有两种形式:一种是一览表,是将许多调查单位填写在一张表上;另一种是单一表,每个调查单位都需要填写一份,一般用于调查项目比较多的场合。调查时采用哪种表式,需要根据调查的目的和任务来定。

调查问卷的设计是调查方案设计的核心内容。问卷是调查者向被调查者了解情况或征询意见时所运用的统一设计的调查表,问卷的质量高低对调查成功与否起决定作用,因此在设计问卷时,文字应尽可能简明扼要,要合理安排其顺序、排列方式,并注意问题的提问方式,既能使被调查者乐于回答,又能提高问卷质量。

(五)确定调查时间

调查时间包括调查数据的所属时间和调查的工作期限。数据的所属时间应明确规定所调查的是哪个时期或时点上的数据,有些资料是反映在某一时点上的状态,有些资料是反映在某一时期内的发展状态。如调查 2005 年第二季度零售商品的销售额,调查时间是从 2005 年 4 月 1 日起至 6 月 30 日止的 3 个月。调查期限是指调查工作从开始到结束所经历的时间长度,包括调查的时间、数据的处理时间、数据分析和完成调查报告的时间等。例如,我国第五次人口普查规定的时限为从 2000 年 11

月1日到11月10日登记完毕,则调查时限为10天。

(六)确定调查的组织实施计划

制定严密细致的实施计划是统计调查得以顺利进行的必要保证。调查的组织与实施工作具体包括:确定调查机构,对调查人员的选择、组织和培训,确定调查方式、方法及调查地点,落实调查经费的来源与经费开支预算,确定调查资料的报送方法和公布调查结果的时间等。

五、统计调查的组织方式

统计调查按组织方式可分为统计报表和专门调查两种,其中专门调查又包括普查、重点调查、抽样调查和典型调查。其中统计报表、普查和抽样调查是我们目前最常用的统计调查方式。

(一)统计报表

统计报表(statistical report forms)是依据国家有关法规,自下而上地统一布置,以一定的原始记录为依据,按照统一的表式、统一的指标项目、统一的报送时间和报送程序,自下而上逐级地定期提供统计资料的一种调查方式。统计报表一般具有统一性、全面性、周期性、可靠性等特点。目前我国的统计报表,是由国家统计报表、业务部门统计报表和地方统计报表组成的。通过报表掌握系统、全面的统计资料,可以进行动态比较,分析社会和经济发展变化规律。

(二)普查

普查(census)是为某一特定目的而专门组织的一次性全面调查。主要用以搜集某些不能或不宜用定期报表搜集的统计资料,如人口普查、工业普查、农业普查等。普查的具体方式有两种:一是组织专门的普查机构,配备一定数量的普查人员,由普查员直接对调查单位进行登记,如我国人口普查;二是利用调查单位的原始记录、统计和核算资料,颁发一定的普查表格,由调查单位填报。

由于普查地域广阔,调查对象多,参加调查人员多,且时间短,因此工作十分复杂,组织普查必须注意下列问题:第一,普查时点统一;第二,正确选择调查时间;第三,普查指标不宜过多;第四,对各项调查指标必须有统一的规定和解释,有明确的操作定义、统一的计算公式,一经规定,不得任意改变和增减,以免降低资料质量与破坏一致性;第五,普查应按一定周期进行。

(三)抽样调查

抽样调查(sampling survey)是从调查对象的总体中,按照一定的抽样原则抽取一部分单位作为样本,并根据对样本进行调查的结果来推断总体的一种调查方法。抽样调查虽然是一种非全面调查,但是,它的目的却在于取得反映全面情况的统计资料。根据抽样方法是否随机,可将抽样调查分为随机抽样和非随机抽样两大类,我们一般提到的“抽样调查”主要是指随机抽样。

抽样调查具有如下几个特点:第一,样本单位是按随机原则抽取,排除了主观因素对选样的影响。第二,根据部分调查的实际资料对调查对象总体的数量特征作出估计。第三,抽样调查的误差可以事先计算并加以控制。以样本资料推算总体数量特征,不可避免地会产生误差。但这种误差与其他统计估算所产生的误差不同,可以根据有关资料事先加以计算,并且通过一定的途径来控制误差的范围,保证抽样推断结果达到预期的可靠程度。

进行抽样调查时首先要遵循随机原则,就是要使所有调查单位都有同样地被抽取的概率。其次是要遵循最大抽样效果原则,就是要在既定的调查费用下使抽样估计误差最小或者是在给定的精确度下,使调查费用最少。

(四)重点调查

重点调查(key point survey)是指在调查对象中,选择其中的一部分重点单位进行调查的一种非全面调查。所谓重点单位,通常是指在调查总体中具有举足轻重的,能够代表总体的情况、特征和主要发展变化趋势的那些样本单位。这些单位可能数目不多,但具有代表性,能够反映调查对象总体的基本情况。当调查任务只要求掌握基本情况,而部分单位又能比较集中地反映所要研究的问题时,采用重点调查较为适宜。例如,对钢铁行业的调查,由于大型的钢铁企业为数不多,但产出量却很大,因此可以通过对少数企业的调查而掌握整个行业的大致情况。

选取重点单位时,应遵循两个原则:一是要根据调查任务的要求和调查对象的基本情况确定选取的重点单位及数量。一般来讲,要求重点单位应尽可能少,而其标志值在总体中所占的比重应尽可能大,以保证有足够的代表性;二是要注意选取那些管理比较健全、业务力量较强、统计工作基础较好的单位作为重点单位。

(五)典型调查

典型调查(model survey)是根据调查的目的和要求,在对所研究对象进行全面分析的基础上,有意识地选择少数有代表性的典型单位,进行深入周密的调查研究的一种非全面调查。进行典型调查的主要目的不在于取得社会经济现象的总体数值,而在于了解与有关数字相关的生动具体情况。

典型调查有两个显著的特点:一是调查单位是有意选择出来的,并具有代表性;二是调查范围小,调查单位少,可对某些专门问题作深入细致的调查。

一般来讲,典型调查有两种主要方式:一是“解剖麻雀”式调查,它是在调查对象总体单位之间的差异较小时适用。这时只选择个别典型单位进行深入细致的调查,以便通过对典型单位特征的认识来找出同类事物的一般情况及其发展变化规律。二是“划类选典”式的调查,它是在调查对象总体各单位之间的差异较大时适用。这时要先对调查对象总体进行分类,然后从各类中选择少数具有代表性的典型单位进行深入细致地调查,以便找出事物的发展变化规律并以此对调查对象总体进行推断估计。

（六）网上调查

网上调查(survey on internet)是互联网发展带来的新生事物。随着互联网的渗透,网上已成为信息海洋,信息蕴藏量极其丰富。网上调查与传统方法相比具有很多优势。

1.便捷性和低费用

网上调查只需要具备能上网的计算机就可以了,通过站点发布电子调查问卷,然后通过统计分析软件进行信息整理和分析,节省了大量的人力和物力。

2.及时性和共享性

网上调查由调查对象自愿填写,任何人可以通过网络进行投票,投票信息经过统计软件处理后,可以马上查看阶段性的调查结果,与传统方法相比具有较高的时效性。

3.可靠性和客观性

实施网上调查,调查问卷的填写是自愿的,不是强迫式的,因此填写者回答问题会比较认真,使调查所获得的信息比较可靠,有助于调查结论的客观性。

4.无时空、地域限制

传统调查方式受时空、地域的限制,而网上调查可以不受任何时空、地域的限制。

网上调查也可以分为两种形式:一种是利用网络直接进行问卷调查收集第一手资料,另一种是利用网络的媒体功能,从网络上收集第二手资料。

总而言之,在统计调查中,应根据调查的目的和调查对象的特点,灵活地选用不同的调查方式,以便及时、准确地获得各种不同的信息。

第三节 统计数据的整理

我们通过各种方式搜集到大量的统计数据,然而这些数据是个体的、分散的、不系统的,在研究分析过程中必须对这些资料运用科学的方法进行加工整理。统计数据的整理,就是根据统计研究的目的与要求,对所收集到的数据进行科学加工与综合,使之系统化、条理化、科学化,以提取有用的信息,为统计分析提供反映事物总体综合特征资料的工作过程。

在对数据进行整理之前,首先要弄清数据的类型,因为不同类型的数据所采取的处理方式和所适用的处理方法是不同的。品质数据主要采用分类整理,而数值型数据重要的是采用分组整理。

一、统计数据整理的一般程序

统计数据整理的一般程序如下:

第一,统计数据的审核与筛选。在数据整理前,必须收集到原始数据进行审核与筛选，主要是对统计数据的完整性、及时性、准确性三个方面进行审核，以保证统计汇总的质量。

第二，统计数据的分类、分组和汇总。对全部调查数据资料，按其性质和特点，进行分组归类，综合汇总形成各项统计指标。统计分组和统计指标是统计整理的中心环节。

第三，编制统计表或绘制统计图。根据统计数据所属类型，选择合适的统计图或统计表展示数据的特征，以便人们阅读和使用。

二、统计数据的审核

数据审核就是对数据进行审查和核实，目的在于保证资料的准确性、及时性和系统性。对于原始数据，主要是从准确性和系统性两个方面去审核。准确性审核主要是检查数据是否真实反映客观实际情况，内容是否符合实际，检查数据是否有错误，计算是否正确等。系统性审核主要是检查应调查的单位或个体是否有遗漏，所有的调查项目是否填写齐全，各项目或数字之间有无相互矛盾的现象等。对于二手资料，还应审核数据的适用性和时效性。在使用数据前，首先应弄清楚数据的来源、数据的口径以及有关的背景材料，以便确定这些数据是否符合自己分析研究的需要。此外，应尽可能使用最新的统计数据。

数据审核的主要目的就是要保证数据的准确性，尽可能的缩小调查所获得的统计数值与被调查对象实际数据之间的误差。调查误差主要有两种：一种是登记误差，是由于调查过程中各有关环节工作的失误造成的；另一种是代表性误差，是由于非全面调查，只观察总体一部分单位，而这一部分并不能完全反映总体的性质，由此而产生的误差。

三、统计数据分组

根据统计研究的目的和客观现象的内在特点，按某个标志（或几个标志）把被研究的总体划分为若干个不同性质的组，就称为统计分组。统计分组的对象是总体。统计分组可以这样来理解：一是对总体而言是“分”，即将总体区分为性质不同的若干部分；二是对总体单位而言是“合”，即将性质相同或相近的单位组合在一起。例如，把所有的工业企业组成一个总体，又可把这个总体按所有制形式不同，划分为全民所有制企业、集体所有制企业、合资企业等组。每一组内企业的所有制性质相同，而组与组之间，各种所有制又存在着性质上的差别。

（一）统计分组的原则

统计分组必须遵循两个原则：穷尽原则和互斥原则。所谓穷尽原则是指各分组的空间必须容纳所有个体单位，即总体中每个个体都必须有组可归。如劳动者按文化程度分组，若只分为小学、中学和大学毕业三组，则未上过小学的以及大学以上文化程度的劳动者就无组可归。互斥原则是指在特定的分组标志下,总体中的任何一个单位不能同时归属于几个组,而只能归属于某一组。如果把服装分为男装、女装、童装三类,就不符合互斥原则。

(二)统计分组的作用

统计分组的作用表现在以下方面:

1. 划分社会经济现象的类型,并反应各类型组的数量特征。社会经济现象是错综复杂的,具有各种不同的类型。通过统计分组,可以从数量方面说明不同类型现象的数量特征,表明不同类型现象的本质和发展规律。

2. 反映社会经济现象的内部结构。通过分组,统计总体被划分为若干组成部分,计算各组成部分的总量在总体总量中所占的比重,即可反映总体结构特征与总体结构类型。

3. 可以分析现象之间的依存关系。现象不是孤立的,而是相互依存和相互联系的。统计中把那些表现为事物发展变化原因的标志称为影响标志,而把表现为事物发展结果的标志称为结果标志。利用统计分组分析现象之间的依存关系,首先用影响标志对总体进行分组,然后计算出结果标志的数值,从而分析两个标志的联系程度和方向。

(三)分组标志的选择

分组标志就是用来作为分组依据的标准。统计分组的关键在于选择分组标志和划分各组界限。选择分组标志是统计分组的核心问题,分组时所采用的分组标志不同,其分组的结果及由此得出的结论也不会相同。那么如何正确选择分组标志呢?第一,要根据统计研究的目的选择分组标志。第二,必须根据事物内部矛盾的分析,选择反映事物本质的分组标志。第三,要结合被研究事物所处的具体历史条件和经济条件来选择分组标志。

分组标志主要有品质标志和数量标志两种。按品质标志分组就是选择反映事物属性差异的品质标志作为分组标志,并在品质标志变异的范围内确定各组界限,将总体划分为不同的组。它能够直接反映总体单位之间性质上的差异。按数量标志分组就是选择反映事物数量差异的数量标志作为分组标志,并在数量标志的变动范围内划定各组界限,将总体划分为性质不同的若干组成部分。

四、分布数列

(一)分布数列的概念

将数据按其分组标志进行分组的过程,就是频数分布和频率分布形成的过程。分布在各组的单位的次数称为频数,各组次数与总次数的比值称为频率。将分组标志序列及相应频数按照一定顺序列出,并用表格形式表现出来,就称为频数分布(frequency distribution)或分布数列,由分组标志序列和各组相对应的分布次数两个要素构成。分布数列反映了总体中所有单位在各组间的分布状态和分布特征。

（二）分布数列的种类

根据分组标志性质的不同，分布数列可分为品质数列和变量数列。品质数列是按照品质标志来进行分组而形成的数列，反映不同属性的各组频数在总体中的分布状况，它由各组名称、各组频数或频率组成；变量数列是按照数量标志进行分组而形成的数列，反映不同变量值的各组频数在总体中的分布状况，它由各组变量值和各组频数组成。

如下面两表所示，表 2-1 为品质数列，表 2-2 为变量数列。

表 2-1　**2000 年我国人口构成情况**

性　别	人数（人）	比率（%）
男	65 355	51.63
女	61 228	48.37
合　计	126 583	100

表 2-2　**某单位雇员早上开始工作时间统计**

开始工作时间	人数（人）	频率（%）
7:00	3	15
7:30	4	20
8:00	4	20
8:30	7	35
9:00	2	10
合　计	20	100

按照品质标志分组进行统计整理时，有时为了研究的需要，要观察某一数值以上或某一数值以下频数或频率之和，这就需要在基本分组的基础上绘出累计频数或累计频率（cumulative frequencies）。累计频数就是将各类别的频数逐级累加起来，有向上累计和向下累计之分。其中由数列最小值起累计到该组上限为止的频数称为向上累计频数，由数列最大值起累计到该组下限为止的频数称为向下累计频数。

按照数量标志分组时，又可分为单项式和组距式两种，因此，变量数列又可分为单项数列和组距数列两种。单项数列是指每个组中只有一个变量值的数列，是按照变量值的大小顺序排列的，在变量值不多和组值变动幅度不大时采用。组距数列是把变量的取值范围划分成若干区间，以一段变动区间为一个组的数列。通常在变量个数较多、变量值变动幅度较大时采用。又可分为等距数列和异距数列两种。

单项数列的编制与整理比较简单,一般是有多少个不同的变量值就分为多少个组;组距数列的编制就比较复杂,下面着重讲组距数列的编制方法。

五、组距数列

组距数列是用变量值变动的一定范围代表一个组,每个组的最大值为该组的上限(upper limit),最小值为该组的下限(low limit)。采用组距分组大致需要经过以下几个步骤:

第一步:计算全距(R)。将各变量值由小到大排序,找出其中的最大值和最小值,然后计算全距,即最大值与最小值的差。

第二步:确定组数(m)与组距(i)。分组的目的之一就是为了观察数据分布的特征,因此组数的多少应该适中。若组数太少,数据的分布就会过于集中,而组数太多,数据的分布就会过于分散,这都不便于观察数据分布的特征和规律。组数的多少和组距的大小是相互制约的。组数越多,组距就越小;反之组数越少,组距就越大。对于组数和组距,先确定哪一个,不能机械地规定,而应视具体情况确定。

实际工作中,主要凭经验来确定组数,也可按不同的组数进行试验,比较其频数分布表,选择能更好显示出分组数据特征的表。也可以按照美国学者斯特杰斯创用的斯特杰斯经验公式(Sturges' rule)来确定组数,具体计算公式为:

$$m = 1 + \frac{\lg N}{\lg 2}$$

式中,N 为数据个数,对结果四舍五入取整即可得到组数。组距与组数呈反比关系:$i = R/m$。

第三步:确定组限。组限的表示方法应根据所研究现象的性质而定,在确定过程中要注意以下几方面:第一,第一组(最小组)的下限不能大于最小变量值,最末一组(最大组)的上限不得小于最大变量值。第二,组限的确定应有利于表现出总体分布的特点,应反映出事物质的变化。第三,分组变量可分为离散变量与连续变量,它们的组限表示方法也是不同的。在确定离散变量的组限时,相邻组的组限可以间断,而在确定连续变量的组限时,相邻组的组限必须重叠。第四,采用组距分组时,一定要遵循"不重不漏"的原则。"不重"是指一项数据只能分在其中的某一组,不能在其他组中重复出现;"不漏"是指在所分的全部组别中每项数据都能分在其中的某一组,不能遗漏。在统计次数时,为了避免计算的混乱,一般应遵循"上组限不在内"的原则,即将达到上限数值的单位数计入下一组内。

第四步:编制频数(频率)分布表。组数、组距、组限确定了之后,把全部的变量值归类,并按顺序排列,就是所要编制的变量数列了。用表格表示出来,就形成了频数(频率)分布表。有时为了统计分析的需要,还要计算出某累计频数或累计频率。

如表 2-3 所示。

表 2-3 **某企业 30 个工人劳动定额完成情况分布表**

劳动定额完成程度(%)	人 数	频数(%)	向上累计频数	向下累计频数
80～90	3	10.00	3	30
90～100	4	13.33	7	27
100～110	12	40.00	19	23
110～120	8	26.67	27	11
120～130	3	10.00	30	3
合 计	30	100.00	—	—

从表 2-3 中我们可以看出,组距分组掩盖了各组内的数据分布状况,为了反映各组数据的一般水平,我们通常用组中值(class midpoint)作为该组数据的一个代表值,当各组标志值均匀分布时,组中值所代表的各组标志值的水平的代表性就高。但如果实际数据的分布不是均匀分布时,用组中值作为代表值就会有一定的误差。

组中值就是组的上下限之间的中点数值,计算公式为:

闭口组的组中值 =(上限 + 下限)/2

缺下限的开口组组中值 = 上限 - 邻组组距/2

缺上限的开口组组中值 = 下限 + 邻组组距/2

对于等距分组,各组频数的分布不受组距大小的影响,可以直接根据频数来观察数据分布的特征和规律;而对于异距分组,各组频数的分布受组距大小不同的影响,因此各组频数不能直接反映数据分布的实际状况。为了消除各组组距不同对频数分布的影响,需要计算频数密度,即频数密度 = 频数/组距。

第四节 统计表与统计图

统计整理的结果可以用不同的形式来表现,统计表和统计图是最普遍的表现形式。统计表不仅可以节省大量的文字叙述,而且更为集中醒目、条理分明,也便于资料的对比分析与积累;统计图的特点是形象、鲜明、直观,能够清晰地显示现象之间的相互关系。

一、统计表

(一)统计表的概念与构成

把统计调查得来的数据资料,经过汇总整理后,得出一些系统化的统计资料,将其按一定顺序填列在一定的表格内,就形成了统计表。一般有广义统计表和狭义统计表两种。广义的统计表,包括统计工作各阶段中所用的一切表格;狭义的统计表专指分析表和容纳各种统计资料的表格,即通常所说的统计表。

从形式上看,统计表由总标题、横行标题、纵行标题、数字资料四个部分组成。总标题是统计表的名称,置于表的正上方,用以概括说明统计表中全部资料的内容。横行标题是横行的名称,即总体各组的名称,置于表的左端,用以表示统计研究的对象。纵行标题是纵行的名称,置于表的右上端。数字资料位于横行和纵行的交叉处,用来说明总体及其组成部分的数量特征,是统计表的核心部分。

从内容上看,统计表由主词栏和宾词栏两部分组成。主词栏是统计表所要说明的总体及其组成部分,主词一般列在表的左方;宾词栏是统计表用来说明总体数量特征的各个统计指标,宾词一般列在表的右方。统计表的一般结构如表 2-4 所示。

表 2-4 **我国各项税收收入情况表** **单位:亿元←总标题**

	税收按税种分组	2004 年总额	2005 年总额	速度(%)	(纵行标题)
横行标题	工商税	8 885.44	10366.09	116.7	数字资料
	关 税	562.23	750.48	133.5	
	农业税	423.50	465.31	109.9	
	国有企业所得税	639.00	827.41	129.5	
	集体企业所得税	172.41	172.22	99.9	
	合 计	10 682.58	12 581.51	117.8	

主词栏 宾词栏

(二)统计表的分类

统计表按照分组情况的不同,可以分为简单表、分组表和复合表三类。

简单表是指主词未经任何分组的统计表,也称一览表。主词一般按时间顺序排列,或者按个体的名称排列,是对原始资料进行初步整理所采用的形式。如表 2-5 所示就是一个简单表。

表 2-5 **2004 年武汉市四区国内生产总值**

各区名称	国内生产总值(亿元)
武昌区	106.68
江岸区	99.09
江汉区	101.44
汉阳区	66.16

分组表是指主词只用一个标志分组形成的统计表，也叫做简单分组表。如表2-4就是我国税收收入按税种进行简单分组所形成的统计表。

复合表是指主词按两个或两个以上标志进行分组得到的统计表，也称复合分组表。如表2-6所示。

表2-6　**某市2005年人口性别与城乡分布**

组　别	人数（万人）	频率（%）
总人口	188.0	100.0
1. 城镇人口	116.56	62.0
其中：男性	59.68	51.2
女性	56.88	48.8
2. 乡村人口	71.44	38.0
其中：男性	38.08	53.3
女性	33.36	46.7

（三）统计表的设计原则

由于使用者的目的以及统计数据的特点不同，统计表的设计在形式和结构上会有较大的差异，但设计上的基本要求则是一致的。统计表应遵循科学、实用、简练、美观的原则进行设计。

1. 统计表通常应设计成由纵横交叉线组成的长方形表格，长宽之间应保持适当的比例。

2. 统计表的主词各行和宾词各栏，一般应按先局部后整体的原则排列，即先列各项目，再列总计。如果没有必要列出所有项目时，可以先列总计，而后再列其中一部分重要的项目。内容不宜罗列太多和过于庞杂。

3. 统计表的各类标题应十分简明，并确切地反映和概括资料的重要内容以及所属的地区和时间。纵横各栏的排列特别要注意表述资料的逻辑性。

4. 统计表中的数字要注明计量单位。如果表中的数字属同一计量单位，可将计量单位标在表的右上方；如果宾词的计量单位不同，可直接标注在指标名称的旁边或下方；如果主词的计量单位不同，可在横行标题后设计量单位专栏。

5. 统计表的上下两端用粗线或双线绘制，在有些需要明显分隔的部分也应用粗线或双线，其他则用细线。在横行和合计栏、横行与纵栏标题间要画线。表的左右两端应是开口的，不得画线。

6. 表中数字填写要整齐，上下位数要对齐，同栏数字的单位、小数位要一致。如遇相同数字必须照填,不能用“同上”或“同左”代替。无数字的空格要用“—”表示。如遇缺乏资料的空格时,要用“……”表示,遇数字为“0”或遇数小可略而不计时,要写上“0”,以免被误认漏报。

7. 当统计表栏数较多时,通常要加编号,并说明其相互关系。主词栏与计量单位栏可用甲、乙、丙等文字标明;宾词各栏可用(1)、(2)、(3)等数码标明。

8. 必要时,应在统计表的下端加注说明或注解、资料来源等。

二、统计图

统计图是以图形形象地表现统计资料的一种形式,一般是由标题、坐标轴和网格线、图表区和绘图区、图例几部分组成。它可以简洁直观地表示统计表中枯燥的数据,可以帮助我们从众多的数据中发现规律,更迅速、更有效地传递信息。因而,绘制统计图是统计整理的重要内容之一。不同类型的数据可以用不同的图示来表示。

(一)定类数据的图示

定类数据可以用条形图和圆形图来展示数据的特征。

1. 条形图(bar chart)或柱形图

条形图或柱形图是以若干等宽平行的条形的高度或长度来表示数据多少的图形。绘制时,将各类别放在纵轴,则称为条形图,放在横轴则称为柱形图。如表 2-5 为 2004 年武汉市四区国内生产总值表,绘制成柱形图如图 2-1 所示。

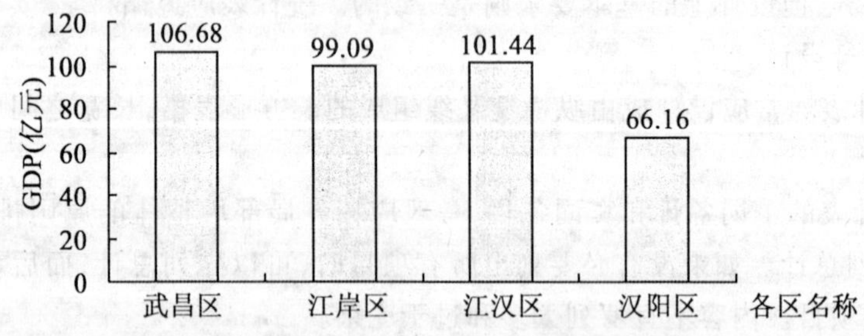

图 2-1　2004 年武汉市四区国内生产总值

在绘制或观察条形图时应注意以下几点:

(1)条形图的基点应从 0 开始;

(2)条形宽度应该一致;

(3)数据坐标的间距应该相等。

2. 圆形图(pie diagram)

圆形图也叫饼图,是用圆形及圆内扇形的面积来表示数值大小的图形。该图主要用于描述数据内部的结构,有时也用于比较。在绘制图形时,总体中各部分所占的百分比用圆内的各个扇形面积表示。如图 2-2 所示。

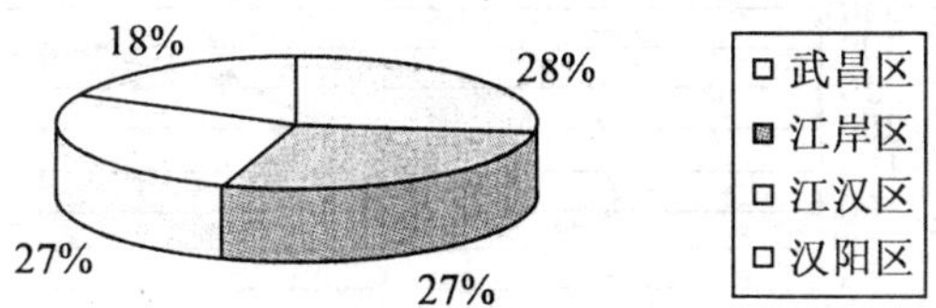

图 2-2 2004 年武汉市四区国内生产总值比例

(二)定序数据的图示

上面介绍的条形图和圆形图也都适合定序数据,但有些方法适用于定序数据的表示,而不适用于定类数据,主要有累计频数分布图和环形图。

1. 累计频数分布图

累计频数分布图是根据累计频数或累计频率而绘制的图示。如表 2-7 所示是在 A 学校对 300 位同学调查对海飞丝洗发水的信任度结果,其中,在问题"您对海飞丝这个品牌的信任度怎样?"中,有选项 1. 非常不信任;2. 不信任;3. 一般;4. 信任;5. 非常信任。调查结果如表 2-7 所示。

表 2-7 **A 学校海飞丝信任度调查表**

回答类别	人数(人)	频率(%)	向上累计频数(人)	向下累计频数(人)
非常不信任	21	7.0	21	300
不信任	64	21.3	85	279
一般	78	26.0	163	215
信任	99	33.0	262	137
非常信任	38	12.7	300	38
合计	300	100	—	—

根据此表可以绘制出累计频数分布表,累计频数就是将各类别的频数逐级累加起来。如图 2-3 所示。

通过向上累计线,可以看出对海飞丝产品信任度低于一般程度的有 163 人;通过向下累计线,可以看出对海飞丝产品信任度高于一般程度的有 137 人。

2. 环形图(annular chart)

环形图与圆形图类似,但有区别。圆形图只能显示一个总体和样本各部分所占的比例,而环形图则可以同时绘制多个总体或样本的数据系列,每一个总体或样本的

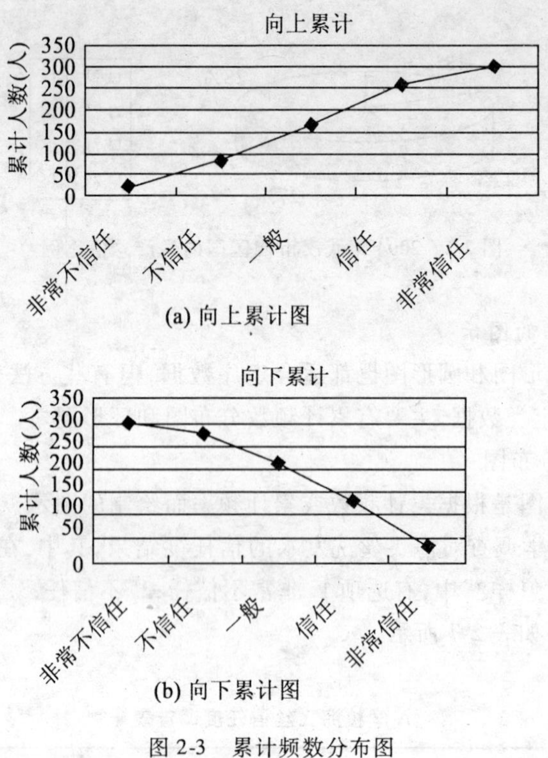

(a) 向上累计图

(b) 向下累计图

图 2-3　累计频数分布图

数据系列为一个环。如表 2-7 所示是在 A 学校的调查情况，表 2-8 所示是在 B 学校调查 300 名同学的情况，则可用环形图将两种调查结果的差别表示出来。

表 2-8　　**B 学校海飞丝信任度调查表**

回答类别	人数(人)	频率(%)	向上累计频数(人)	向下累计频数(人)
非常不信任	24	8.0	24	300
不信任	108	36.0	132	276
一般	93	31.0	225	168
信任	45	15.0	270	75
非常信任	30	10.0	300	30
合计	300	100	—	—

将表 2-7 和表 2-8 调查结果反映到环形图上，如图 2-4 所示。图中，外部的大环表示对 B 学校的调查情况，里面的小环表示对 A 学校的调查情况。

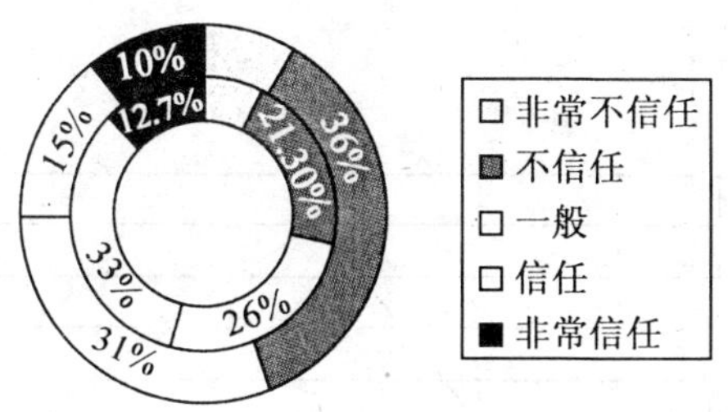

图 2-4　A、B 两学校学生对海飞丝的信任度情况

(三)数值型数据的图示

前面介绍的条形图、圆形图、累计频率图和环形图也都适合数值型数据的表示，但是有些适合数值型的特定的图示方法，并不适合定类数据和定序数据的表示。

1. 分组数据的图示方法主要有直方图和折线图

(1)直方图(histogram)

直方图是用一系列宽度相等、高度不等的矩形表示数据分布的统计图。绘制方法为：在平面坐标上，横轴根据各组组距的宽度标明各组组距，纵轴根据次数的高度标明各组次数。对于等距数列可以直接根据频数作出直方图，而对于异距数列，要先计算出频数密度，并将其作为纵轴，即可作出直方图，这样便于观察比较。表 2-3 所示为等距数列，其直方图如图 2-5 所示。

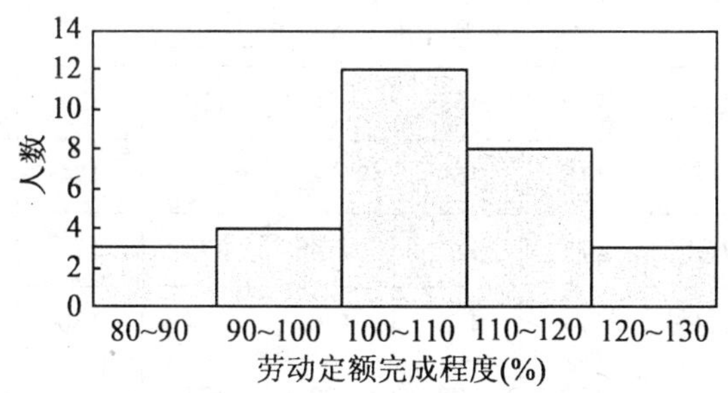

图 2-5　某企业 30 个工人劳动定额完成情况

直方图与条形图是不同的。首先，条形图用宽度来表示类别，且宽度都相等，而直方图是用宽度表示组距，宽度可以不相等。其次，条形图通常分开排列，而由于分组数据具有连续性，所以直方图通常是连续排列的。最后，条形图主要用于表示定类数据，而直方图则主要用于表示数值型数据。

(2)折线图

折线图是在直方图的基础上，用折线连接各个直方图的顶边中点，并在直方图两侧各延伸一组,使折线与横轴相连。折线所覆盖的面积就是直方图条形的面积,表示总次数。如图 2-6 所示。

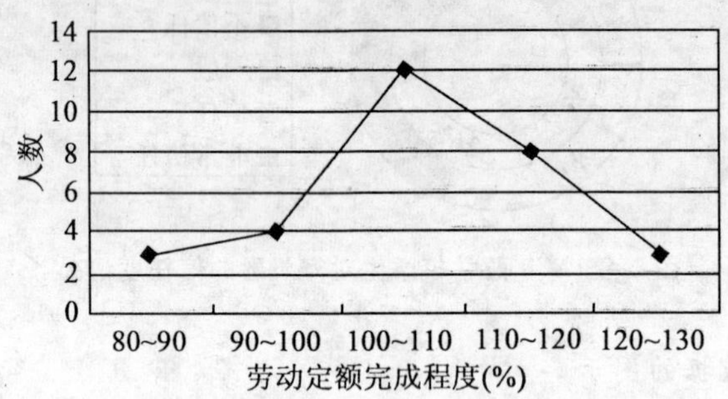

图 2-6 某企业 30 个工人劳动定额完成情况折线图

2. 未分组数据的图示方法一般有茎叶图、箱线图和散点图

(1)茎叶图(stem-and-leaf display)

茎叶图又称枝叶图,是由"茎"和"叶"两部分组成的。它像一片带有茎的叶子,茎为较大的数目。它的思路是以该组数据的高位数值作为树茎,而且树叶上只保留该数值的最后一个数字。通过茎叶图,可以看出数据的分布形状以及数据的离散状况,如分布是否对称,数据是否集中等。如表 2-9 所示为某个地区学校 100 个高三男生的身高,将该数据制作成茎叶图,如图 2-7 所示。

表 2-9 某地区学校 **100** 名高三男生的身高

152	178	165	180	155	156	170	172	180	168
159	168	174	175	169	178	179	174	182	176
166	165	168	173	182	174	173	174	169	170
172	181	168	174	175	176	174	180	167	173
172	177	178	171	172	173	175	172	177	167
170	174	157	154	164	172	163	162	158	172
178	190	166	187	183	179	174	166	167	175
175	176	168	173	167	181	184	179	183	186
187	175	174	167	169	170	164	163	171	178
186	188	175	172	192	170	178	179	167	168

树茎	树叶	数据个数
15	24	2
15	56978	5
16	43243	5
16	58896589877667877978	20
17	02443434024432123204224021043	29
17	8589656785789556958589	22
18	0022103143	10
18	76768	5
19	02	2

图 2-7　茎叶图

对于一组数据,如果数据个数为 $n(20 \leqslant n \leqslant 300)$,则茎叶图的最大行数不能超过

$$L = [10 \times \lg n]$$

茎叶图类似于横置的直方图,但又有区别。直方图可大体上看出一组数据的分布状况,但没有给出具体的数值,而茎叶图既能给出数据的分布状况,又能给出每一个原始数值,保留了原始数据的信息。

(2)箱线图(box plot)

箱线图是由一组数据的最大值、上四分位数、中位数、下四分位数和最小值 5 个特征值绘制而成的,由一个箱子和两条线段组成。通过箱线图,不仅可以反映出数据分布的特征,还可以进行多组数据分布特征的比较。箱线图一般有单批数据箱线图和多批数据箱线图两种。

箱线图的作法是:首先找出一组数据的 5 个特征值,即数据的最大值、最小值、中位数和两个四分位数;然后连接两个四分位数画出箱子,连接两个极端值(最大值和最小值)画出两条线,如图 2-8 所示。

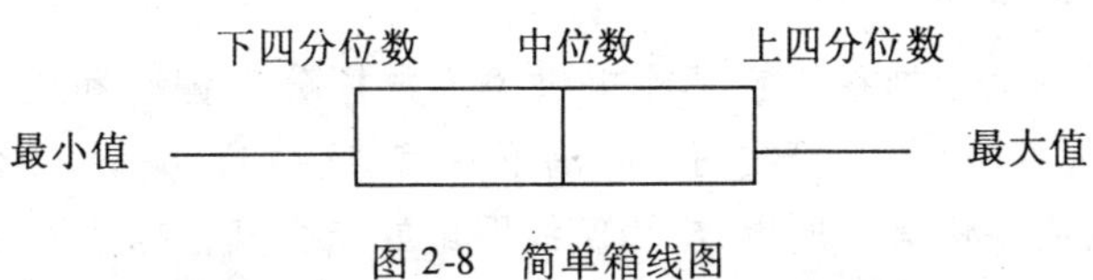

图 2-8　简单箱线图

对于多批数据,可以将各批数据的箱线图并列起来,从而进行分布特征的比较。

现有某直销中心 26 名员工的工资测算数据两批,第一批为工资调整前的数据,第二批为工资调整后的数据,数据表(按序号)如表 2-10 所示:

表 2-10 **某直销公司 26 名员工的工资测算数据**

调整前	717	859	1 104	1 039	715	997	1 029	999	938	1 184	577	653	679
	751	752	1 216	861	750	941	479	519	562	963	674	703	618
调整后	987	1 362	1 032	1 022	1 022	1 017	1 027	1 032	1 002	1 277	982	1 091	1 091
	1 096	1 017	1 017	1 022	1 017	1 096	1 106	1 091	1 022	992	1 252	847	680

绘制的箱线图如图 2-9 所示。

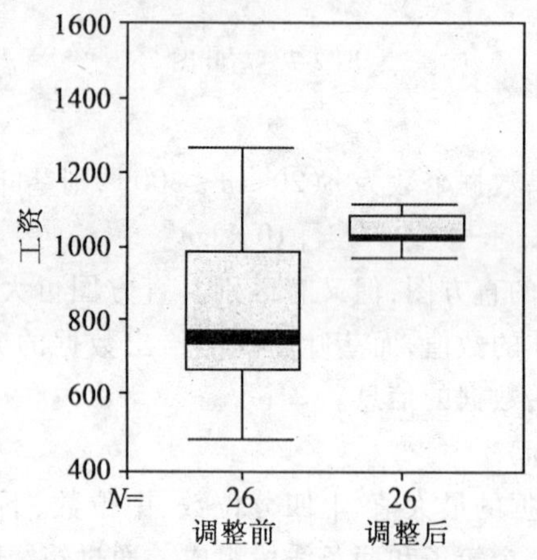

图 2-9 某直销中心员工工资调整前后的箱线图比较

通过箱线图比较,可以很容易地得出:工资调整前,总体水平在 818 元左右,四分位差为 328.7,没有异常值。经过调整后,工资总体水平比调整前高出 228 元,四分位差为 79,工资分布比调整前更加集中,在合适的范围内既拉开了差距,又不至于差距太悬殊,还针对特殊情况进行了特殊处理。这种工资分布具有激励作用,可以说工资调整达到了预期目的。

箱线图美中不足之处在于它不能提供关于数据分布偏态和尾重程度的精确度量;对于批量较大的数据批,箱线图反映的形状信息更加模糊;用中位数代表总体平均水平有一定的局限性等。所以,应用箱线图最好结合其他描述统计工具如均值、标准差、偏度、分布函数等来描述数据批的分布形状。

(3)散点图(scatter diagram)

散点图用来描述两个变量之间的关系,又称相关图,用于分析观察对象之间的相关关系,它具有直观简便的优点。通过作散点图对数据的相关性进行直观的观察,不但可以得到定性的结论,而且可以通过观察剔除异常数据,从而提高估算相关程度的准确性。

表 2-11 给出了阿姆德比萨连锁店在各个大学旁开的连锁店的销售收入与学校学生人数的数据。

表 2-11　**比萨连锁店所在区域学生人数和季度销售收入**

连锁店	学生人数(x_i)/千人	销售收入(y_i)/千元
1	2	58
2	6	105
3	8	88
4	8	118
5	12	117
6	16	137
7	20	157
8	20	169
9	22	149
10	26	202

以横坐标表示学生人数,纵坐标表示销售收入,则所作出的散点图如 2-10 所示。

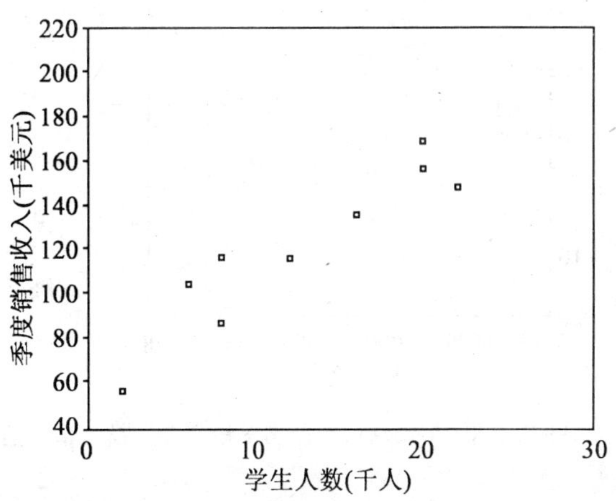

图2-10　比萨连锁店所在区域学生人数与销售收入散点图

从图上可以看出:学生人数多的高校的连锁店其销售收入一般也会高,也就是说连锁店的销售收入与学生人数具有一定的相关性。

3. 时间序列数据的图示方法主要是线图

线图(line plot)是在平面坐标上用折线表现数量变化特征和规律的统计图。主要用于显示时间序列数据,以反映事物发展变化的规律和趋势。常用横轴表示时间,纵轴表示指标数值。表 2-12 所示为 1998~2003 年全国和武汉市房地产开发投资额数据表。

表 2-12　**1998~2003 年武汉市与全国房地产开发投资增长速度比较(%)**

年　度	全　国	武汉市
1998	13.71	0.22
1999	13.53	-9.45
2000	21.49	4.76
2001	27.29	13.85
2002	22.79	14.88
2003	29.70	27.96

根据表中数据,绘制的线图如图 2-11 所示。

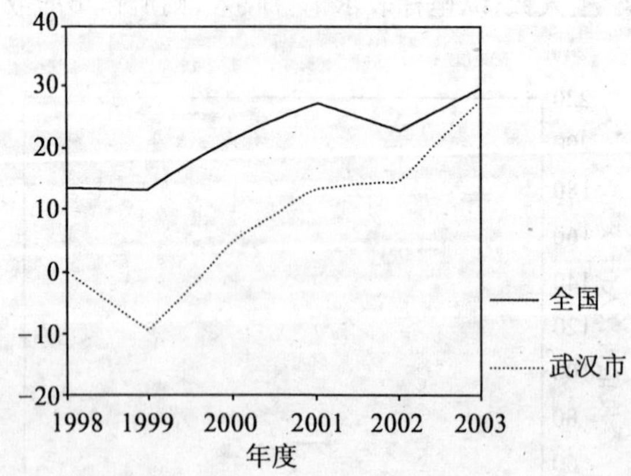

图 2-11　1998~2003 年武汉市与全国房地产开发投资增长速度比较

将两组数据列在同一个图中,既可以看到我国房地产及武汉房地产投资的发展趋势,也可以看到两者之见的差别。

4. 多变量数据的图示方法主要是雷达图

雷达图(radar chart),是表示多个变量的常用图示方法。由于雷达图是由多个坐标轴构成的图形,用手工制作是比较复杂的。下面是用 Excel 制作的雷达图。如数据表 2-13 所示。

表 2-13　　2004 年全国普通高校博士生和硕士生各专业构成

专 业	博士生(%)	硕士生(%)
哲学	1.37	1.16
经济学	5.33	5.24
法学	4.15	7.63
教育学	1.64	3.21
.文学	4.23	8.06
历史学	1.82	1.33
理学	13.41	10.42
工学	42.92	37.81
农学	3.78	3.51
医学	11.65	9.93
军事学	0.07	0.05
管理学	9.62	11.65

用 Excel 制作的雷达图如图 2-12 所示：

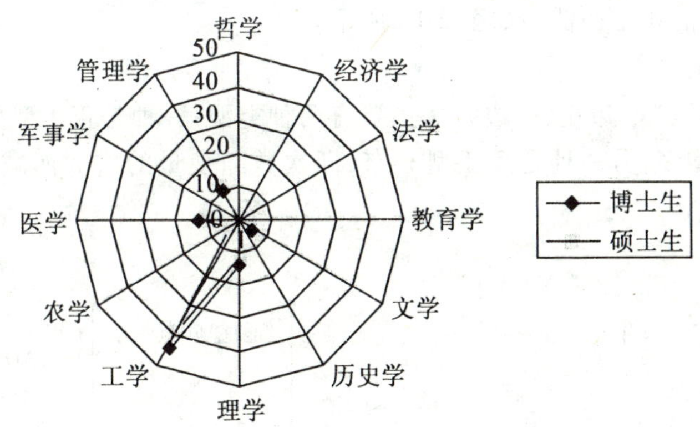

图 2-12　普通高校博士、硕士各专业构成分析

三、分布曲线的类型

利用统计图的形式对社会现象的数量分布特征进行描述，通过这些图形，可以直观地显示不同类型现象的分布特征。各种不同性质的社会经济现象的分布曲线的类

型，概括起来，大致有三种类型：钟型分布、U型分布和J型分布。

（一）钟型分布

钟型分布的特征是"两端小，中间大"，即中间的变量值分布的次数多，靠近两边的变量值分布的次数少，其图形宛如一口古钟，故而得其名。

钟型分布可分为对称分布和偏态分布两种。如图2-13中，（a）所示是以变量的平均数为对称轴，左右两侧对称，这种分布称为对称分布；（b）所示为左偏分布；（c）所示为右偏分布。

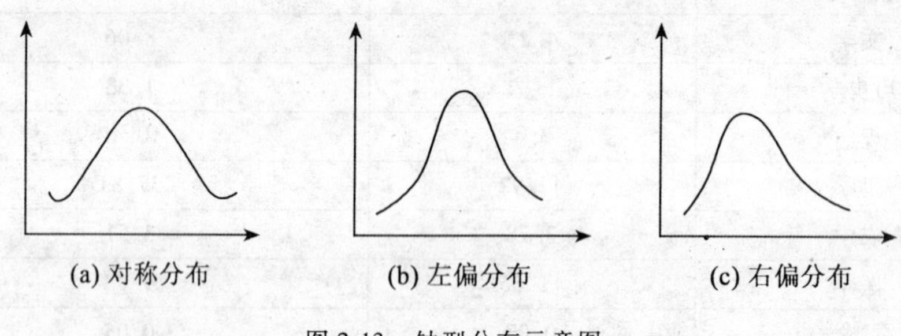

(a) 对称分布　(b) 左偏分布　(c) 右偏分布

图2-13　钟型分布示意图

（二）U型分布

U型分布的形状与钟型分布相反，最大特征是"两头大，中间小"，其分布曲线图形像英文字母U，故而得名。例如，人口按年龄死亡率的分布，幼儿和老年人的死亡率高，而中青年的死亡率低。如图2-14所示。

（三）J型分布

J型分布呈现"一边小，一边大"，主要有两种类型：一种是正J型分布，即次数随变量的增大而增多，另一种是反J型分布，即次数随变量的增大而减少。如图2-15所示。

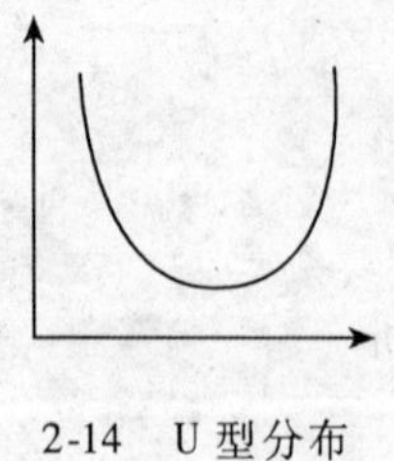

2-14　U型分布

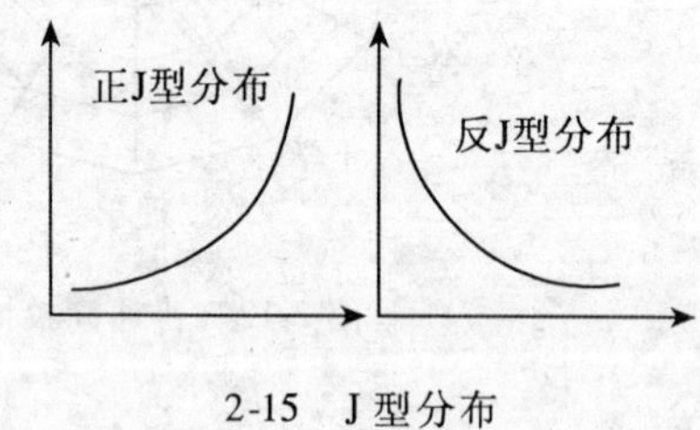

2-15　J型分布

案例 2.1　消费者购买精品服装仿冒品的行为调查研究

一、市场背景与动机

随着资讯科技进步与全球化的影响，仿冒品几乎已到随手可得的地步，而其包含的种类亦包罗万象，举凡日常生活用品，甚至连昂贵的珠宝、钻石等都一无幸免。根据国际智慧财产权联盟(IIPA)估计，全球产业每年因仿冒行为所产生的损失已超过4 800 亿美元，而这个数字亦在逐年攀升中。另外，就亚洲而言，依据国际智慧财产权联盟所公布的最新资料显示，祖国大陆、中国台湾与韩国是亚洲三大仿冒品的前三名。仿冒品流窜的地点，从早期传统的地摊、二手商店，渗透到邮购目录与虚拟的网际网路上，此举不但严重影响产业的生存空间及投资意愿，破坏整体社会与经济结构的发展，甚至伤害到那些对产品真伪不易分辨的消费者。因此，唯有从源头做起，有效降低消费者对于仿冒品的购买意愿，才是杜绝那些仿冒品业者继续生存的根本之道。

本研究将以精品服装仿冒品为例，欲从消费者最初的资讯处理活动——知觉评估，包含消费者之知觉价格、物质主义、产品知识、知觉风险以及价值观等层面，着重探讨消费者对于仿冒品之购买意愿是否会因本身的产品知识不同而有所差异。

二、研究目的

1. 探讨消费者对于精品服装仿冒品之知觉价格、知觉品质、知觉价值与购买意愿等四个层面间的相互关系与其购买仿冒品的知觉评估过程。

2. 分析不同程度之产品涉入、物质主义、产品知识、知觉风险以及价值观对消费者购买精品服装仿冒品意愿之影响。

3. 根据相关研究结果，对于未来如何防止消费者购买仿冒品的行为提出建议。

三、研究范围

本研究为理论性的实证研究，且为求实验结果正确性以 A 大学的学生(包括研究生)为研究对象。之所以选择此类对象，除了研究经费及时间的限制外，由于大学生、硕士生以及博士生三者虽因求学生活环境相似，但在生长家庭的社交背景、人生历练与个人认知及态度行为上，三者是有所差异的，故本研究采用抽样调查法，以 A 大学学生为研究对象，将其分成大学生、硕士生、博士生三层进行样本抽样。如表2-14所示。

表 2-14 **A 大学抽样学生年级构成**

抽样年级	人数	比例(%)	所需样本数
本科生	30097	62.7	314
硕士生	13462	28.1	140
博士生	4408	9.2	46
合计	47967	100	500

四、问卷设计及数据采集

本研究问卷分成十大部分:知觉品质、知觉价格、知觉价值、消费者对产品的重视程度、物质主义倾向、产品知识的多寡、知觉风险、精品服装仿冒品之购买意愿、价值观、受访者基本资料。下面列举其中几部分的问卷设计,见表 2-15、表 2-16、表 2-17、表 2-18、表 2-19、表 2-20 和表 2-21。

表 2-15 **知觉品质之衡量项目**

题号	问　题
1	我认为精品服装仿冒品的质料做工较真品细致
2	我认为精品服装仿冒品的品质较真品更值得信赖
3	我认为精品服装仿冒品较真品更具品质感
4	购买精品服装仿冒品比起真品能带给我更高的满足感

表 2-16 **知觉价格之衡量项目**

题号	问　题
1	我会花时间寻找价格较便宜的仿冒品
2	我认为花时间和精神找仿冒品是值得的

表 2-17 **知觉价值之衡量项目**

题号	问　题
1	我认为仿冒品具有吸引力
2	我认为购买仿冒品是最好的选择
3	整体而言,我认为购买仿冒品是很有价值的

表 2-18 消费者对产品的重视程度

题号	问题	
1	仿冒品对我不具任何意义	仿冒品对我很有意义
2	我对仿冒品很不感兴趣	我对仿冒品很感兴趣
3	仿冒品对我不具特别意义	仿冒品对我意义深远
4	仿冒品不是必需品	仿冒品为生活上所必需
5	仿冒品是不值得拥有的	仿冒品是值得拥有的

表 2-19 物质主义倾向之衡量项目

题号	问题
1	我认为取得和拥有产品能为我带来愉悦
2	我喜欢名牌产品,所以会购买名牌的仿冒品
3	透过产品的消费活动,可以使我感到满足

表 2-20 知觉风险之衡量项目

题号	问题
1	购买不熟悉的仿冒品会未如您预期的表现
2	购买不熟悉的仿冒品会降低您的自我形象
3	购买不熟悉的仿冒品,会受到亲朋好友的嘲笑

表 2-21 受访者基本资料

性别	男、女
年龄	18 岁以下、19 ~ 22 岁、23 ~ 26 岁、27 ~ 30 岁、31 ~ 34 岁、35 ~ 38 岁、39 岁以上
年级	大一、大二、大三、大四、硕士生、博士生
平均每月可支配所得	500 元以下、500 ~ 1 000 元、1 000 ~ 1 500 元、1 500 ~ 2 000 元、2 000 以上
购买的仿冒品与真品之间的差价比例	不知道、20% ~ 30%、30% ~ 40%、40% ~ 50%、50% ~ 60%、60% 以上
购买精品服装仿冒品经验	有、无、不知道曾购买的精品服装为仿冒品

五、调查结果分析

本调查数据的采集采用了人员问卷法,发放 500 份问卷,回收 480 份,回卷率为

96%，经过仔细过滤并剔除不完整或无效的问卷后，共得到有效问卷465份。然后将资料编码、建档，输入电脑资料库。本研究采用SPSS11.5进行资料分析。

具体各项分析（略）。这里以购买精品服装仿冒品经验为例，简单说明用SPSS软件制作统计图的过程。

经调查统计，得到受访者购买精品服装仿冒品经验的次数分布表如表2-22所示。

表2-22 **仿冒品购买经验调查表**

仿冒品购买经验	次数（人）	百分比（%）
有	342	73.5
无	50	10.8
不知道曾购买的精品服装为仿冒品	73	15.7
总　计	465	100

1. 输入数据。首先将数据输入SPSS数据编辑窗口，如图2-16所示。

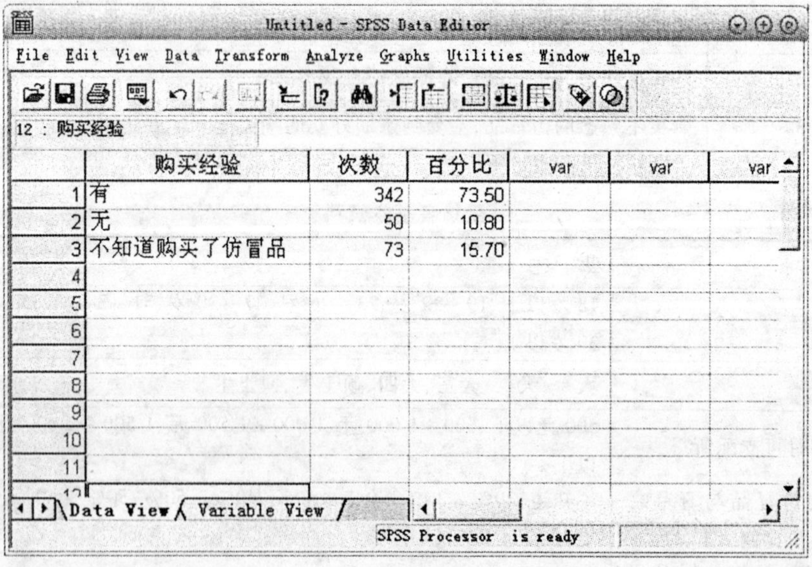

图2-16

2. 绘制条形图。要研究受访者购买仿冒品的经验如何，绘制成条形图很容易观察。

绘制条形图步骤如下：

在"Graphs"菜单中选择 Bar 命令，在弹出的 Bar Charts 对话框中选择 Simple 图标，并在 Date in Chart Are 框中选择 Summaries for groups of cases 项，确定要生成个案分组的简单条形图。如图 2-17 所示。

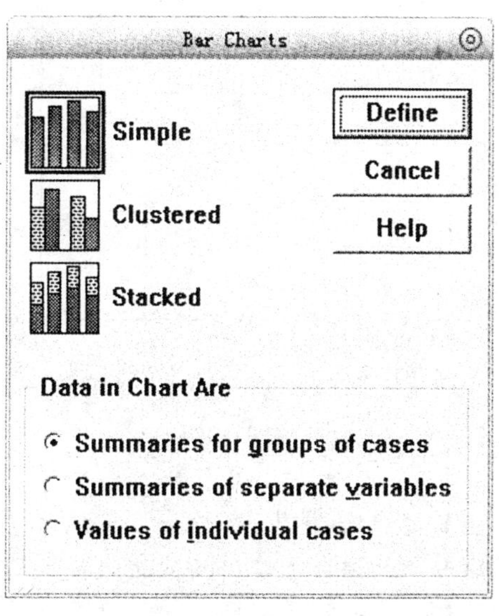

图 2-17

单击 Define 按钮，弹出 Define Simple Bar：Summaries for Groups of Cases 对话框，如图 2-18 所示。

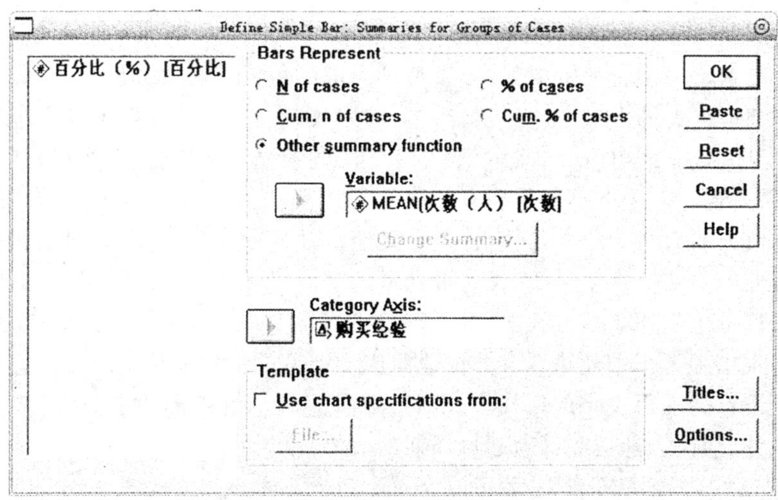

图 2-18

如图 2-18 选定后，点击 OK，条形图就做出来了，如图 2-19 所示。

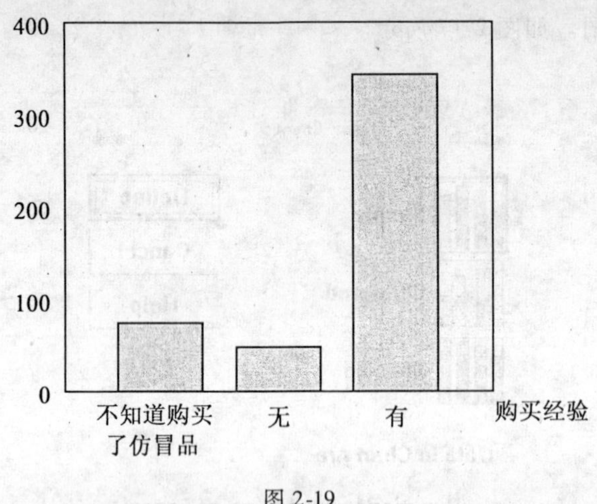

图 2-19

从图形我们可以很容易地看出，学生购买精品服装仿冒品的情况是相当普遍的，也有很少一部分的消费者并不知道自己购买的精品服装产品是否为仿冒品。

其他的具体分析，这里不再赘述，有兴趣的同学可以自己去调查研究。

案例 2.2　公交车广告展示方式的问卷设计

一、研究背景

公交车是市民出行的重要工具，作为广大市民每天接触次数最多的户外媒体，公交车广告拥有巨大的发展空间。随着技术的发展，公交车广告发展出了许多广告形式，如车身广告、车载电视广告、车载电台广告、电子显示屏广告、语音报站广告、座椅广告、扶手广告等。公交车广告拥有较高的到达率和接触率，与其他媒体相比，它既是最具有效力的大众化户外媒体，也是最具经济效益的媒体，它可以保证您的广告播放达到每天 16 小时、每个月 30 天的曝光率。A 市拥有 0.5 万辆公交车，每日乘坐公交车的客流量达到 300 多万人次，由于车身特有的移动性，一辆公交车有时在一天，甚至是一次单程行车中就可以多方位地向成千上万的消费者传送广告信息。精美新颖的广告设计会赢得更多的回头率，因此，唯有深入了解市民的审美观，从市民角度出发来设计广告，才能达到甚至超过预期的效果。

二、研究目的

本研究尝试针对以下问题，进行深入探讨：

1. 了解现有A市公交车车厢外广告给人的整体观感与期望,以便对现有公交车广告进行正确的评价;

2. 了解A市居民对现行武汉市公交车车厢外广告的意象,便于对现有广告进行有效修改;

3. 通过调查分析,了解A市公交车车厢外广告与公交车本身及都市的配合性,为广告设计提供依据。

三、研究对象

基于人力与时间因素的考虑,本次研究对象有如下限制:

1. 本研究中的A市公交车厢外广告是指张贴在车身外面的广告,张贴的位置分布为车门侧、司机侧与车尾侧三处。因为车门侧公交广告让人有较多时间及较近距离地观看,因此本研究是以公交车厢外广告的车门面作为研究对象。

2. 公交车厢广告样本的收集是以公交车业者拥有的车辆规模及行驶路线为筛选基准,整理出行驶班次最多的前20条路线。

3. 本研究的问卷调查主要是以居住或工作在A市的人为对象,他们经常搭乘公交车也常观看车厢外广告。

四、问卷设计及数据采集

问卷内容分为三个部分:基本资料、现有A市公交车车厢外广告样本的意象认知和现有武汉市公交车车厢外广告样本与公交车本身及都市的配合性。

1. 个人基本资料表

1)性别:男( ) 女( )

2)年龄:__________周岁

3)职业:______________

4)教育程度:博士( ) 硕士( )本科( ) 专科( ) 高中( )初中( )小学( )

5)最常用交通工具:公交车( ) 出租车( ) 自用车( ) 其他( )

6)最常用的公交路线:无__________

有______________(若有,请填写公交路线,数量不限)

7)对于A市公交车车厢外广告的喜好度:

十分喜欢( ) 较喜欢( ) 普通( ) 较讨厌( ) 十分讨厌( )

8)常看到A市公交车车厢外广告的时点:

上下班等公车时( ) 上下学等公交车时( ) 外出逛街时( ) 搭乘交通工具时( )

其他______________(可复选,若选其他,请填写说明)

2. A市公交车车厢外广告给我的整体观感调查表如表2-23所示。

表 2-23 **A 市公交车车厢外广告给我的整体观感调查表**

	关于公交车车厢外广告(以下简称广告)的问题	1	2	3	4	5
1	广告常能吸引我的注意					
2	广告的图像最能吸引我的注意					
3	广告的标题文字最能吸引我的注意					
4	广告的内文最能吸引我的注意					
5	广告的色彩最能吸引我的注意					
6	广告令人赏心悦目					
7	广告的内容能迅速看懂					
8	广告很有创意					
9	广告太商业化					
10	广告很枯燥、呆板					
11	广告会影响我搭车的意愿					
12	广告会影响我当时的心情					
13	广告会影响我对广告产品的评价					
14	广告会影响我购买产品的评价					
15	广告会影响我对公交车业者的评价					
16	广告会影响我对那辆公交车的观感					

注:1 表示同意 2 表示较同意 3 表示无所谓 4 表示较不同意 5 表示同意

3. 我对 A 市公交车车厢外广告的期望,如表 2-24 所示。

表 2-24 **我对 A 市公交车车厢外广告的期望**

	关于公交车车厢外广告(以下简称广告)的问题	1	2	3	4	5
1	广告需要多点活泼					
2	广告需要多点幽默					
3	广告需要多点艺术					
4	广告需要简洁、和谐					
5	广告应多采用鲜明的色彩					
6	广告应多采用对比强烈的色彩					
7	广告应多采用自然风景图像为背景					
8	广告应多采用代言的帅哥、美女图像					
9	广告应多采用产品图像					
10	广告应图像多,文字少					
11	广告的标题文字应该要很醒目					
12	广告不要用大量的文字					
13	广告不要有恐怖内容					
14	广告不要有过期、老旧的广告					
15	广告不要有色情内容					

注:1 表示同意 2 表示较同意 3 表示无所谓 4 表示较不同意 5 表示同意

4.公交车车厢外广告与公交车本身、都市的配合(略)

五、调查结果分析

本调查研究采用抽样问卷调查,发放300份问卷,回收286份问卷,有效问卷270份,其中受访者中,男生120人,女生150人。受访者的年龄分布如表2-25所示。

表2-25 **受访者的年龄分布表**

男		女	
年龄(周岁)	人数	年龄(周岁)	人数
10~20	31	10~20	38
20~30	17	20~30	63
30~40	52	30~40	29
40~50	20	40~50	20

数据采集整理后,录入电脑存档,具体分析研究用软件SPSS 11.0 for windows来实现,这里不做详细介绍。

小 结

统计数据是统计学研究的出发点,也是统计实施的载体。统计数据的收集与整理是依据统计分析的目的和要求,有组织、有计划地搜集资料并对这些资料进行去伪存真、去粗取精的分类整理过程。

统计数据是采用某种计量尺度对现象进行计量的结果,与其他信息相比,具有客观性、总体性、数量性、扩展性等特点。

统计数据的收集方法主要是统计调查,它按研究的目的和要求,有组织地向调查对象收集相关的各种资料。原始资料的收集方法主要有直接观察法、报告法、登记法、问卷法、访谈法、实验法等;次级资料的收集方法有直接引用法、参考文献查找法、检索工具查找法等。

统计数据整理从数据的审核与筛选开始,对统计数据的完整性、及时性、准确性三个方面进行审核,以保证统计汇总的质量,在此基础上,对统计数据进行分类、分组和汇总,并编制相应的统计表或绘制统计图。

不同类型的数据应用不同的图表来展示数据的特征。定类数据可以用条形图和圆形图来表示。定序数据除了可以用条形图和圆形图表示外,还有累计频数分布图和环形图。对于数值型数据,除了条形图、圆形图、累计频数分布图和环形图可以表示外,还有其特定的表示方法:分组的数值型数据可以用直方图和折线图表示,未分组的数值型数据可以用茎叶图、箱线图和散点图表示,时间序列数据可以用线图表示,多变量数据的图示方法主要是雷达图。

思考与练习

2.1 统计数据主要有哪些类型?

2.2 统计数据的收集具体有哪些方法?

2.3 简述统计调查方案的设计主要有哪些内容?试设计一个自己感兴趣的调查方案。

2.4 统计调查有哪些组织形式?

2.5 什么是统计分组?它有何作用?在统计分组时要遵循什么样的原则?

2.6 组距数列如何编制?

2.7 简述统计表的构成及分类。

2.8 直方图与条形图有何区别?

2.9 环形图与圆形图有何区别?

2.10 分布曲线大致有哪些类型?各自特征是什么?

2.11 某手机公司要对某校学生使用该手机情况做一调查统计,以便决定相应的销售政策。试选择某一品牌手机,对其进行此项调查设计,写出调查方案,调查后将搜集的数据进行分组整理,制成统计表和统计图。

2.12 某超市开业3周年之际,为了解超市的服务质量,随机对50名顾客进行了问卷调查,调查结果如下:

A B B C D C C A E A C B B A D D B D B C C C A B A D B A B B

B A A D D B D B C B B C C B A C A E D C

A:满意 B:较满意 C:一般 D:不太满意 E:不满意

试根据以上所调查的结果,对其进行整理,制作条形图来推断顾客对该超市服务质量的满意程度。

2.13 某化妆品公司对其50名销售人员一周的销售业绩做了记录,数据如下所示(单位:套):

30 60 91 70 40 50 38 64 68 81 92 32 30 38 46 48 47 58 56 57 64 68 62 60 78

74 79 82 90 96 83 81 62 69 72 70 42 57 92 61 82 75 68 64 56 54 42 53 84 80

(1)将上面的数据按从小到大的顺序排列,并以10为组距进行等距分组,编制频数分布表,将向上累计和向下累计的频数也编入表内。

(2)绘制直方图,观察该50名销售人员的销售业绩。

(3)制作茎叶图,并与直方图作比较。

2.14 从某大学管理学院信息管理专业的学生中随机抽取了10名,对其6门主要科目的考试成绩进行了统计，所得结果如表 2-26 所示。

表 2-26

课程名称	学生编号									
	1	2	3	4	5	6	7	8	9	10
高等数学	73	80	65	91	94	70	58	74	81	68
管理学原理	78	75	80	85	68	70	77	90	74	71
管理信息系统	85	80	75	74	90	68	74	78	82	79
英语	75	80	65	67	55	63	74	72	91	68
统计学	80	82	78	76	69	92	80	77	70	68
计算机 C 语言	90	83	77	66	58	54	69	75	73	80

(1)试绘制各科考试成绩的箱线图，并分析各科考试成绩的分布特征。

(2)试绘制 10 名学生考试成绩的箱线图，并分析各位同学考试成绩的分布特征。

2.15　已知 1990 ~ 2004 年我国国内生产总值数据如表 2-27 所示。

表 2-27

年份	国内生产总值(亿元)
1990	18 547.9
1991	21 617.8
1992	26 638.1
1993	34 634.4
1994	46 759.4
1995	58 478.1
1996	67 884.6
1997	74 462.6
1998	78 354.2
1999	82 067.5
2000	89 468.1
2001	97 314.8
2002	105 172.3
2003	117 390.2
2004	136 875.9

其中,在 1998 年的国内生产总值中,第一产业为 14 599.6 亿元,第二产业为 38 691.8亿元,第三产业为 79 395.7 亿元。

(1)根据表 2-27 的数据绘制国内生产总值的线图。

(2)根据 1998 年的国内生产总值及其构成数据,绘制圆形图和环形图。

第三章　统计数据分布特征的测度

统计数据经过整理后,能够粗略地反映出数据的趋势和特点,但代表性的数量特征值还没有显示出来,反映的精确度还不够。为了进一步掌握数据分布的特征和规律,还需要进行深入分析,找到反映数据分布特征的各个代表值。根据数据分布的特点可以从三个方面进行测度和描述:一是集中趋势,反映数据的聚集程度;二是离散程度,反映数据远离中心的趋势;三是分布的偏态和峰度,反映数据分布的形状。本章将重点讨论这三方面测度指标的计算及应用。

第一节　集中趋势的测度

集中趋势(central tendency)是指一组数据向某一中心值靠拢的倾向。集中趋势的测度值反映的是数据一般水平的代表值或者数据分布的中心值。根据不同的计算方法,集中趋势的测度值有算术平均数、调和平均数、几何平均数、众数、中位数和四分位数等,前三种称为数值平均数,后三种称为位置平均数。

一、算术平均数

算术平均数(arithmetic mean)也称均值(mean),是数据集中趋势的最主要测度值,是变量数列中所有数据的综合(总体标志总量)与数据个数(总体单位总量)的比值。它主要适用于定距数据和定比数据,不适用于定类数据和定序数据。

根据所收集的资料是否分组,算术平均数的计算又分为简单算术平均数和加权算术平均数两种形式。

(一)简单算术平均数

如果数据是未经整理的原始数据,可直接对观察值进行平均得到简单算术平均数(simple arithmetic mean),其计算公式为:

$$\bar{X}=\frac{X_1+X_2+\cdots+X_n}{n}=\frac{\sum_{i=1}^{n}X_i}{n} \tag{3.1}$$

式中:X_i——样本中第 i 个单位的变量值;

n ——代表样本容量;

$\sum$ ——加总符号。

例 3.1 某班级中 10 位同学数学的期末成绩分别为 90,75,82,86,81,93,78,68,74,83,求这 10 位同学的平均成绩。

解:根据简单算术平均数的计算公式得到:

$$\bar{X} = \frac{90+75+82+86+81+93+78+68+74+83}{10} = 81(\text{分})$$

则 10 位同学的平均成绩为 81 分。

(二)加权算术平均数

当资料分组整理成变量数列时,可使用加权算术平均数(weighted arithmetic mean)来计算,公式为:

$$\bar{X} = \frac{X_1 f_1 + X_2 f_2 + \cdots + X_N f_N}{\sum_{i=1}^{n} f_i} = \frac{\sum_{i=1}^{n} X_i f_i}{\sum_{i=1}^{n} f_i} = \sum_{i=1}^{n} X_i w_i \tag{3.2}$$

式中:X_i——第 i 组的变量值或组中值;

f_i——代表第 i 组的次数,也称为权数;

w_i——第 i 组的变量值的频率,即比重权数,$w_i = \frac{f_i}{\sum_{i=1}^{n} f_i}$

因为各组变量值出现次数的多少对平均数的形成产生权衡轻重的作用,所以将“f”称为权数。权数既可以表现为“次数”的形式,也可以表现为“比重”的形式。

1. 根据单项数列计算算术平均数

例 3.2 某企业工人按日产量分组资料如表 3-1 所示,根据资料计算工人的平均日产量。

表 3-1 某企业工人日产量分布

日产量(件) X	工人人数(人) f	比重权数 $(f/\sum f)$
15	10	0.07
16	20	0.13
17	30	0.20
18	50	0.33
19	40	0.27
合计	150	1.00

解:由公式(3.2)可以得到:

$$\bar{X}=\frac{\sum Xf}{\sum f}=\frac{15\times 10+16\times 20+17\times 30+18\times 50+19\times 40}{150}$$

$$=\frac{2640}{150}=17.6\approx 17(\text{件})$$

或者

$$\bar{X}=\sum_{i=1}^{n}X_i w_i=15\times 0.07+16\times 0.13+17\times 0.20+18\times 0.33+19\times 0.27$$

$$=17.6\approx 17(\text{件})$$

2. 根据组距数列计算算术平均数

例 3.3　某班同学统计学成绩资料如表 3-2 所示,试求该班统计学的平均成绩。

表 3-2　　**某班级统计学期末考试成绩表**

统计学成绩(分)	组中值 x	学生人数(人) f	频率(%) w_i	xf
40～50	45	5	8.3	225
50～60	55	7	11.7	385
60～70	65	8	13.3	520
70～80	75	20	33.3	1 500
80～90	85	14	23.4	1 190
90～100	95	6	10	570
合 计	—	60	100	4 390

解:由公式(3.2)可以求得该班同学统计学的平均成绩为:

$$\bar{X}=\frac{\sum Xf}{\sum f}=\frac{4\,390}{60}=73.17$$

或

$$\sum_{i=1}^{N}X_i w_i=45\times 8.3\%+55\times 11.7\%+65\times 13.3\%+75\times 33.3\%+85\times 23.4\%+95\times 10\%=73.17$$

简单算术平均数和加权算数平均数本是一回事,简单算数平均数可以看成是加权算数平均数在权数相等条件下的一个特例。

（三）算术平均数的数学性质

算术平均数在统计学中具有重要的地位，是进行统计分析和统计推断的基础。算术平均数主要有以下两个重要的数学性质。

1. 各个变量值与算术平均数离差之和等于零

$$\sum(X_i-\bar{X})=0 \text{ 或 } \sum(X_i-\bar{X})\cdot f=0 \tag{3.3}$$

证明：

$$\sum(X_i-\bar{X})=\sum X_i-n\bar{X}=\sum X_i-n\cdot\frac{\sum X_i}{n}=\sum X_i-\sum X_i=0$$

算术平均数的这一性质表明其作为变量值中心使正负离差相等，这一性质在统计中起着重要的作用。

2. 各个变量值与算术平均数的离差平方和为最小值

$$\sum(X_i-\bar{X})^2=\min \text{ 或 } \sum(X_i-\bar{X})^2\cdot f=\min \tag{3.4}$$

证明：设 X_0 为不等于算术平均数的任意值，a 为常数，令 $\bar{X}-X_0=a, a\neq 0$，把 $\bar{X}-X_0=a, X_0=\bar{X}-a$ 代入以 X_0 为中心的离差平方和，得：

$$\begin{aligned}\sum(X_i-X_0)^2=\sum[X_i-(\bar{X}-a)]^2&=\sum[(X_i-\bar{X})+a]^2\\&=\sum[(X_i-\bar{X})^2+2a(X_i-\bar{X})+a^2]\\&=\sum(X_i-\bar{X})^2+na^2\end{aligned}$$

因此

$$\sum(X_i-\bar{X})^2=\sum(X_i-X_0)^2-na^2$$
$$a\neq 0, na^2>0$$

所以：$\sum(X_i-\bar{X})^2<\sum(X_i-X_0)^2$

即：$\sum(X_i-\bar{X})^2=\min$ 或 $\sum(X_i-\bar{X})^2\cdot f=\min$

算术平均数的这一性质通常称为最小平方原理，此性质揭示了算术平均数作为变量一般水平的代表所反映的变量的误差最小、最精确，统计标准差和方差指标的确定就是鉴于这一性质。

二、调和平均数

调和平均数（harmonic mean）也称为倒数平均数，是均值的另一种表现形式。在实际工作中,由于所获得的数据资料不同,有时不能直接采用算术平均数的计算公式来计算其均值,就需要用调和平均数的形式进行计算。它是对变量的倒数求平均,然后再取倒数而得到的平均数。通常用 $\bar{X}_H$ 表示。调和平均数只适用于定比数据,不适用于定距数据。

根据所收集的资料是否分组,调和平均数的计算也可分为简单调和平均数和加权调和平均数两种形式。

(一)简单调和平均数

此方法适用于对未分组资料求平均数。其公式为:

$$\bar{X}_H=\frac{1}{\frac{\sum_{i=1}^{n}\frac{1}{X_i}}{n}}=\frac{n}{\sum_{i=1}^{n}\frac{1}{X_i}} \tag{3.5}$$

式中:n 为观察值个数;X_i 为观察值。

例 3.4　假如某种蔬菜在早、中、晚市的每 500 克的单价分别为 0.5 元、0.4 元、0.2 元,若早、中、晚市各花一元钱购买,则其平均价格是多少?

解:用公式可以求得平均价格如下:

$$\bar{X}_H=\frac{n}{\sum_{i=1}^{n}\frac{1}{X_i}}=\frac{3}{\frac{1}{0.5}+\frac{1}{0.4}+\frac{1}{0.2}}=0.32(\text{元}/\text{克})$$

即该种蔬菜的平均售价为 0.32 元/克。

(二)加权调和平均数

加权调和平均数的计算公式为:

$$\bar{X}_H=\frac{\sum_{i=1}^{n}M_i}{\sum_{i=1}^{n}\frac{M_i}{x_i}} \tag{3.6}$$

式中:M_i 为各组的权数。

例 3.5　某农贸市场某日鸡蛋价格及销售资料见表 3-3 所示,试求其鸡蛋的平均售价。

表 3-3　**鸡蛋价格及销售量**

鸡蛋种类	价格(元/kg)x	销售额(元) M	销售量(kg)M/x
甲	7.6	15 200	2 000
乙	8.0	8 000	1 000

续表

鸡蛋种类	价格(元/kg)x	销售额(元) M	销售量(kg)M/x
丙	8.2	4 100	500
合计	—	27 300	3 500

解:要求鸡蛋的平均售价应该用当日的总销售额除以当日总销售量。由公式可以求得:

$$\bar{X}_H = \frac{\sum_{i=1}^{n} M_i}{\sum_{i=1}^{n} \frac{M_i}{X_i}} = \frac{27\ 300}{3\ 500} = 7.8(\text{元} / \text{千克})$$

即鸡蛋的平均售价为7.8元/千克。

在社会经济领域中,调和平均数经常作为算术平均数的变形使用,二者在本质上是一致的,唯一的区别是计算时使用了不同的数据。需要注意的是,当数据中出现"0"值时不宜计算调和平均数。

三、几何平均数

几何平均数(geometric mean)是对 n 个观察值的乘积的 n 次方根,用于指数和平均速度的计算,通常用 X_G 表示。几何平均数主要用于计算比率或速度的平均值。根据收集的资料不同,几何平均数也有简单几何平均数和加权几何平均数之分。

(一)简单几何平均数

对于未分组的资料,几何平均数的计算公式为:

$$X_G = \sqrt[n]{X_1 X_2 \cdots X_n} = \sqrt[n]{\prod_{i=1}^{n} X_i} \tag{3.7}$$

式中:n ——数列中变量值的个数;

$\prod$ ——连乘符号。

例 3.6 某水泥生产企业2002年的水泥产量为100万吨,2003年的增长率为11%,2004年的增长率为18%,2005年的增长率为23%。试求水泥产量的年平均增长率。

解:由题意可知,该水泥厂每年的发展速度为111%、118%、130%,则平均发展速度根据公式可以求得:

$$X_G = \sqrt[n]{X_1 X_2 \cdots X_n} = \sqrt[n]{\prod_{i=1}^{n} X_i} = \sqrt[3]{111\% \times 118\% \times 123\%} = 117.23\%$$

由此可知,该水泥厂从2003年起的年平均增长率为117.23% - 100% =

17.23%。

(二)加权几何平均数

对于分组数列,其几何平均数的计算公式为:

$$X_G = \sqrt[(f_1+f_2+\cdots+f_n)]{X_1^{f_1} \cdot X_2^{f_2} \cdot X_3^{f_3} \cdots X_n^{f_n}} = \sqrt[\sum f]{X_1^{f_1} \cdot X_2^{f_2} \cdot X_3^{f_3} \cdots X_n^{f_n}} = \sqrt[\sum f]{\prod_{i=1}^{n} X_i^{f_i}} \tag{3.8}$$

例 3.7 某项存款存期为 10 年,前 3 年年利率为 5%,中间 3 年为 8%,后 4 年为 10%,求平均年本利率和平均年利率(年本利率 = 1 + 年利率)。

解:由题意知,存款期间,前 3 年的年本利率为 105%,中间 3 年为 108%,后 4 年为 110%,则平均年本利率可以由公式求得:

$$\text{平均年本利率} = \sqrt[\sum f]{\prod_{i=1}^{n} X_i^{f_i}} = \sqrt[10]{1.05^3 \times 1.08^3 \times 1.10^4} = 1.0788 = 107.88\%$$

平均年利率 = 107.88% - 1 = 7.88%。

需要注意的是,当数据中出现零值或负值时不宜计算几何平均数,在实际应用中,几何平均数主要用于计算社会经济现象的平均增长率。

(三)几何平均数、调和平均数和算术平均数的关系

作为平均数变形的调和平均数和几何平均数,适用于特殊数据的代表值。调和平均数主要用于不能直接计算平均数的数据,几何平均数则主要用于计算比率数据的平均数。算术平均数主要适合于作为数值型数据的集中趋势测度值。

对于同一变量数列而言,几何平均数 X_G、调和平均数 $\bar{X}_H$、算术平均数 $\bar{X}$ 之间存在下列关系:$\bar{X}_H \leq X_G \leq \bar{X}$。

四、中位数

中位数(median)是将观察数据从小到大顺序排列,其位置处于中间的变量数值,通常用 M_e 表示。它是一个位置代表值,其值不受极端值的影响。因为中位数是由数据的位置决定的,凡是可以排序的数据都可以确定中位数。

根据中位数是否分组,可以按以下三种方式计算。

(一)未分组数据的中位数

应将所有变量值按从小到大的顺序排列,若数据个数为奇数,则中位数位置为 $(N+1)/2$;若数据个数为偶数,则中位数位置为最中间位置上两个数值的均值。

例 3.8 分别求下列两组数据的中位数:

(1) 6,8,7,5,4,3,9 (2)8,6,1,4,5,3,7,2

解:(1)首先将已知数列按顺序排列如下:3,4,5,6,7,8,9。因数据为奇数(7)

个,所以中位数的位置为$\frac{7+1}{2}=4$,由此可知中位数为6。

(2)首先将已知数列按顺序排列如下:1,2,3,4,5,6,7,8。数据个数为偶数(8),最中间位置的数据为4和5,故中位数为:$\frac{4+5}{2}=4.5$。

(二)对单项数列求中位数

对于单项分组数列,应先计算各组变量值的累计频数,再根据$\frac{\sum f+1}{2}$求得中位数的位置,最后确定中位数的值。

例3.9 在一次中学生田径运动会上,参加男子跳高的17名运动员的成绩如表3-4所示,计算中位数。

表3-4 **男子跳高成绩表**

成绩(米)	1.5	1.6	1.65	1.70	1.75	1.80	1.85	1.90
人数	2	3	2	3	4	1	1	1
累计人数	2	5	7	10	14	15	16	17

解:首先确定中位数位置:

$$\frac{\sum f+1}{2}=\frac{17+1}{2}=9$$

则中位数 $M_e=1.70$ 米。

(三)对组距数列求中位数

对于组距数列,各组变量值在组内均匀分布的假定下,首先根据累计频数求得中位数所在组的位置$\frac{\sum f}{2}$,然后根据下列公式求出中位数。

下限公式:

$$M_e = L + \frac{\frac{\sum f}{2} - S_{m-1}}{f_m} \cdot d \qquad (3.9)$$

上限公式:

$$M_e = U - \frac{\frac{\sum f}{2} - S_{m+1}}{f_m} \cdot d \qquad (3.10)$$

式中:L——中位数所在组的下限;

U——中位数所在组的上限;

d——中位数所在组的组距;

S_{m-1}——中位数前面各组由小到大的累计频数;

S_{m+1}——中位数后面各组由大到小的累计频数。

例 3.10　某高校一年级的 200 个大学生身高分组资料如表 3-5 所示,计算其中位数。

表 3-5　**身高资料统计表**

身高分组/cm	人数/人	由小到大累计人数	由大到小累计人数
<160	5	5	200
160~164	15	20	195
164~168	35	55	180
168~172	80	135	145
172~176	35	170	65
176~180	20	190	30
>180	10	200	10
合 计	200	—	—

解:首先确定中位数所在的组为:$\frac{\sum f}{2}=\frac{200}{2}=100$,即中位数落在 168~172cm 组中。

根据下限公式计算求中位数:

$$M_e=L+\frac{\frac{\sum f}{2}-S_{m-1}}{f_m}\cdot d=168+\frac{100-55}{80}\times 4=170.25(\mathrm{cm})$$

根据上限公式计算求中位数:

$$M_e=U-\frac{\frac{\sum f}{2}-S_{m+1}}{f_m}\cdot d=172-\frac{100-65}{80}\times 4=170.25(\mathrm{cm})$$

从该例题可以看出,根据上限公式和下限公式计算所得的结果是一致的。在实际计算中,选择其中一种方法计算即可。

中位数不受个别极端值的影响,表现出稳定的特性。当数据分布有较大偏斜时,能够保持对数据一般水平的代表性。

五、分位数

中位数其实就是一种特殊的分位数，是从中间将全部数据等分为两部分。与其类似的还有四分位数(quartile)、十分位数(deciles)和百分位数(percentile)等。这里主要介绍四分位数的计算。

四分位数作为分位数的一种形式，在统计中有着十分重要的意义和作用。四分位数是将数列等分成4个部分的数，一个数列有3个四分位数，通常所说的四分位数是指第一个四分位数(下四分位数)和第三个四分位数(上四分位数)，分别用Q_L和Q_U表示。很显然，中间的四分位数就是中位数。那么，如何根据数列计算四分位数呢？一般来讲要视资料是否分组而定。

(一)未分组资料分位数的计算

首先对数据资料进行排序，然后确定四分位数所在的位置：

Q_L的位置$=\frac{n+1}{4}$，Q_U的位置$=\frac{3(n+1)}{4}$

然后根据所在位置求出四分位数。

例3.11 某车间某月份的工人生产某产品的数量分别为13，13.5，13.8，13.9，14，14.6，14.8，15，15.2，15.4公斤，计算上四分位数和下四分位数。

解：根据公式可以确定四分位数的位置：

Q_L的位置$=\frac{n+1}{4}=\frac{10+1}{4}=2.75$，$Q_U$的位置$=\frac{3(n+1)}{4}=\frac{3(10+1)}{4}=8.25$。

由此可以确定变量数列中的第2.75项和第8.25项工人的生产产品的产量分别为下四分位数和上四分位数。因此：

$$Q_L=13.5+0.75\times(13.8-13.5)=13.725(\text{公斤})$$

$$Q_U=15+0.25\times(15.2-15)=15.05(\text{公斤})$$

(二)对于组距数列求分位数

首先将收集的资料向上或向下累计频数，然后根据累计频数确定四分位数的位置。

Q_L的位置 $=\frac{\sum f+1}{4}$，Q_U的位置 $=\frac{3(\sum f+1)}{4}$

式中：$\sum f$—— 所收集资料的累计频数。

1. 当数据向上累计时，按下列公式计算四分位数

$$Q_L=L+\frac{\frac{\sum f}{4}-S_{m-1}}{f_m}\cdot d \tag{3.11}$$

$$Q_U = L + \frac{3\frac{\sum f}{4} - S_{m-1}}{f_m} \cdot d \tag{3.12}$$

式中：L——四分位数所在组的下限；

S_{m-1}——四分位数所在组前一组的累计频数；

f_m——四分位数所在组的频数；

d——四分位数所在组的组距。

2. 当数据向下累计时，按下列公式计算四分位数

$$Q_L = U - \frac{\frac{3\sum f}{4} - S_{m+1}}{f_m} \cdot d \tag{3.13}$$

$$Q_U = U - \frac{\frac{\sum f}{4} - S_{m+1}}{f_m} \cdot d \tag{3.14}$$

式中，U——四分位数所在组的上限；

S_{m-1}——四分位数所在组后一组的累计频数；

f_m——四分位数所在组的频数；

d——四分位数所在组的组距。

例 3.12 根据表 3-6 所示为某企业职工按月工资的分组资料，试计算四分位数。

表 3-6 **某企业职工月工资统计表**

按月工资分组(元)	职工人数	向上累计	向下累计
600 以下	23	23	566
600 ~ 700	120	143	543
700 ~ 800	150	293	423
800 ~ 900	135	428	273
900 ~ 1 000	95	523	138
1 000 以上	43	566	43
合 计	566	—	—

解：首先确定四分位数的位置：

Q_L 的位置 $= \frac{566+1}{4} = 141.75$，$Q_U$ 的位置 $= \frac{3(566+1)}{4} = 425.25$

根据向上累计公式可以求四分位数分别为：

$$Q_L = 600 + \frac{\frac{566}{4} - 23}{120} \times 100 = 698.75(\text{元})$$

$$Q_U = 800 + \frac{\frac{3 \times 566}{4} - 293}{135} \times 100 = 897.41(\text{元})$$

同理,根据向下累计公式亦可求得四分位数,其计算结果是一致的。

六、众数

众数(mode)是研究总体中出现次数最多的那个变量数值,通常用 M_0 表示。一般情况下,只有在数据量较大的情况下,众数才有意义。众数也是一个位置代表值,其值不受数据中极端值的影响。对于一组观察数据,众数可能没有,也可能不止一个。

根据所收集的资料不同,对众数的确定有下列两种情况:

(一)对于未分组资料或单项数列资料

对于未分组资料或单项数列资料直接观察得到众数。如表 3-4 中,很明显,跳 1.75 米高的人数最多,有 4 个,故 1.75 米就是该组数据的众数。

(二)对于组距数列求众数

对于组距数列求众数就要用公式来计算。首先要确定众数所在的组,即次数密度最多的那个组,称为众数组。然后根据下列公式求出众数。

下限公式:

$$M_0 = L + \frac{f_m - f_{m-1}}{(f_m - f_{m-1}) + (f_m - f_{m+1})} \cdot i \tag{3.15}$$

上限公式:

$$M_0 = U - \frac{f_m - f_{m+1}}{(f_m - f_{m-1}) + (f_m - f_{m+1})} \cdot i \tag{3.16}$$

式中:L——众数组的下限;

U——众数组的上限;

i——众数组的组距;

f_m——众数组的次数;

f_{m-1}——众数组前一组的次数;

f_{m+1}——众数组后一组的次数。

例 3.13 某班级数学期末成绩资料如表 3-7 所示,试求其众数。

表 3-7 数学成绩统计表

数学成绩/分	学生人数/人	数学成绩/分	学生人数/人
40 ~ 50	5	70 ~ 80	20
50 ~ 60	7	80 ~ 90	14
60 ~ 70	8	90 ~ 100	6

解：首先由观察可知，人数最多的一组是 20 人，故众数组为 70 ~ 80，然后根据公式计算众数。

$L=70, U=80, i=4 \ , f_m=20, f_{m-1}=8, f_{m+1}=14$。

根据下限公式：$M_0=70+\dfrac{20-8}{(20-8)+(20-14)}\times 10=76.7$（分）

根据上限公式：$M_0=80-\dfrac{20-14}{(20-8)+(20-14)}\times 10=76.7$（分）

用下限公式和上限公式所得的结果是一致的。

七、切尾均值

切尾均值（trimmed mean）是综合了均值和中位数两种计量优点的一种新的集中趋势测度的计量指标。广泛应用于电视大奖赛、体育比赛等项目。常常听到“去掉一个最高分，去掉一个最低分，最后得分是……”就是利用的切尾均值。

切尾均值计算特点是先把观测值排成顺序统计量，然后将观察值的最大值和最小值切去，对中间的观察值进行平均。以 α 确定两端切去数值的情况。

当 $\alpha=0$ 时，切尾均值等于均值，当接近 $\alpha=1/2$ 时，切尾均值接近于或等于中位数。

$$\bar{X}_\alpha=\frac{X_{([n\alpha]+1)}+X_{([n\alpha]+2)}+\cdots+X_{(n-[n\alpha])}}{n-2\cdot[n\alpha]} \tag{3.17}$$

式中：n 表示观察值的个数，

α 表示人们决定的大于等于 0 又小于 1/2 的系数；

[ ]表示取整，$X_{(1)}, X_{(2)}$ 表示 X_1, X_2 的顺序统计量。

例 3.14 有 11 位评委，对某歌手打分，分别为：

9.35 9.45 9.38 9.25 9.88 9.30 9.27 9.37 9.48 9.65 9.60

解：经整理，顺序统计量为：

9.25 9.27 9.30 9.35 9.37 9.38 9.45 9.48 9.60 9.65 9.88

去掉一个最高分和一个最低分，为了避免 9.88 这样的极端高分的影响，取 $\alpha=1/11$，则其切尾均值为：

$$X_{\frac{1}{11}} = \frac{X_{([11\times\frac{1}{11}]+1)} + X_{([11\times\frac{1}{11}]+2)} + \cdots + X_{(11-[11\times\frac{1}{11}])}}{11 - 2\times[11\times\frac{1}{11}]}$$

$$= \frac{X_{(2)} + X_{(3)} + \cdots + X_{(10)}}{11-2} = 9.43$$

但是,若取 $\alpha = 0$,切尾均值即为平均值:

$$\bar{X}_0 = \frac{X_1 + X_2 + \cdots + X_{11}}{11} = 9.45$$

若取 $\alpha = \frac{5}{11}$, $\bar{X}_{\frac{5}{11}} = \frac{X_6}{1} = X_6 =$ 中位数 $= M_e = 9.38$,所以,切尾均值综合了普通均值与中位数两者的优点。

八、众数、中位数和算术平均数的比较

(一)众数、中位数和算术平均数的关系

众数、中位数和算术平均数三者都是集中趋势的主要测度值,对于具有单峰分布的大多数数据而言,众数(M_0)、中位数(M_e)和算数平均数($\bar{X}$)之间具有下列关系:如果数据的分布是对称的,则有 $M_0 = M_e = \bar{X}$;如果数据是左偏分布,则数据中偏小的数比较多,有 $M_0 > M_e > \bar{X}$;如果数据是右偏分布,则数据中偏大的数比较多,有 $M_0 < M_e < \bar{X}$。如图 3-1 所示。

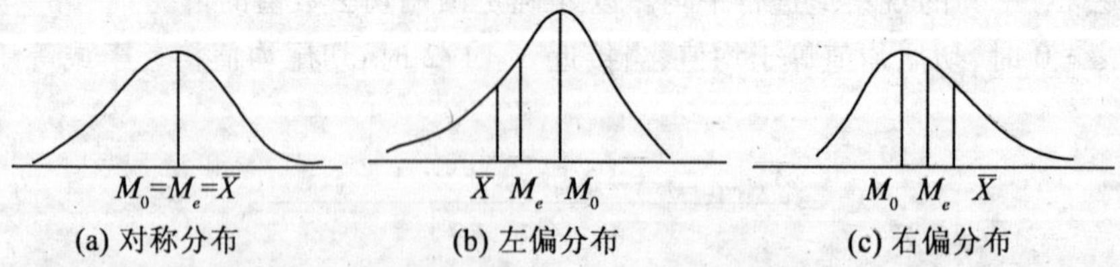

图 3-1 众数、中位数、算术平均数三者的关系图

在偏度适度的情况下,不论是左偏还是右偏,三者存在一定的比例关系,即众数与中位数的距离约为算术平均数与中位数的距离的 2 倍,用公式表示为:$M_e - M_0 = 2\times(\bar{X} - M_e)$。由此可以得到三个推导公式:

$$\bar{X} = \frac{3M_e - M_0}{2}$$

$$M_e = \frac{M_0 - 2\bar{X}}{3}$$

$$M_0 = 3M_e - 2\bar{X}$$

（二）众数、中位数和算术平均数的应用

从分布的角度看，众数是具有明显集中趋势点的数值，一组数据分布的最高峰点所对应的数值即为众数，它是一种位置代表值，其值不受极端值的影响。当然，如果数据的分布没有明显的集中趋势或最高峰点，众数也可能不存在；如果有两个最高峰点，也可以有两个众数。只有在总体单位比较多，而且又明显地集中于某个变量值时，计算众数才有意义。

中位数是一组数据中间位置上的代表值，类似的还有四分位数、十分位数和百分位数等。它们也都是位置代表值，其值也不受极端值的影响，而且计算比较方便。

算术平均数的计算利用了全部的数据信息，是一个可靠的具有代表性的量。它是实际应用最广泛的集中趋势测度值，其值最容易受极端值的影响。对于偏态分布的数据，算术平均数的代表性较差。资料有开口组时，按相邻组组距计算假定性很大，代表性降低。作为算术平均数变形的调和平均数和几何平均数是适用于特殊数据的代表值：调和平均数主要用于不能直接求平均数的数据，几何平均数则主要用于计算比率数据的平均数。

第二节　离散趋势的测度

集中趋势的测度反映的是各变量值向其中心值聚集的程度，但不能准确地反映各变量值之间的差异状况如何，因此对于统计数据，我们还需要分析其分散程度，即离散趋势的测度。离散趋势是指变量数列中变量之间的差异程度、分散程度或离中程度。用以测定离散趋势的指标称为标志变异指标。平均指标反映总体一般数量水平的同时，掩盖了总体各单位标志值的数量差异。变异指标弥补了这方面的不足，它综合反映了总体各单位标志值的差异性，从另一方面说明了总体的数量特征。

一般来讲，数据的离散程度越大，即标志变异指标越大，集中趋势的测度值对该组数据的代表性就越差。常用的标志变异指标有异众比率、全距、平均差、四分位差、方差与标准差和离散系数等。

一、异众比率

异众比率（variation ratio）又称离异比率或变差比，是指非众数组的频数占总频数的比率，通常用 V_r 表示。异众比率的作用在于衡量众数对一组数据的代表程度。计算公式如下：

$$V_r = \frac{\sum f_i - f_m}{\sum f_i} = 1 - \frac{f_m}{\sum f_i} \tag{3.18}$$

式中：$\sum f_i$—— 变量值的总频数；

f_m—— 表示众数组的频数。

异众比率是衡量众数对一组数据代表程度的测度指标。异众比率越大，说明非众数组的频数占总频数的比重越大，众数的代表性就越差。

例 3.15 一家市场调查公司为研究不同品牌饮料的市场占有率，对随机抽取的一家超市进行了调查。调查员在某天对 50 名顾客购买饮料的品牌进行了记录。如表 3-8 所示，试计算其异众比率。

表 3-8 **不同品牌饮料的频数分布**

饮料品牌	频 数
可口可乐	15
旭日升冰茶	11
百事可乐	9
汇源果汁	6
露露	9
合 计	50

解：众数组频数为 15，根据公式有：

$$V_r = 1 - \frac{f_m}{\sum f_i} = 1 - \frac{15}{50} = 70\%$$

说明在所调查的 50 人中，购买其他品牌饮料的人数占 70%。因此，用“可口可乐”来代表消费者购买饮料品牌的状况，其代表性不是很好。

二、全距

全距(range)是指一组数据中最大值与最小值之差，也称为极差。它是衡量数据变异程度最简单的测度值，通常用于检验产品质量的稳定性及进行质量控制。但由于只从两端数据考虑，忽略了中间数据的变动情况，不能说明整体的差异程度。通常用 R 来表示，其计算公式为：

$$R = X_{\max} - X_{\min} \tag{3.19}$$

式中：$X_{\max}$ 为数据列中的最大值；

$X_{\min}$ 为数据列中的最小值。

全距广泛用于产品质量管理中控制质量的差异，但有其局限性：只考虑两个极端的数据,不考虑其他数据的信息,无法反映众多中间数值的差异情况,尤其存在极端值的情况下,使用全距往往会造成错误的结论。

三、平均差

平均差(mean deviation)是总体各单位标志值对其算术平均数的离差绝对值的算术平均数,也称平均离差,通常用 M_D 表示。为了避免正负离差相互抵消总和为零,因此取其绝对值。根据掌握的资料不同,其计算公式有以下两种形式。

(一)简单平均差

对于未分组的资料,平均差的计算公式为:

$$M_D = \frac{\sum_{i=1}^{n} \left| X_i - \bar{X} \right|}{n} \tag{3.20}$$

(二)加权平均差

对于分组资料,平均差的计算公式应为:

$$M_D = \frac{\sum_{i=1}^{n} \left| X_i - \bar{X} \right| f_i}{\sum_{i=1}^{n} f_i} \tag{3.21}$$

例 3.16　根据表 3-2 所示的数据,试计算该班统计学期末成绩的平均差。

解:已知 $\bar{X}=73.17$,加权平均差的计算过程如表 3-9 所示。

表 3-9　　**某班级统计学期末考试成绩表**

统计学成绩(分)	组中值 X_i	学生人数/人 f	$X-\bar{X}$	$\left\|X-\bar{X}\right\|f$
40～50	45	5	-28.17	140.85
50～60	55	7	-18.17	127.19
60～70	65	8	-8.17	65.36
70～80	75	20	1.83	36.6
80～90	85	14	11.83	165.62
90～100	95	6	21.83	130.98
合　计	—	60	—	666.6

根据公式有: $M_D = \frac{\sum_{i=1}^{n} \left| X_i - \bar{X} \right| f_i}{\sum_{i=1}^{n} f_i} = \frac{666.6}{60} = 11.1$(分)

一般来讲,平均差的数值越大,则说明数据的离散程度越大,其平均数的代表性就越小;反之,平均差的数值越小,则说明数据的离散程度越小,其平均数的代表性就越大。

四、方差和标准差

方差(variance)和标准差(standard deviation)是测度数据变异程度的最重要、最常用的指标。方差是各变量值与其算术平均数的离差平方的平均数,通常以σ^2表示。方差的计量单位和量纲不便于从经济学意义上进行解释,所以实际统计工作中多用方差的算术平方根——标准差来测度统计数据的差异程度。标准差又称均方差,一般用σ表示。方差和标准差的计算也分为简单式和加权式,另外,对于总体数据和样本数据,计算公式也略有不同。

(一)总体方差和标准差

设总体方差为σ^2,对于未经分组整理的原始数据,简单方差的计算公式为:

$$\sigma^2 = \frac{\sum_{i=1}^{N}(X_i - \bar{X})^2}{N} \tag{3.22}$$

对于分组数据,加权方差的计算公式为:

$$\sigma^2 = \frac{\sum_{i=1}^{K}(X_i - \bar{X})^2 f_i}{\sum_{i=1}^{K} f_i} \tag{3.23}$$

方差的平方根即为标准差,其相应的计算公式为:

未分组数据:

$$\sigma = \sqrt{\frac{\sum_{i=1}^{N}(X_i - \bar{X})^2}{N}} \tag{3.24}$$

分组数据:

$$\sigma = \sqrt{\frac{\sum_{i=1}^{K}(X_i - \bar{X})^2 f_i}{\sum_{i=1}^{K} f_i}} \tag{3.25}$$

(二)样本方差和标准差

总体方差用数据个数或总频数去除离差平方和,而样本方差是用样本数据或总频数减去1再除离差平方和,即用$(n-1)$表示自由度(degree of freedom)。根据未分组数据和分组数据计算样本方差的公式分别为:

未分组数据：

$$S_{n-1}^2 = \frac{\sum_{i=1}^{n}(X_i - \bar{X})^2}{n-1} \tag{3.26}$$

分组数据：

$$S_{n-1}^2 = \frac{\sum_{i=1}^{k}(X_i - \bar{X})^2 f_i}{\sum_{i=1}^{k} f_i - 1} \tag{3.27}$$

未分组数据的标准差：

$$S_{n-1} = \sqrt{\frac{\sum_{i=1}^{n}(X_i - \bar{X})^2 f_i}{n-1}} \tag{3.28}$$

分组数据的标准差：

$$S_{n-1} = \sqrt{\frac{\sum_{i=1}^{k}(X_i - \bar{X})^2}{\sum_{i=1}^{k} f_i - 1}} \tag{3.29}$$

例 3.17　考察一台机器的生产能力，利用抽样程序来检验生产出来的产品质量。假设收集的数据如表 3-10 所示：

表 3-10　**统计数据**

3.43	3.45	3.43	3.48	3.52	3.50	3.39
3.48	3.41	3.38	3.49	3.45	3.51	3.50

根据该行业通行法则：如果一个样本中的 14 个数据项的方差大于 0.005，则该机器必须关闭待修。问此时的机器是否必须关闭？

解：根据已知数据，计算 $\bar{X} = \frac{\sum X_i}{n} = 3.459$

$$S^2 = \frac{\sum (X_i - \bar{X})^2}{n-1} = 0.002 < 0.005$$

因此，该机器工作正常。

方差用来衡量一批数据的波动大小，即这批数据偏离平均数的大小。在样本容量相同的情况下，方差越大，说明数据的波动越大，越不稳定。标准差常用于描述离散性的量,可以用于比较分布、计算标准分,是研究统计推断的一个重要指标。跟平均差一样,它也是根据资料中的全部数据计算的,但避免了平均差采用绝对值人为地解决正负离差抵消的缺点。标准差的计算利用了最小平方原理,使标准差成为反映数据变异程度的最理想的计算指标。

那么,为什么样本方差要用 $n-1$ 去除呢? 这是因为自由度是指一组数据中可以自由取值的个数。若样本数据个数为 n,当样本均值确定后,只有 $n-1$ 个数据可以自由取值。如样本:$X_1=3, X_2=4, X_3=5$。当均值 $\bar{X}=4$ 时,则 X_1、X_2、X_3 中只有两个可以自由取值。

五、四分位差

四分位差(inter-quartile range)是指上四分位数与下四分位数之差,也称为内距或四分间距,通常用 Q_r 表示:

$$Q_r = Q_U - Q_L \tag{3.30}$$

四分位差和极差类似,四分位差也是由两个值决定的,也是不全面的。但由于这两个值之差代表了中间 50% 部分的长度,所以比极差能更好地描述分布的特性。例如,若四分位差比较小,则说明数据比较集中在中位数附近;反之则比较分散。四分位差常和中位数一起用来描述一个定距特别是定序测量数据的分布。

由于四分位差反映了中间 50% 数据的离散程度,对于组距数列求 Q_U、Q_L 比较复杂,并且未考虑全部数据的差异,故实际工作中应用较少。它适用于偏态分布资料,特别是分布末端无确定数据,无法计算全距、方差和标准差的资料。

四分位数的计算在第一节中已做介绍,这里就简单举例来说明四分位差的计算。如前面介绍的例 3.11 中,我们已经求出上四分位数 $Q_U=15.05$,$Q_L=13.725$,则四分位差 $Q_r=Q_U-Q_L=15.05-13.725=1.325$。

六、离散系数

以上所计算的各种标志变异指标都是绝对指标,都具有同平均指标相同的计量单位。其数值的大小一方面取决于原变量值本身水平高低的影响,也就是与变量的均值大小有关。对于平均水平不同或计量单位不同的不同组别的变量值,是不能直接用上述离散程度的测度值直接进行比较的。为了消除变量值水平高低和计量单位不同对离散程度测度值的影响,需要计算离散程度的相对指标,即离散系数(coefficient of variation)。

离散系数是用相对数形式反映各个变量值与其平均数的离差程度,其数值表现为系数或百分数。其一般公式为:

$$离散系数 = \frac{标志变异指标}{对应的算术平均数} \times 100\% \tag{3.31}$$

全距系数就是全距与算术平均数的比值，平均差系数就是平均差与算术平均数的比值，标准差系数就是标准差与算术平均数的比值。其中，最常用的就是标准差系数，记作 V_σ，有 $V_\sigma = \dfrac{\sigma}{\bar{x}} \times 100\%$。离散系数大表明该组数据的离散程度大，离散系数小表明该组数据的离散程度小。

例 3.18　某管理局抽查了所属的 8 家企业，其产品销售数据如表 3-11 所示。试比较产品销售额与销售利润的离散程度。

表 3-11　**某管理局所属 8 家企业的产品销售数据**

企业编号	产品销售额（万元）X_1	销售利润（万元）X_2
1	170	8.1
2	220	12.5
3	390	18.0
4	430	22.0
5	480	26.5
6	650	40.0
7	950	64.0
8	1 000	69.0

解：由于销售额与利润额的数据水平不同，不能直接用标准差进行比较，需要计算离散系数。由表中数据计算得

$$\bar{X}_1 = 536.25（万元）\quad S_1 = 309.19（万元）\quad V_1 = \frac{309.19}{536.25} \times 100\% = 57.7\%$$

$$\bar{X}_2 = 32.5215（万元）\quad S_2 = 23.09（万元）\quad V_2 = \frac{23.09}{32.5125} \times 100\% = 71\%$$

计算结果表明 $V_1 < V_2$，说明该产品销售额的离散程度小于销售利润的离散程度，表明销售利润的差异要比销售额的差异大。

第三节　偏态和峰度的测度

集中趋势和离散趋势是数据分布的两个重要特征，但要全面了解数据分布的特点，还需要知道数据分布的形状是否对称、偏斜的程度以及分布的扁平程度等，偏态和峰度就是对这些统计特征的描述。

一、偏态及其测度

偏态（skewness）是对分布偏斜方向和程度的测度，是指变量数列中次数分布的

非对称程度。有些数列虽然平均数与标准差相同,但是其次数分布的形态可能不完全一致,这与变量次数分布的对称程度有关。完全对称的分布称为对称分布,不完全对称的分布称为偏态分布。利用众数、中位数和平均数之间的关系就可以判断分布是对称、左偏还是右偏,但要测度偏斜的程度就需要计算偏态系数,记作 α。其计算公式为:

$$\alpha = \frac{v_3}{\sigma^3} = \frac{\sum_{i=1}^{n}(x_i - \bar{x})^3 f_i}{\sum_{i=1}^{n} f \cdot \sigma^3} \tag{3.32}$$

当 $\alpha = 0$ 时,表示离差三次方后正负离差相互抵消,可判断为对称分布;当 $\alpha > 0$ 时,表示正偏离差值较大,可判断为正偏或右偏分布;当 $\alpha < 0$ 时,表示负偏离差数值较大,可判断为负偏或左偏分布。

偏态系数 α 一般在 0 与 ±3 之间,α 越接近 0,则分布的偏斜度越小;α 越接近 ±3,则分布的偏斜度越大。

例 3.19 根据例 3.16 中表 3-9 所列数据,求该班级统计学成绩的偏态系数。

解:计算过程如表 3-12 所示。

表 3-12 **某班级统计学期末考试成绩表**

统计学成绩(分)	组中值 X_i	学生人数/人 f	$X_i - \bar{X}$	$(X_i - \bar{X})^2 f$	$(X_i - \bar{X})^3 f$	$(X_i - \bar{X})^4 f$
40 ~ 50	45	5	−28.17	3 967.74	−111 771.36	3 148 599.28
50 ~ 60	55	7	−18.17	2 311.04	−4 1991.64	762 988.07
60 ~ 70	65	8	−8.17	533.99	−4362.71	35 643.33
70 ~ 80	75	20	1.83	66.98	122.57	224.30
80 ~ 90	85	14	11.83	1 959.28	23 178.34	274 199.72
90 ~ 100	95	6	21.83	2 859.29	62 418.37	1 362 593.13
合 计	—	60	—	11 698.32	−72 406.43	5 584 247.83

$$\sigma = \sqrt{\frac{\sum_{i=1}^{n}(X_i - \bar{X})^2 f_i}{\sum_{i=1}^{n} f_i}} = \sqrt{\frac{11\ 698.32}{60}} = 13.96$$

$$v_3 = \frac{\sum_{i=1}^{n}(X_i - \bar{X})^3 f_i}{\sum_{i=1}^{n} f_i} = \frac{-72\ 406.43}{60} = -1\ 206.77$$

$$\alpha = \frac{v_3}{\sigma^3} = \frac{-1\ 206.77}{13.96^3} = -0.44$$

结果表明,该班统计学期末成绩呈明显左偏分布,即该班成绩分数较高的占多数。

二、峰度及其测度

峰度(kurtosis)是指频数分布曲线高峰的形态,即反映分布曲线的尖削程度的测度。在频数分布中,有的频数分布曲线与正态曲线相比是尖顶,有的则是平顶。无论是尖顶或平顶,峰度都是用来衡量频数分布曲线的高耸程度的一个数字特征。峰度的高低一般以正态分布的高峰作为比较的标准。在单峰(分布曲线只有一个高耸点)的频数分布中,若均值所在组的频数特别大,其上下各组的频数先陡然地下降继而缓和地减少,曲线的高峰必定较正态峰高而狭,称为尖峰分布(或高狭峰);若中间约有半数的频数相当均匀,曲线的高峰必定较正态峰低而阔,称为平峰(或低阔峰),如图 3-2 所示。

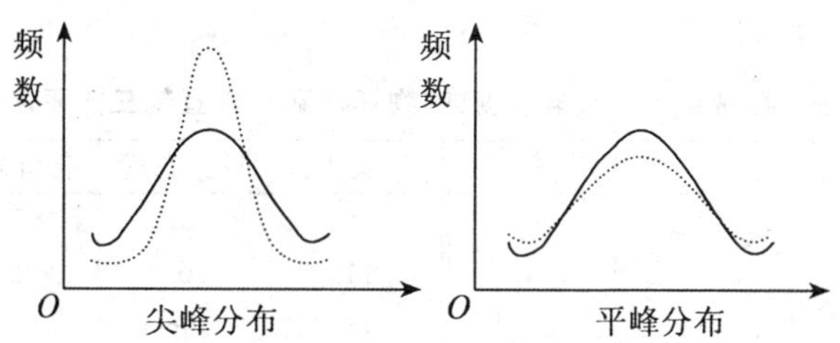

图 3-2　频数分布峰度图

测度峰度的方法一般运用统计动差法,即运用四阶中心动差与标准差的四次方对比,以此来判断各分布曲线峰度的尖平程度。公式如下:

$$\beta = \frac{v^4}{\sigma^4} = \frac{\sum_{i=1}^{n}(X_i - \bar{X})^4 f_i}{\sum_{i=1}^{n} f \cdot \sigma^4} \qquad (3.33)$$

式中:β 称为峰度系数,σ^4 为标准差的四次方。

当 $\beta = 3$ 时,表示分布的峰度是正态分布;

当 $\beta > 3$ 时,表示分布曲线的高峰是尖峰分布;

当$\beta<3$时,表示分布曲线的高峰是平峰分布。

例3.20 根据表3-12所给出的数据,计算该班同学统计学成绩的峰度系数。

解:将表中数据代入峰度系数公式得:

$$\beta=\frac{\sum_{i=1}^{n}(X_i-\bar{X})^4 f_i}{\sigma^4\cdot\sum_{i=1}^{n}f_i}=\frac{5\ 584\ 247.83}{13.96^4\times 60}=2.56<3$$

结果表明,该班同学的统计学成绩呈现平峰分布,各同学的成绩分布较为均匀。

案例3.1 班尼路代理商对各地专卖店的调查分析

休闲服是现在服装市场的新宠,已经成为流行时尚的代表。作为服装行业的一大品牌,班尼路集团有限公司为加强市场占有率,采用特许经营方式,令店铺覆盖率及营利大大提高。近期华中地区销售代理商为了解班尼路在武汉市、郑州市和长沙市的专卖店服务质量,在三城市进行了一项随机调查,以便了解顾客对该品牌专卖店的印象,针对不足的地方做出改进。

调查方在各地专卖店内随机抽取50名顾客组成样本,并要求他们对该专卖店的服务态度、店面装饰和广告宣传方面做出评分,评分由0到10,分值越大表明满意程度越高。收集的有关样本数据如表3-13所示。

表3-13 **50名顾客对专卖店服务态度、购物环境和广告宣传三方面评分表**

顾客编号	服务态度	店面装饰	广告宣传	顾客编号	服务态度	店面装饰	广告宣传
1	8	7	6	16	5	7	4
2	10	8	4	17	6	6	9
3	9	6	4	18	7	8	8
4	6	8	7	19	7	9	9
5	7	9	2	20	7	6	7
6	8	5	2	21	8	6	6
7	9	6	6	22	9	8	5
8	8	4	8	23	8	7	4
9	10	7	7	24	6	6	6
10	8	7	6	25	8	8	3
11	10	6	5	26	8	8	6
12	7	8	6	27	9	7	4
13	7	5	7	28	7	5	5
14	9	6	5	29	9	6	6
15	9	4	2	30	8	7	6

续表

顾客编号	服务态度	店面装饰	广告宣传	顾客编号	服务态度	店面装饰	广告宣传
31	9	6	6	41	9	7	5
32	9	8	8	42	7	4	4
33	7	4	7	43	6	6	6
34	9	7	9	44	8	8	3
35	7	8	8	45	7	8	7
36	8	9	9	46	6	7	6
37	6	6	9	47	5	7	5
38	7	6	7	48	9	5	8
39	7	8	6	49	7	9	7
40	8	7	7	50	6	8	6

将顾客所在城市分类，得到表 3-14 数据。

表 3-14　**调研的三个城市专卖店的各方面评分汇总表**

武汉市			郑州市			长沙市		
服务态度	店面装饰	广告宣传	服务态度	店面装饰	广告宣传	服务态度	店面装饰	广告宣传
8	7	6	9	6	4	10	8	4
6	8	7	8	5	2	7	9	2
9	6	6	10	7	7	8	4	8
8	7	6	7	8	6	10	6	5
7	5	7	9	4	2	9	6	5
5	7	4	7	8	7	6	6	9
7	9	9	8	6	6	7	6	7
9	8	5	6	6	6	8	7	4
8	8	3	9	7	4	8	8	6
7	5	5	8	7	6	9	6	6
9	6	6	7	4	7	9	8	8
9	7	9	8	9	9	7	8	8
6	6	9	7	8	6	7	6	7
8	7	7	7	4	4	9	7	5
6	6	6	7	8	7	8	8	3
6	7	6	9	5	8	5	7	5
7	9	7	8	9	6	6	8	6

通过调查分析,班尼路华中地区代理商希望了解以下几个方面的内容,以便有针对性的采取措施改进:

1. 武汉、郑州、长沙三地顾客对本市班尼路专卖店的哪方面印象最深?哪些方面存在严重不足,需要进行改进?

2. 武汉、郑州、长沙三地顾客在哪个方面的印象差别最大?原因何在?

3. 武汉、郑州、长沙三地顾客对本城市班尼路专卖店的评价是否一致?症结何在?

解:经过调查,我们已经整理出上述两个表格,然后我们用 SPSS 软件来进行统计分析。

1. 在 SPSS 中输入数据

在 Variable View 框内先输入变量名称及各项属性,然后在 Data View 框内按各项目名称输入数据。

2. 分析 50 名受访者对专卖店三个方面给出的评分情况

操作步骤:

(1) 选择菜单 Analyze→Descriptive→Frequencies. . . ;

(2) 在弹出的 Frequencies 对话框中,点击 Statistics 键;

(3) 在打开的 Statistics 子对话框中,选择要分析的项目,见图 3-3;

(4) 选好之后,单击 Continue 键,最后单击 Frequencies 对话框中的 OK 键,就可出现表 3-15 所示的结果。

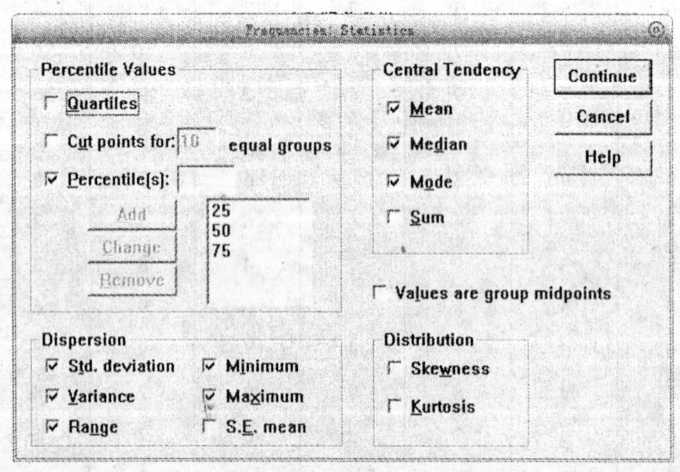

图 3-3

表 3-15 为 50 名受访者对本市专卖店服务态度、店面装饰、广告宣传三方面的评价结果。

表 3-15　受访者对本市专卖店服务态度、店面装饰、广告宣传的评价

		服务态度	店面装饰	广告宣传
N	Valid	50	50	50
	Missing	0	0	0
Mean		7.68	6.76	5.94
Median		8.00	7.00	6.00
Mode		7	6(a)	6
Std. Deviation		1.269	1.364	1.845
Variance		1.610	1.860	3.404
Range		5	5	7
Minimum		5	4	2
Maximum		10	9	9
Percentiles	25	7.00	6.00	5.00
	50	8.00	7.00	6.00
	75	9.00	8.00	7.00

3. 结果分析

(1)由表 3-14 可以看出:随机抽取的 50 名顾客中,武汉市的顾客有 17 名,郑州市的顾客有 16 名,长沙市的顾客也有 17 名,分别占样本的 34%、32%、34%。三个城市抽取的人数大致相同。

(2)由表 3-15 可以看出:顾客对班尼路专卖店的服务态度评价最高,平均评估分为 7.68,而广告宣传评分最低,平均评估分为 5.94,两者平均相差 1.74 分。有 50% 的顾客给服务态度评分 8 分以上,其中一半在 9 分以上,而给广告宣传的评分在 5 分以下的有 25%,仅有 25% 的顾客给广告宣传评分 7 分以上。由此,可以看出,顾客对班尼路专卖店的服务态度评价最高,对广告宣传的评价最低。这就显示出了班尼路品牌在广告宣传方面做的有些不足,华中地区的品牌代理商应该着手在广告宣传方面下功夫,加大宣传的力度,采取更有效的广告宣传方式,让人们对该品牌有更深、更好的了解。

(3)顾客对班尼路专卖店的广告宣传方面评价差异最大。评估分的标准差为 1.845 分,全距为 7,顾客评分最高为 9 分,而最低只有 2 分,这足以说明该品牌的广告宣传力度相差悬殊。这可能是某些经销商忽视了部分专卖店的广告宣传所致。

4. 再对每个城市班尼路专卖店的服务态度、店面装饰和广告宣传进行评价

步骤同上,分析各个城市的评分情况,见表 3-16(武汉市)、表 3-17(郑州市)、表 3-18(长沙市)。

表 3-16 顾客对武汉市班尼路专卖店的评价

		服务态度	店面装饰	广告宣传
N	Valid	17	17	17
	Missing	0	0	0
Mean		7.35	6.94	6.35
Median		7.00	7.00	6.00
Mode		6(a)	7	6
Std. Deviation		1.272	1.197	1.656
Variance		1.618	1.434	2.743
Range		4	4	6
Minimum		5	5	3
Maximum		9	9	9
Percentiles	25	6.00	6.00	5.50
	50	7.00	7.00	6.00
	75	8.50	8.00	7.00

表 3-17 顾客对郑州市班尼路专卖店的评价

		服务态度	店面装饰	广告宣传
N	Valid	16	16	16
	Missing	0	0	0
Mean		7.88	6.38	5.69
Median		8.00	6.50	6.00
Mode		7	8	6
Std. Deviation		1.088	1.628	1.991
Variance		1.183	2.650	3.963
Range		4	5	7
Minimum		6	4	2
Maximum		10	9	9
Percentiles	25	7.00	5.00	4.00
	50	8.00	6.50	6.00
	75	9.00	8.00	7.00

表 3-18 顾客对长沙市班尼路专卖店的评价

		服务态度	店面装饰	广告宣传
N	Valid	17	17	17
	Missing	0	0	0
Mean		7.82	6.94	5.76
Median		8.00	7.00	6.00
Mode		7(a)	6(a)	5
Std. Deviation		1.425	1.249	1.921

续表

		服务态度	店面装饰	广告宣传
Variance		2.029	1.559	3.691
Range		5	5	7
Minimum		5	4	2
Maximum		10	9	9
Percentiles	25	7.00	6.00	4.50
	50	8.00	7.00	6.00
	75	9.00	8.00	7.50

5. 各个城市结果分析

对照上面三个表，我们可以看出，顾客对三个城市的班尼路专卖店的评价是不一致的。服务态度方面：评分最高的是郑州市的专卖店，平均 7.88 分，高出样本平均分 0.2 分，该城市评估分最高的是 10 分，最低的是 6 分，相差 4 分，有 50% 的顾客对其评分为 8 分以上。评估分标准差为 1.088，其评估分的离差程度是三个城市中最小的。评估分数最低的是武汉市，平均 7.35 分，比样本平均分低 0.33 分。店面装饰方面：武汉市和长沙市的平均评价分数都是 6.94 分，高出样本平均分 0.18 分。武汉市评估分最高的是 9 分，最低的是 5 分，相差 4 分，有 50% 的顾客评价 7 分以上。评估分标准差为 1.197，其评估分的离差程度是三个城市中最小的。长沙市评估分最高的是 9 分，最低的是 4 分，相差 5 分，有 50% 的顾客评价 7 分以上。评价分数最低的是郑州市，平均 6.38，比样本平均分低 0.28。广告宣传方面：评分最高的是武汉市，平均分为 6.35 分，高出样本平均分 0.41 分。武汉市评估分最高的是 9 分，最低的是 3 分，相差 6 分，有 50% 的人给 6 分以上。评估分标准差为 1.656 分，其离差程度是三个城市中最小的。郑州市的评估分数是最低的，平均只有 5.69 分，比样本平均分低 0.25 分，评分最高的是 9 分，最低的只有 2 分，相差 7 分。

6. 综合分析，提出建议

综上所述，在店面装饰和广告宣传方面，顾客对武汉市的评价最高，而且顾客对其评价的差异也最小，说明武汉市比较注重店面装饰和广告宣传。然而，武汉市的服务态度却是三个城市中评价最低的，说明武汉市的服务质量有待提高。人事部门应采取某些有针对性的措施来改善服务质量。在服务态度方面，郑州市是最受顾客好评的，说明郑州市专卖店比较注重顾客至上的理念，然而，在店面装饰和广告宣传方面却是三个城市中最低的，郑州市的专卖店应该在注重服务质量的同时，在店面装饰和广告宣传方面加强，让更多的顾客了解该品牌，享受该品牌。对于长沙市的专卖店，在店面装饰方面也是最受好评的，至于服务态度和广告宣传方面处于一般水平，只要在这两方面再稍加改进，加大点宣传力度，相信今后定会有所成绩。

案例 3.2 A 大学近四年的综合评估分析

A 大学作为国内一流大学,为了更好地提高学校的知名度,对近四年来社会对该学校各方面的评估做了整理,以便找出优势和弱势,促进该校的全方位发展。表 3-19 是 2002 ~ 2005 年社会对该学校学术成果、教师资源和人才培养三个方面的评估。

表 3-19 **2002 ~ 2005 年学校评估结果表**

年 份	学术成果	教师资源	人才培养
2002	62.66	100	84.29
2003	83.33	87.63	87.15
2004	70.78	95.07	87.2
2005	69.5	93.2	89.9

学校希望通过分析近四年的评估情况,了解以下几个方面:

1. 2002 ~ 2005 年,学校的上述三个方面是如何发展变化的?

2. 2002 ~ 2005 年,哪一年的综合评价最高?哪一年的综合评价最低?原因何在?

3. 2002 ~ 2005 年间,社会对该校哪些方面的评价最高?哪些方面的评价最低?应如何改进?

4. 2002 ~ 2005 年,社会对该校哪方面的评价差别最大?

解:该分析过程由 SPSS 软件来完成。

1. 在 SPSS 中输入数据

在 Variable View 框内先输入变量名称及各项属性,然后在 Data View 框内按各项目名称输入数据。

2. 分析学术成果、教师资源和人才培养方面在近几年的发展变化情况

作为时间序列的数据,可以用线图来表示其变化趋势。步骤如下:

(1)选择菜单 Graphs→line…;

(2)在弹出的 Line Charts 对话框中,选择 Multiple 图标,并在 Date in Chart Are 框中选择 Summaries of separate variables 项,确定要生成单个变量的多线图;

(3)点击 Define,在弹出的对话框中,将年份添加到 Category Axis 框,将学术成果、教师资源和人才培养添加到 Lines Represent 框中,如图 3-4 所示。

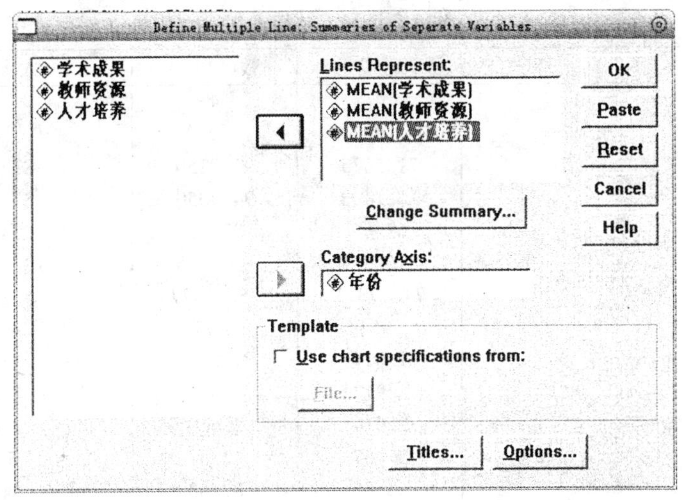

图 3-4

(4)点击 OK,线形图就出来了,如图 3-5 所示。

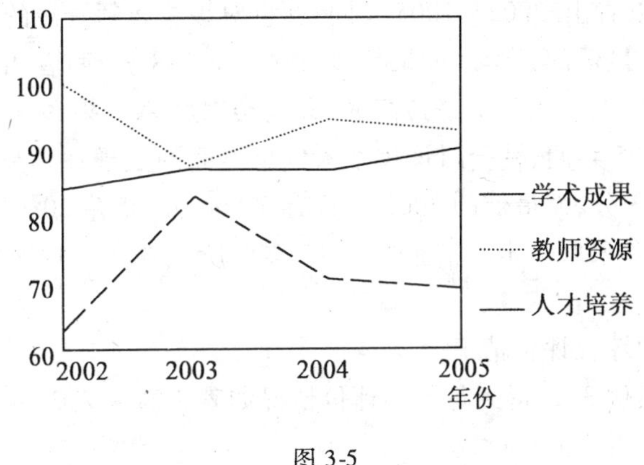

图 3-5

3. 结果分析

由图 3-5 可以看出,该校人才培养方面一直处于上升状态,说明近几年来,学校一直很重视人才培养,且有一定成效,但效果并不是很明显。学术成果则是先升后降,2002 年最低,只有 62.66 分,2003 年最高,有 83.33 分,变化幅度很大,说明在 2003 年学校采取了一定的措施,在很大程度上提高了学校的学术研究,然而 2004 年学术成果又有所下降。教师资源方面呈现先降后升的状态。2002 年是评估最好的一年,评估分 100 分,而到了 2003 年有所下降,只有 87.63 分。

4. 具体分析各方面的评分情况

步骤同案例 3.1,得到的结果如表 3-20 所示。

表 3-20 **学术成果、教师资源和人才培养综合评价表**

		学术成果	教师资源	人才培养
N	Valid	4	4	4
	Missing	0	0	0
Mean		71.5675	93.9750	87.1350
Median		70.1400	94.1350	87.1750
Mode		62.66	87.63	84.29
Std. Deviation		8.61384	5.11075	2.29083
Variance		74.19823	26.11977	5.24790
Skewness		.951	-.179	-.105
Std. Error of Skewness		1.014	1.014	1.014
Kurtosis		1.913	.866	1.504
Std. Error of Kurtosis		2.619	2.619	2.619
Range		20.67	12.37	5.61
Minimum		62.66	87.63	84.29
Maximum		83.33	100.00	89.90

5. 各方面评价因素分析

由表 3-20 可以看出,2002~2005 年间,社会对该校教师资源的评价最高,平均得分 93.975 分,评价最低的是学术成果,平均得分 71.568 分,两者相差 22.407 分。而且,学术成果的标准差在三者中是最高的,即社会对学术成果的评估离差最大,也就是说,在 2002~2005 年间,社会对该校学术成果方面的表现评估差异最大。2003 年成果最好,有 83.33 分,而最低的 2002 年只有 62.66 分,相差 20.67 分。说明只要学校重视学术成果,并采取一定的措施,就一定会有所成效。一旦松懈,学术成果就会下降。

6. 学校每年的综合评价情况

操作步骤如案例 3.1,得到每年的评价情况如表 3-21~表 3-24 所示。

表 3-21 **2002 年评估分数**

N	Valid	3
	Missing	3
Mean		82.3167
Median		84.2900
Mode		62.66(a)
Std. Deviation		18.74805
Variance		351.48943
Range		37.34
Minimum		62.66
Maximum		100.00

表 3-22 **2003 年评估分数**

N	Valid	3
	Missing	3
Mean		86.0367
Median		87.1500
Mode		83.33(a)
Std. Deviation		2.35630
Variance		5.55213
Range		4.30
Minimum		83.33
Maximum		87.63

表 3-23　**2004 年评估分数**

N	Valid	3
	Missing	3
Mean		84.3500
Median		87.2000
Mode		70.78(a)
Std. Deviation		12.39326
Variance		153.59290
Range		24.29
Minimum		70.78
Maximum		95.07

表 3-24　**2005 年评估分数**

N	Valid	3
	Missing	3
Mean		84.2000
Median		89.9000
Mode		69.50(a)
Std. Deviation		12.83706
Variance		164.79000
Range		23.70
Minimum		69.50
Maximum		93.20

7. 学校每年的评估分析

由上面表格可以看出，2003 年社会对学校的评价最高，平均分数为 86.04 分，而且 2003 年评估分的标准差也是四年中最小的，说明社会最认可该校 2003 年的各方面表现。2002 年，社会对学校的评估平均只有 82.32 分，与 2003 年相差 3.72 分，是四年中评估最低的，而且该年评估分的标准差为 18.75，是四年中离差最大的，说明在 2002 年，该校在各方面的表现存在较大的差异。由表 3-19 可以得知，2002 年，该校学术成果表现太差，只有 62.66 分，比平均低 19.66 分。

综上所述，在 2002～2005 年间，社会对该校的教师资源情况是最认可的，而学术成果是最薄弱的环节。而且社会对学术成果的评价差异也是最大的，学校应对此采取相应的措施，以便保持学校教师资源，提高学校的学术水平。2003 年是四年中综合评价最高的一年，说明近两年来学校忽略了某些方面的发展，使得综合评价有所下降。学校应力求找出导致评价降低的薄弱环节，像学术成果等。只有各个方面的成绩提高了，整体成绩才会得到提高。

小　　结

统计数据分布的特征和规律，可以从三个方面进行测度和描述：一是集中趋势，反映数据的聚集程度；二是离散程度，反映数据远离中心的趋势；三是分布的偏态和峰度，反映数据分布的形状。

集中趋势是指一组数据向某一中心值靠拢的倾向。集中趋势的测度值反映的是数据一般水平的代表值或者数据分布的中心值。根据不同的计算方法，集中趋势的测度值有算术平均数、调和平均数、几何平均数、众数、中位数和四分位数等，前三种称为数值平均数，后三种称为位置平均数。

离散趋势是指变量数列中变量之间的差异程度、分散程度或离中程度。用以测定离散趋势的指标称为标志变异指标。一般来讲,数据的离散程度越大,即标志变异指标越大,集中趋势的测度值对该组数据的代表性就越差。常用的标志变异指标有异众比率、全距、平均差、四分位差、方差与标准差和离散系数等。

偏态和峰度是描述数据分布的形状是否对称、偏斜的程度以及分布的扁平程度的指标。

思考与练习

3.1 测度数据的集中趋势和离散趋势分别有哪些指标?

3.2 简述几何平均数、调和平均数和算术平均数之间的联系与区别。

3.3 简述众数、中位数和算术平均数的特点及其应用场合。

3.4 什么是异众比率?其判断准则是怎样的?

3.5 为什么在样本方差的计算中自由度为 $n-1$?

3.6 什么是离散系数?为何要计算离散系数?

3.7 如何测度数据分布的偏态?

3.8 如何测度数据分布的峰态?

3.9 某车间有三个班组,工人人数及工资情况见表 3-25。

表 3-25

班组	人数	平均工资(元)
车工	25	1 200
铣工	17	1 400
钳工	8	1 500

计算该车间工人的平均工资。

3.10 已知某社区家庭按月家庭总收入分组的资料如表 3-26 所示。

表 3-26

按人均收入分组(元)	家庭户数占总户数比重(%)
1 000 以下	2.3
1 000 ~2 000	13.7
2 000 ~3 000	19.7
3 000 ~4 000	15.2
4 000 ~5 000	15.1
5 000 ~6 000	20.1
6 000 以上	14.0
合计	100

计算该地区平均每户人均收入的中位数、均值及标准差。

3.11 从甲乙两批材料中各抽出10支测量重量,数据如下(单位:公斤):

甲材料:10.2,10.4,10.6,10.8,11.0,11.2,11.4,11.6,11.8,12.0

乙材料:5.1,5.2,5.3,5.4,5.5,5.6,5.7,5.8,5.9,6.0

试比较两批材料重量的标准差和离散系数,分析哪组的离散程度较大。

3.12 对某地区120家企业按利润额进行分组,结果如表3-27所示。

表3-27

按利润额分组(万元)	企业数(个)
200~300	19
300~400	30
400~500	42
500~600	18
600以上	11
合计	120

要求:(1)计算120家企业利润额的众数、中位数、四分位数和均值;

(2)计算利润额的异众比率、四分位差和标准差;

(3)计算分布的偏态系数和峰度系数。

第四章 概率与概率分布

描述统计是对统计数据粗浅的利用,要想获得规律性的信息,需要运用推断统计的方法。推断统计是在搜集、整理观测样本数据的基础上,对有关总体作出推断,其特点是根据随机性的观测样本数据以及问题的条件和假定,对未知事物作出的以概率形式表述的推断。推断统计的理论基础是概率及概率分布等相关知识。本章主要从应用的角度介绍概率与概率分布,不涉及有关定律的数理推导,主要为以后几章的学习奠定基础。

第一节 随机事件及概率

一、随机事件

(一)事件及随机事件

随机事件(random event)是概率论中的一个基本概念。所谓随机事件是在试验中可能出现也可能不出现的事情。例如,投掷骰子时,A 表示"掷出 5 点",B 表示"掷出偶数点",A、B 均为随机事件。与其对应的有必然事件和不可能事件,每次试验必然发生的事情称为必然事件(certain event),记为 Ω。每次试验都不可能发生的事情称为不可能事件(impossible event),记为 Φ。例如,在投掷骰子中,"掷出不大于 6 点"的事件便是必然事件,而"掷出大于 6 点"的事件便是不可能事件。随机事件、必然事件和不可能事件统称为事件。

如果一个事件不能分解成两个或两个以上的事件,则称这个事件为基本事件。例如,在投掷骰子中,"掷出 1 点","掷出 2 点"……"掷出 6 点"均为此试验的基本事件。由基本事件构成的事件称为复合事件,例如,在投掷骰子中"掷出偶数点"便是复合事件。

(二)事件之间的关系

事件之间有以下各种不同的关系。

1. 包含关系

若事件 A 的发生必导致事件 B 发生,则称事件 B 包含事件 A,记为 $A\subset B$ 或 $B\supset A$。如令 A 表示"掷出 1 点"的事件,即 $A=\{1\}$,B 表示"掷出奇数"的事件,即 $B=$

$\{1,3,5\}$则 $A\subset B$。

2. 相等关系

若 $A\subset B$ 且 $B\subset A$，则称事件 A 等于事件 B，记为 $A=B$，见图 4-1(a)所示。例如，从一付 52 张的扑克牌中任取 5 张，令 A 表示“取得至少有 4 张红桃”的事件；B 表示“取得至多有一张不是红桃”的事件，显然 $A=B$。

3. 之和关系

称事件 A 与事件 B 至少有一个发生的事件为 A 与 B 的和事件，简称为和，记为 $A\cup B$，或 $A+B$，见图 4-1(b)所示。例如，甲、乙两人向目标射击，令 A 表示“甲击中目标”的事件，B 表示“乙击中目标”的事件，则 AUB 表示“甲乙至少有一人击中目标”的事件。

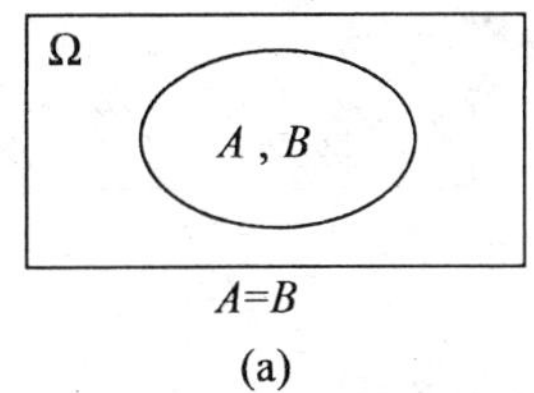

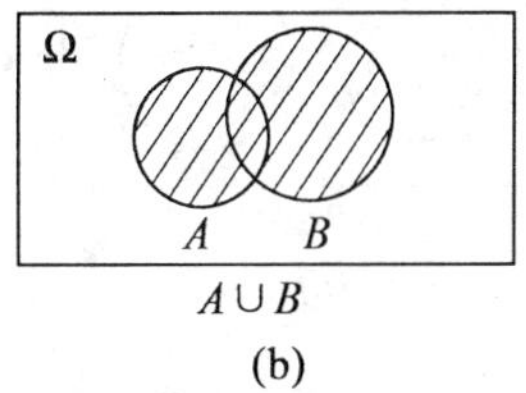

图 4-1　事件的相等关系和事件的和

对于有限个事件有：

$$\bigcup_{i=1}^{n} A_i = A_1 \cup A_2 \cup \cdots \cup A_n = \{A_1, A_2, \cdots, A_n \text{ 至少有一个发生}\}$$

4. 之积关系

称事件 A 与事件 B 同时发生的事件为 A 与 B 的积事件，简称为积，记为 $A\cap B$ 或 AB，见图 4-2(a)所示。例如，在观察某电话交换台在某时刻接到的呼唤次数中，令 $A=\{$接到偶数次呼唤$\}$，$B=\{$接到奇数次呼唤$\}$，则 $A\cap B=\{$接到 6 的倍数次呼唤$\}$。

5. 之差关系

称事件 A 发生但事件 B 不发生的事件为 A 减 B 的差事件，简称为差，记为 $A-B$，见图 4-2(b)所示。例如，令 $A=\{$1 分钟内接到 15 至 32 次呼唤$\}$，$B=\{$1 分钟内接到至少 25 次呼唤$\}$，则 $A-B=\{$1 分钟内接到 15 至 24 次呼唤$\}$。

6. 互不相容

若事件 A 与事件 B 不能同时发生，即 $AB=\phi$，则称 A 与 B 是互不相容的，见图 4-3(a)所示。例如，电话交换台“在一分钟内接到 1 次呼唤”和“1 分钟内接到 2 次呼唤”就是互不相容的事件。

7. 对立关系

称事件 A 不发生的事件为 A 的对立事件，记为 $\overline{A}$，显然 $A\cup\overline{A}=\Omega$，$A\cap\overline{A}=\phi$，见图

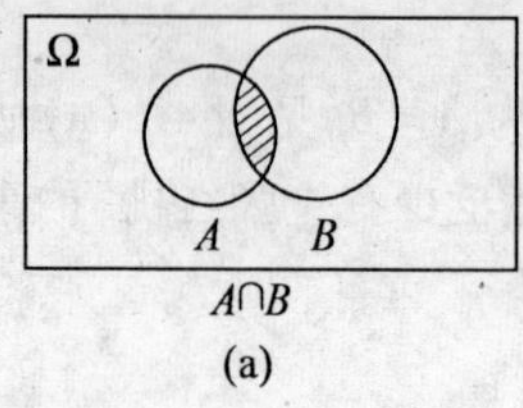

(a)

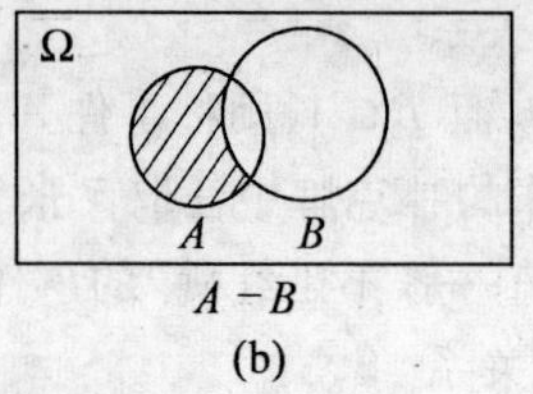

(b)

图 4-2　事件的之积关系和之差关系

4-3(b)所示。例如产品合格与产品不合格就是对立关系。

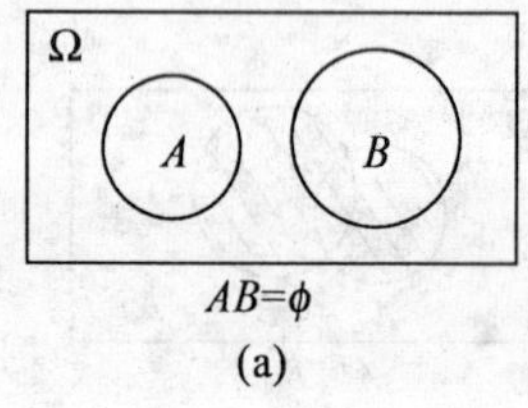

(a)

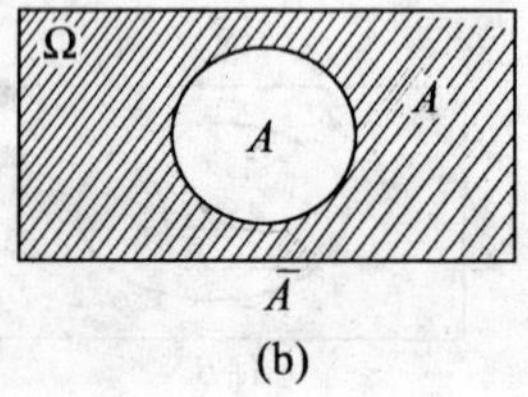

(b)

图 4-3　事件的互不相容和对立关系

(三)事件的运算规律

事件的运算具有一系列的规律,概括如下:

1. 交换律

$A\cup B=B\cup A;A\cap B=B\cap A$

2. 结合律

$(A\cup B)\cup C=A\cup(B\cup C);(A\cap B)\cap C=A\cap(B\cap C)$

3. 分配律

$A\cap(B\cup C)=(A\cap B)\cup(A\cap C),\ A\cup(B\cap C)=(A\cup B)\cap(A\cup C)$

4. 对偶律

$\overline{A\cup B}=\bar{A}\cap\bar{B};\overline{A\cap B}=\bar{A}\cup\bar{B}$

以上运算规律通过示意图容易直观地证明,也可以应用事件的关系与运算的定义或集合论的知识去证明。

二、概率

(一)概率的定义

概率(probability)是描述事件在试验中出现的可能性大小的一种度量,即表示事件出现可能性大小的数值。它是一个介于 0 ~ 1 之间的比率,可用系数或百分数表示。当事件不可能发生时,概率为 0,当事件必然发生时,概率为 1。

概率的计算方法有多种，可分为古典概率、试验概率和主观概率，下面分别予以介绍。

1. 古典概率

一个随机事件发生可能性的大小起源于赌博，如掷硬币、掷骰子等。它们具有两个共同特点：(1)所有基本事件为有限个数；(2)各基本事件发生的可能性相同。满足这两个条件的试验模型称为古典概型，关于古典概型问题的概率计算方法称为古典概率或概率的古典定义。古典概率是指随机事件中各种可能发生的结果及其出现的次数可以由演绎或外推法获得，无需经过任何统计试验即可计算各种可能发生结果的概率。

在古典概型中，设样本空间 Ω 所含的样本点总数为 n，即试验的基本事件总数为 n。而事件 A 所含的样本数为 m，即有利于事件 A 发生的基本事件数为 m，则事件 A 的古典概率便定义为：

$$P(A)=\frac{\text{事件}A\text{中包含的基本事件数}}{\text{样本空间所包含的基本事件个数}}=\frac{m}{n} \tag{4.1}$$

例如掷一匀称的骰子，令 $A=\{\text{掷出 1 点}\}=\{1\}$，$B=\{\text{掷出偶数}\}=\{1,3,5\}$。此试验样本空间为 $\Omega=\{1,2,3,4,5,6\}$，于是，有 $P(A)=1/6$，$P(B)=3/6$。

古典概率的基本特征如下：

(1)无知性。可由演绎或外推法获得；

(2)无需试验。不必做统计试验，可由演绎或外推法获得概率；

(3)准确性。按古典概率方法计算的概率是没有误差的。

2. 试验概率

在许多实际问题中，要将全部观察值列举出来不太可能，难以按古典概率计算，只能利用实际频率数来估计概率。在 n 次重复试验中，设事件 A 出现了 m 次($m\leqslant n$)，则称比值$\frac{m}{n}$为事件 A 的频率。随着 n 的增大，该频率围绕常数 p 上下波动，并趋于稳定，这个频率的稳定值称为该事件的试验概率，记为：

$$P(A)=\frac{m}{n}=p \tag{4.2}$$

频率的稳定性从表 4-1 的试验中可以看出来。

试验概率的特征如下：

(1)试验性。必须通过统计试验结果才能计算出各种结果的频率；

(2)大量重复性。试验次数必须足够大，重复进行多次试验的条件和程度必须相同；

(3)频率只是概率的估计值，存在误差。

表 4-1 **频率的稳定性**

试验者	抛硬币次数 n	正面(A)出现次数 n_A	正面(A)出现的频率
德·摩尔根	2 048	1 061	0.5180
浦丰	4 040	2 148	0.5069
皮尔逊	12 000	6 019	0.5016
皮尔逊	24 000	12 012	0.5005
维尼	30 000	14 994	0.4998

3. 主观概率

所谓主观概率是指对一些无法重复的试验,只能根据以往的经验,人为确定这个事件的概率。比如我们去投资某一个项目,这个项目我们从来没有做过,要分析其投资成功的可能性只能通过综合分析得出,带有一定的主观性,因此人们提出了主观概率的概念。

主观概率有两个特点:一是主观概率是依赖于观察者的,对于同一问题,不同的人所作出的判断可能是不相同的,因而给出的概率可能不同,但这并不意味着主观概率的数值是随意确定的;二是主观概率值的确定是建立在个人对所研究问题的丰富经验、掌握的理论知识和明智的判断力基础之上的。实际应用中,决策者可以依据个人的判断力,并根据更新、更完全的信息对概率进行调整。

(二)概率的性质

概率有以下三条基本性质:

1. 非负性。对于任一事件,有 $0 \leqslant P(A) \leqslant 1$。

2. 规范性。必然事件的概率为 1,不可能事件的概率为 0,即:

$$P(\Omega)=1, P(\varnothing)=0 \tag{4.3}$$

3. 可加性。若 $A_1, A_2, \cdots, A_n$ 两两互不相容,则:

$$P\left(\bigcup_{i=1}^{n} A_i\right)=\sum_{i=1}^{n} P(A_i) \tag{4.4}$$

(三)概率的加法运算法则

1. 加法的特殊处理

如果 A、B 为互斥事件,即在各种可能出现的结果中,均不可能重复出现,则各种事件的概率之和等于它们的个别概率之和,即:

$$P(A \cup B)=P(A)+P(B) \tag{4.5}$$

推广到 n 个事件 $A_1, A_2, \cdots, A_n$,它们之间两两互斥,则:

$$P(A_1 \cup A_2 \cup \cdots \cup A_n)=P(A_1)+P(A_2)+\cdots+P(A_n) \tag{4.6}$$

2. 补偿定理

对任意事件 A,有:

$$P(\bar{A}) = 1 - P(A) \tag{4.7}$$

3. 加法的一般定理

对任意事件 A、B,有:

$$P(A \cup B) = P(A) + P(B) - P(AB) \tag{4.8}$$

例 4.1 甲、乙两城市在某季节内下雨的概率分别为 0.40 和 0.35,而同时下雨的概率为 0.15,问在此季节内甲、乙两城市中至少有一个城市下雨的概率。

解:令 $A = \{$甲城下雨$\}$,$B = \{$乙城下雨$\}$,按题意所要求的是:

$$P(A \cup B) = P(A) + P(B) - P(AB) = 0.40 + 0.35 - 0.15 = 0.60$$

即在此季节内甲、乙两城市中至少有一个城市下雨的概率为 0.60。

三、条件概率

(一)条件概率概念

在已知事件 B 发生的条件下,事件 A 发生的概率称为事件 A 的条件概率(conditional probability),记为 $P(A/B)$。条件概率 $P(A/B)$ 与无条件概率 $P(A)$ 通常是不相等的。

设 A、B 为两事件,如果 $P(B) > 0$,则称:

$$P(A|B) = \frac{P(AB)}{P(B)} \tag{4.9}$$

为在事件 B 发生的条件下,事件 A 的条件概率。

同样,如果 $P(A) > 0$,则称:

$$P(B|A) = \frac{P(AB)}{P(A)} \tag{4.10}$$

为在事件 A 发生的条件下,事件 B 的条件概率。

条件概率的计算通常有两种办法:一是由条件概率的含义计算(通常适用于古典概型);二是由条件概率的定义计算。

例 4.2 一盒子内有 10 只晶体管,其中 4 只是坏的,6 只是好的,从中无放回地取二次晶体管,每次取一只,当发现第一次取得的是好的晶体管时,问第二次取的也是好的晶体管的概率为多少?

解:令 $A = \{$第一次取的是好的晶体管$\}$,$B = \{$第二次取的是好的晶体管$\}$

按条件概率的含义立即可得:$P(B|A) = \dfrac{5}{9}$

按条件概率的定义需先计算:$P(A) = \dfrac{6}{10}$,$P(AB) = \dfrac{6 \times 5}{10 \times 9} = \dfrac{1}{3}$;于是:

$$P(B|A) = \frac{P(AB)}{P(A)} = \frac{1/3}{3/5} = \frac{5}{9}$$

(二)条件概率的运算法则

1. 乘法公式

根据条件概率的定义,如果 $P(B)>0, P(A)>0$,则条件概率的乘法公式为:

$$P(A|B)=\frac{P(AB)}{P(B)} \tag{4.11}$$

$$P(B|A)=\frac{P(AB)}{P(A)} \tag{4.12}$$

例 4.3 已知某产品的不合格品率为5%,而合格品中有80%的一级品,今从这批产品中任取一件,求取得的为一级品的概率。

解:令 $A=$ {任取一件产品为一级品}, $B=$ {任取一件产品为合格品},显然 $A\subset B$,所要求的概率为:

$$P(A)=P(AB)=P(B)P(A|B)=95\%\times 80\%=76\%$$

即取得的产品为一级品的概率是76%。

在特别情况下,如果一个事件的出现不影响另一事件的出现,这样出现的事件称为独立事件。当事件 A 和事件 B 都为独立事件时,A 和 B 同时出现的概率为:

$$P(AB)=P(A)\cdot P(B) \tag{4.13}$$

例 4.4 10个灯泡中有3个是次品,如果将第一次抽出的灯泡放回,连续抽取两次都是次品的概率是多少?

解:连续两次抽取的都是次品的概率为:

$$P(AB)=P(A)\cdot P(B)=\frac{3}{10}\times\frac{3}{10}=\frac{9}{100}$$

2. 全概率公式

全概率公式主要用来计算较为复杂的事件的概率,实质上是加法公式和乘法公式的综合运用。

如果一组事件 $A_1, A_2, \cdots, A_n$ 在每次试验中必发生且仅发生一个,即 $\bigcup_{i=1}^{n} A_i=\Omega$ 且 $A_i\cap A_j=\varnothing(i\neq j)$,则称此事件组为该试验的一个完备事件组。

设 $A_1, A_2, \cdots, A_n$ 为一完备事件组,且 $P(A_i)>0(i=1,2,\cdots,n)$,则对于任意事件 B 有:

$$P(B)=\sum_{i=1}^{n} P(A_iB)=\sum_{i=1}^{n} P(A_i)P(B|A_i) \tag{4.14}$$

该公式称为全概率公式。

全概率公式的直观意义是:某一事件 B 发生有各种可能的原因 $A_i(i=1,2\cdots,n)$。如果 B 是由原因 A_i 所引起的,则 B 发生的概率是 $P(A_iB)(i=1,2,\cdots,n)$,每一 A_i 发生都可能导致 B 发生相应的概率是 $P(B|A_i)$,故 B 发生的概率为:

$$P(B)=\sum_{i=1}^{n} P(A_iB)=\sum_{i=1}^{n} P(A_i)P(B|A_i) \tag{4.15}$$

例 4.5　某届世界女排锦标赛半决赛的对阵如图 4-4 所示。根据以往资料可知，中国胜美国的概率为 0.3，中国胜日本的概率为 0.8，而日本胜美国的概率为 0.4，求中国得冠军的概率。

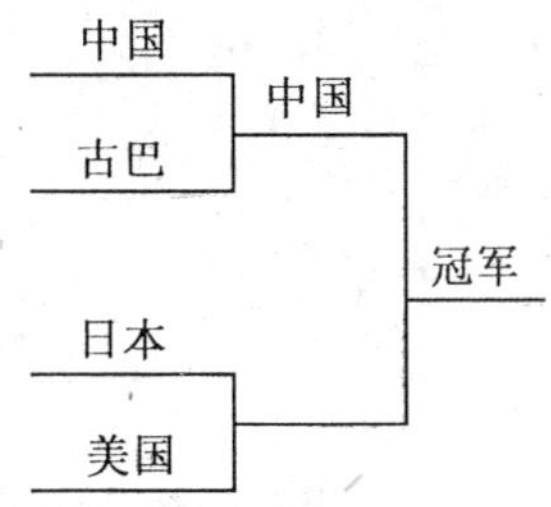

图 4-4　某届世界女排锦标赛半决赛的对阵图

解：令 $A=\{日本胜美国\}$，$\overline{A}=\{美国胜日本\}$，$B=\{中国得冠军\}$

由全概率公式可得所求的概率为：

$$P(B)=P(A)P(B|A)+P(\overline{A})P(B|\overline{A})=0.4\times0.8+0.4\times0.3=0.44$$

中国队得冠军的概率为 0.44。

3. 贝叶斯公式

贝叶斯公式是 18 世纪 40 年代英国数学家 T. 贝叶斯提出的一个对决策非常有用的定理，也是计算条件概率的公式。

设 $A_1,A_2,\cdots,A_n$ 为一完备事件组，且 $P(A_i)>0(i=1,2,\cdots,n)$，又设 B 为任意事件，$B\subset A_1+A_2+\cdots+A_n$，且 $P(B)>0$，则有：

$$P(A_i\mid B)=\frac{P(A_i)P(B\mid A_i)}{\sum_{i=1}^{n}P(A_j)P(B\mid A_j)}\qquad(i=1,2,\cdots,n)\tag{4.16}$$

该公式称为贝叶斯公式，也称为逆概率公式。

例 4.6　设有一箱产品是由三家工厂生产的，已知其中 1/2 的产品是由甲厂生产的，乙、丙两厂的产品各占 1/4，已知甲、乙两厂的次品率为 2%，丙厂的次品率为 4%，现从箱中任取一产品，求：

(1)所取得产品是甲厂生产的次品的概率；

(2)所取得产品是次品的概率；

(3)已知所取得产品是次品，问它是由甲厂生产的概率是多少？

解：令 $A_1,A_2,\cdots,A_n$ 分别表示所取得的产品是属于甲、乙、丙厂的事件，$B=\{$所取得的产品为次品$\}$。

显然 $P(A_1)=1|2$，$P(A_2)=P(A_3)=1/4$，$P(B|A_1)=P(B|A_2)=2\%$，$P(B|A_3)=4\%$

则:(1)由乘法公式可得所要求的概率:$P(A_1B)=P(A_1)P(B|A_1)=\frac{1}{2}\times 2\%=1\%$

(2)由全概率公式可得所要求的概率:

$$P(B)=\sum_{I=1}^{3}P(A_i)P(B\mid A_i)=\frac{1}{2}\times 2\%+\frac{1}{4}\times 2\%+\frac{1}{4}\times 4\%=2.5\%$$

(3)由贝叶斯公式可得所要求的概率:

$$P(A_1|B)=\frac{P(A_1)P(B|A_1)}{P(B)}=\frac{1\%}{2.5\%}=40\%$$

第二节 随机变量及其分布

一、随机变量的概念

(一)随机变量的定义

前面我们研究了随机事件及其概率,在随机现象中,有很大一部分问题与实数之间存在着某种客观联系。例如,在产品检验问题中,我们关心的是抽样中出现的废品数;在车间供电问题中,我们关心的是某时期正在工作的车床数等。对于这类随机现象,其试验结果显然可以用数值来描述,并且随着试验的结果不同而取不同的数值。然而,有些初看起来与数值无关的随机现象,也常常能用数值来描述。比如,在投硬币问题中,每次实验出现的结果为正面或反面,与数值没有联系,但我们可以通过指定数“1”代表正面,“0”代表反面,为了计算 n 次投掷中出现的正面就只须计算其中“1”出现的次数了,从而使这一随机试验的结果与数值发生联系。

一般地,如果 A 为某个随机事件,则一定可以通过如下示性函数使它与数值发生联系:

$$x=\begin{cases}1, A\text{ 发生}\\0, A\text{ 不发生}\end{cases}$$

这就说明了,不管随机试验的结果是否具有数量的性质,我们都可以建立一个样本空间和实数空间的对应关系,使之与数值发生联系。将随机试验的结果数量化,就引入了随机变量的概念。

在同一组条件下,如果每次试验可能出现这样或那样的结果,并且把所有的结果都列举出来,即把 X 的所有可能值 $x_1,x_2,\cdots,x_n$ 都能列举出来,而且 X 的可能值 $x_1,x_2,\cdots,x_n$ 具有确定概率 $p(x_1),p(x_2),\cdots,p(x_n)$,其中 $p(x_i)=P\{X=x_i\}$ 称为概率函数(probability function),则 X 称为 $P(X)$ 的随机变量(random variable)。

随机变量的引入,使概率论的研究由个别随机事件扩大为随机变量所表征的随机现象的研究。正因为随机变量可以描述各种随机事件，所以我们可以摆脱只是孤立地去研究一个随机事件，而是通过随机变量将各个事件联系起来，进而去研究其全部。

引入了随机变量之后，随机事件就可以用随机变量来描述。例如，在某城市中考察人口的年龄结构，研究年龄在80岁以上的长寿者、年龄介于18岁至35岁之间的年轻人以及不到12岁的儿童各自的比率如何。从表面上看，这些是孤立事件，但若我们引进一个随机变量 X：X 表示随机抽取一个人的年龄，那么，上述几个事件可以分别表示成 $\{X>80\}$、$\{18\leqslant X\leqslant 35\}$ 及 $X<12$。由此可见，随机事件的概念是被包容在随机变量这个更广的概念之内的。

（二）两种类型的随机变量

按照随机变量的特性，可以分为两类，即离散型（discrete）随机变量和连续型（continuous）随机变量。

1. 离散型随机变量

如果随机变量 X 的所有取值都可以逐个列举出来，则称 X 为离散型随机变量。例如，在一批产品中"取到次品的个数"、"单位时间内某交换台收到的呼叫次数"等都是离散型随机变量。

2. 连续型随机变量。如果随机变量 X 的所有取值不能逐个列举出来，而是取数轴上某一区间内的任一点，则称该随机变量为连续型随机变量。例如，一批电子元件的寿命以及实际中常遇到的测量误差等都是连续型随机变量。

二、离散型随机变量的概率分布

（一）离散型随机变量的概率分布的含义

设离散型随机变量 X 可能取的值为 $x_1, x_2, \cdots, x_n, \cdots$，且 X 取这些值的概率为：

$$P\{X=x_k\}=p_k \qquad (k=1,2,\cdots,n,\cdots) \tag{4.17}$$

则称上述一系列等式为随机变量 X 的概率分布（probability distribution）。

为了直观起见，有时将 X 的取值及其对应的概率列表 4-2 所示。

表 4-2　**离散型随机变量 X 的概率分布表**

X	x_1	x_2	…	x_n	…
P	p_1	p_2	…	p_n	…

我们称这种表为离散型随机变量 X 的概率分布表。

式子 $P\{X=x_k\}=p_k(k=1,2,\cdots,n,\cdots)$ 和概率分布表都称为离散型随机变量 X 的分布律。

由概率的定义知,离散型随机变量 X 的概率分布具有以下两个性质:

(1) $p_k \geqslant 0, (k=1,2,\cdots)$ (非负性)

(2) $\sum_k p_k = 1$ (归一性)

(3) 分布函数 $F(x) = P\{X \leqslant x\} = \sum_{x_i < x} P\{X = x_i\} = \sum_{x_i < x} p_i$,这里和式是对所有满足 $x_i \leqslant x$ 的 i 求和。

例 4.7 设袋中装有 6 个球,编号为 $\{-2,3,3,3,5,5\}$,从袋中任取一球,求取到的球号 X 的分布律。

解:因为 X 可取的值为 $-2,3,5$,而且 $P\{X=-2\}=1/6, P\{X=3\}=1/2, P\{X=5\}=1/3$,所以 X 的分布律为:

X	-2	3	5
p_k	$\frac{1}{6}$	$\frac{1}{2}$	$\frac{1}{3}$

其图示法见图 4-5 所示。

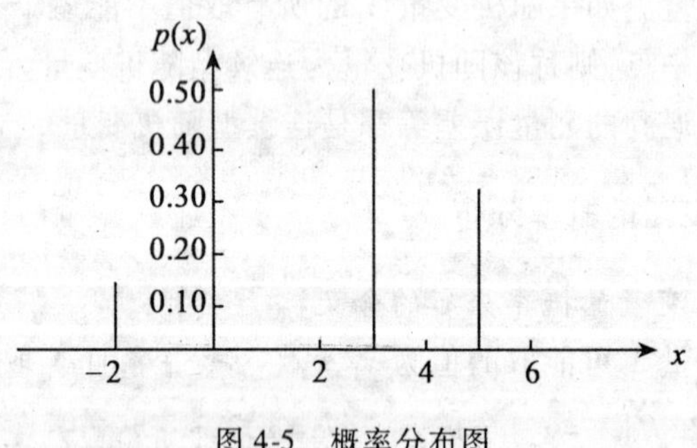

图 4-5 概率分布图

(二)常用的离散型随机变量的概率分布

离散型随机变量有许多重要的概率分布,下面介绍几种常用的离散型随机变量的概率分布。

1. 两点分布

如果随机变量 X 只可能取 0 和 1 两个值,且它的分布列为:

$$f(x) = \begin{cases} p, x=1 \\ 1-p, x=0 \end{cases} \tag{4.18}$$

$$f(x) = p^x (1-p)^{1-x}, x=1 \tag{4.19}$$

则称 X 服从两点分布(或 0-1 分布)。

两点分布的重要特征为：

$E(X)=p, \sigma^2=p\cdot(1-p)$

2. 二项分布

二项分布是一种重要的离散型随机变量概率分布，它是建立在重复进行 n 次贝努里试验基础上的。贝努里实验的性质如下：

(1)一个简单的贝努里实验重复独立进行 n 次，共有 $n+1$ 个可能发生的结果，即 $k=0,1,2,\cdots,n$。

(2)每次试验的结果只有成功或失败两种互斥的结果。

(3)每次试验关心的是概率 P 保持不变。

(4)每次试验关心的是成功事件是否出现。

如果随机变量 X 只可能取的值为 $0,1,2,\cdots,n$，它的分布列为：

$$f(x)=C_n^k p^k q^{n-k}, (k=0,1,2,\cdots,n) \tag{4.20}$$

其中 $0<p<1, q=1-p$，则称 X 服从参数为 n,p 的二项分布(binomial distribution)，记为 $X\sim B(n,p)$。当 $n=1$ 时，二项分布就是两点分布。

二项分布的重要特征值为：

$E(x)=np, \sigma^2=npq$

例 4.8　某车间有 8 台 5.6 千瓦的车床，每台车床由于工艺上的原因，常要停车。设各车床停车是相互独立的，每台车床平均每小时停车 12 分钟。

(1)求在某一指定的时刻车间恰有两台车床停车的概率。

(2)全部车床用电超过 30 千瓦的可能有多大?

解：由于每台车床使用是独立的，而且每台车床只有开车与停车两种情况，且开车的概率为 12/60 = 0.2。若用 X 表示任意时刻同时工作的车床数，则 $X\sim B(8,0.2)$，其分布律为：

$$P\{X=k\}=C_n^k(0.2)^k(0.8)^{n-k}, (k=0,1,2,\cdots,8)$$

(1)在某一指定的时刻车间恰有两台车床停车的概率为：

$$P\{X=2\}=C_8^2(0.2)^2(0.8)^6=0.2936$$

(2)由于 30 千瓦的电量只能供 5 台车床同时工作，"用电超过 30 千瓦"意味着有 6 台或 6 台以上的车床同时工作，这一事件的概率为：

$$\begin{aligned}P\{X\geq 6\}&=P\{X=6\}+P\{X=7\}+P\{X=8\}\\&=C_8^6(0.2)^6(0.8)^2+C_8^7(0.2)^7(0.8)+(0.2)^8=0.00123\end{aligned}$$

3. 泊松分布

泊松分布(poisson distribution)常用来描述在一指定时间范围内或在指定的面积或体积内某一事件出现的个数的分布。如在某一公司中每月观察到的事故的次数；保险公司每天收到的死亡声明的个数，都属于泊松分布。

服从泊松分布的随机变量具有以下性质：

(1)发生在一定时间或特定区域内的成功次数 x 的期望值 $E(x)=\mu$ 为已知,或 $E(x)=np$ 为已知;

(2)不管时间或区域的始点,某一特定事件在某一段时间或特定区域内发生的概率相同;

(3)在极短时间或极小区域内,某一特定时间发生超过一次的概率略而不计;

(4)某一特定事件在各段时间或特定区域上出现是相互独立的。

如果随机变量 X 所有可能取的值为 0,1,2,…,它取各个值的概率为

$$f(x)=\frac{\lambda^x}{x!}e^{-\lambda},(x=0,1,2,\cdots) \tag{4.21}$$

其中 $\lambda>0$ 是常数,λ 为给定的时间间隔内事件的平均数,则称 X 服从参数为 λ 的泊松分布(poisson distribution),记为 $X\sim\prod(\lambda)$ 。

泊松分布的特征值如下:

$E(x)=\lambda,\sigma^2=\lambda$

泊松分布在各领域中有着广泛的应用。例如某段时间内电话机接到的呼唤次数,候车的乘客数,放射性物质在某段时间内放射的粒子数,纺纱机的断头数,某页书上的印刷错误的个数等都可以用泊松分布来描述。前面已知当 n 较大、p 很小,且 np 是一个大小适当的数(通常 $0<np\leqslant 8$)时,可以用泊松分布近似代替二项分布(取 $\lambda=np$)。

例4.9 一本500页的书,共500个错字,每个字等可能的出现在每一页上,求在给定的某一页上最多两个错字的概率。

解:设 X 表示在给定的某一页上出现的错字的个数,则 $X\sim B(500,\frac{1}{500})$,因为 n 很大,$np=1$,所以可以用泊松分布近似计算。依题意:

$$P\{X\leqslant 2\}\approx\sum_{k=0}^{2}\frac{1}{k!}e^{-1}=e^{-1}+e^{-1}+\frac{e^{-1}}{2}=\frac{5}{2}e^{-1}\approx 0.92$$

三、连续型随机变量及概率分布

(一)连续型随机变量的概率密度和分布函数

设 X 是随机变量,$F(x)$是它的分布函数,若存在一个非负可积函数 $f(x)$使得对任意的 $x\in(-\infty,+\infty)$,有:

$$F(x)=P\{X\leqslant x\}=\int_{-\infty}^{x}f(x)\,dx \tag{4.22}$$

则称 X 为连续性随机变量,称 $f(x)$ 为 X 的概率密度函数(probability density function)或分布密度函数。

由定义显然可知,$F(x)$连续。如果 $f(x)$ 在几何上表示一条曲线,称为分布密度

曲线,则 $F(x)$ 的几何意义是:以分布密度曲线 $f(x)$ 为顶,以 x 轴为底,从 $-\infty$ 到 x 的那部分面积。

概率密度函数具有如下性质:

(1) 非负性:$p(x)\geqslant 0, x\in\mathbf{R}$

(2) 规范性:$\int_{-\infty}^{+\infty} p(x)\,\mathrm{d}x = 1$

(3) 若 $p(x)$ 在 x 处是连续的,则 $F'(x) = p(x)$

(4) 设 a,b 为任意实数,且 $a < b$,则 $P\{a < x \leqslant b\} = \int_a^b p(x)\,\mathrm{d}x$

(5)若 X 是连续型随机变量,则 $\forall a\in\mathbf{R}, P\{X=a\}=0$

$$P\{a < x \leqslant b\} = P\{a \leqslant x < b\} = P\{a < x < b\} = P\{a \leqslant x \leqslant b\} = \int_a^b p(x)\,\mathrm{d}x \tag{4.23}$$

$$P\{x \geqslant a\} = P\{x > a\} = \int_a^{+\infty} p(x)\,\mathrm{d}x \tag{4.24}$$

例 4.10　设随机变量 X 的概率密度函数为 $p(x)=\begin{cases} kx(1-x), 0<x<1 \\ 0, \text{其他} \end{cases}$,其中常数$k>0$,试确定 k 的值并求概率 $P\{X>0.3\}$ 和 X 的分布函数。

解:由 $1 = \int_{-\infty}^{+\infty} p(x)\,\mathrm{d}x = \int_0^1 kx(1-x)\,\mathrm{d}x = k\int_0^1 (x-x^2)\,\mathrm{d}x = k/6 \Rightarrow k = 6$

$$P\{X > 0.3\} = \int_{0.3}^{+\infty} p(x)\,\mathrm{d}x = \int_{0.3}^1 6x(1-x)\,\mathrm{d}x = 0.784$$

由于密度函数为:

$$p(x)=\begin{cases} 6x(1-x), & 0<x<1 \\ 0, & \text{其他} \end{cases}$$

分布函数:

$$F(x) = \begin{cases} 0, & x \leqslant 0 \\ \int_0^x 6t(1-t)\,\mathrm{d}t, & 0 < x \leqslant 1 \\ 1, & x > 1 \end{cases}$$

(二)常见的连续型分布

常见的连续型分布有均匀分布、正态度分布、指数分布、t 分布、χ^2 分布、F 分布等。这里先介绍均匀分布、正态度分布和指数分布。下一章抽样分布中介绍 t 分布、χ^2 分布和 F 分布。

1. 均匀分布

均匀分布是连续型随机变量 X 在有限区间(a,b)内取值较为均匀的概率分布。

如果随机变量 X 具有概率密度函数:

$$f(x)=\begin{cases}\dfrac{1}{b-a}, & a\leqslant x\leqslant b\\ 0, & 其他\end{cases} \tag{4.25}$$

则称 X 在区间 $[a,b]$ 上服从均匀分布。

均匀分布的期望值和方差分别为：

$$\mu=\frac{a+b}{2} \tag{4.26}$$

$$\sigma^2=\frac{(b-a)^2}{12} \tag{4.27}$$

其分布函数为：

$$F(x)=\begin{cases}0, & x<a\\ \dfrac{x-a}{b-a}, & a\leqslant x\leqslant b\\ 1, & x>b\end{cases} \tag{4.28}$$

例 4.11 设某电阻的阻值是一个随机变量，均匀分布在 1 100 ~ 1 600 欧姆之间，求 R 的概率密度函数及落在 1 200 ~ 1 400 欧姆之间的概率。

解：由题意知，$a=1\ 200, b=1\ 400$

则密度函数为：

$$f(R)=\frac{1}{1\ 600-1\ 100} \qquad 1\ 100<R<1\ 600$$

$$p(1\ 200<R<1\ 400)=\int_{200}^{1\ 400}\frac{1}{500}\mathrm{d}R=2.8-2.4=0.4$$

即电阻落在 1 200 ~ 1 400 欧姆之间的概率为 0.4。

2. 正态分布

正态分布又称常态分布或高斯分布，是连续型随机变量概率分布中最重要的形式，在实践中有着广泛的应用。如降雨量、学生的学习成绩等，基本上都服从正态分布。

如果随机变量 X 具有概率密度函数：

$$f(x)=\frac{1}{\sqrt{2\pi\sigma}}\mathrm{e}^{-\frac{(x-a)2}{2\sigma^2}} \qquad -\infty<x<+\infty \tag{4.29}$$

则称 X 服从参数为 μ,σ^2 的正态分布，μ 为均值，σ^2 为方差。

如果随机变量服从正态分布，记为 $X\sim N(\mu,\sigma^2)$。正态分布具有以下性质：

(1) 以 $x=\mu$ 为对称轴的对称分布。

(2) 以 x 轴为渐近线。

(3) 正态分布曲线有两个拐点，分别在横轴 $\mu-\sigma$ 与 $\mu+\sigma$ 所对应的曲线上。

(4) 若随机变量 $X_1,X_2,\cdots,X_n$ 都服从正态分布，且相互独立，则对任意几个常数

$a_1, a_2, \cdots, a_n$（不全为 0），$Z = a_1X_1 + a_2X_2 + \cdots + a_nX_n$ 也服从正态分布。

正态分布的概率密度函数如图 4-6 所示。

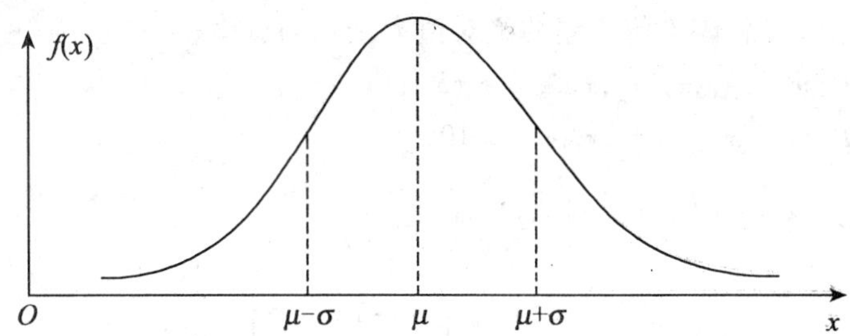

图 4-6　正态分布的概率密度函数

其分布函数为：

$$F(x) = \frac{1}{\sqrt{2\pi\sigma}}\int_{-\infty}^{x} e^{-\frac{(t-a)^2}{2\sigma^2}} dt \tag{4.30}$$

当 $\mu = 0, \sigma = 1$ 时，有：

$$f(x) = \frac{1}{\sqrt{2\pi}} e^{-\frac{x^2}{2}} \quad -\infty < x < +\infty \tag{4.31}$$

相应的正态分布 $N(0,1)$ 称为标准正态分布（standard normal distribution）。对标准正态分布，通常用 $\varphi(x)$ 表示概率密度函数，用 $\Phi(x)$ 表示分布函数，即：

$$\varphi(x) = \frac{1}{\sqrt{2\pi}} e^{-\frac{x^2}{2}}, \ -\infty < x < +\infty \tag{4.32}$$

$$\Phi(x) = \int_{-\infty}^{x} \varphi(t)\,dt \tag{4.33}$$

标准正态分布的概率密度函数如图 4-7 所示。

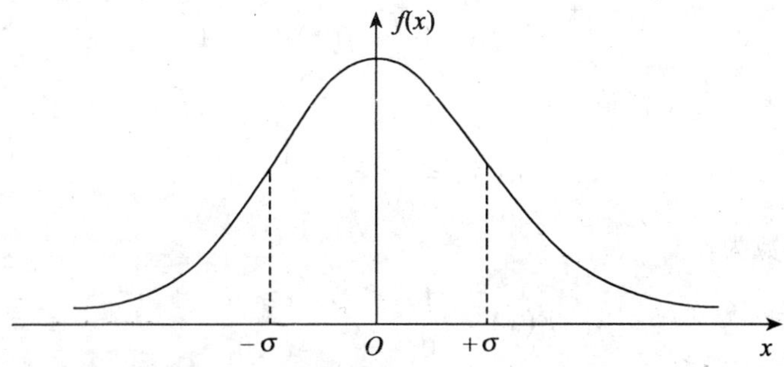

图 4-7　标准正态分布的概率密度函数

教材后附有标准正态分布函数 $\Phi(x)$ 的数值表。只要将正态分布转化为标准正态分布,通过查表,就可解决正态分布的概率计算问题。

例 4.12 在总体 $N(12,4)$ 中随机抽一容量为 5 的样本 $X_1,X_2,\cdots,X_5$,求:

(1)样本均值与总体均值之差的绝对值大于 1 的概率;

(2)概率 $P\{\max(x_1,x_2,x_3,x_4,x_5)>15\}$;

(3)概率 $P\{\min(x_1,x_2,x_3,x_4,x_5)<10\}$。

解:(1)因为 $X\sim N(12,4)$,则 $\bar{X}\sim N\left(12,\frac{4}{n}\right)$

$$P\{\bar{X}\mid-\mu\mid>1\}=P\left\{\frac{\bar{X}-12}{\frac{2}{\sqrt{5}}}>\frac{\sqrt{5}}{2}\right\}=0.2628$$

(2) $P\{\max(x_1,x_2,x_3,x_4,x_5)>15\}=1-P\{\max(x_1,x_2,x_3,x_4,x_5)\leqslant 15\}$

$=1-P\{X_1\leqslant 15\}P\{X_2\leqslant 15\}\cdots P\{X_5\leqslant 15\}=1-0.9332^5=0.2923$

(3) $P\{\min(x_1,x_2,x_3,x_4,x_5)<10\}=1-P\{\min(x_1,x_2,x_3,x_4,x_5)\geqslant 10\}$

$$=1-\left[P\left\{\frac{x_i-12}{2}\geqslant\frac{10-12}{2}\right\}\right]^5=1-0.8413^5$$

$$=0.5785$$

3. 指数分布

指数分布主要用于产品寿命的分析,属于连续型随机变量的概率分布。指数分布适用于元件寿命、动物寿命、服务时间等实际问题。

如果 X 具有概率密度函数:

$$f(x)=\begin{cases}\lambda e^{-\lambda x}, & x\geqslant 0\\ 0, & x<0\end{cases} \tag{4.34}$$

称 X 服从参数 λ 的指数分布。

显然: $f(x)\geqslant 0$

$$\int_{-\infty}^{+\infty}f(x)\,dx=\int_0^{+\infty}f(x)\,dx=1$$

指数分布的重要特征值为:

$$E(X)=\frac{1}{\lambda},\sigma^2=\frac{1}{\lambda^2}$$

其分布函数为:

$$F(x)=\begin{cases}1-e^{-\lambda x} & x\geqslant 0\\ 0 & x<0\end{cases} \tag{4.35}$$

小　　结

推断统计的理论基础是概率及概率分布等相关知识，本章主要从应用的角度研究概率与概率分布，不涉及有关定律的数理推导。

随机事件是在试验中可能出现也可能不出现的事情，描述事件在试验中出现的可能性大小可以用概率表示。概率是一个介于0～1之间的比率，可用系数或百分数表示。概率的计算方法有多种，可分为古典概率、试验概率和主观概率。概率的运算法则包括加法法则和乘法法则，条件概率的运算法则包括乘法法则、全概率公式和贝叶斯公式。

随机变量的引入，使概率论的研究由个别随机事件扩大为随机变量所表征的随机现象的研究。按照随机变量的特性，可以分为离散型随机变量和连续型随机变量。常用的离散型随机变量有两点分布、二项分布及泊松分布等，常用的连续型随机变量有正态分布、均匀分布及指数分布等，本章分别介绍了这些分布的密度函数和分布函数。

思考与练习

4.1　设 $\Omega=\{1,2,\cdots,10\}$，$A=\{2,3,4\}$，$B=\{3,4,5\}$，$C=\{5,6,7\}$，具体写出下列各等式。

(1)$\bar{A}B$　(2)$\bar{A}\cup B$　(3)$\overline{\bar{A}\ \bar{B}}$　(4)$\overline{A\ \overline{BC}}$　(5)$A(B\cup C)$

4.2　设 A、B、C 表示三个随机事件，试将下列事件用 A、B、C 表示出来：

(1)A 发生，B、C 不发生；

(2)A、B 都发生，而 C 不发生；

(3)所有三个事件都发生；

(4)三个事件都不发生；

(5)三个事件中恰有一个发生；

(6)三个事件中至少有一个发生；

(7)三个事件中至少有两个发生；

(8)不多于一个事件发生。

4.3　抽查4件产品，设 A 表示“至少有一件次品”，B 表示“次品不少于两件”，问 $\bar{A}$、$\bar{B}$ 各表示多少件次品？

4.4　甲乙两炮同时向一架飞机射击，已知甲炮击中的概率为0.6，乙炮击中的概率为0.5，甲乙两炮都击中的概率为0.3，求飞机被击中的概率是多少？

4.5 设 $S=\{x|0\leqslant x\leqslant 2\}$，$A=\left\{x\left|\frac{1}{2}<x\leqslant 1\right.\right\}$，$B=\left\{x\left|\frac{1}{4}\leqslant x<\frac{3}{2}\right.\right\}$。具体写出下列各事件：

(1)$\overline{A}B$；(2)$\overline{A}\cup B$；(3)$\overline{\overline{A}\cap\overline{B}}$ (4)$\overline{AB}$

4.6 有三个班级，每班在一个星期的6天中安排到某游泳池游泳一次，如果游泳日可以随机安排，求三个班在不同三天游泳的概率。

4.7 10个零件中有3个次品、7个合格品，从中任取一个不放回，求第三次才取得合格品的概率是多少？

4.8 将一枚骰子重复掷 n 次，试求掷出的最大点数为5的概率。

4.9 从5双不同的鞋中任取4只，求这4只鞋子中至少有两只能配成一双的概率。

4.10 将3个球随机地放入4个杯子中去，求杯子中球的最大个数分别为1、2、3的概率。

4.11 在矩形 $\{(a,b):1\leqslant a\leqslant 2,\ -1\leqslant b\leqslant 1\}$ 中任取一点，求使方程 $ax+b=0$ 的解大于$\frac{1}{4}$的概率。

4.12 设 A、B 为两个事件，$P(B)=0.5$，$P(A-B)=0.3$。求 $P(\overline{A}\cap\overline{B})$。

4.13 掷3颗骰子，若已知出现的点数没有两个相同，求至少有一颗骰子是一点的概率。

4.14 袋中有3个白球和一个红球，逐次从袋中摸球，每次摸出一球，如是红球则把它放回，并再放入一只红球，如是白球，则不放回，求第3次摸球时摸到红球的概率？

4.15 盒中有10个合格品，3个次品，从盒中一件一件的抽取产品检验，每件检验后不再放回盒中，以 X 表示直到取到第一件合格品为止所需检验次数，求 X 的分布律，并求概率 $P\{X<3\}$。

4.16 袋中装有编上号码1,2,…,9的9个性质相同的球，从袋中任取5个球，以 X 表示所取的5个球中偶数号球的个数，求 X 的分布律，并求其中至少有两个偶数号球的概率。

4.17 设一只袋中装有依次标有数字 -1、2、2、2、3、3 的6只球，从此袋中任取一只球，并以 X 表示取得的球上所标有的数字。求 X 的分布律与分布函数。

4.18 设连续型随机变量 ξ 的分布函数为

$$F(x)=\begin{cases}0, & x<0\\ Ax^3, & 0\leqslant x<1\\ 1, & x\geqslant 1\end{cases}$$

(1)求常数 A；(2)求 ξ 的概率密度函数；(3)求 $P\{\xi>0.5\}$，$P\{0.3\leqslant\xi\leqslant 1\}$，$P$

$\{|\xi|>3/4\}$。

4.19 设随机变量 ξ 的密度函数为

(1) $f(x)=\begin{cases}\frac{1}{2}\cos x, & -\frac{\pi}{2}\leqslant x\leqslant\frac{\pi}{2}\\ 0, & \text{其他}\end{cases}$ (2) $f(x)=\begin{cases}1+x, & -1\leqslant x<0\\ 1-x, & 0\leqslant x\leqslant 1\\ 0, & \text{其他}\end{cases}$

求 ξ 的分布函数 $F(x)$,并画出 $f(x)$ 和 $F(x)$ 的图形。

4.20 设连续型随机变量 X 的分布函数为 $F(x)=A+B\arctan x\ (x\in\mathbf{R})$,试求:(1)系数 A 与 B;(2)X 的概率密度;(3)X 在区间(a,b)内取值的概率。

第五章 抽样与参数估计

通常我们知道某个随机变量服从某种特定的概率分布或者假定某个随机变量服从某种特定的概率分布，但是却不知道分布的参数。比如，知道某个随机变量服从正态分布，但不知道参数 μ 和 σ^2。这时常常需要根据样本对总体的某种特征作出推断，这就是参数估计（parameter estimate）问题，如销售人员要推断每天的平均销售额，电力公司要推断每天的用电量在何范围变动等。参数估计是推断统计研究的内容之一，涉及概率分布、样本统计量、总体参数、抽样分布等概念，这些概念及理论构成了推断统计的基础。本章着重介绍抽样分布的概念、常用的几种抽样分布、参数估计的基本原理及常用的参数估计方法，包括点估计和区间估计。

第一节 抽样及抽样分布

一、总体、个体与样本

在统计学中，通常把所研究的全部元素组成的集合称为总体（population）；而把组成总体的每个元素称为个体（item unit）。一个总体中所含的个体的数量称为总体容量（population size）。例如：在研究某批电视机的平均寿命时，该批电视机的全体就组成了总体，而其中每台电视机就是个体；在研究某校女大学生的身高和体重的分布情况时，该校的全体女大学生组成了总体，而每个女大学生就是个体。

但对于具体问题，我们关心的不是每个个体的具体特性，而是它的某一项或几项数量指标 X（可以是向量）和该数量指标 X 在总体的分布情况。在上述例子中，X 表示电视机的寿命或女大学生的身高和体重。为了推断总体的某些重要特征，需要从总体中按一定抽样方法抽取若干个体，这一过程称为抽样。一般地，从总体中抽取一部分个体进行观察，然后根据观察所得数据来推断总体的性质。按照一定规则从总体 X 中抽取的一组个体（$X_1, X_2, \cdots, X_n$）称为总体的一个样本（sample），显然，样本为一随机向量。样本中所含个体的数量称为样本容量（sample size）。在研究女大学生身高与体重时，随机抽取 500 名女大学生进行调查，这 500 名女大学生就是一个样本，样本容量是 500。

二、抽样方法

在实际应用中，抽样方法主要有两种：概率抽样和非概率抽样。

(一)概率抽样

概率抽样是根据一个已知的概率选取被调查者，无须调查人员在选样中判断或抽选。从理论上讲，概率抽样是最理想、最科学的抽样方法，它能保证样本数据对总体参数的代表性，而且它能够将调查误差中的抽样误差限制在一定范围之内。概率抽样有以下几种形式。

1. 简单随机抽样(simple random sampling)。它是完全随机地选择样本。这种抽样方法要求有一个完美的抽样框，或者总体中有一个个体的详尽名单。

2. 分层抽样(reduced sampling)。这种抽样方法分两个步骤：首先将总体分成不同的"层"，然后在每一层内进行抽样。分层抽样可防止简单随机抽样造成的样本构成与总体构成不成比例的现象。

3. 整群抽样(cluster sampling)。首先将全部总体分为若干部分，每一部分称为一个群，把每一群作为一个抽样单位，在群内进行抽样；然后，在被抽中的群中做全面调查。例如在市场调查中，可以对被选作抽样单位的某个大院的每户进行调查。

4. 等距抽样。它又称系统抽样(systematic sampling)，是在样本框中每隔一定距离抽选一个被调查者。这一方法也比较常用，有时还可与整群抽样法和分层抽样法结合使用。例如，可采用系统抽样去选择"群"或个体，也可在某一"层"的范围内进行系统采样。

(二)非概率抽样

不是完全按随机原则选取样本的方法称为非概率抽样。非概率抽样有三种形式：

1. 由调查人员自由选择被调查者的非随机选样。例如在某大学采访 100 位大学生，这 100 位被调查者可以随机选择。

2. 通过某些过滤条件选择某些被调查者。在许多情况下，由于研究对象可能仅限于一部分居民，因而有时采用这种方法能节省大量经费。

3. 大多数种类的研究如产品测试、街访、座谈会等，只要是不需要进行总体推论的大多数项目都可使用非概率抽样法。

三、统计量

有了总体和样本的概念，能否直接利用样本来对总体进行推断呢？一般来说是不能的，需要根据研究对象的不同，构造出样本的各种不同函数，然后利用这些函数对总体的性质进行统计推断。为此，我们首先介绍数理统计的另一重要概念——统计量。

定义 1:设$(X_1,X_2,\cdots,X_n)$是来自总体 X 的一个样本,$g(X_1,X_2,\cdots,X_n)$是样本的函数,若 g 中不含任何未知参数,则称 $g(X_1,X_2,\cdots,X_n)$是一个统计量。

设$(x_1,x_2,\cdots,x_n)$是对应于样本$(X_1,X_2,\cdots,X_n)$的样本值,则称 $g(x_1,x_2,\cdots,x_n)$是 $g(X_1,X_2,\cdots,X_n)$的观察值。

如(X_1,X_2)是来自总体 $X\sim N(1,\sigma^2)$的一个样本,则 X_1+X_2-1,$\min(X_1,X_2)$都是统计量,而 σX_1 就不是统计量,因为方差 σ^2 是未知参数。

统计量是样本的数量特征,随着样本的不同而不同,因而是随机变量。从总体中抽出的所有可能的样本的统计量及其相应的概率构成的分布,称为抽样分布,然而要求出一个统计量的精确分布是十分困难的。

四、中心极限定理与样本抽样分布

(一)中心极限定理

在抽样推断中,许多样本统计量服从正态分布或以正态分布为渐近分布,主要是中心极限定理证明了这些现象的存在。中心极限定理是几个定理的总称,这些定理阐述了在一定条件下,大量相互独立的随机变量之和的概率分布是以正态分布为极限的。中心极限定理也有若干个表现形式,这里仅介绍其中三个常用的定理。

1. 辛钦中心极限定理

设随机变量 $x_1,x_2,\cdots,x_n$ 相互独立,服从同一分布且有有限的数学期望 μ 和方差 σ^2,则随机变量 $\overline{X}=\frac{\Sigma x_i}{n}$,在 n 无限增大时,服从参数为 μ 和 σ^2/n 的正态分布,即 $n\to\infty$ 时,有:

$$\overline{X}\sim N\left(\mu,\frac{\sigma^2}{n}\right) \tag{5.1}$$

将该定理应用到抽样调查,就有这样一个结论:如果抽样总体的数学期望 μ 和方差 σ^2 是有限的,无论总体服从什么分布,从中抽取容量为 n 的样本时,只要 n 足够大,其样本平均数的分布就趋于数学期望为 μ,方差为 σ^2/n 的正态分布。

2. 德莫佛-拉普拉斯中心极限定理

设 m 是 n 次独立试验中事件 A 发生的次数,事件 A 在每次试验中发生的概率为 p,则当 n 无限大时,频率设 m/n 趋于服从参数为 $p,\frac{p(1-p)}{n}$的正态分布。即:

$$\frac{m}{n}\sim N\left(p,\frac{p(1-p)}{n}\right) \tag{5.2}$$

该定理是辛钦中心极限定理的特例。在抽样调查中,不论总体服从什么分布,只要 n 充分大,那么频率就近似服从正态分布。

3. 李亚普洛夫中心极限定理

设 $X_1, X_2, \cdots, X_n$ 是一个相互独立的随机变量序列，它们具有有限的数学期望和方差：$\mu_k = E(X_k), b_k^2 = D(X_k)(k = 1, 2, \cdots, n)$。

记 $B_n^2 = \sum_{k=1}^{n} b_k^2$，如果能选择这一个正数 $\delta > 0$，使当 $n \to \infty$ 时，$\frac{1}{B_n^{2+\delta}} \sum_{k=1}^{n} E | X_k - \mu_k |^{2+\delta} \to 0$，则对任意的 X 有：

$$P\left\{\frac{1}{B_n} \sum_{k=1}^{n} (X_k - \mu_k) < X\right\} \to \frac{1}{\sqrt{2\pi}} \int_{-\infty}^{X} e^{-\frac{t^2}{2}} dt \tag{5.3}$$

该定理的含义是：如果一个量是由大量相互独立的随机因素影响所造成的，而每一个别因素在总影响中所起的作用不很大，则这个量服从或近似服从正态分布。

(二)样本均值的抽样分布

若 $X \sim N(\mu, \sigma^2)$，从中抽取一个样本 $X_1, X_2, \cdots, X_n$，它们相互独立，且与总体同分布，故 $E(\overline{X}) = E\left(\frac{1}{n} \sum_{i=1}^{n} X_i\right) = \mu, D(\overline{X}) = D\left(\frac{1}{n} \sum_{i=1}^{n} X_i\right) = \frac{1}{n^2} \sum_{i=1}^{n} \sigma^2 = \frac{\sigma^2}{n}$，则：

$$\overline{X} \sim N(\mu, \sigma^2 / n) \tag{5.4}$$

上述结果表明，$\overline{X}$ 的期望值与总体均值相同，而方差则缩小为总体方差的 n 分之一。说明当用样本均值 $\overline{X}$ 去估计总体均值 μ 时，平均来说没有偏差，当 n 越来越大时，$\overline{X}$ 的散布程度越来越小。

当总体的分布不是正态分布或近似正态分布时，$\overline{X}$ 的分布也将取决于总体分布的情况。当抽样个数 n 比较大时，由中心极限定理证明样本均值 $\overline{X}$ 的分布总是近似正态分布，只要总体的方差 σ^2 有限。

对于正态分布，若给定正数 $\alpha, 0 < \alpha < 1$，称满足条件：

$$P\{X > x\} = \int_{-\infty}^{x} f(x) dx = \alpha \tag{5.5}$$

的点 z_α 为正态分布的上 α 分位点，由附表查其值。如图 5-1 所示。

由标准正态分布的对称性可知：$-z_\alpha = z_{1-\alpha}$。

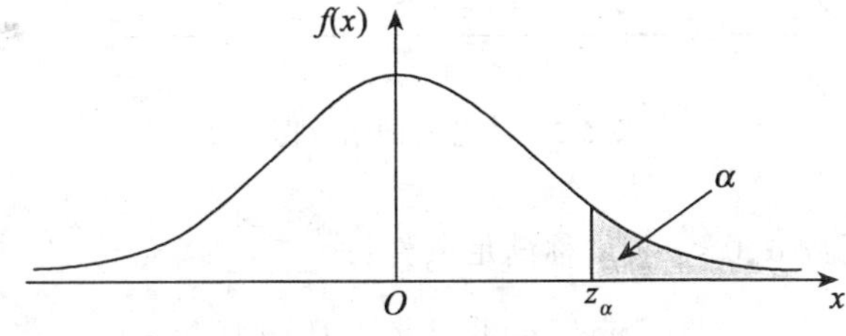

图 5-1　正态分布分位数示意图

五、几种常用的抽样分布

除了正态分布外,其他常用的抽样分布为χ^2 分布、t 分布和 F 分布。

(一)χ^2 分布

1. χ^2 分布的定义

设$(X_1,X_2,\cdots,X_n)$是来自总体 $X \sim N(0,1)$ 的一个样本,则称统计量:

$$\chi^2 = \sum_{i=1}^{n} X_i^2 \tag{5.6}$$

所服从的分布是自由度为 n 的χ^2 分布,记作:$\chi^2 \sim \chi^2(n)$。

$\chi^2(n)$的概率密度函数为:

$$\chi^2(x,n) = \begin{cases} \dfrac{1}{2^{\frac{n}{2}}\Gamma\left(\dfrac{n}{2}\right)} x^{\frac{n}{2}-1} e^{-\frac{x}{2}}, & x > 0 \\ 0, & x \leqslant 0 \end{cases} \tag{5.7}$$

其中:$\Gamma\left(\dfrac{n}{2}\right) = \int_0^{\infty} x^{\frac{n}{2}-1} e^{-x} dx$,$\Gamma\left(\dfrac{1}{2}\right) = \sqrt{\pi}$。

显然,$\chi^2(x,n) \geqslant 0$,且$\int_{-\infty}^{+\infty} \chi^2(x,n) dx = 1$,即符合密度函数性质。$\chi^2$ 分布的图形如图 5-2 所示。

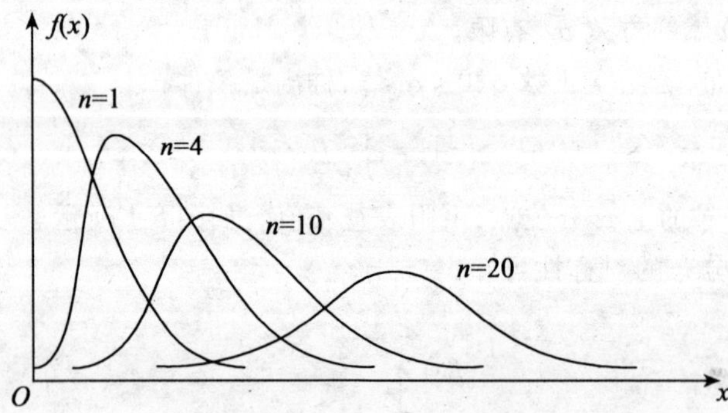

图 5-2 χ^2 分布的示意图形

对于给定的正数 α,$0<\alpha<1$,称满足条件:

$$P\{\chi^2 > \chi_\alpha^2(n)\} = \int_{\chi_\alpha^2(n)}^{\infty} f(x) dx = \alpha \tag{5.8}$$

的点$\chi_\alpha^2(n)$为$\chi^2(n)$分布上的上 α 分位点,由附表查其值,如图 5-3 所示。

2. χ^2 分布的性质

(1)χ^2 分布的可加性

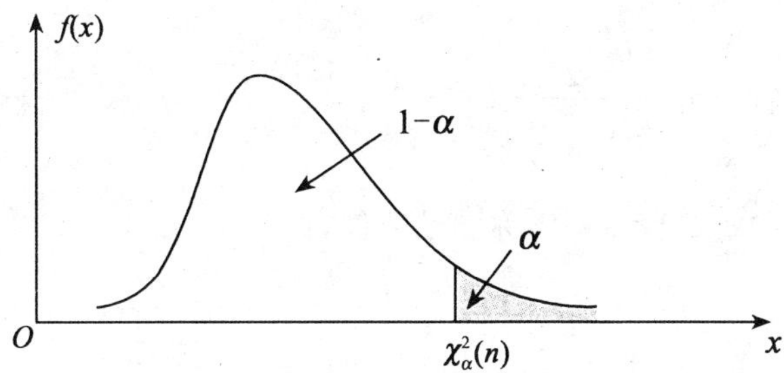

图 5-3 $\chi^2(n)$分布上的上 α 分位点

设$\chi_1^2 \sim \chi^2(n_1)$,$\chi_2^2 \sim \chi^2(n_2)$,且$\chi_1^2$ 与χ_2^2 相互独立,则:

$$\chi_1^2 + \chi_2^2 \sim \chi^2(n_1 + n_2) \tag{5.9}$$

(2)若$\chi^2 \sim \chi^2(n)$,则 $E(\chi^2) = n, D(\chi^2) = 2n$

因为 $X_i \sim N(0,1)$,则:$E(X_i^2) = D(X_i) = 1$

$$D(X_i^2) = E(X_i^4) - [E(X_i^2)]^2 = \frac{1}{\sqrt{2\pi}}\int_{-\infty}^{+\infty} x^4 e^{-\frac{x^2}{2}} dx - 1 = 3 - 1 = 2, i = 1,2,\cdots,n$$

所以:$E(\chi^2) = E(\sum_{i=1}^{n} X_i^2) = \sum_{i=1}^{n} E(X_i^2) = n; D(\chi^2) = D(\sum_{i=1}^{n} X_i^2) = \sum_{i=1}^{n} D(X_i^2) = 2n$

3. 有关结论

(1)设$(X_1, X_2, \cdots, X_n)$为来自总体 $X \sim N(\mu, \sigma^2)$的一个样本,μ, σ^2 为已知常数,则统计量:

$$\chi^2 = \frac{1}{\sigma^2}\sum_{i=1}^{n}(X_i - \mu)^2 \sim \chi^2(n) \tag{5.10}$$

事实上,令 $Y_i = \frac{X_i - \mu}{\sigma}$,则 $Y_i \sim N(0,1)$,所以$\chi^2 = \sum_{i=1}^{n} Y_i^2 \sim \chi^2(n)$

(2)样本均值 $\overline{X}$ 与样本方差 S^2 相互独立,且统计量:

$$\frac{(n-1)S^2}{\sigma^2} = \frac{1}{\sigma^2}\sum_{i=1}^{n}(X_i - \overline{X})^2 \sim \chi^2(n-1) \tag{5.11}$$

证明详见其他参考书。

(二)t 分布

1. t 分布定义

设 $X \sim N(0,1)$,$Y \sim \chi^2(n)$,且 X 与 Y 相互独立,则称统计量:

$$T = \frac{X}{\sqrt{Y/n}} \tag{5.12}$$

所服从的分布是自由度为 n 的 t 分布,记为 $T \sim t(n)$。

其分布的密度函数为：

$$f(x)=\frac{\Gamma\left(\frac{n+1}{2}\right)}{\sqrt{n\pi}\Gamma\left(\frac{n}{2}\right)}\left(1+\frac{x^2}{n}\right)^{-\left(\frac{n+1}{2}\right)}\quad -\infty<x<\infty \tag{5.13}$$

对于给定的正数 α，$0<\alpha<1$，称满足条件：

$$P\{t>t_\alpha(t)\}=\int_{\alpha(n)}^{+\infty}t(x,n)\mathrm{d}x=\alpha \tag{5.14}$$

的点 $t_\alpha(n)$ 为 $t(n)$ 分布的 α 分位数。$t_\alpha(n)$ 由附表可查出其值。由于 $n>30$ 时，$t(n)$ 分布接近于 $N(0,1)$，可查 $N(0,1)$ 分布分位数表。见图 5-4 所示。

由 t 分布的对称性可知：$-t_\alpha(n)=t_{1-\alpha}(n)$。

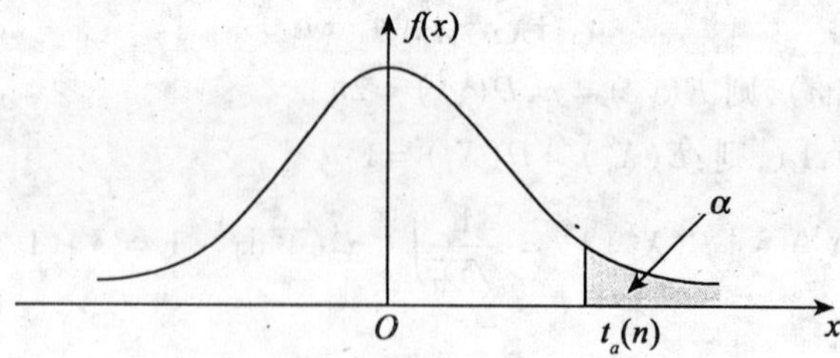

图 5-4 $t(n)$ 分布的上 α 分位点

2. t 分布的性质

(1) $t(x;n)$ 关于 $x=0$ 对称；

(2) $t(x;n)$ 在 $x=0$ 达最大值；

(3) $t(x;n)$ 的 x 轴为水平渐近线；

(4) $\lim\limits_{x\to\infty}t(x,n)=\frac{1}{\sqrt{2\pi}}\mathrm{e}^{-\frac{x^2}{2}}$；即 $n\to\infty$ 时，t 分布 $\to N(0,1)$，一般地，当 $n>30$ 时，t 分布与 $N(0,1)$ 非常接近。

(5) 当 n 较小时，t 分布与 $N(0,1)$ 有较大的差异，且对 $\forall t_0\in R$ 有：

$P\{|T|\geqslant t_0\}\geqslant P\{|X|\geqslant t_0\}$，其中 $X\sim N(0,1)$。

即 t 分布的尾部比 $N(0,1)$ 的尾部具有更大的概率。

3. 有关结论

(1) 设 $(X_1,X_2,\cdots,X_n)$ 是来自总体 $X\sim N(\mu,\sigma^2)$ 的一个样本，则统计量：

$$T=\frac{(\overline{X}-\mu)}{S}\sqrt{n}\sim t(n-1) \tag{5.15}$$

事实上，由 $\overline{X}\sim N\left(\mu,\frac{\sigma^2}{n}\right)\Rightarrow\frac{\overline{X}-\mu}{\frac{\sigma}{\sqrt{n}}}\sim N(0,1)$，又 $\frac{(n-1)S^2}{\sigma^2}\sim\chi^2(n-1)$，且 $\overline{X}$ 与 S^2 相互独立，则 $\frac{\overline{X}-\mu}{\sigma}\sqrt{n}$ 与 $\frac{(n-1)}{\sigma^2}S^2$ 相互独立，由 t 分布的定义，所以：

$$T=\frac{\frac{\overline{X}-\mu}{\sigma}\sqrt{n}}{\sqrt{\frac{\frac{(n-1)S^2}{\sigma^2}}{n-1}}}=\frac{(\overline{X}-\mu)}{S}\sqrt{n}\sim t(n-1) \tag{5.16}$$

(2)设 $(X_1,X_2,\cdots,X_m)$ 是来自总体 $X\sim N(\mu_1,\sigma_1^2)$ 的一个样本，$(Y_1,Y_2,\cdots,Y_n)$ 是来自总体 $Y\sim N(\mu_2,\sigma_2^2)$ 的一个样本，且 X 与 Y 相互独立，当 $\sigma_1^2=\sigma_2^2=\sigma^2$ 时，则统计量：

$$T=\frac{(\overline{X}-\overline{Y})-(\mu_1-\mu_2)}{\sqrt{(m-1)S_m^2+(n-1)S_n^2}}\sqrt{\frac{mn(m+n-2)}{m+n}}\sim t(m+n-2) \tag{5.17}$$

其中：$\overline{X}=\frac{1}{m}\sum_{i=1}^{m}X_i,S_m^2=\frac{1}{m-1}\sum_{i=1}^{m}(X_i-\overline{X})^2$

$\overline{Y}=\frac{1}{n}\sum_{i=1}^{n}Y_i,S_n^2=\frac{1}{n-1}\sum_{i=1}^{n}(Y_i-\overline{Y})^2$

证明：$\overline{X}\sim N\left(\mu_1,\frac{\sigma^2}{m}\right),\overline{Y}\sim N\left(\mu_2,\frac{\sigma^2}{n}\right)$，且 $\overline{X}$ 与 $\overline{Y}$ 相互独立，所以有：

$\overline{X}-\overline{Y}\sim N\left(\mu_1-\mu_2,\frac{\sigma^2}{m}+\frac{\sigma^2}{n}\right)$，即：$\frac{(\overline{X}-\overline{Y})-(\mu_1-\mu_2)}{\sigma\sqrt{\frac{1}{m}+\frac{1}{n}}}\sim N(0,1)$；又因为 $\frac{(m-1)S_m^2}{\sigma^2}\sim\chi^2(m-1),\frac{(n-1)S_n^2}{\sigma^2}\sim\chi^2(n-1)$，且它们相互独立，由 χ^2 分布的可加性，则 $\frac{(m-1)S_m^2}{\sigma^2}+\frac{(n-1)S_n^2}{\sigma^2}\sim\chi^2(m+n-2)$。由 t 分布的定义：

$$\frac{\frac{(\overline{X}-\overline{Y})-(\mu_1-\mu_2)}{\sigma\sqrt{\frac{1}{m}+\frac{1}{n}}}}{\sqrt{\frac{\frac{(m-1)S_m^2+(n-1)S_n^2}{\sigma^2}}{m+n-2}}}=\frac{(\overline{X}-\overline{Y})-(\mu_1-\mu_2)}{\sqrt{(m-1)S_m^2+(n-1)S_n^2}}\sqrt{\frac{mn(m+n-2)}{m+n}}\sim t(m+n-2)$$

(三)F 分布

1. F 分布定义

设 $X \sim \chi^2(n_1)$，$Y \sim \chi^2(n_2)$，且 X 与 Y 相互独立，则称统计量：

$$F = \frac{X/n_1}{Y/n_2} \tag{5.18}$$

服从自由度为 (n_1, n_2) 的 F 分布，记作 $F \sim F(n_1, n_2)$，其中：n_1 为第一自由度，n_2 为第二自由度。

由定义知，若 $T \sim t(n)$，则 $T^2 \sim F(1, n)$。

F 分布的密度函数为：

$$f(x) = \begin{cases} \dfrac{\Gamma\left(\dfrac{n_1 + n_2}{2}\right)}{\Gamma\left(\dfrac{n_1}{2}\right)\Gamma\left(\dfrac{n_2}{2}\right)}\left(\dfrac{n_1}{n_2}\right)\left(\dfrac{n_1}{n_2}x\right)^{\frac{n_1}{2}-1}\left(1 + \dfrac{n_1}{n_2}x\right)^{-\frac{n_1+n_2}{2}}, & x > 0 \\ 0, & x \leqslant 0 \end{cases} \tag{5.19}$$

F 分布的图形见图 5-5 所示。

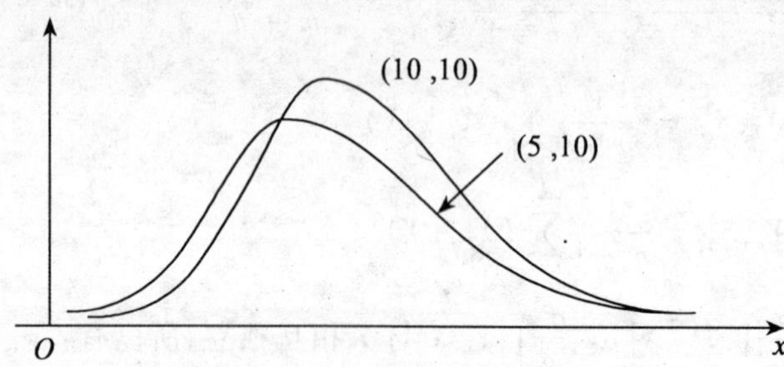

图 5-5 F 分布的示意图

对于给定的正数 α，$0 < \alpha < 1$，称满足条件：

$$P\{F > F_\alpha(n_1, n_2)\} = \int_{F_\alpha(n_1, n_2)}^{+\infty} f(x, n_1, n_2)\,\mathrm{d}x = \alpha \tag{5.20}$$

的点 $F_\alpha(n_1, n_2)$ 为 $F(n_1, n_2)$ 分布上的上 α 分位点，如图 5-6 所示。

由 $F(m,n)$ 分布性质，有：$F_\alpha(m, n) = \dfrac{1}{F_{1-\alpha}(n, m)}$。

2. F 分布的性质

(1) 密度曲线不对称（偏态）；

(2) 若 $F \sim F(m,n)$，则 $\dfrac{1}{F} \sim F(n, m)$。

(3) 当 $n > 2$ 时，$E_F = \dfrac{n}{n-2}$；

当 $n > 4$ 时，$E_F = \dfrac{n^2(m+2)}{(n-2)(n-4)}$，$D_F = \dfrac{n^2(2m+2n-4)}{m(n-2)^2(n-4)}$。

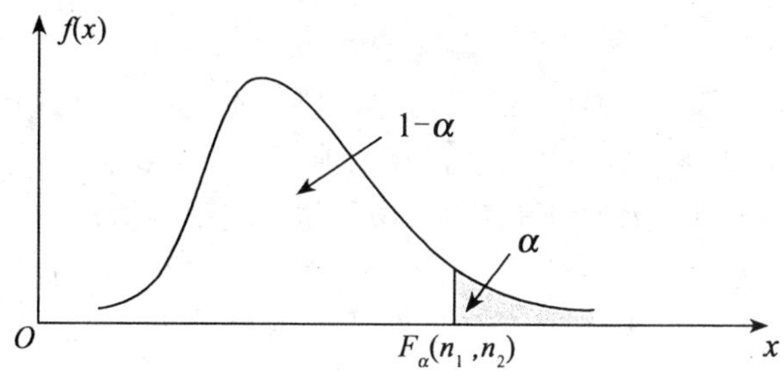

图 5-6　F 分布 α 分位数示意图

3. 有关结论

设$(X_1,X_2,\cdots,X_m)$是来自总体 $X\sim N(\mu_1,\sigma_1^2)$的一个样本,$(Y_1,Y_2,\cdots,Y_n)$是来自总体 $Y\sim N(\mu_2,\sigma_2^2)$的一个样本,且 X 与 Y 相互独立,则:

$$F=\frac{\sigma_2^2S_1^2}{\sigma_1^2S_2^2}\sim F(m-1,n-1) \tag{5.21}$$

证明:因为$\dfrac{(m-1)S_1^2}{\sigma_1^2}\sim\chi^2(m-1)$,$\dfrac{(n-1)S_2^2}{\sigma_2^2}\sim\chi^2(n-1)$,由 F 分布的定义,可得:

$$F=\frac{\dfrac{(m-1)S_1^2}{\sigma_1^2}\Big/(m-1)}{\dfrac{(n-1)S_2^2}{\sigma_2^2}\Big/(n-1)}=\frac{\sigma_2^2S_1^2}{\sigma_1^2S_2^2}\sim F(m-1,n-1)$$

其中:$S_1^2=\dfrac{1}{m-1}\sum\limits_{i=1}^{n}(X_i-\overline{X})^2$,$S_2^2=\dfrac{1}{n-1}\sum\limits_{i=1}^{n}(Y_i-\overline{Y})^2$

第二节　点　估　计

一、点估计方法

在实际问题中许多随机变量的概率分布类型已知,但概率分布的某些参数是未知的。例如在一段时间内,电话交换台收到的呼唤次数 k 近似服从泊松分布,但参数未知。比如测量某零件的长度时,所产生的误差近似服从正态分布,正态分布的参数未知。这时常常需要根据样本对总体的某种特征作出推断。

设 θ 为总体 X 分布函数中的未知参数或总体的某些未知的数字特征,$(X_1,X_2,\cdots,X_n)$是来自 X 的一个样本,$(x_1,x_2,\cdots,x_n)$是相应的一个样本值,点估计问题就是构造一个适当的统计量 $\hat{\theta}(X_1,X_2,\cdots,X_n)$,用其观察值 $\hat{\theta}(x_1,x_2,\cdots,x_n)$作为未知参数

θ 的近似值,我们称 $\hat{\theta}(X_1,X_2,\cdots,X_n)$ 为参数 θ 的点估计量,$\hat{\theta}(x_1,x_2,\cdots,x_n)$ 为参数 θ 的点估计值,在不至于混淆的情况下,统称为点估计(point estimator)。由于估计量是样本的函数,因此对于不同的样本值,θ 的估计值是不同的。例如在进行小学生身高的研究中,随机抽取 1 000 名小学生并计算出他们的平均身高为 1.45m,如果直接用这个 1.45m 代表所有小学生的平均身高,这种估计就是点估计。

点估计的求解方法有矩估计法、顺序统计量法、极大似然法、最小二乘法等。这里主要介绍矩估计法和极大似然估计法,最小二乘法在回归分析中介绍。

(一)矩估计法

对总体参数进行估计,最容易想到的方法就是矩估计法(methods of moment estimate):用样本的矩去估计总体的矩,从而得到有关参数的估计量。

1. 矩估计法的基本思想

矩估计法是一种古老的估计方法。我们知道,矩是描写随机变量的最简单的数字特征。样本来自总体,样本矩在一定程度上也反映了总体矩的特征,且在样本容量 n 增大的条件下,样本的 k 阶原点矩以概率收敛于总体 X 的 k 阶原点矩,即:

$$A_k = \frac{1}{n}\sum_{i=1}^{n} X_i^k \to m_k = E(X^k)\,(n \to \infty) \quad (k = 1,2,\cdots)$$

因而自然想到用样本矩作为总体矩的估计。

矩估计法的基本思想是遵循代替原则,用样本的特征替代总体的特征,用一阶、二阶样本矩替代一阶、二阶总体矩。

2. 具体方法

假设 $\theta=(\theta_1,\theta_2,\cdots,\theta_k)$ 为总体 X 的待估参数($\theta\in\Phi$),$(X_1,X_2,\cdots,X_n)$ 是来自 X 的一个样本,令 $A_l=\frac{1}{n}\sum_{i=1}^{n}X_i^l=m_l=EX^l, l=1,2,\cdots,k$,即 $A_1=m_1, A_2=m_2,\cdots,A_k=m_k$,得到一个包含 k 个未知数 $\theta_1,\theta_2,\cdots,\theta_k$ 的方程组,从中解出 $\theta=(\theta_1,\theta_2,\cdots,\theta_k)$ 的一组解 $\hat{\theta}=(\hat{\theta}_1,\hat{\theta}_2,\cdots,\hat{\theta}_k)$,然后用这个方程组的解 $\hat{\theta}_1,\hat{\theta}_2,\cdots,\hat{\theta}_k$ 分别作为 $\theta_1,\theta_2,\cdots,\theta_k$ 的估计量,这种估计量称为矩估计量,矩估计量的观察值称为矩估计值。

具体来说,可表述如下:设 $(x_1,x_2,\cdots,x_n)$ 是样本的 n 个观察值:

$$\frac{1}{n}\sum_{i=1}^{n}x_i = \int_{-\infty}^{\infty} xf(x,\alpha_1,\alpha_2)\,\mathrm{d}x = \mu(\alpha_1,\alpha_2) \tag{5.22}$$

若只有一个未知参数,通过一阶矩的联系,即可求出。但若有两个以上的参数,就需用到高阶矩,如两个参数:

$$\frac{1}{n}\sum_{i=1}^{n}x_i^2 = \int_{-\infty}^{\infty} x^2 f(x,\alpha_1,\alpha_2)\,\mathrm{d}x = [\mu(\alpha_1,\alpha_2)]^2 + [\sigma(\alpha_1,\alpha_2)]^2 \tag{5.23}$$

因为:

$$\sigma^2 = D(X) = E(X-\mu)^2 = E(X^2) - 2E(X)\mu + \mu^2 = E(X^2) - \mu^2$$

所以 $$E(X^2)=\mu^2+\sigma^2$$

例 5.1　灯泡厂从某天生产的一大批灯泡中随机抽取 10 只进行寿命试验，测得数据（单位：小时）如下：1 080，1 150，1 080，1 120，1 200，1 250，1 040，1 130，1 130，1 200。试估计该日生产的灯泡的平均寿命和寿命标准差。

解：总体均值 $E(X)\approx$ 样本均值 $\overline{X}=\frac{1}{n}\sum_{i=1}^{n}x_i$

$$E(X)\approx\overline{X}=\frac{1}{10}(1\,080+1\,150+\cdots+1\,300+1\,200)=1\,138$$

$$D(X)=E(X-\mu)^2=E(X^2)-\mu^2\approx\frac{1}{n}\sum_{i=1}^{n}x_i^2-\left(\frac{1}{n}\sum_{i=1}^{n}x_i\right)^2=S^2$$

总体方差 $D(X)\approx$ 样本二阶中心矩 $S^2=\frac{1}{n}\sum_{i=1}^{n}(x_i-\overline{X})^2$

$$D(X)\approx S^2=\frac{1}{10}((1\,080-1\,138)^2+(1\,150-1\,138)^2+\cdots+(1\,200-1\,138)^2)=4\,128.89$$

总体标准差（均方差）$\sigma\approx S=\sqrt{4\,128.89}=64.26$

例 5.2　设总体 ξ 在 $[\theta_1,\theta_2]$ 上服从均匀分布，其中 $\theta_1<\theta_2$，试求 θ_1,θ_2 的矩法估计量。

解：均匀分布的密度函数为：

$$f(x;\theta_1,\theta_2)=\begin{cases}\frac{1}{\theta_2-\theta_1}, & x\in[\theta_1,\theta_2]\\ 0, & x\notin[\theta_1,\theta_2]\end{cases}$$

$$E\xi=\int_{\theta_1}^{\theta_2}\frac{x}{\theta_2-\theta_1}\mathrm{d}x=\frac{1}{\theta_2-\theta_1}\frac{1}{2}x^2\Big|_{\theta_1}^{\theta_2}=\frac{1}{2(\theta_2-\theta_1)}(\theta_2^2-\theta_1^2)=\frac{\theta_2+\theta_1}{2}$$

$$E\xi^2=\int_{\theta_1}^{\theta_2}\frac{x^2}{\theta_2-\theta_1}\mathrm{d}x=\frac{1}{\theta_2-\theta_1}\frac{1}{3}x^3\Big|_{\theta_1}^{\theta_2}=\frac{1}{3(\theta_2-\theta_1)}(\theta_2^3-\theta_1^3)=\frac{\theta_2^2+\theta_2\theta_1+\theta_1^2}{3}$$

$$D\xi=E\xi^2-(E\xi)^2=\frac{\theta_2^2+\theta_2\theta_1+\theta_1^2}{3}-\left(\frac{\theta_2+\theta_1}{2}\right)^2=\frac{(\theta_2-\theta_1)^2}{12}$$

由矩估计法的替代原理：

$$\bar{\xi}\approx\frac{\theta_2+\theta_1}{2}$$

$$S^2\approx\frac{(\theta_2-\theta_1)^2}{12}$$

解得：

$$\begin{cases}\theta_1=\bar{\xi}-\sqrt{3}S\\ \theta_2=\bar{\xi}+\sqrt{3}S\end{cases}$$

分别为 θ_1,θ_2 的矩法估计量。

例 5.3 设总体 X 的均值 μ 及方差 σ^2 都存在但均未知,且有 $\sigma^2>0$,又设$(X_1,X_2,\cdots,X_n)$ 是来自总体 X 的一个样本,试求 μ、σ^2 的矩估计量。

解:因为 $\begin{cases} m_1 = E(X) = \mu \\ m_2 = E(X^2) = D(X) + [E(X)]^2 = \sigma^2 + \mu^2 \end{cases}$

令 $\begin{cases} \mu = A_1 \\ \sigma^2 + \mu^2 = A_2 \end{cases} \Rightarrow \begin{cases} \mu = A_1 \\ \sigma^2 = A_2 - A_1^2 \end{cases}$

所以得:$\begin{cases} \hat{\mu} = \overline{X} \\ \hat{\sigma}^2 = \dfrac{1}{n}\sum\limits_{i=1}^{n}(X_i^2) - \overline{X}^2 = \dfrac{1}{n}\sum\limits_{i=1}^{n}(X_i-\overline{X})^2 \end{cases}$

上述结果表明,总体均值与方差的矩估计量的表达式因总体分布不同而异。同时,我们又注意到,总体均值是用样本均值来估计的,而总体方差(即总体的二阶中心矩)却不是用样本方差来估计的,而是用样本二阶中心矩来估计。那么,能否用 S^2 来估计 σ^2 呢?能的话,哪个更好呢?在点估计的优良性判断中再讨论这个问题。

由此可知,虽然矩估计方法计算简单,不管总体服从什么分布,都能求出总体矩的估计量,但也存在一定的缺陷:对于一个参数,可能会有多种估计量。请看下面例子。

例 5.4 设 $X\sim P(\lambda,\lambda)$,λ 未知,$(X_1,X_2,\cdots,X_n)$是 X 的一个样本,求 $\hat{\lambda}$。

解:因为 $E(X)=\lambda, D(X)=\lambda$

则:$E(X)=\lambda\Rightarrow\hat{\lambda}=\overline{X}, D(X)=\lambda\Rightarrow\hat{\lambda}=\dfrac{1}{n}\sum\limits_{i=1}^{n}(X_i-\overline{X})^2$

由以上可看出,显然 $\overline{X}$ 与$\dfrac{1}{n}\sum\limits_{i=1}^{n}(X_i-\overline{X})^2$ 是两个不同的统计量,但都是 λ 的估计。这样,就会给应用带来不便,为此,R. A. Fisher 提出了点估计的改进方法——极大似然估计。

(二)极大似然估计

极大似然估计(maximum likehood estimate,简计为 MLE)是利用总体的分布密度或概率分布的表达式及其样本所提供的信息建立起求未知参数估计量的一种方法。

1. 极大似然估计的基本思想

极大似然估计的直观想法可用下面的例子说明。设有一事件 B,已知其发生概率为 0.01 或 0.1,若在一次实验中事件 B 发生了,自然认为事件 B 发生的概率是 0.1 而不是 0.01,这种思想的基本原理就是极大似然准则。

若总体 X 的分布为 $P\{X=x\}=p(x;\theta)$,其中 $\theta=(\theta_1,\theta_2,\cdots,\theta_k)$为待估参数($\theta\in\Theta$)。设$(X_1,X_2,\cdots,X_n)$是来自总体 X 的一个样本,$(x_1,x_2,\cdots,x_n)$是相应于样本的一

样本值，易知：样本$(X_1,X_2,\cdots,X_n)$取到观测值$(x_1,x_2,\cdots,x_n)$的概率为

$$p = P\{X_1 = x_1,\ X_2 = x_2,\cdots,X_n = x_n\} = \prod_{i=1}^{n} p(x_i;\theta)$$

令：

$$L(\theta) = L(x_1,x_2,\cdots,x_n) = \prod_{i=1}^{n} p(x_i;\theta) \tag{5.24}$$

则概率 p 随 θ 的取值变化而变化，它是 θ 的函数，$L(\theta)$称为样本的似然函数（注意：这里的 $x_1,x_2,\cdots,x_n$ 是已知的样本值，它们都是常数）。如果已知当 $\theta=\theta_0\in\Theta$ 时 $L(\theta)$取最大值，则自然认为 θ_0 作为未知参数 θ 的估计较为合理。

极大似然估计法就是固定样本观测值$(x_1,x_2,\cdots,x_n)$，在 θ 取值的可能范围 Θ 内，挑选使似然函数 $L(x_1,x_2,\cdots,x_n;\theta)$达到最大（从而概率 p 达到最大）的参数值 $\hat{\theta}$ 作为参数 θ 的估计值，即 $L(x_1,x_2,\cdots,x_n;\hat{\theta}) = \max\limits_{\theta\in\Theta} L(x_1,x_2,\cdots,x_n;\theta)$，这样得到的 $\hat{\theta}$ 与样本值$(x_1,x_2,\cdots,x_n)$有关，常记为 $\hat{\theta}(x_1,x_2,\cdots,x_n)$，称之为参数 θ 的极大似然估计值，而相应的统计量 $\hat{\theta}(X_1,X_2,\cdots,X_n)$称为参数 θ 的最大似然估计量。这样就将原来求参数 θ 的极大似然估计值问题转化为求似然函数 $L(\theta)$的最大值问题了。

2. 具体方法

在很多情况下，$p(x;\theta)$和$f(x;\theta)$关于 θ 可微，根据似然函数的特点，常把它变为如下形式：

$$\ln L(\theta) = \sum_{i=1}^{n} \ln f(x_i;\theta) \tag{5.25}$$

该式称为对数似然函数。由高等数学知：$L(\theta)$与 $\ln L(\theta)$的最大值点相同，令：

$$\frac{\partial \ln L(\theta)}{\partial \theta_i} = 0 \quad (i = 1,2,\cdots,k) \tag{5.26}$$

求解得：$\theta=\theta(x_1,x_2,\cdots,x_n)$，从而可得参数 θ 的极大似然估计量为 $\hat{\theta}=\hat{\theta}(X_1,X_2,\cdots,X_n)$；若 $p(x;\theta)$和 $f(x;\theta)$关于 θ 不可微，则需另寻方法。

具体步骤如下：

（1）由总体分布导出样本的联合概率函数（或联合概率密度）；

（2）把样本联合概率函数（或联合概率密度）中自变量 $x_1,x_2,\cdots,x_n$ 看成已知常数，而把参数看做自变量，得到似然函数。

（3）用微分原理求似然函数的最大值点；

（4）在最大值点的表达式中，用样本值代入就得到参数的估计值。

例 5.5　在一段时间内，电话交换台收到的呼唤次数 i 近似服从泊松分布，但参数未知（泊松分布：$p_i=\frac{\lambda^i}{i!}e^{-\lambda}$，$(i=0,1,2,\cdots)$）。抽得样本 $i_1=5$，$i_2=8$，$i_3=4$，$i_4=$

2, $i_5=7$, 求 λ 的极大似然估计值。

解:泊松分布的概率密度函数为:$p_i=\frac{\lambda^i}{i!}e^{-\lambda}$,$(i=0,1,2,\cdots)$

由样本的独立性,得到联合概率密度函数:

$$p(i_1,i_2,\cdots,i_n)=\prod_{i=0}^{n}\frac{\lambda^i}{i!}e^{-\lambda},\qquad(i=0,1,2,\cdots)$$

把样本 $i_1,i_2,\cdots,i_5$ 看做常数,把 λ 看做自变量,得到似然函数:

$$\begin{aligned}L&=p(i_1,\lambda)\cdot p(i_2,\lambda)\cdot p(i_3,\lambda)\cdot p(i_4,\lambda)\cdot p(i_5,\lambda)\\&=\frac{\lambda^5}{5!}e^{-\lambda}\cdot\frac{\lambda^8}{8!}e^{-\lambda}\cdot\frac{\lambda^4}{4!}e^{-\lambda}\cdot\frac{\lambda^2}{2!}e^{-\lambda}\cdot\frac{\lambda^7}{7!}e^{-\lambda}\\&=\frac{\lambda^5}{5!}\cdot\frac{\lambda^8}{8!}\cdot\frac{\lambda^4}{4!}\cdot\frac{\lambda^2}{2!}\cdot\frac{\lambda^7}{7!}\cdot e^{-5\lambda}\\&=\frac{\lambda^{5+8+4+2+7}}{5!8!4!2!7!}\cdot e^{-5\lambda}=\frac{\lambda^{26}}{5!8!4!2!7!}\cdot e^{-5\lambda}\end{aligned}$$

对似然函数取对数:

$$\begin{aligned}\ln L&=\ln\lambda^{26}-5\lambda\ln(e)-\ln5!-\ln8!-\ln4!-\ln2!-\ln7!\\&=26\ln\lambda-5\lambda-\ln5!-\ln8!-\ln4!-\ln2!-\ln7!\end{aligned}$$

取似然函数对数的极值点:

$$\frac{d\ln L}{d\lambda}=\frac{26}{\lambda}-5=0$$

得:$\lambda=26/5=5.2$,即为 λ 的极大似然估计值。

例 5.6 设 $X\sim N(\mu,\sigma^2)$,μ、σ^2 未知,$(X_1,X_2,\cdots,X_n)$ 为 X 的一个样本,$(x_1,x_2,\cdots,x_n)$ 是 $(X_1,X_2,\cdots,X_n)$ 的一个样本值,求 μ、σ^2 的极大似然估计值及相应的估计量。

解:因为 $X\sim N(\mu,\sigma^2)$,则其概率密度函数为:

$$f(x;\mu,\sigma)=\frac{1}{\sqrt{2\pi}\sigma}e^{-\frac{(x-\mu)^2}{2\sigma^2}}\quad x\in\mathbf{R}$$

所以似然函数为:$L(\mu,\sigma^2)=\prod_{i=1}^{n}\frac{1}{\sqrt{2\pi}\sigma}e^{-\frac{(x_i-\mu)^2}{2\sigma^2}}=(2\pi\sigma^2)^{-\frac{n}{2}}e^{-\frac{1}{2\sigma^2}\sum_{i=1}^{n}(x_i-\mu)^2}$

取对数:$\ln L(\mu,\sigma^2)=-\frac{n}{2}(\ln2\pi+\ln\sigma^2)-\frac{1}{2\sigma^2}\sum_{i=1}^{n}(x_i-\mu)^2$

分别对 μ,σ^2 求一阶偏导数:

$$\begin{cases}\frac{\partial}{\partial\mu}(\ln L)=\frac{1}{\sigma^2}\sum_{i=1}^{n}(x_i-\mu)\triangleq0\\\frac{\partial}{\partial\sigma^2}(\ln L)=-\frac{n}{2\sigma^2}+\frac{1}{2\sigma^4}\sum_{i=1}^{n}(x_i-\mu)^2\triangleq0\end{cases}$$

由此得到：$\mu = \frac{1}{n}\sum_{i=1}^{n} x_i = \overline{X}$

$$\sigma^2 = \frac{1}{n}\sum_{i=1}^{n}(x_i - \mu)^2 = \frac{1}{n}\sum_{i=1}^{n}(x_i - \overline{X})^2$$

则 μ,σ^2 的极大似然估计值分别为：$\hat{\mu} = \frac{1}{n}\sum_{i=1}^{n} x_i = \overline{X}$；$\hat{\sigma}^2 = \frac{1}{n}\sum_{i=1}^{n}(x_i - \overline{X})^2$

二、点估计的优良性准则

总体参数的常用估计方法有矩估计法和极大似然估计法。对于同一参数，用不同的方法进行估计，可能会得到不同的估计量。究竟采用哪一种为好呢？这就涉及用什么标准来评价估计量的问题。一个好的估计量通常要满足以下准则：

（一）无偏性（unbiasedness）

对于参数 θ 若有估计量 $\hat{\theta}$ 满足：

$$E(\hat{\theta}) = \theta \tag{5.27}$$

则称 $\hat{\theta}$ 为 θ 的**无偏估计量**。$\hat{\theta}$ 具有**无偏性**，其意义是：虽然在一次抽样中 $\hat{\theta}\neq\theta$，但当进行一系列抽样时，$\hat{\theta}$ 值能在 θ 周围摆动，且 $E(\hat{\theta}) = \theta$，即无系统偏差，见图 5-7（a）。当不满足无偏性时，会有什么后果呢？若 $E(\hat{\theta}) > \theta$，将会产生正偏差，见图 5-7（b）。若 $E(\hat{\theta}) < \theta$，将会产生负偏差，见图 5-7（c）。

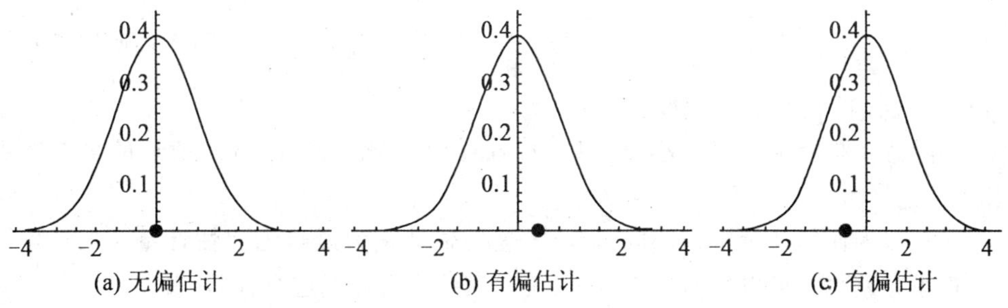

图 5-7　无偏估计和有偏估计示意图

例 5.7　试证明 $\overline{X}$ 是总体均值 μ 的无偏估计量，即 $E(\overline{X}) = \mu$。

证明：

$$E(\overline{X}) = E\left[\frac{x_1 + x_2 + \cdots + x_n}{n}\right] = \frac{1}{n}E(x_1 + x_2 + \cdots + x_n)$$

$$= \frac{1}{n}[E(x_1) + E(x_2) + \cdots + E(x_n)]$$

$$= \frac{1}{n}(\mu + \mu + \cdots + \mu) = \mu$$

例 5.8 证明样本方差 S^2 是总体方差 σ^2 的无偏估计量，即 $E(S^2) = \sigma^2$。

证明：
$$E(S^2) = E\left[\frac{1}{n-1}\sum (x_i - \overline{X})^2\right] = \frac{1}{n-1}E\left\{\sum [(x_i - \mu) - (\overline{X} - \mu)]^2\right\}$$
$$= \frac{1}{n-1}E\left[\sum [(x_i - \mu)^2 + \sum (\overline{X} - \mu)^2 - 2\sum (x_i - \mu)(\overline{X} - \mu)\right]$$
$$= \frac{1}{n-1}\left[\sum E(x_i - \mu)^2 + nE(\overline{X} - \mu)^2 - 2E(\overline{X} - \mu)n(\overline{X} - \mu)\right]$$
$$= \frac{1}{n-1}\left[n\sigma^2 + nE(\overline{X} - \mu)^2 - 2nE(\overline{X} - \mu)^2\right]$$
$$= \frac{1}{n-1}[n\sigma^2 + \sigma^2 - 2\sigma^2] = \frac{1}{n-1}[n\sigma^2 - \sigma^2] = \sigma^2$$

（二）有效性（efficiency）

无偏性考虑了估计值的平均结果是否等于待估参数的真值，但没有考虑每个估计值与待估参数真值之间偏差的大小和散布程度。在解决实际问题时，不仅希望估计值是无偏的，更希望估计值的偏差尽可能小，这就涉及有效性问题。

设 $\hat{\theta}_1 = \hat{\theta}_1(X_1, X_2, \cdots, X_n)$ 与 $\hat{\theta}_2 = \hat{\theta}_2(X_1, X_2, \cdots, X_n)$ 都是 θ 的无偏估计量，若有：

$$D(\hat{\theta}_1) < D(\hat{\theta}_2) \tag{5.28}$$

则称 $\hat{\theta}_1$ 比 $\hat{\theta}_2$ 有效。若对 $\forall \theta$ 的无偏估计 $\hat{\theta}$ 都有：$D(\hat{\theta}_0) \leqslant D(\hat{\theta})$，则称 $\hat{\theta}_0$ 为 θ 的最小方差无偏估计。

如 $E(x_i) = \mu, E(\overline{X}) = \mu, D(x_i) = \sigma^2, D(\overline{X}) = \frac{\sigma^2}{n}$，有 $D(x_i) > D(\overline{X})$，所以相对 x_i 来说，$\overline{X}$ 是 μ 的更有效估计量。

实际意义是因 $\overline{x}$ 的方差小，所以一次抽样中 $\overline{X}$ 比单个 x_i 离 μ 值近的可能性更大。

在众多无偏估计量中，称具有**最小方差**的估计量为**最佳无偏估计量**。怎样才知具有最小方差呢？可以用 Cramèr-Rao（克拉美-罗）不等式进行检验。

对于总体 X，若有 $E(\hat{\theta}) = \theta$，则：

$$D(\hat{\theta}) \geqslant \frac{1}{nE\left(\frac{\partial \ln f(x, \theta)}{\partial \theta}\right)^2} \tag{5.29}$$

式中 $f(x, \theta)$ 为 x 的概率密度函数。n 为样本容量。该式含义是 $D(\hat{\theta})$ 不会小于克拉美下限，克拉美下限是 $\mathrm{Var}(\hat{\theta})$ 的最小可能取值。当 $D(\hat{\theta}) = \frac{1}{nE\left(\frac{\partial \ln f(x, \theta)}{\partial \theta}\right)^2}$ 时，称

$\hat{\theta}$ 为 θ 的最佳无偏估计量，取得了最小方差。

例 5.9　已知 $E(\bar{x})=\mu$，求证 $\bar{x}$ 是 $x\sim N(\mu,\ \sigma^2)$ 的均值 μ 的最佳无偏估计量。

解：正态分布概率密度函数为：$f(x,\mu,\sigma)=\dfrac{1}{\sqrt{2\pi\sigma}}e^{-\frac{(x-\mu)^2}{2\sigma^2}}$

$$\ln(f(x,\mu,\sigma))=-\ln(\sqrt{2\pi\sigma})-\frac{(x-\mu)^2}{2\sigma^2}$$

$$\frac{\partial \ln f(x,\mu,\sigma)}{\partial\mu}=-\frac{1}{2\sigma^2}2(x-\mu)(-1)=\frac{x-\mu}{\sigma^2}$$

$$E\left(\frac{\partial \ln f(x,\mu,\sigma)}{\partial\mu}\right)^2=E\left(\frac{x-\mu}{\sigma^2}\right)^2=\frac{1}{\sigma^4}E(x-\mu)^2=\frac{\sigma^2}{\sigma^4}=\frac{1}{\sigma^2}$$

所以

$$\frac{1}{nE\left(\dfrac{\partial \ln f(x,\mu)}{\partial\mu}\right)^2}=\frac{1}{n\dfrac{1}{\sigma^2}}=\frac{\sigma^2}{n}=D(\bar{x})$$

$\bar{x}$ 是 μ 的最佳无偏估计量。

（三）一致性（consistency）

无偏性和有效性是在样本容量固定的条件下提出的。我们不仅希望一个估计量是无偏的，而且还希望它是有效的，因此希望随着样本容量的增大，估计值能稳定于待估参数的真值，为此引入一致性概念。

当任意给定 $\varepsilon>0$ 时，若有

$$\lim_{n\to\infty}P\{|\hat{\theta}-\theta|<\varepsilon\}=1 \tag{5.30}$$

即当 $n\to\infty$，$\hat{\theta}$ 依概率收敛于 θ，则称 $\hat{\theta}$ 为 θ 的一致估计量，$\hat{\theta}$ 具有一致性。

可以证明 $\bar{x}$、S^2 分别是 μ 和 σ^2 的一致估计量。由定义可知，一致性只在 n 很大时才起作用。

不过，一致性只有在 n 相当大时，才能显示其优越性，而在实际中，往往很难达到，因此，在实际工作中，关于估计量的选择要视具体问题而定。

以上关于参数的点估计，可以说是单纯地用样本平均数作为总体数学期望的估计值，用样本方差作为总体方差的估计值。样本的随机性使得估计值会有较大差异。所以，一次随机样本所得到的点估计值不能恰当代表所要估计的总体参数，点估计无法解决参数估计的精确度和可靠性问题，只有区间估计才能解决这个问题。

第三节　区间估计

从点估计可知，若只是对总体的某个未知参数 θ 的值进行统计推断，那么点估计

是一种很有用的形式,即只要得到样本观测值$(x_1,x_2,\cdots,x_n)$,就能得到点估计$\hat{\theta}(x_1,x_2,\cdots,x_n)$,使我们对$\theta$的值有一个明确的数量概念。但是,$\hat{\theta}(x_1,x_2,\cdots,x_n)$仅仅是$\theta$的一个近似值,它并没有反映出这个近似值的误差范围,这对实际工作来说是不方便的,而区间估计(interval estimator)正好弥补了点估计的这个缺陷。区间估计是指由两个取值于Θ的统计量$\underline{\theta}_1$、$\overline{\theta}_2$组成一个区间,对于一个具体问题,在得到样本值之后,便给出了一个具体的区间$[\underline{\theta}_1,\overline{\theta}_2]$,使参数$\theta$尽可能地落在该区间内。

事实上,由于$\underline{\theta}_1$、$\overline{\theta}_2$是两个统计量,所以$[\underline{\theta}_1,\overline{\theta}_2]$实际上是一个随机区间,$P\{\theta\in(\underline{\theta}_1,\overline{\theta}_2)\}$就反映了这个区间估计的可信程度;另一方面,区间长度$\underline{\theta}_1-\overline{\theta}_2$也是一个随机变量,$E(\underline{\theta}_1,\overline{\theta}_2)$反映了区间估计的精确程度。我们自然希望反映可信程度越大越好,反映精确程度的区间长度越小越好。但在实际问题,二者常常不能兼顾。为此,引入置信区间的概念,并给出在一定可信程度的前提下求置信区间的方法,使区间的平均长度最短。

人们在得到点估计值的同时,还希望知道$\hat{\theta}$与θ到底相差多少?这就引出了区间估计问题。现今流行的区间估计理论是统计学家 J. Neymam 在 20 世纪 30 年代建立起来的。

一、置信区间

(一)置信区间的概念

设总体X的分布函数$F(x;\theta)$含有一个未知参数θ,对于给定的$\alpha(0<\alpha<1)$,若由样本$(X_1,X_2,\cdots,X_n)$确定的两个统计量$\underline{\theta}_1(X_1,X_2,\cdots,X_n)$和$\overline{\theta}_2(X_1,X_2,\cdots,X_n)$满足:

$$P\{\underline{\theta}_1\leqslant\theta\leqslant\overline{\theta}_2\}=1-\alpha \tag{5.31}$$

则称$[\underline{\theta}_1,\overline{\theta}_2]$为$\theta$的置信度为$1-\alpha$的置信区间(confidence interval),$1-\alpha$称为置信度或置信水平(confidence probability),$\underline{\theta}_1$称为双侧置信区间的置信下限,$\overline{\theta}_2$称为置信上限。$1-\alpha$是置信度、置信系数;α是估计不准的概率,称为显著性水平(significance level)通常取$\alpha=0.05$或0.01。

当X是连续型随机变量时,对于给定的α,我们总是按要求$P\{\underline{\theta}_1\leqslant\theta\leqslant\overline{\theta}_2\}=1-\alpha$求出置信区间;而当$X$是离散型随机变量时,对于给定的$\alpha$,我们常常找不到区间$[\underline{\theta}_1,\overline{\theta}_2]$使得$P\{\underline{\theta}_1\leqslant\theta\leqslant\overline{\theta}_2\}$恰为$1-\alpha$,只能尽量去找区间$[\underline{\theta}_1,\overline{\theta}_2]$至少使其概率为$1-\alpha$且尽可能接近$1-\alpha$。

定义式(5.31)的意义在于:若反复抽样多次,每个样本值确定一个区间$[\underline{\theta}_1-\overline{\theta}_2]$,每个这样的区间要么包含$\theta$的真值,要么不包含$\theta$的真值,根据大数定律,在这么多的区间中,包含$\theta$真值的约占$1-\alpha$,不包含$\theta$真值的仅占$\alpha$,比如,$\alpha=0.005$,反复抽样 1 000 次,则得到的 1 000 个区间中不包含θ真值的区间仅为 5 个。

上述定义中，对于未知参数给出了两个统计量$\underline{\theta}_1$ 和 $\overline{\theta}_2$，这样得到的置信区间称为双侧置信区间。由图 5-8 看到，α 被等分到对称的两侧，两侧各是$\frac{\alpha}{2}$的概率。

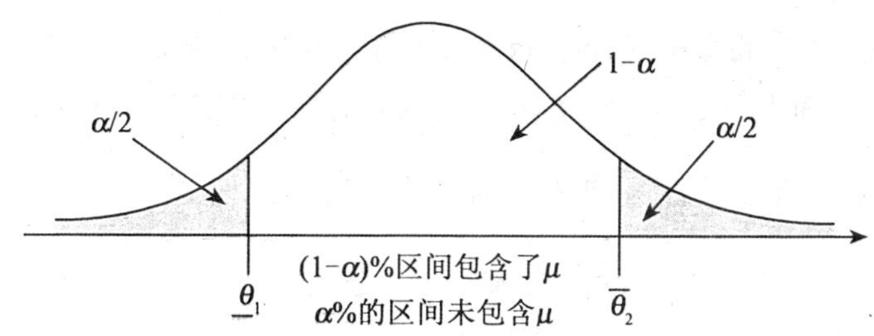

图 5-8　置信度为 $1-\alpha$ 的双侧置信区间

但在有些场合下，只关心总体参数某一侧的界限。例如对于产品的寿命，消费者只关心其寿命的下限，对其上限则希望越长越好。对于成本费用，管理者一般关心其上限，对其下限却不关心。因此在参数估计中，只估计参数的单一界限的区间，称为单侧置信区间。对于给定的 α，如果统计量满足：

$$P\{\theta > \underline{\theta}_1\} = 1-\alpha \tag{5.32}$$

则称随机区间$(\underline{\theta}_1, +\infty)$是 θ 的置信度为 $1-\alpha$ 的单侧置信区间，$\underline{\theta}_1$ 称为单侧置信下限。

如果统计量 $\overline{\theta}_2$ 满足：

$$P\{\theta < \overline{\theta}_2\} = 1-\alpha \tag{5.33}$$

则称随机区间$(-\infty, \overline{\theta}_2)$是置信度为 $1-\alpha$ 的单侧置信区间，$\overline{\theta}_2$ 称为单侧置信上限，如图 5-9 所示。

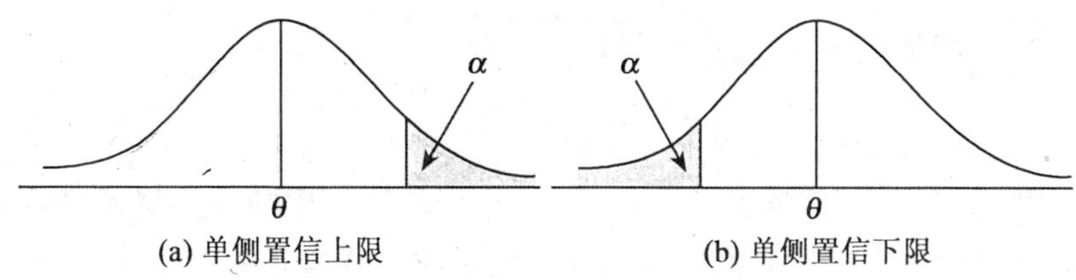

图 5-9　单侧置信区间的置信上限和下限

(二)求置信区间的一般步骤

由区间估计的定义可知，要想求出被估计量的置信区间，必须找到一个含有被估参数 θ 的合适统计量，并知其概率分布。因此，求置信区间的一般步骤可表述如下：

1. 求一个样本$(X_1, X_2, \cdots, X_n)$的函数 $W(X_1, X_2, \cdots, X_n; \theta)$；它包含待估参数 θ，

而不包含其他未知参数,并且分布已知,且不依赖于任何未知参数。这一步通常是根据 θ 的点估计及抽样分布得到的。

2. 对于给定的置信度 $1-\alpha$,定出两个常数 a,b,使 $p\{a\leqslant W\leqslant b\}=1-\alpha$。这一步通常由抽样分布的分位数定义得到。

3. 从 $a\leqslant W\leqslant b$ 中得到等价不等式 $\underline{\theta}_1\leqslant\theta\leqslant\overline{\theta}_2$,其中:$\underline{\theta}_1=\underline{\theta}_1(X_1,X_2,\cdots,X_n)$,$\overline{\theta}_2=\overline{\theta}_2(X_1,X_2,\cdots,X_n)$ 都是统计量,则 $[\underline{\theta}_1,\overline{\theta}_2]$ 就是 θ 的一个置信度为 $1-\alpha$ 的置信区间。

二、单个正态总体均值和方差的区间估计

(一)单个正态总体均值的区间估计

1. σ^2 已知时总体均值的区间估计

当 $X\sim N(\mu,\sigma^2)$ 时,若 σ^2 已知,根据中心极限定理,有 $\overline{X}\sim N\left(\mu,\dfrac{\sigma^2}{n}\right)$。把 $\overline{X}$ 标准化,得到统计量:

$$Z=\frac{\overline{X}-\mu}{\sigma\big/\sqrt{n}}\sim N(0,1)$$

当给定 α 时,有:

$$P\{|Z|\leqslant z_{\alpha/2}\}=P\left\{\left|\frac{\overline{X}-\mu}{\sigma\big/\sqrt{n}}\right|\leqslant z_{\alpha/2}\right\}=1-\alpha \tag{5.34}$$

把大括号内不等式展开:

$$-z_{\alpha/2}\leqslant\frac{\overline{X}-\mu}{\sigma/\sqrt{n}}\leqslant z_{\alpha/2} \tag{5.35}$$

$$\overline{X}-z_{\alpha/2}\frac{\sigma}{\sqrt{n}}\leqslant\mu\leqslant\overline{X}+z_{\alpha/2}\frac{\sigma}{\sqrt{n}} \tag{5.36}$$

所以 μ 的置信区间是:

$$\left[\overline{X}-z_{\alpha/2}\frac{\sigma}{\sqrt{n}},\overline{X}+z_{\alpha/2}\frac{\sigma}{\sqrt{n}}\right] \tag{5.37}$$

例 5.10 某种零件长度服从正态分布,从该批产品中随机抽取 9 件,测得其平均长度为 22.00 mm。已知总体标准差 $\sigma=0.15$mm,试建立该种零件平均长度的置信区间,给定置信水平为 0.95。

解:已知 $X\sim N(\mu,0.15^2)$,$\overline{X}=22.00$, $n=9$, $1-\alpha=0.95$,$z_{\alpha/2}=1.96$,则:

$$\overline{X}-z_{\alpha/2}\frac{\sigma}{\sqrt{n}}=22.00-1.96\times\frac{0.15}{\sqrt{9}}=21.90$$

$$\overline{X}+z_{\alpha/2}\frac{\sigma}{\sqrt{n}}=22.00+1.96\times\frac{0.15}{\sqrt{9}}=22.10$$

我们可以95%的概率保证该种零件的平均长度在21.902～21.098 mm之间。

2. σ^2 未知时，总体均值的区间估计

(1) σ^2 未知，大样本时总体均值的区间估计

当样本容量足够大时，样本均值近似地服从正态分布。根据经验当 $n>30$ 时就是样本容量足够大了，此时可采用式(5.37)进行参数区间估计。

例5.11　从8 000名大学生的身高数据中随机抽取130个数据，得 $\overline{X}=172.60\text{cm}$，$S^2=5.24\text{cm}$。$\sigma$ 未知。试估计8 000名大学生平均身高的置信区间，给定 $1-\alpha=0.95$。

解：因 $n=130$ 是大样本，$\overline{X}$ 近似服从态分布。根据(5.37)式得：

$$\overline{X}-z_{\alpha/2}\frac{S}{\sqrt{n}}=172.60-1.96\times\frac{\sqrt{5.24}}{\sqrt{130}}=172.60-0.39=172.21$$

$$\overline{X}+z_{\alpha/2}\frac{S}{\sqrt{n}}=172.60+1.96\times\frac{\sqrt{5.24}}{\sqrt{130}}=172.60+0.39=172.99$$

即8 000名大学生平均身高的置信区间在172.208cm～172.992cm之间。

当总体为非正态总体且 σ^2 未知时，只要样本容量足够大，一般当≥30时，仍可以用式(5.37)来近似地建立总体均值的置信区间。

(2) σ^2 未知，小样本时总体均值的区间估计

当总体服从正态分布，但 σ^2 未知时，要用样本方差 S^2 代替总体方差 σ^2 来建立置信区间。

由点估计内容知，S^2 是 σ^2 的最小方差无偏估计。根据抽样分布，有：

$$T=\frac{\overline{X}-\mu}{S}\sqrt{n}\sim t(n-1) \tag{5.38}$$

根据自由度为 $(n-1)$ 的 t 分布的分位数的定义有：

$$P\{|t|\leqslant t_{\alpha/2}(n-1)\}=1-\alpha$$

即：

$$P\{\overline{X}-\frac{s}{\sqrt{n}}t_{\alpha/2}(n-1)\leqslant\mu\leqslant\overline{X}+\frac{s}{\sqrt{n}}t_{\alpha/2}(n-1)\}=1-\alpha \tag{5.39}$$

把括号内不等式展开：

$$-t_{\alpha/2}(n-1)\leqslant\frac{\overline{X}-\mu}{S/\sqrt{n}}\leqslant t_{\alpha/2}(n-1) \tag{5.40}$$

$$\overline{X}-t_{\alpha/2}(n-1)\frac{S}{\sqrt{n}}\leqslant\mu\leqslant\overline{X}+t_{\alpha/2}(n-1)\frac{S}{\sqrt{n}} \tag{5.41}$$

置信区间为：

$$\left[\overline{X}-t_{\alpha/2}(n-1)\frac{S}{\sqrt{n}},\overline{X}+t_{\alpha/2}(n-1)\frac{S}{\sqrt{n}}\right] \tag{5.42}$$

这里虽然得出了 μ 的置信区间，但由于 σ^2 未知，用 S^2 代替 σ^2，因而估计的效果要差一些，即在相同置信水平下，所确定的置信区间长度要大些。

例 5.12 从某公司生产的一批罐装产品中，随机抽取了 16 罐产品，测得罐装产品的质量的平均值 $\overline{X}=2.705$，样本标准差 $S=0.029$。若置信度为 95%，试求这批罐装产品质量的置信区间。

解：根据已知 $n=16$，$\overline{X}=2.705$，$S=0.029$，从附录查到 $t_{\alpha/2}(15)=2.131$。从而有：

$$\overline{X}-t_{\alpha/2}(n-1)\frac{S}{\sqrt{n}}=2.705-2.131\times\frac{0.029}{\sqrt{16}}=2.690$$

$$\overline{X}+t_{\alpha/2}(n-1)\frac{S}{\sqrt{n}}=2.705+2.131\times\frac{0.029}{\sqrt{16}}=2.720$$

则这批罐装产品质量的置信区间为[2.690，2.720]。

例 5.13 有一大批糖果，现从中随机地取 16 袋，称得重量如下：506，508，499，503，504，510，497，512，514，505，493，496，506，502，509，496。设重量近似地服从正态分布，试求总体均值的置信度为 0.95 的置信区间。

解：由样本观察值得到：

$$\overline{X}=503.75,\quad S=6.2022,\quad t_{\alpha/2}(15)=2.1315$$

得到：

$$\overline{X}-t_{\alpha/2}(n-1)\frac{S}{\sqrt{n}}=503.75-2.131\times\frac{6.2022}{\sqrt{16}}=500.45$$

$$\overline{X}+t_{\alpha/2}(n-1)\frac{S}{\sqrt{n}}=503.75+2.131\times\frac{6.2022}{\sqrt{16}}=507.05$$

则总体均值的置信区间为[500.45，507.05]

（二）单个正态总体方差的区间估计

总体服从正态分布 $N(\mu,\sigma^2)$，为求出 σ^2 的置信区间，应寻找一个含有 σ^2 的统计量，并要知道它的分布。统计量 χ^2 可用来求 σ^2 的置信区间：

$$\chi^2=\frac{(n-1)S^2}{\sigma^2}\sim\chi^2(n-1) \tag{5.43}$$

这个统计量中只含有未知参数 σ^2，所以可以根据给定的置信度及样本特征值确定 σ^2 的置信区间。

当自由度为 $(n-1)$，在给定 $(1-\alpha)$ 后，总可找到一个置信区间，即：

$$P\{\lambda_1\leqslant\chi^2\leqslant\lambda_2\}=1-\alpha \tag{5.44}$$

即：

$$P\left\{\lambda_1\leqslant\frac{(n-1)S^2}{\sigma^2}\leqslant\lambda_2\right\}=1-\alpha \tag{5.45}$$

经过变换：

$$P\left\{\frac{(n-1)S^2}{\lambda_2}\leqslant\sigma^2\leqslant\frac{(n-1)S^2}{\lambda_1}\right\}=1-\alpha \tag{5.46}$$

则置信区间为：

$$\left[\frac{(n-1)S^2}{\lambda_2},\frac{(n-1)S^2}{\lambda_1}\right] \tag{5.47}$$

其中 $\lambda_1=\chi^2_{1-\alpha/2}(n-1)$，$\lambda_2=\chi^2_{\alpha/2}(n-1)$，分别为自由度$(n-1)$的$(1-\alpha/2)$分位数和$\alpha/2$的分位数。

λ_1、λ_2可以从χ^2分布表中查到。因χ^2分布不对称，所以满足$(1-\alpha)$的λ_1、λ_2值可有无数种选择。通常取两个尾区的概率各为$\alpha/2$，见图5-10所示。

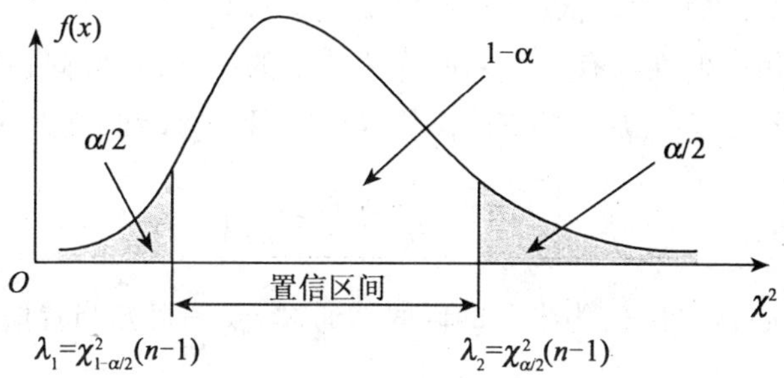

图5-10 χ^2分布的双侧置信区间

例5.14 某机械厂生产某种产品的单位成本X服从正态分布。今随机抽取16件产品求出平均单位成本为110(元/件)。单位成本标准差$S=5$(元/件)。求置信度为90%的产品单位成本标准差的置信区间。

解：根据置信度90%，查表得到：$\lambda_1=\chi^2_{0.95}(15)=7.261$，$\lambda_2=\chi^2_{0.05}(15)=24.996$，则：

$$\frac{(n-1)S^2}{\lambda_2}=\frac{(16-1)\times5^2}{24.996}=15.00$$

$$\frac{(n-1)S^2}{\lambda_1}=\frac{(16-1)\times5^2}{7.261}=51.65$$

所以σ^2的置信区间为[15.00,51.65]，σ的置信区间是[3.87,7.19]，可靠程度为90%。

(三) 样本容量的确定

在前面的讨论中，都是假设样本容量(sample size)n是已知的。在实际问题中，需要动手设计调查方案时，如何决定样本容量大有学问。n选得过大，会增加费用，n选得过小，会使估计误差增大。因此，需要解决以下问题：

第一，要求什么样的精度？希望估计值与真值接近到什么程度？换句话说，就是想构造多宽的区间？

第二，想要多大的置信度？即想要多大的可靠度？

样本容量的确定直接影响到抽样误差及抽样的成本。确定样本容量时应考虑以下因素：

(1)总体中变量值的离散程度大小。在相同条件下，离散程度越大，则需要抽样的样本容量就越多。一般用总体标准差表示离散程度的大小。

(2)必要样本容量 n 与允许误差成反比，即在给定的置信水平下，允许误差越大，样本容量就可以越小，允许误差越小，样本容量就必须加大。

(3)必要样本容量 n 与置信度 $1-\alpha$ 成正比，即要求的可靠程度越高，样本容量就应越大，要求的可靠程度越低，样本容量就可以越小。

在点估计中用无偏性与有效性来评价估计量的好坏，在区间估计中是用置信度和精度来衡量估计量的优劣。以估计 μ 的置信区间为例，当 σ 已知时，公式：

$$\left[\overline{X}-z_{\alpha/2}\frac{\sigma}{\sqrt{n}},\overline{X}+z_{\alpha/2}\frac{\sigma}{\sqrt{n}}\right] \tag{5.48}$$

是一个以 $\overline{X}$ 为中心，以 $z_{\alpha/2}\frac{\sigma}{\sqrt{n}}$ 为半径的区间。通过 $z_{\alpha/2}\frac{\sigma}{\sqrt{n}}$ 可知当置信度(1-α)增大时，$z_{\alpha/2}$ 增大，区间长度增大(精度降低)。当样本容量 n 增大时，$z_{\alpha/2}\frac{\sigma}{\sqrt{n}}$ 缩小，区间长度缩小(精度提高)。可见，追求置信度和精度是矛盾的。置信度增大(减小)，精度降低(提高)。通常的做法是，在控制一定的置信度条件下，用加大 n 的办法提高精度。由于 n 的加大会直接导致人力、物力、财力的支出加大，所以实际工作中只取满足精度的那个尽可能小的样本容量即可。这里称置信区间半径 $h=z_{\alpha/2}\frac{\sigma}{\sqrt{n}}$ 为允许误差限，整理之后得：

$$n=\frac{(z_{\alpha/2}\sigma)^2}{h^2} \tag{5.49}$$

这就是在精度 h 已知的条件下，样本容量的最低允许值。当 σ 未知时，常用以往资料中的标准差代替，若没有以往资料则抽样求 S^2 去代替 σ^2 值。在确定样本容量时，如果 n 为小数时，应进位取整数。

例 5.15 某地区有 40 000 农户，想通过抽样方法了解一下，每户农民春小麦的平均播种面积，从历史资料看 $\sigma=8.8$ 亩比较合适。若给定 $1-\alpha=0.95$，若给定所求平均播种面积的允许误差不超出 0.5 亩，求抽样时样本容量应选多大？

解：根据公式(5.49)得到：

$$n=\left(z_{\alpha/2}\frac{\sigma}{h}\right)^2=\left(1.96\times\frac{8.8}{0.5}\right)^2=1\ 189.9$$

则样本容量不应小于 1 190 户(实际为 1 189.9 户)。

三、两个正态总体均值差和方差比的区间估计

(一)两个正态总体均值差的区间估计

在实际中,经常遇到需要比较两个总体均值的问题。例如要比较两个城市居民平均收入,要比较两个学校学生的学习成绩等。这通常要对总体均值之差作区间估计。与单个总体均值区间估计类似,也分为如下几种情形:

1. 当 σ_1^2、σ_2^2 已知时,两总体均值差的区间估计

设容量为 n_1、n_2 的样本分别取自正态总体 X、Y,$X\sim N(\mu_1,\sigma_1^2)$,$Y\sim N(\mu_2,\sigma_2^2)$,则有:

$$\overline{X}\sim N(\mu_1,\sigma_1^2/n_1)$$
$$\overline{Y}\sim N(\mu_2,\sigma_2^2/n_2)$$

因 $\overline{X}$、$\overline{Y}$ 是随机变量,所以$(\overline{X}-\overline{Y})$也是随机变量有:

$$E(\overline{X}-\overline{Y})=E(\overline{X})-E(\overline{Y})=\mu_1-\mu_2$$

$$D(\overline{X}-\overline{Y})=D(\overline{X})+D(\overline{Y})=\frac{\sigma_1^2}{n_1}+\frac{\sigma_2^2}{n_2}$$

所以 $\overline{X}-\overline{Y}\sim N\left[(\mu_1-\mu_2),\left(\frac{\sigma_1^2}{n_1}+\frac{\sigma_2^2}{n_2}\right)\right]$,把$(\overline{X}-\overline{Y})$标准化有:

$$Z=\frac{(\overline{X}-\overline{Y})-(\mu_1-\mu_2)}{\sqrt{\frac{\sigma_1^2}{n_1}+\frac{\sigma_2^2}{n_2}}}\sim N(0,1) \tag{5.50}$$

由 $P\{|Z|\leqslant z_{\alpha/2}\}=1-\alpha$

得 $\mu_1-\mu_2$ 的置信区间为:

$$\left[\overline{X}-\overline{Y}-z_{\alpha/2}\sqrt{\frac{\sigma_1^2}{n_1}+\frac{\sigma_2^2}{n_2}},\overline{X}-\overline{Y}+z_{\alpha/2}\sqrt{\frac{\sigma_1^2}{n_1}+\frac{\sigma_2^2}{n_2}}\right] \tag{5.51}$$

例 5.16 一个银行负责人想知道储户存入两家银行的金额,他从两家银行各抽取了一个由 25 个储户组成的随机样本,样本均值如下:银行 A:4 800 元,银行 B:3 500元。设已知两个总体服从方差分别为 2 500 元和 3 600 元的正态分布,试求两均值差的置信区间。

(1)置信度 95%;

(2)置信度 99%。

解:已知:$X_A\sim N(\mu_1,2\ 500)$,$X_B\sim N(\mu_1,3\ 600)$

$\overline{X}_A = 4\ 800, \overline{X}_B = 3\ 500$

(1)置信度为95%时,两均值差的置信区间为:

$$\overline{X} - \overline{Y} - z_{\alpha/2}\sqrt{\frac{2\ 500}{n_1} + \frac{3\ 600}{n_2}} = 4\ 800 - 3\ 500 - 1.96\sqrt{\frac{2\ 500}{25} + \frac{3\ 600}{25}} = 1\ 269.38$$

$$\overline{X} - \overline{Y} + z_{\alpha/2}\sqrt{\frac{2\ 500}{n_1} + \frac{3\ 600}{n_2}} = 4\ 800 - 3\ 500 + 1.96\sqrt{\frac{2\ 500}{25} + \frac{3\ 600}{25}} = 1\ 330.62$$

则两均值差的置信区间值为[1 269.38,1 330.62]。

(2)置信度为99%时,两均值差的置信区间为:

$$\overline{X} - \overline{Y} - z_{\alpha/2}\sqrt{\frac{2\ 500}{n_1} + \frac{3\ 600}{n_2}} = 4\ 800 - 3\ 500 - 2.58\sqrt{\frac{2\ 500}{25} + \frac{3\ 600}{25}} = 1\ 259.70$$

$$\overline{X} - \overline{Y} + z_{\alpha/2}\sqrt{\frac{2\ 500}{n_1} + \frac{3\ 600}{n_2}} = 4\ 800 - 3\ 500 + 2.58\sqrt{\frac{2\ 500}{25} + \frac{3\ 600}{25}} = 1\ 340.30$$

则两均值的置信区间值为[1 259.70,1 340.30]。

2. 当 σ_1^2、σ_2^2 未知,大样本时两总体均值差的区间估计

总体方差未知时,但两个样本都是大样本,则不论总体分布的情况如何,可用样本方差代替总体方差,在给定 α 后,置信区间为:

$$\left[\overline{X} - \overline{Y} - z_{\alpha/2}\sqrt{\frac{S_1^2}{n_1} + \frac{S_2^2}{n_2}}, \overline{X} - \overline{Y} + z_{\alpha/2}\sqrt{\frac{S_1^2}{n_1} + \frac{S_2^2}{n_2}}\right] \tag{5.52}$$

例 5.17 从某市近郊区和远郊区各自独立地抽取了50户农民家庭,调查每户年末存款余额。经计算得:均值分别为1 300元,980元,$S_1 = 120$ 元,$S_2 = 106$ 元。试以95%的概率估计该市近郊区与远郊区农民平均每户年末存款余额之差的置信区间。

解:虽然两总体分布未知,但由于 $n_1 = n_2 = 50$,属于大样本,故可用式(5.52)进行计算,有:

$$\overline{X} - \overline{Y} - z_{\alpha/2}\sqrt{\frac{S_1^2}{n_1} + \frac{S_2^2}{n_2}} = 1\ 300 - 980 - 1.96 \times \sqrt{\frac{120^2}{50} + \frac{106^2}{50}} = 275.62$$

$$\overline{X} - \overline{Y} + z_{\alpha/2}\sqrt{\frac{S_1^2}{n_1} + \frac{S_2^2}{n_2}} = 1\ 300 - 980 + 1.96 \times \sqrt{\frac{120^2}{50} + \frac{106^2}{50}} = 364.38$$

经计算该市近远郊区农民平均每户年末存款余额相差的区间为275.62~364.38元,其可靠性为95%。

3. 当 σ_1^2、σ_2^2 未知但相等,两总体均值差的区间估计

两独立正态总体:$X \sim N(\mu_1, \sigma_1^2)$,$Y \sim N(\mu_2, \sigma_2^2)$ 方差未知但相等 $\sigma_1^2 = \sigma_2^2$,求 $\mu_1 - \mu_2$ 的置信区间。

这时以 S_1^2、S_2^2 分别代替 σ_1^2、σ_2^2,有统计量:

$$T=\frac{(\overline{X}-\overline{Y})-(\mu_1-\mu_2)}{\sqrt{\left(\frac{(n_1-1)S_1^2+(n_2-1)S_2^2}{n_1+n_2-2}\right)}\sqrt{\frac{1}{n_1}+\frac{1}{n_2}}}\sim t(n_1+n_2-2) \tag{5.53}$$

其中：$S_w^2=\frac{(n_1-1)S_1^2+(n_2-1)S_2^2}{n_1+n_2-2}$

由 $P\{|T|\leqslant t_{\alpha/2}(n_1+n_2-2)=1-\alpha$

得 $\mu_1-\mu_2$ 的置信区间为：

$$\overline{X}-\overline{Y}\pm t_{\alpha/2}(n_1+n_2-2)\cdot\sqrt{\frac{(n_1-1)S_1^2+(n_2-1)S_2^2}{n_1+n_2-2}}\cdot\sqrt{\frac{1}{n_1}+\frac{1}{n_2}} \tag{5.54}$$

例 5.18　从两处煤矿各抽样数次，分析其含灰率（%）如下：

甲矿 X：24.3，20.8，23.7，21.3，17.4

乙矿 Y：18.2，16.9，20.2，16.7

假定两个煤矿的含灰率都服从正态分布，且方差相等，问甲、乙两煤矿含灰率差的置信区间（$\alpha=0.10$）。

解：$\overline{X}=21.5$，$\overline{Y}=18.0$，$n_1=5$，$n_2=4$，$t_{0.05}(5+4-2)=t_{0.95}(7)=2.37$，$S_1^2=7.5$，$S_2^2=2.6$，得到：

$$S_w^2=\frac{(n_1-1)S_1^2+(n_2-1)S_2^2}{n_1+n_2-2}=5.29$$

代入置信区间公式：

$$\overline{X}-\overline{Y}-t_{\alpha/2}(n_1+n_2-2)\cdot\sqrt{\frac{(n_1-1)S_1^2+(n_2-1)S_2^2}{n_1+n_2-2}}\cdot\sqrt{\frac{1}{n_1}+\frac{1}{n_2}}=-0.16$$

$$\overline{X}-\overline{Y}+t_{\alpha/2}(n_1+n_2-2)\cdot\sqrt{\frac{(n_1-1)S_1^2+(n_2-1)S_2^2}{n_1+n_2-2}}\cdot\sqrt{\frac{1}{n_1}+\frac{1}{n_2}}=7.16$$

则甲、乙二煤矿含灰率差的置信区间为[−0.16，7.16]。

（二）两个正态总体方差比的区间估计

在实际中经常会遇到比较两个总体方差的问题。如我们需要比较两种设备的精度，比较两个工艺过程的稳定性等，这些都可以转化成两个总体方差的比较问题。

比较两个总体的方差用各自的样本方差比来判别。如果$\frac{S_1^2}{S_2^2}$接近于 1，说明两总体方差很接近；反之，$\frac{S_1^2}{S_2^2}$偏离 1 很大或很小都说明两总体方差之间存在差异。

在两个正态总体 $N(\mu_1,\sigma_1^2)$ 和 $N(\mu_2,\sigma_2^2)$ 中，μ_1、μ_2、σ_1^2、σ_2^2 均未知。从两总体中独立地各取一个样本，其方差分别为 S_1^2 和 S_2^2。我们要对总体方差之比$\frac{\sigma_1^2}{\sigma_2^2}$做出区间估

计。

由于$\frac{(n_1-1)S_1^2}{\sigma_1^2}$和$\frac{(n_2-1)S_2^2}{\sigma_2^2}$分别服从自由度为$n_1-1$、$n_2-1$的$\chi^2$分布，注意到$S_1^2$和$S_2^2$相互独立，由$F$分布的定义知：

$$F=\frac{\frac{(n_1-1)S_1^2}{\sigma_1^2}\Big/(n_1-1)}{\frac{(n_{21}-1)S_2^2}{\sigma_2^2}\Big/(n_2-1)}=\frac{S_1^2/\sigma_1^2}{S_2^2/\sigma_2^2}=\frac{\sigma_2^2/\sigma_1^2}{S_2^2/S_1^2}\sim F(n_1-1,n_2-1) \tag{5.55}$$

服从自由度为(n_1-1,n_2-1)的F分布。

在给定置信度$1-\alpha$时，有：

$$P\left\{F_{1-\alpha/2}(n_1-1,n_2-1)\leqslant\frac{S_1^2}{S_2^2}\cdot\frac{\sigma_2^2}{\sigma_1^2}\leqslant F_{\alpha/2}(n_1-1,n_2-1)\right\}=1-\alpha$$

从而得到$\frac{\sigma_1^2}{\sigma_2^2}$的置信区间：

$$\left[\frac{\frac{S_1^2}{S_2^2}}{F_{\alpha/2}(n_1-1,n_2-1)},\frac{\frac{S_1^2}{S_2^2}}{F_{1-\alpha/2}(n_1-1,n_2-1)}\right] \tag{5.56}$$

F分布的图形如图 5-11 所示。

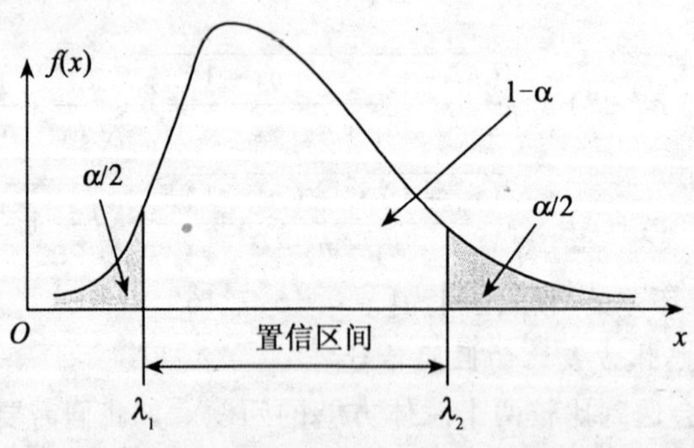

图 5-11　F 分布的双侧置信区间图

这里λ_1、λ_2可以从F分布表中查到。因F分布不对称，所以满足$(1-\alpha)$的λ_1、λ_2值可有无数种选择。通常取两个尾区的概率各为$\alpha/2$。

例 5.19　用某一特定工序生产的一批化工产品中的杂质含量的变异依赖于操作过程中处理的时间长度。某生产商拥有两条生产线，为了在降低产品中杂质平均数量的同时降低杂质的变异，对两条生产线进行了很小的调整，现需研究这种调整是否确能达到目的。为此从两条生产线生产的两批产品中各随机抽取了 25 个样品，它们的均值和样本方差为：$\overline{X}=3.2, S_1^2=1.04, \overline{Y}=3.0, S_2^2=0.51$。试确定两总体方差比 $\frac{\sigma_1^2}{\sigma_2^2}$ 的 90% 的置信区间。

解：已知 $\overline{X}=3.2, S_1^2=1.04, \overline{Y}=3.0, S_2^2=0.51$

查表得到：$F_{\alpha/2}(24,24)=1.98, F_{1-\alpha/2}(24,24)=0.51$

$$\frac{\frac{S_1^2}{S_2^2}}{F_{\alpha/2}(n_1-1,n_2-1)}=\frac{1.04/0.51}{1.98}=1.03$$

$$\frac{\frac{S_1^2}{S_2^2}}{F_{1-\alpha/2}(n_1-1,n_2-1)}=\frac{1.04/0.51}{0.51}=4.00$$

则置信度为 90% 的 $\frac{\sigma_1^2}{\sigma_2^2}$ 的置信区间为[1.03,4.00]。

四、单个总体比例和两个总体比例差的区间估计

（一）单个总体比率 p 的区间估计

在许多实际问题中，经常需要估计总体中具有某种特征的单位占总体全部单位的比例。如产品的合格率为多少？一批种子的发芽率为多少等。我们称总体中具有某种特征的单位占总体全部单位的比例称为总体比率，计为 p。若在容量为 N 总体中，具有某种性质元素的数量为 M，则定义总体比率：

$$p=\frac{M}{N} \tag{5.57}$$

样本具有某种特征的单位占样本全部单位的比例称为样本比例。若取自该总体中，容量为 n 的样本中，具有上述性质的元素数量为 m，则定义样本比率：

$$\overline{p}=\frac{m}{n} \tag{5.58}$$

依据概率论知识，知样本比率 $\overline{p}$ 服从二项分布：

$$\overline{p} \sim B\left(p,\frac{p(1-p)}{n}\right) \tag{5.59}$$

当 $np \geqslant 5$，$n(1-p) \geqslant 5$ 时，可把 $\overline{p}$ 的分布近似看成是正态分布。即

$$Z=\frac{\overline{p}-p}{\sqrt{\frac{p(1-p)}{n}}} \sim N(0,1) \tag{5.60}$$

实际中，通常方差是未知的。因为 $S^2(\overline{p})=\frac{\overline{p}(1-\overline{p})}{n-1}$ 是 $\overline{p}$ 的方差的无偏估计量。所以，可用 $S^2(\overline{p})$ 去代替 $\overline{p}$ 的方差。当 n 为大样本时，近似有：

$$\bar{p} \sim N\left(p, \frac{\bar{p}(1-\bar{p})}{n-1}\right), \text{或} \frac{\bar{p}-p}{\sqrt{\frac{\bar{p}(1-\bar{p})}{n-1}}} \sim N(0,1)$$

则 p 的置信区间为：

$$\bar{p} \pm z_{\alpha/2}S(\bar{p}) = \bar{p} \pm z_{\alpha/2}\sqrt{\frac{\bar{p}(1-\bar{p})}{n-1}} \tag{5.61}$$

其中：$\bar{p} = \frac{m}{n}$。

应用此公式的条件是：$np > 5$，$n(1-p) > 5$，n 为大样本，N 非常大或无限。

例 5.20 调查了 1 230 位持信用卡顾客，发现有 415 位定期利用公司的邮购服务，试用 99% 置信度估计该比率的置信区间。

解：$\bar{p} = \frac{m}{n} = \frac{415}{1\ 230} = 0.34$

$$S(\bar{p}) = \sqrt{\frac{\bar{p} \times (1-\bar{p})}{n-1}} = \sqrt{\frac{0.34 \times (1-0.34)}{1\ 230-1}} = 0.0135$$

$$\bar{p} - z_{\alpha/2}S(\bar{p}) = 0.34 - 2.58 \times 0.0135 = 0.31$$

$$\bar{p} + z_{\alpha/2}S(\bar{p}) = 0.34 + 2.58 \times 0.0135 = 0.37$$

则该比率的置信区间是 31% ~37%。

（二）两总体比率差 $p_1 - p_2$ 的区间估计

在社会经济问题中，经常会遇到需要对两个总体比例之差进行分析的问题，例如某两种产品合格率的比较等。

设两个独立的总体 X 和 Y，分别从中抽取容量为 n_1 及 n_2 的样本，当 $n_1p_1 > 5$，$n_1(1-p_1)$，$n_2p_2 > 5$ 和 $n_2(1-p_2)$ 都大于 5，$\bar{p}_1 - \bar{p}_2$ 的抽样分布近似于正态分布：

$$\bar{p}_1 - \bar{p}_2 \sim N(\mu_{p_1} - \mu_{p_2}, \sigma_1^2 - \sigma_2^2)$$

$$\mu_{p_1} - \mu_{p_2} = p_1 - p_2$$

$$\sigma_1^2 - \sigma_2^2 = \sqrt{\frac{p_1(1-p_1)}{n_1} + \frac{p_2(1-p_2)}{n_2}}$$

所以有：

$$\bar{p}_1 - \bar{p}_2 \sim N\left(p_1 - p_2, \frac{p_1(1-p_1)}{n_1} + \frac{p_2(1-p_2)}{n_2}\right) \tag{5.62}$$

进行标准化变换得：

$$\frac{\bar{p}_1 - \bar{p}_2 - (p_1 - p_2)}{\sqrt{\frac{p_1(1-p_1)}{n_1} + \frac{p_2(1-p_2)}{n_2}}} \sim N(0,1) \tag{5.63}$$

由此可得到 $p_1 - p_2$ 的置信区间：

$$\left(\bar{p}_1-\bar{p}_2 \pm z_{\alpha/2}\sqrt{\frac{p_1(1-p_1)}{n_1}+\frac{p_2(1-p_2)}{n_2}}\right) \tag{5.64}$$

由于 p_1、p_2 均未知，故上述区间估计中用 $\bar{p}_1$、$\bar{p}_2$ 代替，则置信区间表示为：

$$\left(\bar{p}_1-\bar{p}_2 \pm z_{\alpha/2}\sqrt{\frac{\bar{p}_1(1-\bar{p}_1)}{n_1}+\frac{\bar{p}_2(1-\bar{p}_2)}{n_2}}\right) \tag{5.65}$$

例 5.21　饮料公司对其所做的报纸广告在两个城市的效果进行了比较。它们从两个城市中分别随机地调查了 1 000 个成年人，其中看过广告的比例分别为 0.18 和 0.14。试求两城市成年人中看过广告的比例之差的 95% 的置信区间。

解：已知 $\bar{p}_1=0.18$，$\bar{p}_2=0.14$，$1-\alpha=0.95$，$n_1=n_2=1\ 000$，计算如下：

$$\bar{p}_1-\bar{p}_2-z_{\alpha/2}\sqrt{\frac{\bar{p}_1(1-\bar{p}_1)}{n_1}+\frac{\bar{p}_2(1-\bar{p}_2)}{n_2}}=0.0079$$

$$\bar{p}_1-\bar{p}_2+z_{\alpha/2}\sqrt{\frac{\bar{p}_1(1-\bar{p}_1)}{n_1}+\frac{\bar{p}_2(1-\bar{p}_2)}{n_2}}=0.0721$$

我们有 95% 的把握估计两城市成年人中看过该广告的比例之差在 0.79% ~ 7.21% 之间。

案例 5.1　10 ~ 12 岁儿童体重的差异分析

某儿童成长研究中心想要调查两个不同城市 A、B 的 10 到 12 岁之间儿童体重的差异，现分别独立随机抽取样本的 10 到 12 岁儿童体重数据情况如表 5-1 所示。

表 5-1　　城市 A 和城市 B 年龄在 10 ~ 12 岁之间儿童体重抽样统计表

城市 A				城市 B			
体重（公斤）	42.3	46.8	41.8	体重（公斤）	40.6	39.9	40.6
	46.2	40.6	43.6		41.8	34.8	43.1
	41.6	39.8	45.1		39.9	50.6	40.6
	48.5	46.2	40.8		46.5	45.1	41.7
	40.6	42.1	47.9		39.8	42.9	38.6
	37.5	41.6	38.2		42.1	39.8	39.4
	41.6	49.6	50.6		41.6	41.5	46.1
	50.1	53.8	46.8		45.2	46.3	42.8
	46.8	39.9	41.6		41.5	40.8	51.2

根据以上数据，请分析城市 A、B 之间 10 到 12 岁的儿童体重有什么差异，以及两个城市儿童体重之差的 95% 的置信区间。

解：以下分析过程将由 SPSS 软件进行。

1. 在 SPSS 中输入数据

在 Variable View 框内先输入变量名称及各项属性，然后在 Data View 框内按各项目名称输入数据。

2. 城市 A 和城市 B 年龄在 10～12 岁儿童体重的统计特征分析

操作步骤如下：

Analyze→Descriptive Statistics→Frequencies

在打开的 Frequencies 对话框中点击 Statistics 及 Charts 按钮进行如图 5-12 及图 5-13 所示的设置。

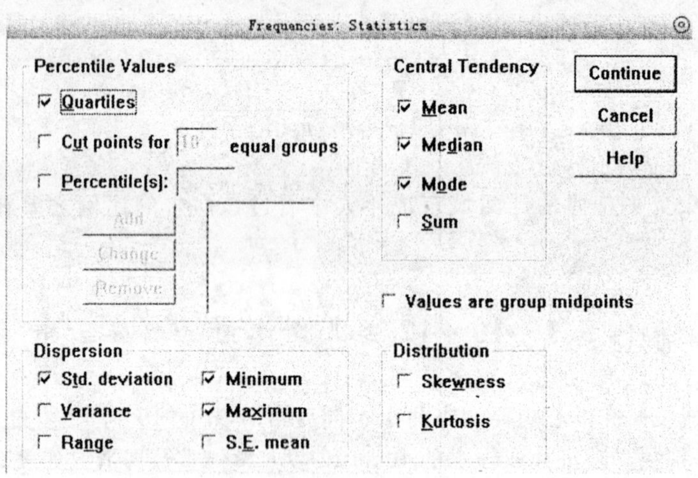

图 5-12

按以上步骤可得出表 5-2、图 5-14 及图 5-15。

表 5-2 **Statistics**

		城市 A	城市 B
N	Valid	27	27
	Missing	0	0
Mean		44.148	42.400
Median		42.300	41.600
Mode		41.6	40.6
Std. Deviation		4.186	3.558
Minimum		37.5	34.8
Maximum		53.8	51.2
Percentiles	25	40.800	39.900
	50	42.300	41.600
	75	46.800	45.100

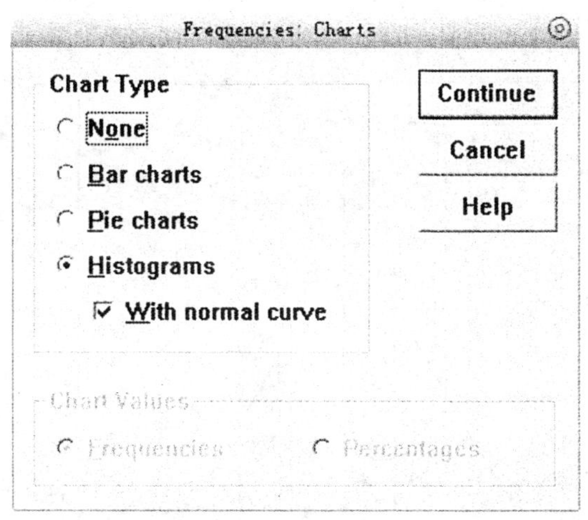

图 5-13

说明:从表 5-2 可知城市 A、B 儿童体重的平均值分别为 44.15 公斤和 42.4 公斤。城市 A 儿童体重的最大值是 53.8 公斤,最小值是 37.5 公斤,相差 16.3 公斤。城市 B 儿童体重的最大值是 51.2 公斤,最小值是 34.8 公斤,相差 16.4 公斤。

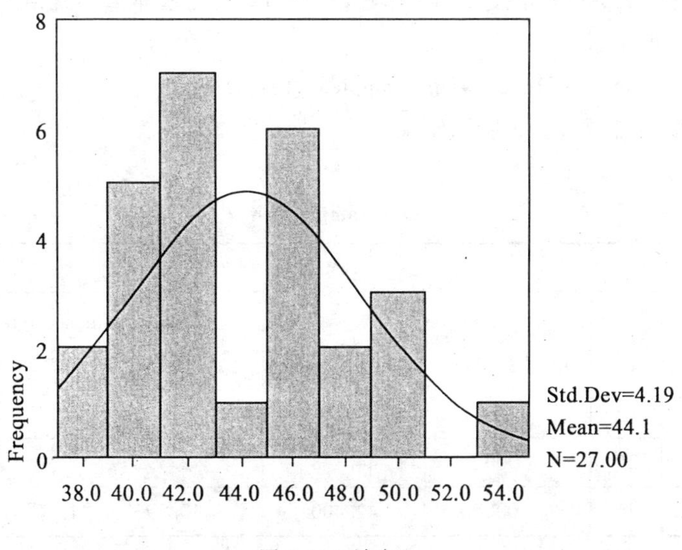

图 5-14　城市 A

说明:从图 5-14 可以看出城市 A 儿童的体重多集中在 39.0 ~ 43.0 公斤及

49.0～51.0公斤之间。

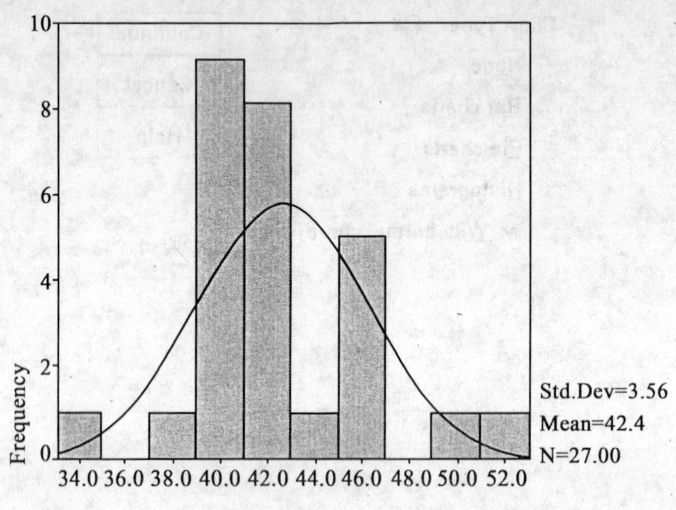

图 5-15 城市 B

说明:从图 5-15 可以看出城市 B 儿童的体重多集中在 39.0～43.0 公斤及 45.0～47.0 公斤之间。

3. 分析在 95% 的置信度下,两个城市 10～12 岁儿童体重的置信区间

操作步骤如下:

Analyze→Compare Means→One-Sample T Test

按以上步骤可得表 5-3 所示结果。

表 5-3 **One-Sample Test**

	Test Value = 0					
	t	df	Sig. (2-tailed)	Mean Difference	95% Confidence Interval of the Difference	
					Lower	Upper
城市 A	54.796	26	.000	44.148	42.492	45.804
城市 B	61.924	26	.000	42.400	40.993	43.807

说明:从表 5-3 可以知道,在 95% 置信度下城市 A 在 10 到 12 岁之间儿童的体重在 42.49 到 45.80 公斤之间;而城市 B 在 10 到 12 岁之间儿童的体重在 40.99 到

43.81 公斤之间。

4. 分析两个城市间在 10 到 12 岁年龄段儿童体重的差异情况

操作步骤如下：

Analyze→Compare Means→Independent-Sample T Test

由以上步骤可得表 5-4 结果。

表 5-4　**Independent Samples Test**

		Levene's Test for Equality of Variances		t-test for Equality of Means						
		F	Sig.	t	df	Sig. (2-tailed)	Mean Difference	Std. Error Difference	95% Confidence Interval of the Difference	
									Lower	Upper
体重	Equal variances assumed	2.588	.114	1.653	52	.104	1.748	1.057	-.374	3.870
	Equal variances not assumed			1.653	50.682	.104	1.748	1.057	-.375	3.871

说明：从表 5-4 所显示的结果可知，在 95% 的置信度的情况下，城市 A 和城市 B 年龄在 10 到 12 岁之间儿童的体重之差的区间在 -0.38 到 3.87 公斤之间。

小　　结

本章的理论基础是抽样分布。先分析总体、个体、样本、概率抽样、统计量等基本概念，然后在此基础上，着重分析常用的抽样分布，包括正态分布、χ^2 分布、t 分布和 F 分布。

参数估计分为点估计和区间估计。点估计量的求解方法主要有矩估计法、极大似然法。矩估计法是一种古老的估计方法，基本思想是遵循代替原则，因为样本矩在一定程度上也反映了总体矩的特征，用样本的特征替代总体的特征，用一阶、二阶样本矩替代一阶、二阶总体矩。极大似然估计是利用总体的分布密度或概率分布的表达式及其样本所提供的信息建立起求未知参数估计量的一种方法，思想的基本原理就是极大似然准则。

点估计的优良性评价标准为无偏性、有效性、一致性。

点估计无法解决参数估计的精确度和可靠性问题，只有区间估计才能解决这个问题。区间估计包括单个正态总体均值和方差的区间估计、两个正态度总体均值差和方差比的区间估计、总体比率及比率差的区间估计。

单个正态总体均值和方差的区间估计包括以下内容：

(1)方差已知时，单个正态总体均值的区间估计

(2)方差未知大样本时，单个正态总体均值的区间估计

(3)方差未知小样本时，单个正态总体均值的区间估计

(4)单个正态总体方差的区间估计

两个正态总体均值差和方差比的区间估计与单个正态总体估计类似，包括：

(1)两总体方差已知时，正态总体均值差的区间估计

(2)两总体方差未知大样本时，正态总体均值差的区间估计

(3)两总体方差未知小样本时，正态总体均值差的区间估计

(4)两正态总体方差比的区间估计

总体比例的区间估计包括单个总体比率及两个总体比率差的区间估计。

样本容量的确定直接影响到抽样误差及抽样的成本。确定样本容量时应考虑总体中变量值的离散程度、置信度、允许抽样误差等因素。

思考与练习

5.1　说明总体、样本、个体及样本容量、统计量的概念。

5.2　什么是抽样分布？样本平均数的抽样分布有何性质？

5.3　怎样理解中心极限定理？

5.4　设总体 $X \sim [a,b]$，即密度为

$$p(x;a,b)=\begin{cases}\dfrac{1}{b-a}, & a\leqslant x\leqslant b\\ 0, & \text{其他}\end{cases}$$

其中 $b>a$，试求 a,b 的矩估计量。

5.5　设总体 X 在 $[0,\theta]$ 上服从均匀分布，其中 $\theta>0$ 为未知参数，$X_1,X_2,\cdots,X_n$ 为样本，$\overline{X}=\frac{1}{n}\sum X_i$，$S^2=\frac{1}{n}\sum_{i=1}^{n}(X_i-\overline{X})^2$，求 θ 的矩估计量。

5.6　设总体 X 的概率密度函数 $p(x;\lambda)=\begin{cases}\frac{1}{\lambda}e^{-\frac{1}{\lambda}x}, & x>0\\ 0, & x\leqslant 0\end{cases}$

其中 $\lambda>0$ 为未知参数，$X_1,X_2,\cdots,X_n$ 为样本，$\overline{X}=\frac{1}{n}\sum_{i=1}^{n}X_i$，求 λ 的矩估计量。

5.7　设 $X_1,X_2,\cdots,X_n$ 是正态总体 $N(\theta+3,1)$ 中抽得的样本，其中 θ 为未知参

数，记 $\overline{X}=\frac{1}{n}\sum_{i=1}^{n}X_i$，求 θ 的极大似然估计值。

5.8　设总体 X 的概率密度函数 $p(x;\theta)=\begin{cases}\frac{x}{\theta}e^{-\frac{x}{\theta}}, & x>0,\theta>0\\ 0, & 其他\end{cases}$

$X_1,X_2,\cdots,X_n$ 为总体 X 的一个样本，分别求 θ 的矩法估计量和极大似然估计量。

5.9　设总体 X 服从正态分布 $N(\mu,\delta^2)$，其中 μ 未知，δ^2 已知，$X_1,X_2,\cdots,X_n$ 为样本，记 $\overline{X}=\frac{1}{n}\sum_{i=1}^{n}X_i$，则 $\left(\overline{X}-z_{0.95}\frac{\delta}{\sqrt{n}},\overline{X}+z_{0.95}\frac{\delta}{\sqrt{n}}\right)$ 作为 μ 的置信区间，其置信水平是多少？

5.10　随机地从一些钉子中抽取 16 枚，测得其长度（以 cm 计）为：

2.14　2.10　2.13　2.15　2.12　2.13　2.10　2.15

2.12　2.14　2.10　2.13　3.11　2.14　2.11　2.13

设钉子长度服从正态分布，试求总体均值 μ 的置信区间（置信水平为 0.10）。

（1）若已知 $\sigma=0.01$（cm）；

（2）若 σ^2 未知。

5.11　某厂用自动包装机包装葡萄糖，每袋净重 $X\sim N(\mu,\sigma^2)$，现在随机抽取 10 袋，测得各袋净重 x_i（克），$(i=1,2,\cdots,10)$，计算得 $\sum_{i=1}^{10}x_i=5\ 020$，$\sum_{i=1}^{10}x_i^2=2\ 520\ 420$。

（1）已知 $\sigma=5$，求 μ 的置信度为 95% 的置信区间；

（2）σ 未知，求 μ 的置信度为 95% 的置信区间；

（3）已知 $\mu=500$，求 σ^2 的置信度为 95% 的置信区间；

（4）μ 未知，求 σ^2 的置信度为 95% 的置信区间。

5.12　试验农场在 20 块大小相同，土质一致的试验田上种植花生，其中 10 块施钾肥，其他耕种措施一样，结果产量（单位：公斤/亩）如下：

施钾肥的亩产量 X：62，52，58，65，60，63，58，57，60，60；

未施钾肥的亩产量 Y：55，56，56，57，59，58，57，55，57，60。

假定 $X\sim N(\mu_1,\sigma_1^2)$，$X\sim N(\mu,\sigma_2^2)$ 且 $\sigma_1^2=\sigma_2^2$，X 与 Y 独立，试求置信水平为 95% 的 $\mu_1-\mu_2$ 的置信区间。

5.13　某商场为了了解居民对某种商品的需要，调查了 100 户，得出每户月平均需求量为 10 斤，方差为 9。如果这种商品供应 10 000 户，试对居民对此种商品的平均月需求量进行区间估计（$\alpha=0.01$）。并问最少要准备多少商品才能以 99% 的概率满足需要？

5.14　工厂为提高产品质量，进行了工艺革新，从新产品中随机抽取 80 件，经检验 5 件不合格，试求新产品的不合格率 p 的置信区间（$\alpha=0.05$）。

第六章 假设检验

参数估计和假设检验(hypothesis testing)是统计推断的两个重要内容,它们都是利用样本信息对总体进行某种推断,然而推断的角度不同。参数估计是用样本统计量估计总体参数,总体参数在估计前是未知的;而在假设检验中,是先对总体参数提出一个假设,再利用样本信息去检验这个假设是否成立。假设检验的问题可以分为两类:一类是关于总体参数的检验问题,称为参数检验,另一类是关于总体模型描述及随机变量概率分布的检验,称为非参数检验。本章只讨论总体参数的假设检验问题。

第一节 假设检验的一般问题

假设检验是统计推断的重要内容之一,在总体的分布函数完全未知,或只知其形式但不知其参数形式的情况下,为了推断总体的某些性质,先对总体的参数作出某种假设,然后通过样本的观察决定假设是否成立。

一、假设检验的基本概念

对总体分布或分布中的某些参数作出假设,然后利用样本的观测值所提供的信息,检验这种假设是否成立,这一统计推断过程,称为假设检验。

先看下面的例子。

例 6.1 某厂生产一种产品,其重量服从正态分布 $N(245,16)$。现抽取一容量为 25 的样本,测得其平均重量为 243g。问能否认为这批产品的重量为 245g?

我们的问题就是要判别产品的重量是否服从 $\mu=245$ 的正态分布?

在上面的例子中,我们可以把所有涉及的两种情况用统计假设的形式表示出来。第一个统计假设 $\mu=245$ 表示该产品的重量就是 245g。第二个统计假设 $\mu\neq245$ 表示该产品的重量不是 245g。第一个假设我们称为原假设(null hypothesis),用符号 $H_0:\mu=245$ 表示;第二个假设 $\mu\neq245$ 称为备择假设(alternative hypothesis),用符号 $H_1:\mu\neq245$ 表示。

从上面的例子可看出,假设检验是对我们所关心的却又是未知的总体参数先作出假设,然后抽取样本,利用样本信息对假设的正确性进行判断的过程。在经济管理和决策中得到广泛应用。在假设检验中,希望通过研究来加以证实的假设,常作为备择假设,用 H_1 表示。而 H_1 的对立面就是原假设或零假设,正如上所述,用 H_0 表示。由于直接检验 H_1 的真实性一般是比较困难的,因此我们总是通过检验 H_0 的不真实性来证明 H_1 的真实性。当我们推断出 H_0 不真时,就认为 H_1 是真实的,从而拒绝 H_0,接受 H_1,而认为 H_0 为真时就接受 H_0,拒绝 H_1。像上面这类只对总体分布中未知参数或数字特征作假设检验称为参数的假设检验。这类问题一般要对总体分布的类型有一定了解。有时候,我们对总体分布的情况了解不多,需对其分布类型进行假设检验,称为拟合检验,这类检验属于非参数检验。

二、假设检验的基本思想

假设检验的基本思想是应用小概率的原理。所谓小概率原理,是指发生概率很小的随机事件在一次试验中是几乎不可能发生的。根据这一原理,可以作出是否接受原假设的决策。例如厂家声称产品重量为245g,如果厂家说的是真的,随机抽取1件产品不是245g的情况就几乎是不可能发生的。但如果确实发生了,那我们就有理由怀疑原来的产品重量,即产品的重量为245g的假设是否成立,这时就可以推翻原来的假设,可以作出厂商的宣称是假的这样一个推断。这种推断的依据就是小概率原理。当然推断也可能犯错误,即100件产品中只有一件不是245g,而恰好被抽到了,但这个犯错误的概率很小,这就是前面参数估计中所说的显著性水平 α。

为了对总体的分布类型或分布中的未知参数作出推断,首先对它们提出一个原假设 H_0,同时给出其对立假设 H_1。为判断 H_0 正确还是 H_1 正确,需要对总体进行抽样,然后在 H_0 为真的条件下,通过选取恰当的统计量来构造一个小概率事件,若在一次试验中,小概率事件居然发生了,就完全有理由拒绝 H_0 的正确性,否则没有充分理由拒绝 H_0 的正确性,从而接受 H_0,这就是假设检验的基本思想。

怎样检验一个统计假设呢!下面结合例子来说明假设检验的基本思想和做法。设总体 X 服从正态分布 $N(\mu,1)$,其中仅包含一个未知参数,即数学期望 μ,要求检验统计假设 $H_0:\mu=0$。

在这里,总体 X 的分布函数形式是已知的,为正态分布 $N(\mu,1)$,其中仅含一个未知参数 μ,同时也提出了一个统计假设 $H_0:\mu=0$。所以它是一个参数的显著性检验问题。

怎样判断这一统计假设 $H_0(\mu=0)$ 的正确性呢?首先需要对总体进行一定次数的观察,获得数据,也就是说抽取样本。假设从该总体中抽取了一个容量为10的简单随机样本,其观察值记为 $(x_1,x_2,\cdots,x_{10})$,样本来自总体,反映了总体的分布规律,因此样本中必然包含关于未知参数 μ 的信息。但是,要从样本中直接推断统计假设是否成立是困难的,还必须对样本进行加工,把样本中包含的关于未知参数 μ 的信息集中起来,也就是说要构造一个适用于检验假设 H_0 的统计量。这里 μ 是总体的均值,上一章已经知道,样本均值 $\overline{X}$ 是 μ 的一个无偏估计,且 $\overline{X}$ 比样本的每个分量 X_i 更集中的分布在总体均值 μ 的周围,如果假设 $H_0(\mu=0)$ 是真的,则样本均值 $\overline{X}$ 的观察值应较集中在 0 点附近,否则就应有偏离 0 点的趋势。这表明样本均值 $\overline{X}$ 较好地集中了样本中所包含的关于 μ 的信息。因此,利用 $\overline{X}$ 构造判断统计假设 $H_0(\mu=0)$ 的方法是合适的。

若从样本观察值计算得到 $\overline{X}=1.12$,那对假设 $H_0(\mu=0)$ 的正确性能作出怎样的判断呢？当假设 $H_0(\mu=0)$ 成立时,X 服从于 $N(0,1)$ 分布,由抽样分布知 $\overline{X}\sim N\left(0,\dfrac{1}{n}\right)$,因而 $P\{|\overline{X}|>1.12\}=P\{|\overline{X}|\sqrt{10}>1.12\sqrt{10}\}=2[1-\Phi(3.54)]=0.002$。这表明:如果假设 H_0 成立,那么事件 $\{|\overline{X}|>1.12\}$ 实际上不大可能出现,即若在1 000次中,大约仅有两次使所观察到的样本均值大于 1.12。在假设 H_0 成立的条件下,事件 $\{|\overline{X}|>1.01\}$ 的概率虽很小,但这个事件仍可能出现,不能作肯定 H_0 的结论。但现在必须从“拒绝”和“接受”中选择一个较为合理的判断作为我们的决定。一般它可以这样处理:给定一个临界概率 α,如果在假设 H_0 成立的条件下,出现观察到的事件 $\{|\overline{X}|>\bar{x}\}$ 的概率小于或等于 α,就作出拒绝假设 H_0 的决定。一般应取 α 为一个较小的数,这是因为我们给出假设 H_0 是经过细致的调查和考察的,所以对假设 H_0 需加以保护,也就是说拒绝它应当慎重。根据小概率事件在一次试验(观察)中不可能发生的实际推断原理,如果出现了这事件就有理由怀疑 H_0 不真,因为它超出了在 H_0 成立条件下能以随机波动来解释的范围,因而作出拒绝 H_0 的判断。

三、双侧检验、单侧检验及相应的接受域和拒绝域

(一)双侧检验及相应的接受域和拒绝域

在实际中,通常把需要通过样本去推断其正确与否的命题称为原假设,用 H_0 表示。如例 6.1 中,在产品重量这个例子中,我们可以先提出一个命题,产品重量就是 245g,可以这样表示:

$$H_0:\mu=245(\mathrm{g})$$

这里 μ 表示产品的重量,为 245g。

与原假设对立的是备择假设,用 H_1 表示。在上面这个例子中,备择假设意味着产品重量不是 245g,可以表示为:

$$H_1:\mu\neq245(\mathrm{g})$$

由于这里提出的原假设 μ 等于某一数值 245g,只要 μ 大于 245g 或小于 245g 二者之中有一个成立,就可以否定原假。类似这种检验,称为双侧假设检验。

在假设设定以后,还需要设定一个判别标准,这个判别标准就是给定一个小概率,并根据小概率事件原理作出判断。例如假设:$H_0:\mu=245$;$H_1:\mu\neq245$,在假设之后给定一个小概率 $\alpha=0.05$,这样就可以在假设成立的分布中,确定两个区域:一个

是接近 $\mu=245$ 的区域，称为接受域，另一个是远离 $\mu=245$ 的区域，称为拒绝域。

在双侧检验中，拒绝域分为两侧，如图 6-1 所示。

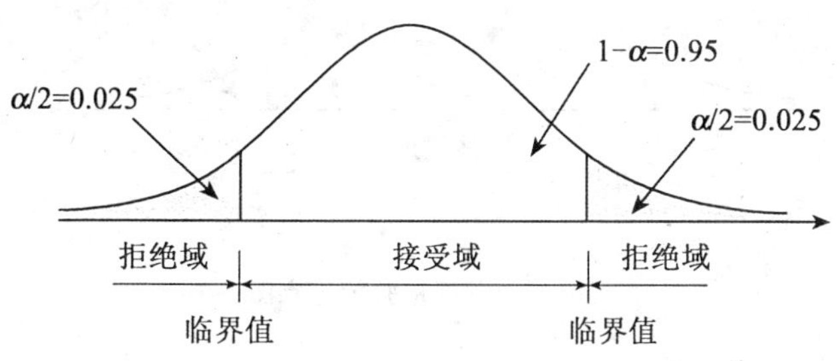

图 6-1　双侧检验的示意图

由图 6-1 可知，接受域的概率为 $1-\alpha$，拒绝域的概率为 α，两侧各占 $\alpha/2$。在检验过程中，如果抽样数据计算的数值落在该分布的接受域内，即落在 $1-\alpha$ 这个大概率区间内，则没有理由拒绝 H_0 的假设，就接受 H_0。如果数值落在该分布的拒绝域内，即落在 α 这个概率区间内，就拒绝 H_0 的假设，接受 H_1 假设。根据小概率事件原理，小概率事件在一次随机实验中是不可能发生的，因此小概率事件已发生，就有理由怀疑原假设 $H_0:\mu=245$ 的真实性，因此拒绝原假设，接受备择假设。

（二）单侧检验及相应的接受域和拒绝域

有时还会出现另外一种检验的形式，关心的假设问题带有方向性。一种是考察的数值越大越好，如产品的寿命、产品合格率等，另一种是数值越小越好，如生产成本、废品率等，这就出现了单侧检验问题。单侧检验包括右侧检验和左侧检验。

1. 右侧检验

例如生产厂家称产品的最低重量为 245g，这种情况下，用户需要通过样本数据来检验 $\mu>245$g 是否成立。这时 $\mu>245$g 是用户研究的问题，一般原则是将此设为备择假设，该问题的假设为：

$$H_0:\mu=245$$
$$H_1:\mu>245$$

如果检验的结果接受 H_0，则不能说明产品的重量大于 245g，厂家的说法不成立。如果样本检验结果可以拒绝 H_0，则用户就会接受备择假设 $\mu>245$g 的结论，即厂家的说法是可信的。类似上述这种原假设为参数等于（或小于或等于）某一值，备择假设为大于某一数值的假设，称为右侧检验。

右侧检验接受域区间的概率是 $1-\alpha$，拒绝域区间的概率是 α，但 α 只在某一侧。例如对于假设 $H_0:\mu=245$；$H_1:\mu>245$ 的右侧检验，α 的拒绝域在右侧，当 $\alpha=0.05$ 时，接受域和拒绝域如图 6-2 所示。

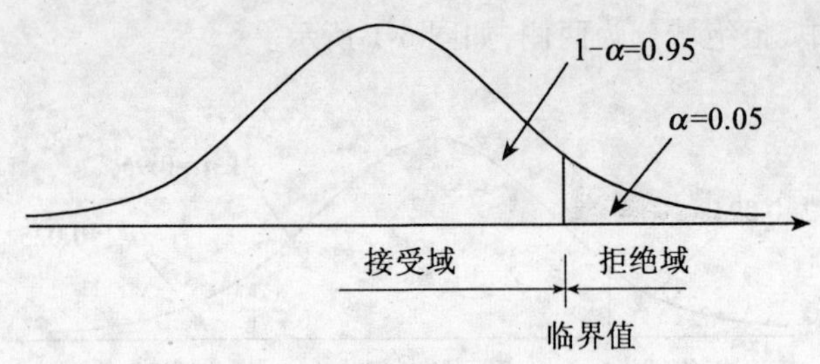

图 6-2 、右侧检验的示意图

2. 左侧检验

与右侧检验相反的是左侧检验,它的备择假设为小于某一数值。例如有人说该产品的重量低于245g,用户要对该人的说法进行检验,需要研究的是产品重量是否小于245g,因此将$\mu<245$g设为备择假设,即:

$$H_0:\mu=245$$
$$H_1:\mu<245$$

如果样本能够拒绝H_0,则接受H_1,即此人的说法可信,反之,接受H_0,拒绝H_1,此人的说法不可信。这种检验就是左侧检验。

对于假设$H_0:\mu=245$;$H_1:\mu<245$的左侧检验,α的拒绝域在左侧,当$\alpha=0.05$时,接受域和拒绝域如图6-3所示。

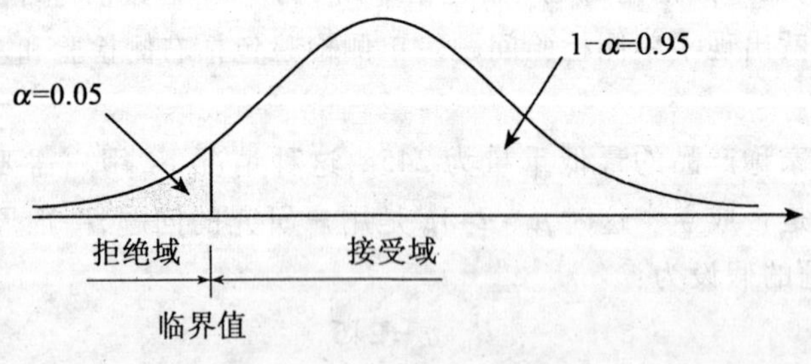

图 6-3 左侧检验示意图

综上所述,将建立假设的过程归纳如下:

(1)假设的建立要根据具体情况而定,一般要将研究的问题设为备择假设。

(2)无论是双侧还是单侧检验,原假设中要设总体参数等于(或小于或等于、或大于或等于)某一数值;

(3)双侧检验与单侧检验根据备择假设来确定,总体参数不等于某一数值是双侧检验,大于是右侧检验,小于是左侧检验。

在对假设检验进行判别时，无论是单侧检验还是双侧检验，都适合以下的判别原则：

(1)样本数值落在接受域内，则接受原假设，同时拒绝备择假设。

(2)样本数值落在拒绝域内，则拒绝原假设，同时接受备择假设。

假设检验实质上就是根据反证法对原假设作出判断，但这种反证是建立在概率基础上的，与严格的逻辑证明有所不同，因此假设检验中有时会出现错误的判断，即发生两类错误。

四、两类错误

虽然在假设 H_0 为真时，发生作出拒绝 H_0 这一错误判断的概率很小，它小于或等于 α，但这一错误还是可能发生的。由于样本数据具有随机性，因此在判别时，就可能出现表 6-1 所示的四种结果。

表 6-1　**假设检验中各种可能判断的结果**

结论	总体参数的实际状况	
	H_0 为真	H_0 为假
接受 H_0	正确判断	纳伪错误
拒绝 H_0	拒真错误	正确判断

在统计学上，当 H_0 本来是正确的，但检验后作出了拒绝 H_0 的判断，这种错误称为第一类错误，也称拒真错误，显著水平 α 是用来控制犯第一类错误的；同样，当 H_0 本来是不正确的，但检验后作出了接受 H_0 的判断，这种错误称为第二类错误，也称纳伪错误，通常用 β 表示犯"纳伪"错误的概率，这个概率是由真正的总体参数的分布决定的。对于给定的一对 H_0 和 H_1，总可找出许多临界域，我们希望找到这种临界域 W 使得犯两类错误的概率都很小。

虽然 β 在检验时是未知的，但对于一个固定的总体来说，当给定 α 以后，β 的数值也随之确定下来。如图 6-4 所示，当真实总体均值为 μ_1 时，却假设总体均值为 $\mu_0(\mu_1>\mu_0)$。如果样本落入 α 区域，则结论是正确的，即拒绝 μ_0。如果样本数据落入接受域，就会接受原假设 μ_0，这就犯了纳伪错误，这时样本落入接受域的概率并不是 $1-\alpha$，而是 β。因为样本是从真实总体 μ_1 中抽取的，样本服从 μ_1 分布。由图 6-4 可知，当 α 增大，β 就会减小；当 α 减小，β 就会增大。所以在样本容量 n 固定时，要使 α 与 β 都很小是不可能的，否则将会导致样本容量 n 的无限增大，这又是不切实际的。基于这种情况，奈曼与皮尔提出一个原则，即在控制犯第一错误的概率 α 的条件下，尽量使犯第二类错误的概率 β 小，因为人们常常把拒绝 H_0 比错误的接受 H_0 看得更重要些。

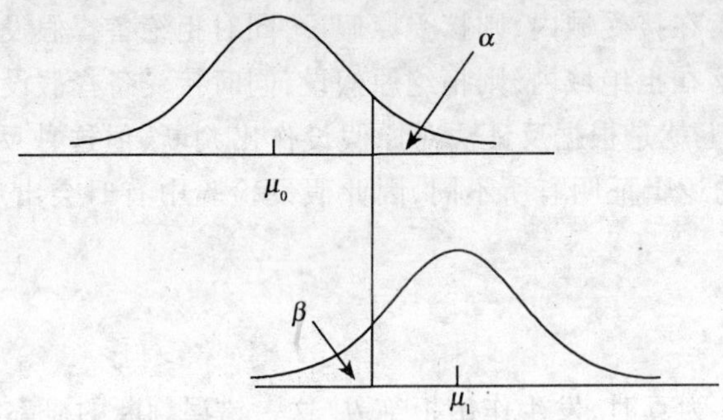

图 6-4 拒真错误与纳伪错误的概率关系

五、假设检验的基本步骤

根据以上分析,假设检验通常包括以下几个步骤:

(一)提出原假设与备择假设

原假设是假设总体参数等于(或大于或等于、或小或等于)某一数值,而备择假设是根据研究的目的来确定:可采用双侧检验,也可采用单侧检验,确定双侧、单侧检验的同时,也就确定了接受域和拒绝域的位置。

(二)选取适当的统计量

在参数的假设检验中,要借助样本统计量进行统计推断。如何选择统计量,需要考虑的因素与参数估计相同,比如样本是大样本还是小样本,总体方差已知还是未知等。根据具体问题选择不同的统计量。

(三)选择显著性水平 α,确定临界值

假设检验是围绕对原假设内容的审定而展开的。如果原假设正确我们接受了,或原假设错误我们拒绝了,就作出了正确的决定。但由于假设检验是根据样本的信息进行推断的,也有犯错误的可能。如原假设正确,但被我们拒绝了,犯这种错误的概率用 α 表示,把它称为假设检验中的显著性水平,也就是决策中面临的风险。

在实际问题中,α 应在抽样之前就确定下来。通常取 $\alpha=0.05$ 或 0.01,表明接受原假设的决定时,其正确的可能性为 95% 或 99%。在给定 α 后,根据双侧或单侧检验,以及统计量的分布,查相应分布表,确定临界值,也即确定接受域和拒绝域的区间范围。

(四)计算统计量并作出统计决策

根据原假设和备择假设,确定统计量和显著性水平 α 后,根据样本观测值计算统计量的值,与临界值进行比较,可以作出接受原假设或拒绝原假设的决策。

第二节　单个正态总体参数的假设检验

单个正态总体的参数检验可以分为均值检验、方差检验和总体比例检验。

一、单个正态总体均值的假设检验

与参数估计类似，单个正态总体均值的假设检验可分为几种情况。

(一) σ^2 已知时，总体均值的假设检验

设总体 $X \sim N(\mu, \sigma^2)$，其中 σ^2 已知，μ 未知，$(X_1, X_2, \cdots, X_n)$ 为从 X 中抽取的一个简单随机样本。按照以下步骤进行假设检验：

1. 提出原假设和备择假设

原假设和备择假设分别为：$H_0: \mu = \mu_0$，$H_1: \mu \neq \mu_0$（双侧检验）

2. 确定适当的检验统计量

检验问题的关键是基于样本寻找一个合适的统计量，在这里样本均值 $\overline{X}$ 很好地集中了样本中所包含的关于 μ 的信息。当假设 H_0 成立时，$\overline{X}$ 的观察值较集中地分布在 μ_0 的周围，否则就有偏离 μ_0 的趋势。所以，$\overline{X}$ 可以用来检验假设 $H_0(\mu = \mu_0)$。为了查表方便，将 $\overline{X}$ 标准化，从而有统计量：

$$Z = \frac{\overline{X} - \mu_0}{\sigma}\sqrt{n} \sim N(0,1) \tag{6.1}$$

在 $H_0(\mu = \mu_0)$ 为真时，$Z \sim N(0,1)$，而当 H_0 不真时，Z 服从均值不为 0 的正态度分布，这表明当 H_0 不真时，Z 的观察值有偏大的趋势。

3. 选择显著性水平 α，确定临界值

对给定显著水平 α，为使犯第二类错误的概率最小，查正态分布分位数表求出 $z_{\frac{\alpha}{2}}$，使得：$P\{|Z| = \frac{|\overline{X} - \mu_0|}{\sigma}\sqrt{n} > z_{\alpha/2}\} = P\{Z > z_{\alpha/2}\} + P\{Z < -z_{\alpha/2}\} = \alpha$，如图 6-5 所示。

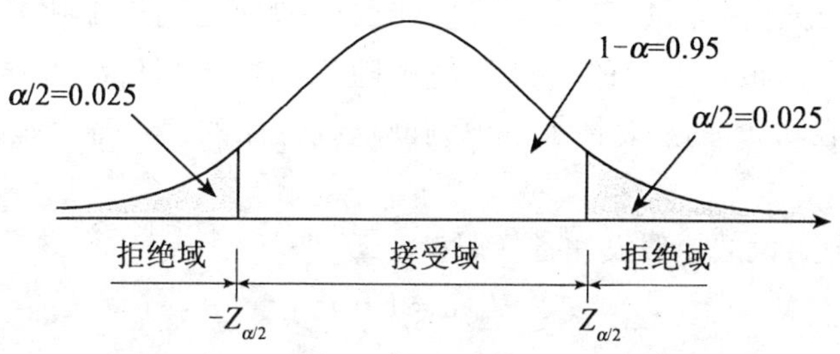

图 6-5　正态总体均值检验示意图（双侧检验）

4. 计算统计量值并作出统计决策

将样本观测值代入统计量 Z 的计算公式，并比较 Z 和 $z_{\alpha/2}$，若 $|Z|>z_{\alpha/2}$，则拒绝原假设 $H_0(\mu=\mu_0)$，这样我们便得到了检验的拒绝域：

$$W=\{|Z|>z_{\alpha/2}\} \tag{6.2}$$

即：$W=\{Z>z_{\alpha/2}$ 或 $Z<-z_{\alpha/2}\}$，拒绝原假设，否则接受原假设 H_0。

例 6.2 洗衣粉包装量服从正态分布，$\sigma=2$ 已知，随机抽取 10 袋，测得平均包装量为 498 克，能否认为洗衣粉包装量的均值为 500 克？（显著性水平 0.05）

解：设立原假设和备择假设：$H_0=500$ 克，$H_1\neq500$ 克

计算统计量 Z：

$$Z=\frac{\overline{X}-u_0}{\sigma}\sqrt{n}=\frac{498-500}{2}\sqrt{10}=-3.162$$

根据显著性水平，查临界值得：$z_{\alpha/2}=1.96$。

因为 $|Z|>1.96$，故拒绝原假设 H_0，即不能认为洗衣粉的重量为 500 克。

上述这种假设，其备择假设 $H_1:\mu\neq\mu_0$，表明期望值 μ 可能大于 μ_0，也可能小于 μ_0，属于双侧检验。这种检验对给定的显著性水平 α，按照"使犯第二类错误的概率最小"的原则所确定的拒绝域 $W=\{Z>z_{\alpha/2}$ 或 $Z<-z_{\alpha/2}\}$，是小于一个给定较小的数而大于一个给定较大数的所有数值的集合，该拒绝域不能用一个区间来表示。

对于左侧检验或右侧检验，原理是相同的。对于右侧检验假设为：

$$H_0:\mu=\mu_0,H_1:\mu>\mu_0$$

当 σ^2 为已知时，仍用 Z 检验的统计量：$Z=\dfrac{\overline{X}-\mu_0}{\sigma}\sqrt{n}$。

只有当 $H_1:\mu>\mu_0$ 成立时有变大的趋势，因此，对于给定的显著性水平 α，该检验的拒绝域为：

$$W=\{Z>z_\alpha\} \tag{6.3}$$

即 $W=\{Z>z_\alpha\}$，拒绝原假设 H_0，接受备择假设 H_1。

若 $W=\{Z<z_\alpha\}$，接受原假设 H_0，拒绝备择假设 H_1，如图 6-6 所示。

例 6.3 根据过去大量资料，某厂生产的灯泡的使用寿命服从正态分布 $N\sim(1\,030,100^2)$。现从最近生产的一批产品中随机抽取 16 只，测得样本平均寿命为 1 080小时。试在 0.05 的显著性水平下判断这批产品的使用寿命是否有显著提高？($\alpha=0.05$)

解：根据题意，设立原假设和备择假设：

$$H_0:\mu=1\,030$$

$$H_1:\mu>1\,030$$

由 $\alpha=0.05$，$n=16$，得到临界值 $z_\alpha=1.645$

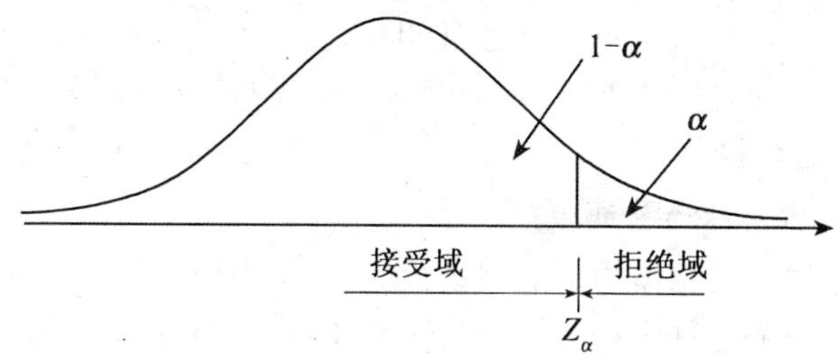

图 6-6　右侧检验接受域和拒绝域

计算统计量：$Z = \dfrac{\overline{X} - \mu_0}{\sigma}\sqrt{n} = \dfrac{1\ 080 - 1\ 030}{100}\sqrt{16} = 2.0$

$$Z = 2.0 > z_\alpha = 1.645$$

则拒绝原假设，接受备择假设，认为这批产品的使用寿命有显著提高。

同理，对于假设 $H_0: \mu \geqslant \mu_0, H_1: \mu < \mu_0$，属于左侧检验。在给定的显著性水平 α，该检验的拒绝域应取为：

$$W = \{Z < -z_\alpha\} \tag{6.4}$$

若 $W = \{Z < -z_\alpha\}$，拒绝原假设 H_0，接受备择假设 H_1。

若 $W = \{Z > -z_\alpha\}$，接受原假设 H_0，拒绝备择假设 H_1。左侧检验的接受域和拒绝域如图 6-7 所示。

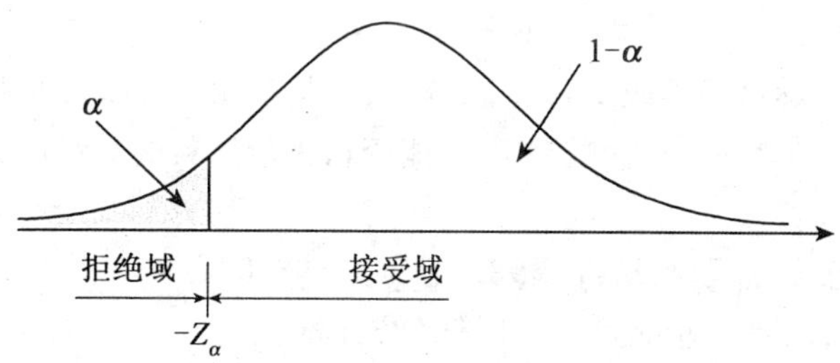

图 6-7　左侧检验接受域和拒绝域

例 6.4　设某电子产品合格标准平均寿命为 5 000 小时，现从一大批产品中抽出 12 件试验结果如下：5 059，3 897，3 631，5 050，7 474，5 077，4 545，6 279，3 532，2 773，7 419，5 116。假设该产品的寿命 $X \sim N(\mu, 1\ 400)$，试问此批产品是否合格？

解：由题意可知该产品寿命 $X \sim N(\mu, 1\ 400)$，要检验假设：

$$H_0: \mu \geqslant 5\ 000, H_1: \mu < 5\ 000$$

计算知 $\overline{X} = 4\ 987.67, n = 12, \sigma = \sqrt{1\ 400}$，则：

$$Z=\frac{\overline{X}-\mu_0}{\sigma}\sqrt{n}=\frac{(4\ 987.67-5\ 000)}{\sqrt{1\ 400}}\sqrt{12}=-1.14$$

取 $\alpha=0.05$,查得 $z_\alpha=z_{0.05}=1.645$,而此时 $Z=-1.296>-z_\alpha=-1.645$,故可接受 H_0,即认为该批产品合格。

(二)σ^2 未知时,总体均值的假设检验

1. σ^2 未知,大样本时总体均值的假设检验

Z 统计量中包含有已知参数 σ^2,当总体参数 σ^2 未知,但样本属于大样本时($n\geqslant 30$),用样本方差 S^2 代替总体方差 σ^2, 仍用 Z 统计量:

$$Z=\frac{\overline{X}-\mu_0}{S}\sqrt{n}\sim N(0,1) \tag{6.5}$$

对于双侧假设检验:$H_0:\mu=\mu_0$,$H_1:\mu\neq\mu_0$,将样本观测值代入算出统计量 Z 的计算公式,并比较 Z 和 $z_{\alpha/2}$,若 $|Z|>z_{\alpha/2}$,则拒绝原假设 $H_0(\mu=\mu_0)$,这样便得到了双侧检验的拒绝域:

$$W=\{|Z|>z_{\alpha/2}\} \tag{6.6}$$

即 $W=\{Z>z_{\alpha/2}$或$Z<-z_{\alpha/2}\}$,否则接受原假设 H_0。

对于右侧检验假设为:$H_0:\mu=\mu_0$,$H_1:\mu>\mu_0$,只有当 $H_1:\mu>\mu_0$ 成立时有变大的趋势,因此,对于给定的显著性水平 α,该检验的拒绝域应取为:

$$W=\{Z>z_\alpha\} \tag{6.7}$$

对于假设 $H_0:\mu\geqslant\mu_0$,$H_1:\mu<\mu_0$,属于左侧检验。在给定显著性水平 α 时,该检验的拒绝域应取为:

$$W=\{Z<-z_\alpha\} \tag{6.8}$$

例 6.5 某一燃料的等级服从正态分布,平均等级为 98.0,抽取 35 桶新燃料进行测试,样本平均值为 97.7,标准差 0.8,能否认为新燃料的等级比原来的等级偏低?(显著性水平 0.05)

解:根据题意设立假设:$H_0:\mu\geqslant 98.0$,$H_1:\mu<98.0$

属于大样本,而且是左侧检验,计算 Z 统计量:

$$Z=\frac{\overline{X}-\mu_0}{S}\sqrt{35}=\frac{97.7-98.0}{0.8}\sqrt{35}=-2.2185$$

由 $\alpha=0.05$,得到临界值为:$z_{0.05}=1.645$

因为 $Z<-Z_\alpha=-1.645$,则拒绝原假设,接受备择假设,认为新燃料的等级确实偏低。

2. σ^2 未知,小样本时总体均值的假设检验

当总体参数 σ^2 未知且是小样本时,就不能选择 Z 这个统计量,此时需要用样本方差 S^2 代替总体方差 σ^2。设总体 $X\sim N(\mu,\sigma^2)$,μ,σ^2 未知,$(X_1,X_2,\cdots,X_n)$ 为随机样本,要检验假设:

$$H_0: \mu = \mu_0, H_1: \mu \neq \mu_0 \text{（双侧检验）}$$

由点估计理论自然会想到用方差的无偏估计 $S^2 = \frac{1}{n-1}\sum_{i=1}^{n}(X_i - \overline{X})^2$ 去代替总体方差 σ^2，从而构造出新的统计量 $T = \frac{\overline{X} - \mu_0}{S}\sqrt{n}$。当原假设 H_0 成立时，由抽样分布定理知：

$$T = \frac{\overline{X} - \mu_0}{S}\sqrt{n} \sim t(n-1) \tag{6.9}$$

对给定的显著性水平 α，查 t 分布表可得 $t_{\alpha/2}$，使 $P\{|T| > t_{\alpha/2}(n-1)\} = \alpha$，从而得检验的拒绝域为：

$$W = \{|T| > t_{\alpha/2}(n-1)\} \tag{6.10}$$

即拒绝域 $W = \{T < -t_{\alpha/2}(n-1)$ 或 $T > t_{\alpha/2}(n-1)\}$。

同理，对于右侧检验：$H_0: \mu \leqslant \mu_0, H_1: \mu > \mu_0$，其检验的拒绝域为：

$$W = \{T > t_{\alpha}(n-1)\} \tag{6.11}$$

对于左侧检验：$H_0: \mu \geqslant \mu_0, H_1: \mu < \mu_0$，其检验的拒绝域为：

$$W = \{T < -t_{\alpha}(n-1)\} \tag{6.12}$$

例 6.6　健康成年男子脉搏平均为 72 次/分。高考体检时，某校参加体检的 26 名男生的脉搏平均为 73.2 次/分，标准差为 6.2 次/分。问此 26 名男生每分钟脉搏次数与一般成年男子有无显著差异？（$\alpha = 0.05$）

解：分析题意是问 26 名男生是否来自 $\mu_0 = 72$ 的总体，由于总体方差未知，只能用 t 检验。

提出假设：$H_0: \mu = \mu_0 = 72, H_1: \mu \neq \mu_0$

计算统计量：

$$T = \frac{\overline{X} - \mu_0}{S}\sqrt{n} = \frac{73.2 - 72}{6.2}\sqrt{26} = 0.9869$$

根据 $\alpha = 0.05$ 查附表，得到临界值为：$t_{\alpha/2}(25) = 2.0596$

因为 $T < t_{\alpha/2}(25) = 2.0596$，如图 6-8 所示，故接受原假设，认为该校参加体检的男生每分钟脉搏次数与一般成年男子没有区别。

例 6.7　已知某种元件的寿命服从正态分布，要求该元件的平均寿命不低于 1 000小时。现从这批元件中随机抽取 25 只，测得平均寿命 $\overline{X} = 980$ 小时，标准差 $S = 65$ 小时。试在显著性水平 $\alpha = 0.05$ 下，确定这批元件是否合格？

解：分析元件是否合格，应通过寿命是否低于 1 000 小时来判断（寿命≥1000 小时都合格）。这是对总体均值的单侧检验，σ^2 未知，用 T 统计量：$T = \frac{\overline{X} - \mu_0}{S}\sqrt{n}$。

提出检验假设 $H_0: \mu = \mu_0 = 1\,000, H_1: \mu < \mu_0 = 1\,000$

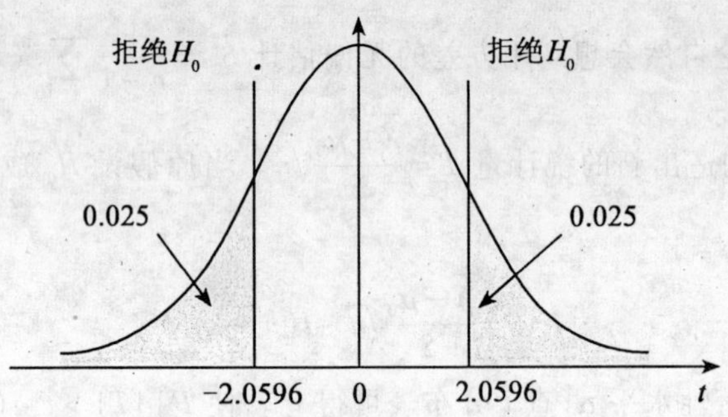

图 6-8 t 分布双侧检验的拒绝域

由样本观测值，计算统计量的值。这里 $\overline{X}=980, S=65$ 得：

$$T=\frac{\overline{X}-\mu_0}{S}\sqrt{n}=\frac{980-1\,000}{65}\sqrt{25}=-1.5385$$

显著性水平 $\alpha=0.05, t_{0.05}(24)=1.7109$

因为 $T=-1.5385>-t_{0.05}(24)=-1.7109$，未落入拒绝域，应接受 H_0，否定 H_1，即认为这批元件合格。

二、单个正态总体方差的假设检验

设$(X_1, X_2, \cdots, X_{n_1})$取自正态总体 $X\sim N(\mu,\sigma^2)$的样本，要求检验假设

$$H_0: \sigma^2=\sigma_0^2; \mathrm{H}_1: \sigma^2\neq\sigma_0^2 (\text{双侧检验})$$

我们知道样本方差 S^2 是 σ^2 的极大似然估计，且 $ES^2=\sigma^2, DS^2=\frac{2}{n-1}\sigma^4$，它们都与均值 μ 无关。由此可见，当原假设 H_0 成立时，S^2 较集中在 σ_0^2 的周围波动，否则将偏离 σ_0^2。因此，样本方差是构造检验假设 $H_0(\sigma^2=\sigma_0^2)$的合适的统计量，为了查表便利，将它标准化得到 $\chi^2=\frac{(n-1)S^2}{\sigma_0^2}=\sum_{i=1}^{n}\left(\frac{X_i-\overline{X}}{\sigma_0}\right)^2$。由抽样分布知，在原假设 H_0 成立时统计量：

$$\chi^2=\frac{(n-1)S^2}{\sigma^2}\sim\chi^2(n-1) \tag{6.13}$$

对给定的显著性水平 α，为使犯第二类错误的概率近似达到最小，取拒绝域（图 6-9 所示）为：

$$W=\{\chi^2>\chi^2_{\alpha/2}(n-1) \text{或} \chi^2<\chi^2_{1-\alpha/2}(n-1)\} \tag{6.14}$$

如果是右侧检验，则设：$H_0: \sigma^2=\sigma_0^2; H_1: \sigma^2>\sigma_0^2$，拒绝域为：

$$\chi^2>\chi^2_{\alpha}(n-1) \tag{6.15}$$

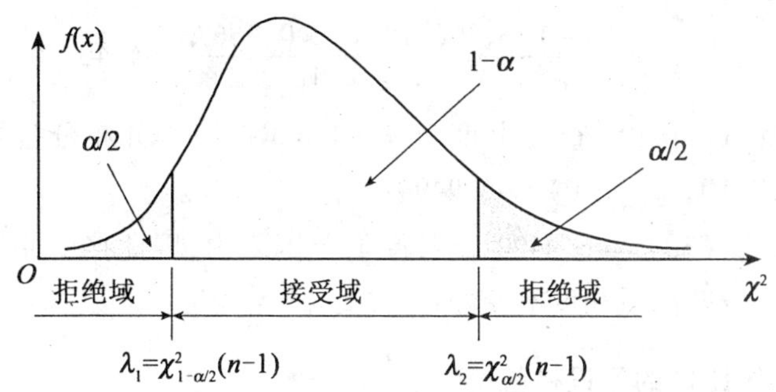

图 6-9　χ^2 分布双侧检验接受域和拒绝域

如果是左侧检验,则设:$H_0: \sigma^2 = \sigma_0^2$;$H_1: \sigma^2 < \sigma_0^2$,拒绝域为:

$$\chi^2 < \chi^2_{1-\alpha}(n-1) \tag{6.16}$$

χ^2 分布右侧检验和左侧检验的接受域和拒绝域见图 6-10 所示。

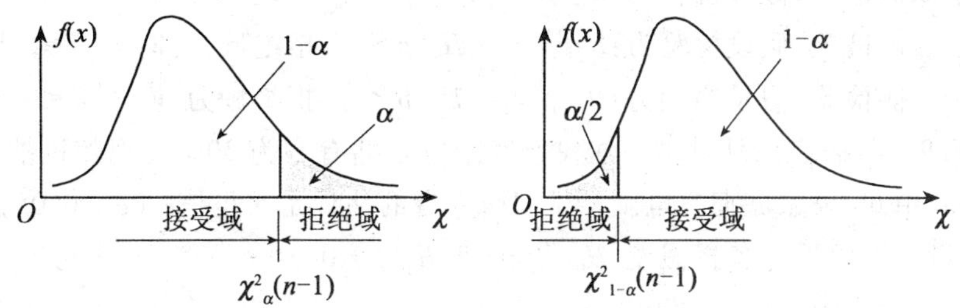

图 6-10　χ^2 分布右侧检验和左侧检验的接受域和拒绝域

例 6.8　一自动车床加工的零件长度服从正态分布 $N(\mu, \sigma^2)$。原来加工精度 $\sigma_0^2 = 0.18$,经过一段时间生产后,抽取这车床所加工的 $n = 31$ 个零件,测得数据如表 6-2 所示。

表 6-2　　统计数据

长度 x_i	10.1	10.3	10.6	11.2	11.5	11.8	12.0
频数 n_i	1	3	7	10	6	3	1

问这一车床是否保持原来的加工精度?

解:由题意要检验假设:

$$H_0: \sigma^2 = 0.18; H_1: \sigma^2 \neq 0.18$$

由题中所给的数据计算得：

$$\chi^2=\frac{(n-1)S^2}{\sigma^2}=\frac{(31-1)\times 0.2667}{0.18}=44.46$$

对于给定的 $\alpha=0.05$，查自由度为 $n-1=30$ 的 χ^2 分布分位数表得临界值：$\chi^2_{0.975}(30)=16.7910$，$\chi^2_{0.025}(30)=46.9490$。

由于 $\chi^2<\chi^2_{0.025}(30)=46.9490$，在接受域范围之内，因此接受原假设 H_0，这说明自动车床工作一段时间后精度不变。

三、单个总体比例的假设检验

检验总体单位中含有某种特征的单位数所占的比例是否为某个假设值 p_0，当 n 较大，满足 $np>5$，$n(1-p)>5$ 时，样本比例服从正态分布，可以用统计量进行检验：

$$Z=\frac{\overline{p}-p}{\sqrt{\frac{p(1-p)}{n}}}\sim N(0,1) \tag{6.17}$$

对于双侧检验，假设检验为：$H_0: p=p_0$，$H_1: p\neq p_0$，拒绝域为：$W=\{|Z|\geqslant z_{\alpha/2}\}$

对于右侧检验，假设检验为：$H_0: p=p_0$，$H_1: p>p_0$，拒绝域为：$W=\{Z\geqslant z_{\alpha}\}$。

对于左侧检验，假设检验为：$H_0: p=p_0$，$H_1: p<p_0$，拒绝域为：$W=\{Z\leqslant -z_{\alpha}\}$。

例 6.9 某研究者估计本市居民家庭的电脑拥有率为 30%。现随机抽查了 200 个家庭，其中 68 个家庭拥有电脑。试问研究者的估计是否可信？（$\alpha=0.05$）

解：设立原假设和备择假设：$H_0: P=0.3$，$H_1: p\neq 0.3$

$\overline{p}=68/200=0.34$，$n=200$

计算统计量得：$Z=\dfrac{\overline{p}-p}{\sqrt{\frac{p(1-p)}{n}}}=\dfrac{0.34-0.30}{\sqrt{\frac{0.30(1-0.30)}{200}}}=1.23$

根据 $\alpha=0.05$ 查临界值 $z_{\alpha/2}=1.96$，$Z<z_{\alpha/2}=1.96$，则接受原假设，认为研究者的估计是可信的。

例 6.10 某公司产品不合格率为 0.02，今从 5 批产品中抽取 500 件作为样本给订货者检验，检查出不合格率只有 0.01，在显著性水平 $\alpha=0.05$ 下，能否认为该产品的合格率小于 0.02？

解：这是大样本的假设检验，设检验假设为：

$$H_0: p=p_0=0.02, H_1: p<p_0=0.02$$

选用统计量：

$$Z=\frac{\overline{p}-p}{\sqrt{\frac{p(1-p)}{n}}}=\frac{0.01-0.02}{\sqrt{\frac{0.02(1-0.02)}{500}}}=1.60$$

对显著性水平 $\alpha=0.05$，$z_{0.05}=1.64$。

由于 $Z=-1.5970>-1.64$，因此接受原假设，即该产品不合格率为0.02。

例 6.11　某工厂生产一批产品，质量要求当次品率 $p\leqslant 0.05$ 时，产品才能出厂。今从生产出的产品中随机抽查100件，发现8个次品，试问这批产品是否可以出厂？（$\alpha=0.05$）

解：这是大样本的检验，设假设检验为：

$$H_0: p=P_0\leqslant 0.05, H_1: p>P_0=0.05$$

根据题意，$\bar{p}=8/100=0.08$，选用 Z 统计量：

$$Z=\frac{\bar{p}-p}{\sqrt{\frac{p(1-p)}{n}}}=\frac{0.08-0.05}{\sqrt{\frac{0.05(1-0.05)}{100}}}=1.3765$$

根据显著性水平 $\alpha=0.05$，由于 $z_{0.05}=1.64$，$Z>z_{0.05}=1.64$，因此接受原假设，即认为这批产品次品率小于5%，可以出厂。

第三节　两个正态总体的假设检验

实际研究中常常需要对两个正态总体进行比较。这种情况实际上就是两个正态总体参数的假设检验问题，包括均值差的检验和方差比的检验。

一、两正态总体均值差的假设检验

（一）当 σ_1^2、σ_2^2 已知时，两正态总体均值差的假设检验

设 $X\sim N(\mu_1,\sigma_1^2)$，$Y\sim N(\mu_2,\sigma_2^2)$，其中 σ_1^2、σ_2^2 已知，且 X 与 Y 相互独立。$(X_1, X_2,\cdots,X_{n_1})$，$(Y_1,Y_2,\cdots,Y_{n_2})$ 分别为来自总体 X 与 Y 的两个样本。

假设检验为：$H_0: \mu_1=\mu_2$，$H_1: \mu_1\neq\mu_2$（双侧检验），由抽样分布的定理知：$\bar{X}\sim N(\mu_1,\frac{1}{n_1}\sigma_1^2)$，$\bar{Y}\sim N(\mu_2,\frac{1}{n_2}\sigma_2^2)$，又 $\bar{X}$ 与 $\bar{Y}$ 独立，从而有：

$$\bar{X}-\bar{Y}\sim N\left(\mu_1-\mu_2,\frac{\sigma_1^2}{n_1}+\frac{\sigma_2^2}{n_2}\right) \tag{6.18}$$

当原假设 H_0 成立时，统计量：

$$Z=\frac{\bar{X}-\bar{Y}}{\sqrt{\frac{\sigma_1^2}{n_1}+\frac{\sigma_2^2}{n_2}}}\sim N(0,1) \tag{6.19}$$

否则 $|Z|$ 有增大的趋势，故对给定的显著性水平 α，为使犯第二类错误的概率最小，取拒绝域：

$$W=\{|Z|>z_{\alpha/2}\} \tag{6.20}$$

即 $W=\{Z>z_{\alpha/2}$ 或 $Z<-z_{\alpha/2}\}$，拒绝原假设，否则接受假设 H_0。

如果在研究中需要检验一个总体均值是否大于或小于另一总体的均值，就涉及单侧检验。如果是右侧检验，假设检验为：$H_0: \mu_1=\mu_2, H_1: \mu_1>\mu_2$，拒绝域在抽样分布的右侧，因此，对于给定的显著性水平 α，该检验的拒绝域应取为：

$$W=\{Z>z_{\alpha}\} \tag{6.21}$$

即 $W=\{Z>z_{\alpha}\}$，拒绝原假设 H_0，接受备择假设 H_1；

若 $W=\{Z<z_{\alpha}\}$，接受原假设 H_0，拒绝备择假设 H_1。

如果是左侧检验，假设为：$H_0: \mu_1=\mu_2, H_1: \mu_1<\mu_2$，对给定的显著性水平 α，该检验的拒绝域应取为：

$$W=\{Z<-z_{\alpha}\} \tag{6.22}$$

即 $W=\{Z<-z_{\alpha}\}$，拒绝原假设 H_0，接受备择假设 H_1；

若 $W=\{Z>-z_{\alpha}\}$，接受原假设 H_0，拒绝备择假设 H_1。

例 6.12 由累积资料知道甲、乙两矿的含灰率服从 $X\sim N(\mu_1, 7.5)$，$Y\sim N(\mu_2, 2.6)$。现从两矿中各取几个试件，分析其含灰率为：

甲矿：24.3 20.8 23.7 21.3 17.4(%)

乙矿：18.2 16.9 20.2 16.7(%)

试分析两矿的含灰率有无差别？（显著性水平 $\alpha=0.10$）

解：提出假设，$H_0: \mu_1=\mu_2, H_1: \mu_1\neq\mu_2$。已知 σ_1^2 及 σ_2^2，选取统计量：

$$Z=\frac{\overline{X}-\overline{Y}-(\mu_1-\mu_2)}{\sqrt{\dfrac{\sigma_1^2}{n_1}+\dfrac{\sigma_2^2}{n_2}}}$$

计算统计量 Z 的值。当 $\overline{X}=21.5, \overline{Y}=18$，得到：

$$Z=\frac{\overline{X}-\overline{Y}}{\sqrt{\dfrac{\sigma_1^2}{n_1}+\dfrac{\sigma_2^2}{n_2}}}=\frac{21.5-18}{\sqrt{\dfrac{7.5}{5}+\dfrac{2.6}{4}}}=2.39$$

显著性水平 $\alpha=0.10$，得临界值 $z_{0.05}=1.64$。

由于 $|Z|=2.39>z_{0.05}=1.64$，故拒绝 H_0，即可以认为 μ_1 和 μ_2 有显著性差异。

（二）σ_1^2、σ_2^2 未知，大样本时两总体均值差的假设检验

当 σ_1^2、σ_2^2 未知，属于大样本时，用样本方差 S^2 代替总体方差 σ^2，仍采用 Z 统计量。

检验假设为：$H_0: \mu_1=\mu_2, H_1: \mu_1\neq\mu_2$。统计量如下：

$$Z=\frac{\overline{X}-\overline{Y}}{\sqrt{\dfrac{S_1^2}{n_1}+\dfrac{S_2^2}{n_2}}}\sim N(0,1) \tag{6.23}$$

否则 $|Z|$ 有增大的趋势，故对给定的显著性水平 α，为使犯第二类错误的概率最

小，取拒绝域：

$$W = \{ |Z| > z_{\alpha/2} \} \quad (6.24)$$

即 $W = \{ Z > z_{\alpha/2}$ 或 $Z < -z_{\alpha/2} \}$，拒绝原假设，否则接受假设 H_0。

对于右侧检验和左侧检验，其拒绝域分别为：

$H_0: \mu_1 \leqslant \mu_2, H_1: \mu_1 > \mu_2$，拒绝域：$W = \{ Z \geqslant z_{\alpha} \}$

$H_0: \mu_1 \geqslant \mu_2, H_1: \mu_1 < \mu_2$，拒绝域：$W = \{ Z \leqslant -z_{\alpha} \}$

例 6.13 对 7 岁儿童作身高调查，结果如表 6-2 所示，能否说明性别对 7 岁儿童的身高有显著影响？（$\alpha = 0.05$）

表 6-2　**7 岁儿童身高调查结果**

性　别	人数(n)	平均身高($\bar{x}$)	标准差
男	384	118.64	4.53
女	377	117.86	4.86

解：建立假设：$H_0: \mu_1 = \mu_2, H_1: \mu_1 \neq \mu_2$

根据题意属于大样本，用样本方差代替总体方差，采用 Z 统计量：

$$Z = \frac{\overline{X} - \overline{Y}}{\sqrt{\dfrac{S_1^2}{n_1} + \dfrac{S_2^2}{n_2}}} = \frac{118.64 - 117.86}{\sqrt{\dfrac{4.53^2}{384} + \dfrac{4.86^2}{377}}} = 2.2893$$

由 $\alpha = 0.05$，查表得到临界值 $z_{\frac{\alpha}{2}} = 1.96$

由于 $Z > z_{\alpha/2} = 1.96$，所以在 $\alpha = 0.05$ 下，拒绝 H_0，接受 H_1，即认为性别对 7 岁儿童的身高有显著影响。

（三）σ_1^2、σ_2^2 未知但相等，两总体均值差的假设检验

设总体 $X \sim N(\mu_1, \sigma^2)$，$Y \sim N(\mu_2, \sigma^2)$，其中 μ_1、μ_2 和方差未知，但 $\sigma_1^2 = \sigma_2^2 = \sigma^2$，$(X_1, X_2, \cdots, X_{n_1})$ 和 $(Y_1, Y_2, \cdots, Y_{n_2})$ 分别为从总体 X, Y 中抽取的简单样本，要求检验假设：

$$H_0: \mu_1 = \mu_2; H_1: \mu_1 \neq \mu_2 \text{（双侧检验）}$$

当原假设 H_0 成立时，根据抽样分布定理知，统计量：

$$T = \frac{\overline{X} - \overline{Y}}{\sqrt{(n_1 - 1)S_1^2 + (n_2 - 1)S_2^2}} \sqrt{\frac{n_1 n_2 (n_1 + n_2 - 2)}{n_1 + n_2}} \sim t(n_1 + n_2 - 2) \quad (6.25)$$

其中 $S_1^2 = \dfrac{1}{n_1 - 1} \sum\limits_{i=1}^{n_1} (X_i - \overline{X})^2$，$S_2^2 = \dfrac{1}{n_2 - 1} \sum\limits_{i=1}^{n_2} (Y_i - \overline{Y})^2$

否则，$|T|$ 有增大的趋势，因而对给定的显著性水平 α 可取拒绝域：

$$W = \{ |T| > t_{\alpha/2} \} \quad (6.26)$$

对于右侧检验和左侧检验,与单个正态总体均值检验类似,归纳如下:

右侧检验,$H_0:\mu_1\leqslant\mu_2, H_1:\mu_1>\mu_2$,拒绝域:$W=\{T>t_\alpha\}$

左侧检验,$H_0:\mu_1\geqslant\mu_2, H_1:\mu_1<\mu_2$,拒绝域:$W=\{T<-t_\alpha\}$

例 6.14 某物品在处理前与处理后抽样分析含脂率(%)如下:

处理前 x:0.19 0.18 0.21 0.30 0.41 0.12 0.17

处理后 y:0.13 0.15 0.07 0.24 0.19 0.06 0.08 0.12

设含脂率分别服从正态分布 $N(\mu_1,\sigma_1^2)$,$N(\mu_2,\sigma_2^2)$,且 $\sigma_1^2=\sigma_2^2$,对显著性水平 $\alpha=0.05$,试问:处理前后的平均含脂率有无显著性差异?

解:根据题意设立假设:$H_0:\mu_1=\mu_2, H_1:\mu_1\neq\mu_2$

选取统计量 T:

$$T=\frac{\overline{X}-\overline{Y}}{\sqrt{(n_1-1)S_1^2+(n_2-1)S_2^2}}\sqrt{\frac{n_1n_2(n_1+n_2-2)}{n_1+n_2}}$$

计算得到统计量 T 的值:

$$T=\frac{\overline{X}-\overline{Y}}{\sqrt{(n_1-1)S_1^2+(n_2-1)S_2^2}}\sqrt{\frac{n_1n_2(n_1+n_2-2)}{n_1+n_2}}=2.8491$$

对给定显著性水平 $\alpha=0.05$,得临界值 $t_{0.025}(13)=2.1604$。

由于 $|T|>t_{0.025}(13)=2.1604$,故拒绝 H_0,接受 H_1,即处理后含脂率有显著差异。

二、两正态总体方差是否相等的假设检验

我们在用 t 检验去检验两个总体的均值是否相等时,作了一个重要的假设就是这两个总体方差是相等的,即 $\sigma_1^2=\sigma_2^2=\sigma^2$,否则我们就不能用 t 检验。如果我们事先不知道方差是否相等,就必须先进行方差是否相等的检验。

设 $(X_1,X_2,\cdots,X_{n_1})$ 是取自正态总体 $X\sim N(\mu_1,\sigma_1^2)$ 的样本,$(Y_1,Y_2,\cdots,Y_{n_2})$ 是取自正态总体 $Y\sim N(\mu_2,\sigma_2^2)$ 的样本,并且 $(X_1,X_2,\cdots,X_{n_1})$ 与 $(Y_1,Y_2,\cdots,Y_{n_2})$ 相互独立。考虑假设:

$$H_0:\sigma_1^2=\sigma_2^2;H_1:\sigma_1^2\neq\sigma_2^2$$

选取统计量:

$$F=\frac{S_1^2}{S_2^2}\cdot\frac{\sigma_2^2}{\sigma_1^2}\sim F(n_1-1,n_2-1) \tag{6.27}$$

其中 $S_1^2=\frac{1}{n_1-1}\sum_{i=1}^{n_1}(X_i-\mu_1)^2$,$S_2^2=\frac{1}{n_2-1}\sum_{i=1}^{n_2}(X_i-\mu_2)^2$。

若 H_0 成立,由抽样分布定理知 $F\sim F(n_1-1,n_2-1)$,则此时的拒绝域为:

$$W=\{F<F_{1-\alpha/2}(n_1-1,n_2-1)\text{或}F>F_{\alpha/2}(n_1-1,n_2-1)\} \tag{6.28}$$

例 6.15 某一橡胶配方中,原用氧化锌 5g,现减为 1g ,若分别用两种配方做一

批实验,5g 配方测 9 个值,得橡胶伸长率的样本差是 $S_1^2=63.86$;1g 配方测 3 个值,橡胶伸长率的样本差是 $S_2^2=236.8$。设橡胶伸长率服从正态分布,问两种配方的伸长率的总体标准差有无显著差异?($\alpha=0.10$)

解:两种配方的伸长率的总体标准差有无显著差异,要通过样本值去判断 $\sigma_1^2=\sigma_2^2$ 是否成立,是均值未知的两个总体方差是否相等的检验,5g 配方和 1g 配方记为 $X\sim N(\mu_1,\sigma_1^2)$,$Y\sim N(\mu_2,\sigma_2^2)$,检验假设:

$$H_0:\sigma_1^2=\sigma_2^2,H_1:\sigma_1^2\neq\sigma_2^2$$

选取统计量 $F=\dfrac{S_1^2}{S_2^2}\cdot\dfrac{\sigma_2^2}{\sigma_1^2}$,当 H_0 成立时 $F=\dfrac{S_1^2}{S_2^2}\sim F(n_1-1,n_2-1)$ 的 F 分布。

计算统计量 F 的样本观察值:

$$F=\frac{S_1^2}{S_2^2}=\frac{63.86}{236.8}=0.2697$$

对显著性水平 $\alpha=0.10$,得其临界值为:

$$F_{0.05}(8,9)=3.23,F_{0.95}(8,9)=\frac{1}{F_{0.05}(9,8)}=\frac{1}{3.39}=0.295$$

因为 $F=0.2697<F_{0.95}(8,9)=0.2950$,$F$ 落入拒绝域,应拒绝 H_0,接受 H_1,即在 $\alpha=0.10$ 下认为两个总体的方差是不等的。

若将这题的显著性水平改为 $\alpha=0.02$,此时临界值为:

$$F_{\frac{\alpha}{2}}(8,9)=2.47,F_{1-\frac{\alpha}{2}}(9,8)=0.1692$$

样本观察值 $F=0.2697$ 未落入拒绝域,故接受 H_0,即认为两种配方总体方差无显著差异,说明显著性水平越小,否定原假设越困难。

如果是右侧检验:$H_0:\sigma_1^2=\sigma_2^2$;$H_1:\sigma_1^2>\sigma_2^2$,其拒绝域为:

$$W=\{F>F_\alpha(n_1-1,n_2-1)\}\tag{6.29}$$

如果是左侧检验:$H_0:\sigma_1^2=\sigma_2^2$;$H_1:\sigma_1^2<\sigma_2^2$,其拒绝域为:

$$W=\{F<F_{1-\alpha}(n_1-1,n_2-1)\}\tag{6.30}$$

例 6.16　有甲乙两车床生产同一型号的滚珠,根据已有经验可以认为,这两台车床生产的滚珠都服从正态分布,问题是要比较两台车床生产的滚珠的直径的方差。现在从这两台车床的产品中分别抽取 8 个和 9 个,经计算得 $\overline{X}_{甲}=15.01$,$\overline{X}_{乙}=14.99$,$S_{甲}^2=0.0955$,$S_{乙}^2=0.0261$。对显著性水平 $\alpha=0.05$,试问:乙车床产品的方差是否比甲车床的小?

解:由题意,是要验证 $\sigma_{甲}^2<\sigma_{乙}^2$ 是否成立,故此题可假设为:

$$H_0:\sigma_{甲}^2\leqslant\sigma_{乙}^2,H_1:\sigma_{甲}^2>\sigma_{乙}^2$$

选取统计量 $F=\dfrac{S_{甲}^2}{S_{乙}^2}\sim F(7,8)$,计算得到:

$$F=\frac{S_{甲}^{2}}{S_{乙}^{2}}=\frac{0.0955}{0.0261}=3.694$$

由 $\alpha=0.05$,知临界值 $f_{0.05}(7,8)=3.50$, $F>f_{0.05}(7,8)=3.50$,故拒绝原假设,接受 H_1。即乙车床产品的直径的方差比甲车床的小。

三、两总体比率差的检验

设两总体 $X\sim B(1,p)$, $Y\sim B(1,p)$ 分布,设 $X_1,X_2,\cdots,X_n$ 来自总体 X 的一个样本, $Y_1,Y_2,\cdots,Y_m$ 来自总体 Y 的一个样本。

当样本满足 $n\overline{X}\geqslant 5$, $n(1-\overline{X})>5$, $m\overline{Y}\geqslant 5$, $m(1-\overline{Y})\geqslant 5$ 时,这两个总体中具有某种特征单位数的比例分别 p_1 和 p_2,但 p_1 和 p_2 未知,用样本比例 $\overline{p}_1$ 和 $\overline{p}_2$ 代替。

建立原假设和备择假设: $H_0: p_1=p_2$, $H_1: p_1\neq p_2$

当原假设成立时,统计量 Z:

$$Z=\frac{\overline{p}_1-\overline{p}_2}{\sqrt{\overline{p}_1(1-\overline{p}_1)/n+\overline{p}_2(1-\overline{p}_2)/m}}\sim N(0,1) \tag{6.31}$$

则其拒绝域为:

$$|Z|>z_{\frac{\alpha}{2}} \tag{6.32}$$

如果是右侧检验, $H_0: p_1=p_2$, $H_1: p_1>p_2$,其拒绝域为: $Z>z_{\alpha}$。

如果是左侧检验, $H_0: p_1=p_2$, $H_1: p_1<p_2$,其拒绝域为: $Z<-z_{\alpha}$

例 6.17 随机调查了 359 名 50 岁以上的男性,其中 205 名吸烟者中有 43 人患慢性气管炎,在 154 名不吸烟者中,有 15 人患慢性气管炎。试在 $\alpha=0.05$ 时检验吸烟者患此病的比率是否明显高于不吸烟者?

解:根据题意建立假设: $H_0: p_1=p_2$, $H_1: p_1>p_2$

$n_1=205$, $n_2=154$ 是大样本。

$$\overline{p}_1=43/205\approx 0.2098, \overline{p}_2=15/154\approx 0.0974$$

计算统计量 Z:

$$Z=\frac{\overline{p}_1-\overline{p}_2}{\sqrt{\overline{p}_1(1-\overline{p}_1)/n+\overline{p}_2(1-\overline{p}_2)/m}}=3.0262$$

由 $\alpha=0.05$,知临界值 $z_{0.05}=1.64$,因为 $Z>z_{0.05}=1.64$,落在拒绝域,所以拒绝原假设,接受备择假设,即认为吸烟者患慢性气管炎的比率明显的高于不吸烟者。

案例 6.1 食品包装机工作状态检测

某食品加工厂对其盒装饼干的重量进行检查,看其当天的装盒重量是否符合标准要求,以判断其包装机的工作是否正常。该厂经理随机抽取了 12 盒饼干,称得饼干净重量如下：0.998、1.004、0.989、0.999、1.032、1.036、1.002、0.988、1.016、0.992、0.969、1.001，现已知每盒饼干的额定标准为1kg，并由经验知饼干重量服从正态分布 $N(\mu,\sigma_0^2)$，且其方差 $\sigma_0^2=0.016^2$。现请分析该天包装机的工作是否正常。

解：对该数据进行分析，用SPSS软件进行分析。

1. 建立假设：

H_0：包装机工作正常；　　　　H_1：包装机工作不正常

2. 输入数据

3. 打开分析菜单，应用SPSS软件计算分析，操作步骤如下：

Analyze→Compare Means→One-Sample T Test；

在打开的One-Sample T Test对话框中将变量"重量"输入Test Variable(s)中，并将Test Value处的数值改为1，如图6-11所示。

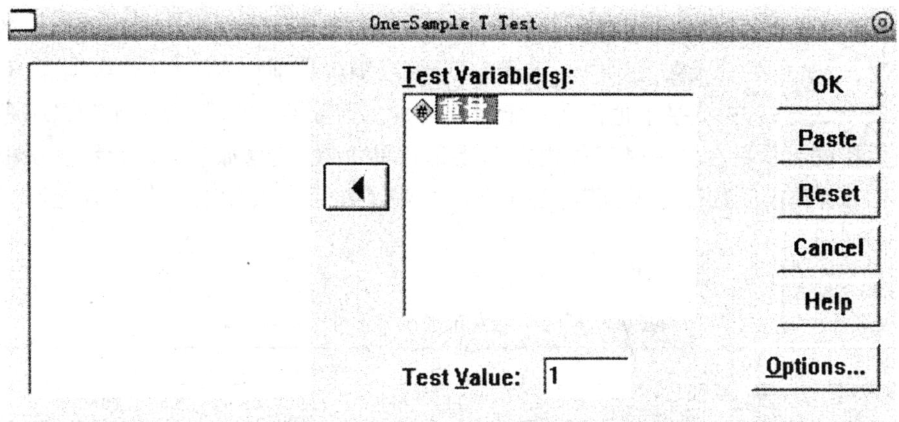

图6-11

按以上步骤设置后点击OK按钮，可得到表6-3及表6-4。

表6-3　**One-Sample Statistics**

	N	Mean	Std. Deviation	Std. Error Mean
重量	12	1.00217	1.8673E-02	5.3906E-03

说明：由表6-3可知这12个样本盒装饼干的平均重量为1.00217kg，标准差为0.0187kg。

表 6-4 **One-Sample Test**

	Test Value = 1					
	t	df	Sig. (2-tailed)	Mean Difference	95% Confidence Interval of the Difference	
					Lower	Upper
重量	.402	11	.695	2.1667E-03	-9.69786E-03	1.4031E-02

说明:由表 6-4 可知用于检验的统计量 $t=0.402$,双尾检验结果 $P=0.695$。由于 $P>0.05$,接受 H_0,拒绝 H_1,即认为包装机工作正常。

案例 6.2 男女搭配工作效率的研究

某科学管理研究机构想要测定男女搭配工作同个人单独工作相比工作效率的变化情况,于是在某机械加工厂内进行了如下试验:随机分别抽取了 10 名男工和 10 名女工参与试验,首先记录下他们在一定时间内加工零部件的个数,接下来记录下他们在两两搭配工作后在同一时间段内加工零部件的个数,数据如表 6-5 所示。试根据表 6-5 中所提供的数据分析,搭配工作前与搭配工作后工人的工作效率有无明显差异。

表 6-5 **某机械加工厂男工与女工加工零部件个数统计表**

序号	搭配前	搭配后	序号	搭配前	搭配后
1	127	153	11	158	164
2	165	136	12	129	132
3	159	185	13	186	169
4	184	186	14	142	140
5	154	167	15	158	168
6	158	139	16	139	155
7	139	156	17	157	168
8	186	175	18	169	159
9	168	179	19	152	168
10	162	168	20	180	169

解:由于该试验是对同一工人在搭配工作前后的工作效率进行对比分析,属于配对实验的范畴,可应用 SPSS 软件按照 t 检验进行检验。具体步骤如下:

1. 建立假设

H_0:工作效率无明显变化; H_1:工作效率有明显变化

2. 应用 SPSS 软件计算分析,操作步骤如下:

Analyze→Compare Means→Paired-Sample T Test

在打开的 Paired-Sample T Test 对话框中将变量“搭配前”、“搭配后”输入 Paired Variables 方框内,如图 6-12 所示。

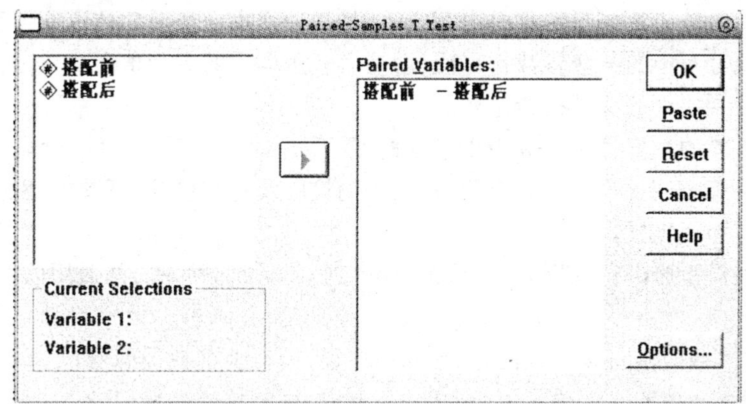

图 6-12

按以上步骤操作后可得到表 6-6 及表 6-7。

表 6-6　**Paired Samples Statistics**

		Mean	N	Std. Deviation	Std. Error Mean
Pair 1	搭配前	158.6000	20	17.5331	3.9205
	搭配后	161.8000	20	15.5550	3.4782

说明:由表 6-6 可知,搭配前后工人制造产品个数的平均值是不同的,搭配前是 158.6 个,搭配后是 161.8 个,略有提高。

表 6-7　**Paired Samples Test**

	Paired Differences					t	df	Sig. (2-tailed)
	Mean	Std. Deviation	Std. Error Mean	95% Confidence Interval of the Difference				
				Lower	Upper			
Pair 1 搭配前-搭配后	-3.2000	15.1852	3.3955	-10.3069	3.9069	-.942	19	.358

说明：由表 6-7 可知，配对 t 检验后的结果 $t=-0.942$，双尾 $P=0.358$，由于 $P>0.05$，接受 H_0，拒绝 H_1，即认为男女搭配工作前后的工作效率无明显变化。

小　结

假设检验是统计推断的重要内容之一，是利用样本信息对总体进行某种推断，对总体分布或分布中的某些参数作出假设，然后利用样本的观测值所提供的信息，检验这种假设是否成立的统计推断过程。

假设检验的基本思想是应用小概率的原理。根据这一原理，可以作出是否接受原假设的决策。假设检验分为双侧检验、右侧检验及左侧检验，不同类型的检验有各自的接受域和拒绝域。

在对假设检验进行判别时，无论是单侧检验还是双侧检验，都适用以下的判别原则：

(1)样本数值落在接受域内，则接受原假设，同时拒绝备择假设；

(2)样本数值落在拒绝域内，则拒绝原假设，同时接受备择假设。

在假设检验中，存在两类错误。在统计学上，当 H_0 本来是正确的，但检验后作出了拒绝 H_0 的判断，这种错误称为第一类错误，也称拒真错误。当 H_0 本来是不正确的，但检验后作出了接受 H_0 的判断，这种错误称为第二类错误，也称纳伪错误，通常用 β 表示犯"纳伪"错误的概率，这个概率是由真正的总体参数的分布决定的。利用奈曼与皮尔原则，即在控制犯第一错误的概率 α 的条件下，尽量使犯第二类错误的概率 β 小。

假设检验通常包括以下几个步骤：

(1)提出原假设和备择假设；

(2)选取适当的统计量；

(3)确定显著性水平 α，确定临界值；

(4)计算统计量并作出统计决策。

具体的假设检验包括一个正态总体的参数检验，可以分为均值检验、方差检验和总体比例检验；两个正态总体的参数检验，包括两个总体均值差的检验和方差比的检验。

思考与练习

6.1　参数估计和假设检验有什么相同点和不同点？

6.2　假设检验的基本原理是什么？

6.3　什么是假设检验中的两类错误？它们之间存在什么关系？

6.4　某车间用一包装机包装白糖，由经验可知，该包装机称得糖的重量服从正

态分布 $N(0.5,0.015^2)$。现从某天所包的糖袋中随机抽取9袋，其平均重量为0.510千克。试问：

(1)试问该包装机工作是否正常？

(2)若方差未知，测得9袋重量的标准差为 $S=0.015$ 千克，问这天包装机工作是否正常？($\alpha=0.05$)

6.5 设计规定的由自动机床生产的产品尺寸 $a=35$，随机抽取20个，测量结果为：

产品尺寸 x_i：34.8　34.9　35.0　35.1　35.3

频数 n_i：2　3　4　6　5

试求在显著性水平 $\alpha=0.05$ 下，产品有无系统偏差。

6.6 一种元件，要求其使用寿命不得低于700小时。现从一批元件中随机抽取36件，测得其平均寿命为680小时。已知该元件寿命服从正态分布，$\sigma=60$ 小时，试在显著性水平0.05下确定这批元件是否合格？

6.7 某地区小麦的一般生产水平为亩产250kg，其标准差为30kg。现用一种化肥进行试验，从25个小区抽样，平均产量为270kg。问这种化肥是否使小麦明显增产？($\alpha=0.05$)

6.8 下面是16个鸡肝的重量(克)，假设鸡肝的重量服从正态分布 $N(27.5,3.5^2)$。试检验其方差有否变化？($\alpha=0.05$)

24.1　22.8　23.4　28.3　34.1　41.5　25.8　32.5

29.5　30.3　27.3　35.0　27.3　31.7　23.8　29.8

6.9 随机抽取某班10位同学的考试成绩分别为：74，82，96，68，84，90，71，86，79，88。能否认为该班同学考试成绩的方差不超过70？($\alpha=0.05$)

6.10 某药品广告上声称一种药对某种疾病的治愈率为90%，一家医院对该药临床使用120例，治愈85人，问该药的广告是否真实？($\alpha=0.05$)

6.11 以往大学生中配戴眼镜率为20%，今对400名大学生调查其眼睛近视情况，其中配戴眼镜的学生有198人。试求配戴眼镜率是否增加？($\alpha=0.05$)

6.12 有一正四面体，将其四面分别涂上红、黄、蓝、绿四种颜色。现做如下实验，随意抛掷正四面体直至绿色面着地，抛掷200次，记录所需次数如下：

抛掷次数	1	2	3	4	≥5
频数	56	48	32	28	36

试问该四面体是否均匀？($\alpha=0.05$)

6.13 某医生在高校随机地抽取100名男生，测得其血压平均为136mmHg，标准差为 18mmHg;在另一高校抽取 80 名男生,测得血压均值为 128mmHg,标准差为 14mmHg。假设血压服从正态分布,问这两高校男生的血压平均值有无显著差异?($\alpha = 0.05$)

6.14 北京市劳动和社会保障局公布的 2004 年的北京市职工年平均工资为 28 348元。北京市某大学教师想检验自己学校具有讲师职称的老师的平均工资与北京市平均工资有无显著差别,他随机抽取了 36 名大学职称为讲师的老师的年工资作为样本,结果显示:36 人的年平均工资为 29 040 元,标准差为 2 300 元。请检验该大学具有讲师职称的教师的年平均工资与北京市职工年平均工资水平是否有显著差别。($\alpha = 0.05$)

6.15 A 市某小学四年级学生进行体检,随机抽取 16 名学生,身高分别为:

124 118 121 141 139 128 133 130 140 136 129 135 132 140 137 136

在 B 市某小学随机测得 15 名四年级女生身高分别为:

137 128 134 143 126 130 129 131 125 135 140 123 135 136 129

假定两地女生身高服从正态分布,试问两地女生身高的分散程度有无显著差别?($\alpha = 0.05$)

6.16 对两个大型企业青年工人参加技术培训的情况进行调查,调查结果如下:甲厂:调查 60 人,16 人参加技术培训;乙厂:调查 40 人,14 人参加技术培训。能否根据以上调查结果认为乙厂工人参加技术培训的人数比例高于甲厂?($\alpha = 0.05$)

第七章　相关与回归分析

按照哲学的思想，任何事物都是普遍联系的，客观事物之间往往都存在着某种程度的关联关系。例如我们在研究经济现象的时候就会发现，各种经济现象之间客观上都存在着有机的联系，相互依存、相互制约、相互作用。这种变量之间依存的关系在统计研究中可以分为函数关系和统计关系两大类。

变量之间依一定的函数形式形成的一一对应关系称为函数关系，它反映了事物之间某种确定性的关系。如果两个变量之间存在某种依存关系，但变量 Y 并不是由变量 X 唯一确定的，它们之间没有严格的一一对应关系，则两个变量间的这种关系就是统计关系，亦称为相关关系，它反映了事物间不完全确定的关系。

函数关系可以说是一种理想的关系模型，它可以用公式精确地表示出来。但我们都知道，在实际问题中，事物间的因果关系往往不是那么清晰，影响因素也往往很多且难于判断，在这样的情况下，相关关系在描述事物关系时就更具有一般性了，更有利于我们客观地了解事物发展的规律、内在的联系。本章将结合实例介绍变量的相关关系、一元线性回归模型、多元线性回归模型及非线性回归等内容。

第一节　相关分析

在现实生活中，事物之间的因果关系往往都很难用精确的数学表达式描述，而只能在对大量的观测数据进行分析后，找出它们的内在联系，这也就是我们进行相关分析的原因所在。

一、相关分析的概念及种类

（一）相关分析的概念

相关分析是指根据实际资料或试验统计所得到的数据，分析有关现象之间相互依存、相互影响关系的形式及密切程度的方法。

在相关关系中自变量的变动会引起因变量随之发生相应的变动，但这种变动又不是确定和严格依存的。对于自变量的每一个变化值，因变量可以有几个数值与之对应，表现出一定的波动性和随机性，但又总是围绕着它们的平均数并在一定的规律下波动。相关分析所要做的就是研究这些数据的分布特点、规律，用一定的数学表达式来反映这种关系,从而为分析自变量与因变量的关系提供参考依据。

(二)相关分析的种类

各种现象之间的相关关系是多种多样的,按不同的划分标准可以有以下的分类:

1. 按相关程度划分为完全相关、不完全相关和不相关

当一个变量的变动完全由另一个变量的变动决定的时候,这两个变量之间的关系称为完全相关,如:给定销售价格的时候,销量同利润之间的关系就属于完全相关。可以看出,在完全相关的情况下,相关关系实际上就是函数关系,从这一点上来说函数关系可以算是相关关系的特例。根据相关曲线的形状又可分为完全直线相关和完全曲线相关。

当两个变量之间完全不存在任何依存关系,各自独立变动、相关程度为零的时候,称为不相关或零相关,如学生学习成绩与父母体重之间的关系。

不完全相关所表示的变量间的关系则介于完全相关与不相关之间,指一个变量的变动部分由另一个变量的变动决定。

以上三种划分结果如图 7-1 所示。

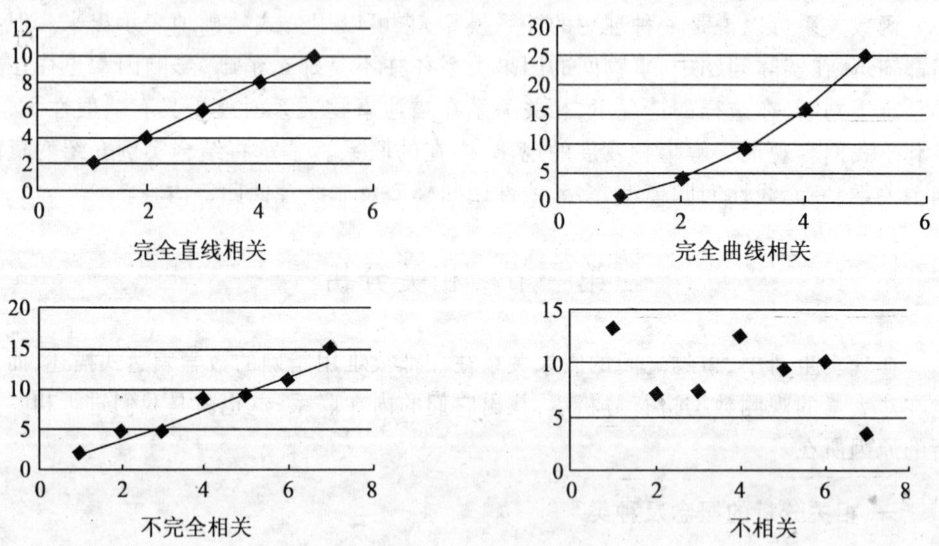

图 7-1 相关程度分类图

2. 按相关变量的多少划分为单相关、复相关和偏相关

两个相关变量之间的相关关系称为单相关,也称一元相关。

当相关变量的个数多于两个时,变量间的相关关系称为复相关,也称多元相关,如销售利润同价格和销量间的关系。

偏相关是指在复相关的情况下,假设其他变量不变,仅研究某一个变量对另一个

变量的依存关系。如假设消费者收入水平不变的情况下,研究某种商品的需求量同销售价格的关系。

3. 按相关方向划分为正相关和负相关

正相关指变量间变化方向相同,即一个变量数值增加或减少时,另一个变量的数值也相应增加或减少。

负相关所表明的变化方向与正相关恰恰相反,一个变量增加则引起另一个变量减少,反之亦然。

以上两种划分结果如图 7-2 所示。

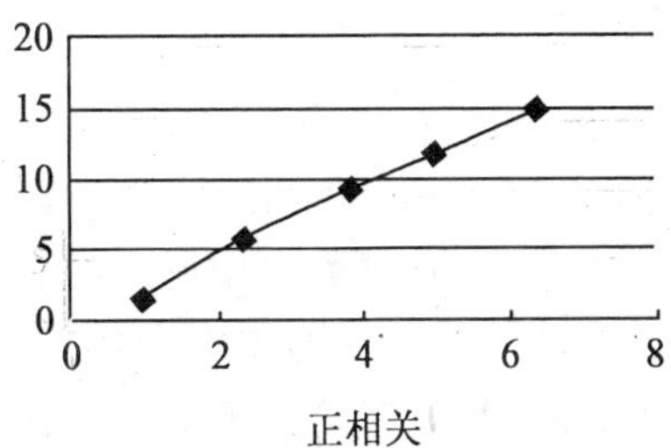

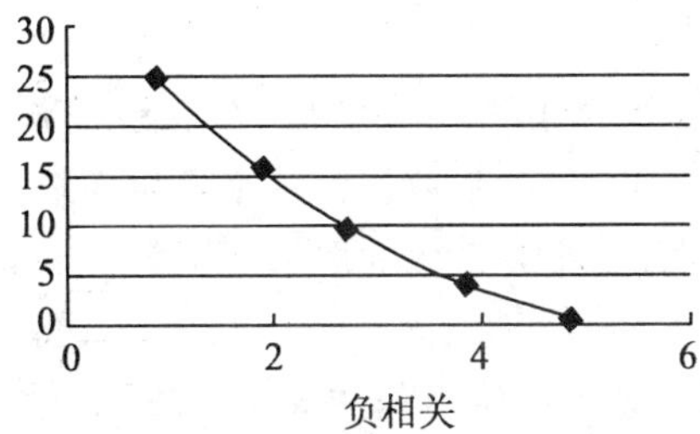

图 7-2 正、负相关分类图

4. 按相关关系的表现形式分为线性相关和非线性相关

线性相关指当一个变量变化时,另一个变量发生大致均等的变化,从图形上看两个变量之间的关系大致呈直线,如一国平均消费水平同收入之间的关系。

非线性相关指的是一个变量变化时,另一个变量也随之变化,但这种变化是不均等的,从图形上看两者关系为曲线,如:抛物线、指数曲线、双曲线等。

二、相关系数

要想准确地反映变量之间相关关系的密切程度,需要计算相关系数(correlation coefficient)。

(一)相关系数的定义

相关系数指在一元线性相关的条件下,衡量两个变量之间相关关系的相关方向和相关密切程度的统计指标,用符号"r"表示,其计算公式为:

$$r = \frac{\sum (x - \overline{X})(y - \overline{Y})}{\sqrt{\sum (x - \overline{X})^2}\sqrt{\sum (y - \overline{Y})^2}} \tag{7.1}$$

假设相关变量 x 和 y 共有 n 对观测值 $(x_i, y_i)(i = 1, 2, \cdots, n)$,则相关系数的计算可以用下列公式计算:

$$r=\frac{\sum(x_i-\bar{x}_i)(y_i-\bar{y}_i)}{\sqrt{\sum(x-\bar{x}_i)^2}\sqrt{\sum(y-\bar{y}_i)^2}}$$
$$=\frac{n\sum x_iy_i-\sum x_i\sum y_i}{\sqrt{n\sum x_i^2-(\sum x_i)^2}\sqrt{n\sum y_i^2-(\sum y_i)^2}} \tag{7.2}$$

式中：x_i——自变量，$i=1,2,\cdots,n$；

$\bar{x}_i$——自变量数列的平均数，$i=1,2,\cdots,n$；

y_i——因变量，$i=1,2,\cdots,n$；

$\bar{y}_i$——因变量数列的平均数，$i=1,2,\cdots,n$。

（二）相关系数的应用要点

计算出相关系数后，在实际的统计分析中应用相关系数时，需要注意以下几点：

1. 相关系数作为一个量化变量相关关系的指标，本身不具有任何经济含义。

2. 相关系数的取值范围为：$|r|\leqslant 1$，也就是 $-1\leqslant r\leqslant 1$。如果数据中所有的点都在一条直线上，则 $r=1$，即 x 与 y 之间完全正相关；若 $r=-1$，则 x 与 y 完全负相关。相关系数的绝对值的大小反映了相关变量间直线相关的程度，越接近于 1 相关性越强；越接近于 0，相关性越弱。

3. 相关系数需要进行显著性检验。因为在对变量进行分析时，某些完全没有关系的变量，在利用样本数据进行计算时也可能得到一个较大的相关系数值，导致虚假的相关关系。对此，在计算出相关系数的数值后，还有必要对其进行检验。

另外，相关系数有一个明显的缺点，就是其接近于 1 的程度与数据的组数 n 相关，这容易给人造成一种假象。因为当 n 较小时，相关系数波动比较大，对有些样本相关系数的绝对值趋于 1；当 n 较大时，相关系数的绝对值容易偏小；当 $n=2$ 时，相关系数绝对值总为 1。因此，当样本组数 n 较小时，仅凭相关系数较大就说明变量 x 与 y 之间有密切关系，就会显得勉强。

第二节　一元线性回归分析

回归分析时将相关的因素进行测定，确定其因果关系，并以数学模型来表现其具体关系式，从而进行各类统计分析。分析中所形成的这种关系用数学模型表示出来就被称为回归模型。

相关分析与回归分析有着密切的联系，它们具有共同的研究对象、相同的理论基础，在对变量研究时需要相互补充。相关分析为变量之间建立回归模型提供依据，回归分析揭示出变量相关的具体形式，只有当变量间存在高度相关时，才能进行回归分析。当然也只有通过回归模型掌握了变量之间关联的具体形式，相关分析才有意义。

对于只涉及一个自变量和一个因变量的线性回归问题的研究称为一元线性回归

分析，这也是本节要讨论的重点。

一、一元线性回归模型的建立

（一）一元线性回归理论

如果两个变量之间存在线性关系，其中一个是自变量 x（independent variable），也称为解释变量，另一个是因变量 y（dependent variable），也称为被解释变量，利用它们的样本数据，建立起表述它们之间关系的数学模型，对模型进行各种统计检验，并利用这一模型进行预测和控制，就是一元线性回归（linear regression）。用数学模型来表示就是：

$$y = \beta_0 + \beta_1 x + \varepsilon \tag{7.3}$$

式中：β_0——回归常数，当 $x=0$ 时 y 的期望值；

β_1——回归系数，表明 x 每变动一个单位引起的 y 的平均变动量；

ε——误差项，反映未列入方程式的其他各种因素对 y 的影响。

上述模型说明 y 与 x 之间的关系可用两部分描述：一部分是由于 x 的变化引起的 y 线性变化的部分；另一部分是由其他随机因素引起的，记为 ε。

该模型假设条件如下：

1. 因变量 y 与 x 之间存在真实的线性关系；

2. 变量 x 为非随机变量；

3. 误差项 ε 是一个期望值为0，服从正态分布，且相互独立的随机变量。对于所有的 x 值，ε 的方差 σ^2 相同。

4. 误差项 ε 与自变量 x 相互独立。

（二）一元线性回归方程

一般情况下，对我们所研究的某个问题所获得的 n 组样本观测值 $(x_1, y_1), (x_2, y_2), \cdots, (x_n, y_n)$ 来说，如果符合模型7.3，则：

$$y_i = \beta_0 + \beta_i x_i + \varepsilon_i,\ i = 1, 2, \cdots, n \tag{7.4}$$

式中 $E(\varepsilon_i) = 0, Var(\varepsilon_i) = \sigma^2$。上式称为一元线性回归模型。两边求数学期望值得：

$$E(y) = \beta_0 + \beta_1 x \tag{7.5}$$

回归方程分析的是期望值的变化情况，剔除了误差项的影响，因而回归方程在图上显示为一条直线，因此也被称为直线回归方程。

（三）估计的回归方程

上式中的参数 β_0、β_1 是理论上总体的值，实际上是不知道的，通常只能利用变量 x、y 的样本数据，依据某种准则，得到它们的估计值。因此，对于一元线性回归方程，一元线性经验回归方程的形式为：

$$\hat{y} = \hat{\beta}_0 + \hat{\beta}_1 x \tag{7.6}$$

式中：$\hat{y}$——回归估计值；

$\hat{\beta}_0$——估计的回归直线在 y 轴上的截距，表示 x 为 0 时 y 的取值；

$\hat{\beta}_1$——估计的回归直线的斜率，表示 x 每变动一个单位时，y 的平均变动值。

（四）参数的最小二乘估计

如果回归方程中参数 β_0 和 β_1 的数值已知，我们就可以根据公式，通过已知的 x 值来估计 y 值。然而，现实中 β_0 和 β_1 的值往往都是未知的，这就要求我们利用统计的样本数据进行估计，用计算出来的样本统计量 $\hat{\beta}_0$ 和 $\hat{\beta}_1$ 分别作为 β_0 和 β_1 的估计量。

我们所采用的方法是普通最小二乘法（ordinary least square estimation，简称 OLSE）。其原理在于对每一个样本观测值(x_i, y_i)，使观测值 y 与估计值 $\hat{y}$ 误差最小，得到：

$$\min Q(\beta_0, \beta_1) = \sum (y_i - \hat{y}_i)^2 = \sum (y_i - \hat{\beta}_0 - \hat{\beta}_1 x_i)^2 = \sum e_i^2 \tag{7.7}$$

y_i 为对应 x_i 的取值，$\hat{y}_i$ 为该 $\hat{y}$ 值的估计值。

应用最小二乘法的原理就是要使公式 7.7 所得的数值最小，如图 7-3 所示。

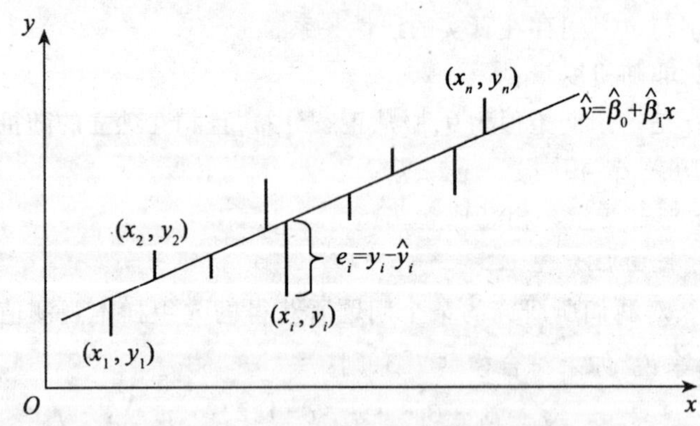

图 7-3 一元线性回归示意图

由于 Q 是关于 $\hat{\beta}_0$、$\hat{\beta}_1$ 的非负二次函数，因而它的最小值总是存在的。根据求极值的原理，利用公式 7.7 分别对 $\hat{\beta}_0$、$\hat{\beta}_1$ 求偏导，得：

$$\begin{cases} \dfrac{\partial Q}{\partial \hat{\beta}_0} = -2\sum_{i=1}^{n} (y_i - \hat{\beta}_0 - \hat{\beta}_1 x_i)^2 = 0 \\ \dfrac{\partial Q}{\partial \hat{\beta}_1} = -2\sum_{i=1}^{n} x_i(y_i - \hat{\beta}_0 - \hat{\beta}_1 x_i) = 0 \end{cases} \tag{7.8}$$

由此方程组可得正规方程组为：

$$\begin{cases} n\hat{\beta}_0 + \hat{\beta}_1 \sum x_i = \sum y \\ \hat{\beta}_0 \sum x + \hat{\beta}_1 \sum x_i^2 = \sum x_i y_i \end{cases} \tag{7.9}$$

从正规方程组 7.9 可计算出 $\hat{\beta}_0$、$\hat{\beta}_1$，称为 β_0、β_1 的最小二乘估计：

$$\begin{cases} \hat{\beta}_1 = \dfrac{n\sum x_i y_i - \sum x_i \sum y_i}{n\sum x_i^2 - (\sum x_i)^2} \\ \hat{\beta}_0 = \bar{y} - \hat{\beta}_1 \bar{x} \end{cases} \tag{7.10}$$

最小二乘估计具有三项统计特性：线性性、无偏性、方差最小性。

(五)一元线性回归方程的基本性质

根据一元线性回归方程的建立过程及基本假定，我们分析总结了它所拥有的三条性质：

性质 1：$Q(\beta_0,\beta_1) = \sum (y_i - \hat{y}_i)^2 = \sum (y_i - \hat{\beta}_0 - \hat{\beta}_1 x_i)^2$ 所得结果最小。

性质 2：$\sum (y_i - \hat{y}_i) = 0$。

性质 3：回归直线必然经过点$(\bar{x},\bar{y})$。

(六)一元线性回归方程的应用

例 7.1　已知某地区近 16 年来，居民对某产品的需求量和居民收入如表 7-1 提供的统计数字所示。建立该地区居民对该产品的需求量与居民收入的回归方程，并进行分析。

表 7-1　**某地区居民对某产品的需求量和居民收入**

年份	需求量（千件）	居民收入（万元）	年份	需求量（千件）	居民收入（万元）
1990	116.5	255.7	1998	146.8	330.0
1991	120.8	263.3	1999	149.6	340.2
1992	124.4	275.4	2000	153.0	350.7
1993	125.5	278.3	2001	158.2	367.3
1994	131.7	296.7	2002	163.2	381.3
1995	136.2	309.3	2003	170.2	406.5
1996	138.7	315.8	2004	178.2	430.8
1997	140.2	318.8	2005	185.9	451.5

解：设需求量为因变量 y，居民收入为自变量 x。

1. 判断该地区居民收入同该产品需求量之间是否存在线性关系

(1) 根据表 7-1 的数据，绘制两个变量之间的散点图，如图 7-4。

从图 7-4 中可以看出，该地区居民收入与对该产品的需求量之间大致呈线性关系。

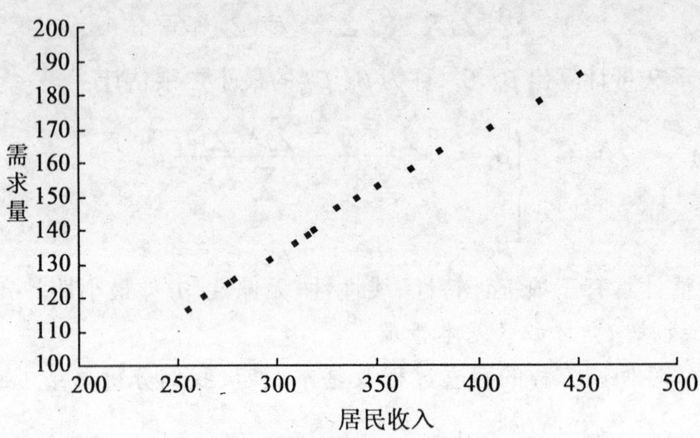

图 7-4 居民收入与产品需求量关系图

(2)计算居民收入同产品需求量之间的相关系数 r。根据相关系数公式得到:

$$r = \frac{\sum (x - \overline{X})(y - \overline{Y})}{\sqrt{\sum (x - \overline{X})^2}\sqrt{\sum (y - \overline{Y})^2}} = 0.9983$$

根据以上两个步骤,从图形及 $r = 0.9983$ 的数值可以做出初步判断,居民收入同产品销售之间存在线性相关关系。

2. 采用最小二乘法建立一元线性回归方程

(1)建立估计的回归方程:

$$\hat{y} = \hat{\beta}_0 + \hat{\beta}_1 x$$

(2)应用最小二乘法得出的公式估计参数,结果如下:

$$\hat{\beta}_1 = \frac{n\sum x_i y_i - \sum x_i \sum y_i}{n\sum x_i^2 - (\sum x_i)^2} = 0.352$$

$$\hat{\beta}_0 = \hat{y} - \hat{\beta}_1 \overline{x} = 27.9123$$

(3)得出一元线形回归方程:

$$\hat{y} = 27.9123 + 0.352x$$

说明 x 与 y 之间存在线性相关关系。

二、一元线性回归方程的检验

(一)回归方程的显著性检验

要想判断变量 x 和 y 之间是否确实存在线性关系,还需要运用统计方法对回归方程的显著性进行检验。通常使用 F 检验的方法，步骤如下：

步骤 1：建立原假设和备择假设。

原假设：$H_0:\beta_1=0$，总体回归方程不显著

备择假设：$H_1:\beta_1\neq 0$，总体回归方程显著

步骤 2：计算 F 统计量。

我们把 y 的 n 个观测值之间的差异，用观测值 y_i 与其平均值 $\bar{y}$ 的偏差平方和来表示，称为总离差平方和(total deviation sum of squares)，记为 SST：

$$SST=\sum_{i=1}^{n}(y_i-\bar{y})^2 \tag{7.11}$$

可以把 SST 分解为两部分：

$$\begin{aligned} SST &= \sum_{i=1}^{n}(y_i-\bar{y})^2=\sum_{i=1}^{n}(y_i-\hat{y}_i+\hat{y}_i-\bar{y})^2 \\ &= \sum_{i=1}^{n}(y_i-\bar{y}_i)^2+2\sum_{i=1}^{n}(y_i-\hat{y}_i)(\hat{y}_i-\bar{y})+\sum_{i=1}^{n}(\hat{y}_i-\bar{y})^2 \end{aligned} \tag{7.12}$$

其中：$\sum_{i=1}^{n}(y_i-\hat{y}_i)(\hat{y}_i-\bar{y})=0$（请大家自己证明），因此上式变为：

$$\begin{aligned} SST &= \sum_{i=1}^{n}(y_i-\bar{y})^2=\sum_{i=1}^{n}(y_i-\hat{y}_i+\hat{y}_i-\bar{y})^2 \\ &= \sum_{i=1}^{n}(y_i-\bar{y}_i)^2+\sum_{i=1}^{n}(\hat{y}_i-\bar{y})^2 \end{aligned} \tag{7.13}$$

式中：$\sum_{i=1}^{n}(\hat{y}_i-\bar{y})^2$ 称为回归平方和(regression sum of squares)，记为 SSR；

$\sum_{i=1}^{n}(y_i-\hat{y}_i)^2$ 称为残差回归平方和(residual sum of squares)，记为 SSE。

即：

$$SST=\sum_{i=1}^{n}(y_i-\hat{y}_i)^2+\sum_{i=1}^{n}(\hat{y}_i-\bar{y})^2=SSE+SSR \tag{7.14}$$

由此可见，y 值的变化一方面是由 x 的变化引起的，另一方面是不可控制的随机因素对 y 的影响引起的。SSR 反映自变量的变化所引起的对 y 的波动，它的大小反映了自变量 x 的重要程度。SSE 是由试验误差以及未加控制的因素引起的，它的大小反映了试验误差及其他随机因素对试验结果的影响。

可以证明以下统计量服从 F 分布：

$$F=\frac{SSR/1}{SSE/(n-2)}=\frac{\sum(\hat{y}_i-\bar{y})}{\sum(y_i-\hat{y}_i)^2/(n-2)}\sim F(1,n-2) \tag{7.15}$$

式中 $F(1,n-2)$ 表示第一自由度为 1，第二自由度为 $n-1$ 的 F 分布。

对回归方程的显著性检验可以用方差分析表来表示,见表7-2所示。

表7-2 **方差分析表**

方差来源	平方和	自由度	均方	F统计量	显著性水平
回归	SSR	1	$\frac{SSR/1}{SSE/(n-2)}$	$F=\frac{SSR/1}{SSE/(n-2)}$	
残差	SSE	$n-2$			
总和	SST	$n-1$			

步骤3:查临界值

根据给定的显著性水平α(通常$\alpha=0.05$)和两个自由度:$df_1=1$,$df_2=n-2$,查F分布表,得到临界值$F_\alpha(1,n-2)$;

步骤4:判断

若$F>F_\alpha(1,n-2)$,则拒绝H_0,这意味着线性回归模型中的一次项是必不可少的。这时,称回归方程的回归效果是显著的。

若$F\leqslant F_\alpha(1,n-2)$,则接受$H_0$,这意味着线性回归方程的回归效果不显著。

(二)回归系数的显著性检验

我们通过对收集到的数据进行统计分析,应用最小二乘法得到的回归系数是否符合回归方程的基本假设,需要进行检验。回归系数$\hat{\beta}_1$与0是否显著差异可以说明总体回归系数β_1是否为0。当$\beta_1=0$时,总体回归直线为一条水平线,自变量x与因变量y之间没有线性关系,亦即违反了一元线性回归方程的基本假设;当$\beta_1\neq0$时,x与y之间存在线性关系,符合基本假设条件,则认为所建立的一元线性回归方程符合变量之间的变化规律。

因此,我们这里对回归系数β_1所要进行的检验,就是要验证变量x与y之间是否真实地存在线性关系,一般采用t检验的方法,分为以下步骤:

步骤1:提出假设

建立原假设:$H_0:\beta_1=0$;备择假设$H_1:\beta_1\neq0$

步骤2:计算t统计量值

计算回归系数β_1的t值:

$$t=\frac{\hat{\beta}_1-\beta_1}{S(\hat{\beta}_1)},\text{其中 } S(\hat{\beta}_1)=\sqrt{\frac{\sum e_i^2}{(n-2)\sum(x_i-\bar{x})^2}} \tag{7.16}$$

其中:$\sum e_i^2=\sum\limits_{i=1}^{n}(y_i-\hat{y}_i)^2$。

步骤3:查临界值

根据给定的显著性水平α(通常$\alpha=0.05$)和自由度$df=n-2$,查t分布表,得到

临界值 $t_{\alpha/2}(n-2)$ 的值；

步骤 4：判断

若 $|t| \leq t_{\alpha/2}(n-2)$，拒绝 H_0。若 $\alpha = 0.05$，则表明回归系数 $\beta_1 = 0$ 的可能性小于 5%，可得出 $\beta_1 \neq 0$ 的结论，表明 x 与 y 之间存在线性关系。

若 $|t| \leq t_{\alpha/2}(n-2)$，接受 H_0，回归系数 β_1 有可能为零，说明 β_1 与 0 的差异是不显著的，因而只有接受 H_0 的结论。

(三)一元线性回归方程检验的应用

例 7.2　对本节例 7.1 中的回归结果进行检验。

解：1. 回归方程的显著性检验，用 F 检验

(1)建立原假设：$H_0: \beta_1 = 0$

备择假设：$H_1: \beta_1 \neq 0$

(2)计算回归方程的 F 统计量

因为 $SSR = \sum(\hat{y}_i - \bar{y})^2 = 5173.78$

$$SSR = \sum(y_i - \hat{y})^2 = 17.57$$

$$F = \frac{\sum(\hat{y}_i - \bar{y})}{\sum(y_i - \hat{y}_i)^2/(n-2)} = 4\ 122.53$$

方差分析表如表 7-3。

表 7-3　　**方差分析表**

方差来源	平方和	自由度	均方	F 统计量	显著性水平
回归	$SSR = 5173.78$	1	5 173.78	4 122.53	
残差	$SSE = 17.57$	14	1.26		
总和	$SST = 5191.35$	15			

(3)根据给定的显著性水平 α(通常 $\alpha = 0.05$)和两个自由度：$df_1 = 1, df_2 = 16 - 2 = 14$，查 F 分布表，得到临界值 $F_{0.05}(1,14) = 4.60$。

(4)进行判断

根据计算的结果，$F = 4\ 122.53 > F_{0.05}(1,14) = 4.60$，拒绝 H_0，说明该回归方程的回归效果是显著的。

2. 回归系数的显著性检验，用 t 检验

(1)建立原假设：$H_0: \beta_1 = 0$；对立假设 $H_1: \beta_1 \neq 0$

(2)计算回归系数 β_1 的 t 值：

$$t=\frac{\hat{\beta}_1-\beta_1}{S(\hat{\beta}_1)}=64.2069$$

(3)根据给定的显著性水平 α(通常 $\alpha=0.05$)和自由度 $df=16-2=14$,查 t 分布表,得到临界值 $t_{\alpha/2}(14)=2.145$。

(4)进行判断

根据计算的结果,$t=64.2069>t_{\alpha/2}(14)=2.145$,则拒绝 H_0,表明回归系数 $\beta_1=0$ 的可能性小于5%,得出 $\beta_1\neq0$ 的结论。

对于一元回归方程而言,t 检验和 F 检验是等价的,也就是说如果在 t 检验中假设拒绝 H_0,则在 F 检验中,也将拒绝回归方程不显著的假设,反之一样。

三、利用一元回归方程进行预测

利用变量 y 与 x 的 n 对样本数据所建立的回归方程

$$\hat{y}=\hat{\beta}_0+\hat{\beta}_1x \tag{7.17}$$

如果式7.13通过了上述的各种检验,即可用来预测。

(一)点预测

将自变量的预测值 x_0 代入回归模型式 $\hat{y}=\hat{\beta}_0+\hat{\beta}_1x$ 中,即可求得因变量点预测所得的值 $\hat{y}_0$,对与 x_0 相对应的 $\hat{y}_0$ 的预测就是点预测的结果。

例7.3 由本节例7.1所求出的回归方程,当居民收入达到455万元时,预测产品的需求量是多少?

解:当 $x=455$ 时,代入回归方程得到:

$$\begin{aligned}\hat{y}&=27.9123+0.352x\\&=27.9123+0.352\times455\\&=188.0723\end{aligned}$$

则当居民收入达到455万元时,预计该产品的需求将达到188.0723千件。

(二)区间预测

对于与 x_0 相对应的值 y_0,$\hat{y}_0=\hat{\beta}_0+\hat{\beta}_1x_0$ 可以作为 $y=\beta_0+\beta_1x+\varepsilon$ 的一个点估计值。但由不同的样本会得到不同的 $\hat{\beta}_0$ 和 $\hat{\beta}_1$,且实际问题中随机误差项 ε 的均值往往不一定是0,因此 $\hat{y}_0$ 与 y_0 之间总存在一定的抽样误差。因此,我们要求出当 x 取特定值 x_0 时,y 的一个估计值的区间,称为单个值的区间预测。以下说明区间的具体计算过程:

引入随机变量 e_0 作为 $\hat{y}_0$ 的误差,即 $e_0=\hat{y}_0-y_0$,可证明 e_0 是服从正态分布的(证明略):

$$e_0\sim N(0,\hat{\sigma}^2(e_0))$$

$$\hat{\sigma}^2(e_0) = \left[1 + \frac{1}{n} + \frac{(x_0 - \bar{x})^2}{\sum (x_i - \bar{x})^2}\right]\sigma^2 \tag{7.18}$$

在小样本的情况下，e_0 的统计量 $t = \dfrac{\hat{y}_0 - y_0}{\hat{\sigma}_{(e_0)}} \sim t(n-2)$

按要求达到的置信水平$(1-\alpha)$满足以下条件：

$$P\{\hat{y}_0 - t_{\frac{\alpha}{2}}(n-2)\hat{\sigma}_{(e_0)} < y_0 < \hat{y}_0 + t_{\frac{\alpha}{2}}(n-2)\hat{\sigma}_{(e_0)}\} = 1-\alpha$$

由此可求得 y_0 在该置信水平下的预测区间为：

$$(\hat{y}_0 - t_{\frac{\alpha}{2}}(n-2)\hat{\sigma}_{(e_0)}, \hat{y}_0 + t_{\frac{\alpha}{2}}(n-2)\hat{\sigma}_{(e_0)}) \tag{7.19}$$

其中：$\hat{\sigma}_{(e_0)} = \sigma\sqrt{1 + \dfrac{1}{n} + \dfrac{(x_0 - \bar{x})^2}{\sum (x_i - \bar{x})^2}}$

例 7.4　由本节例 7.1 所求出的回归方程，按 95% 的显著性水平预测当居民收入达到 455 万元时，该产品的需求量的置信区间是多少？

解：当 $x = 455$ 时，$\hat{y} = 188.0723$（千件）

$1-\alpha = 0.95, \alpha = 0.05$，$t_{\alpha/2}(n-2) = t_{0.025}(14) = 2.145$

$\hat{\sigma}_{(e_0)} = 1.893$

由$(\hat{y}_0 - t_{\frac{\alpha}{2}}(n-2)\hat{\sigma}_{(e_0)}, \hat{y}_0 + t_{\frac{\alpha}{2}}(n-2)\hat{\sigma}_{(e_0)})$

$= (188.0723 - 2.145 \times 1.893, 188.0723 + 2.145 \times 1.893)$

可得在 95% 的置信水平下该产品需求量的预测区间为(184.0118,192.1328)。

（三）预测精度影响因素

在对 y_0 进行预测时，预测的精度受很多因素的影响：

1. 置信度 $1-\alpha$。置信度提高，则 $t_{\alpha/2}(n-2)$ 值相应增大，预测区间增大，预测精度降低。

2. 样本容量 n。其他因素不变，n 值增大，则预测区间减小，预测精度提高。

3. 自变量 x 的离散程度。公式 $\sum (x-\bar{x})^2$ 反映的是自变量 x 取值之间的分散程度，x 的离散程度越大，$\sum (x-\bar{x})^2$ 的值增大，则预测区间减小，预测的精度提高。

4. 给定的 x_0 值。一般地，x_0 的值越接近样本的平均数，$(x-\bar{x})^2$ 的值就越小，预测区间减小，预测精度提高。

5. 自变量和因变量之间的关系程度。两个变量的关系程度越密切，则 $\sum (y-\hat{y})^2$ 的值越小，预测值与实际观测值的拟合程度就越高，估计精度会提高。

第三节　多元线性回归分析

在一元线性回归分析中，我们研究了一个因变量与一个自变量之间的关系。但在实际的问题中,由于社会经济的复杂性,某一因素的变化往往受到多种因素的影响,即变量 y 的变化往往与多个变量 $x_1, x_2, \cdots, x_k (k>1)$ 有关。比如某种产品单位成本的高低,往往受该产品原材料消耗量、原材料价格、运输成本、人力成本等多种因素影响;某国消费基金的增长主要受该国国民收入使用额及平均人口增长的影响。

在研究线性相关关系条件下,同时考虑两个及两个以上自变量与一个因变量之间的数量变化关系所进行的分析,称为多元线性回归分析。多元线性回归分析的基本原理同一元线性回归分析类似,只是在计算过程上要复杂得多,可用现成的统计软件完成。

一、多元线性回归方程的建立

(一)多元线性回归模型

设因变量为 y,n 个自变量分别为 $x_1, x_2, \cdots, x_k$,误差项为 ε,则多元线性回归的模型可表示为以下形式:

$$y = \beta_0 + \beta_1 x_1 + \beta_2 x_2 + \cdots + \beta_k x_k + \varepsilon \tag{7.20}$$

式中:$\beta_0, \beta_1, \cdots, \beta_k$——回归系数

ε——误差项

除了要满足与一元线性回归模型相同的假设条件以外,在多元线性回归模型中应用最小二乘法估计时还要求满足以下几个假设条件:

1. 观察值的数量必须超过要估计的参数数量;
2. 各自变量之间不存在准确的线性关系;
3. 随机误差项具有 0 均值和同方差,即:$\begin{cases} E(\varepsilon_i) = 0 \\ \operatorname{cov}(\varepsilon_i, \varepsilon_j) = \begin{cases} \sigma^2, i = j; \\ 0, i \neq j \end{cases} \end{cases}$
4. 随机误差项之间相互独立。

(二)估计的回归方程

对于以上回归方程中的参数 $\beta_0, \beta_1, \cdots, \beta_k$,我们并不知道,只能通过掌握的样本数据对它们进行估计,得到估计的参数值 $\hat{\beta}_0, \hat{\beta}_1, \cdots, \hat{\beta}_k$,这样得出的方程称为估计的多元线性回归方程,表示如下:

$$\hat{y} = \hat{\beta}_0 + \hat{\beta}_1 x_1 + \hat{\beta}_2 x_2 + \cdots + \hat{\beta}_k x_k \tag{7.21}$$

式中:$\hat{y}$——回归估计值;

$\hat{\beta}_0$——估计的回归直线在 y 轴上的截距,表示 x 为 0 时 y 的取值;

$\hat{\beta}_1, \cdots, \hat{\beta}_k$——偏回归系数。$\hat{\beta}_1$ 表示在 $x_2, x_3, \cdots, x_k$ 不变时,x_1 每变动一个单位所引起的因变量 y 的平均变动量。其他偏回归系数的含义也是类似的。

（三）参数的最小二乘估计

多元线性回归方程中的 $\hat{\beta}_0,\hat{\beta}_1,\cdots,\hat{\beta}_k$ 的估计方法同一元线性回归方程一样，都是依据最小二乘估计原理，即要求满足：

$$\begin{aligned}\min Q(\beta_0,\beta_1,\cdots,\beta_n) &= \sum(y_i-\hat{y}_i)^2\\ &= \sum(y_i-\hat{\beta}_0-\hat{\beta}_1x_1-\cdots-\hat{\beta}_kx_k)^2\end{aligned} \tag{7.22}$$

求解该方程我们就可以得到关于 $\hat{\beta}_0,\hat{\beta}_1,\cdots,\hat{\beta}_k$ 的标准方程为：

$$\begin{cases} n\hat{\beta}_0+(\sum x_{1i})\hat{\beta}_1+(\sum x_{2i})\hat{\beta}_2+\cdots+(\sum x_{ki})\hat{\beta}_k=\sum y_i\\ (\sum x_{1i})\hat{\beta}_0+(\sum x_{1i}^2)\hat{\beta}_1+(\sum x_{1i}x_{2i})\hat{\beta}_2+\cdots+(\sum x_{1i}x_{ki})\hat{\beta}_k=\sum x_{1i}y_i\\ (\sum x_{2i})\hat{\beta}_0+(\sum x_{2i}x_{1i})\hat{\beta}_1+(\sum x_{2i}^2)\hat{\beta}_2+\cdots+(\sum x_{2i}x_{ki})\hat{\beta}_k=\sum x_{2i}y_i\\ (\sum x_{ki})\hat{\beta}_0+(\sum x_{ki}x_{1i})\hat{\beta}_1+(\sum x_{ki}x_{2i})\hat{\beta}_2+\cdots+(\sum x_{ki}^2)\hat{\beta}_k=\sum x_{ki}y_i \end{cases} \tag{7.23}$$

以上方程的计算比较复杂，可以通过矩阵的计算方法求解，更便捷的可以通过统计软件求解。

（四）多元线性回归方程的应用

例 7.6　某饮料公司统计了其近 14 年来的利润、原材料成本及广告费用，如表 7-4 所示。现请分析该公司利润同其原材料成本及广告费之间的关系。

表 7-4　　某公司利润、原材料成本及广告费用统计表

时间（年）	1992	1993	1994	1995	1996	1997	1998	1999	2000	2001	2002	2003	2004	2005
利润（万元）	41	45	51	52	59	62	69	72	78	80	90	92	98	103
原材料成本（万元）	49	58	62	71	62	74	71	74	79	84	85	94	91	95
广告费用（万元）	28	39	41	44	43	50	51	57	63	66	70	76	80	84

解：1. 设回归方程的估计方程为：

$$\hat{y}=\hat{\beta}_0+\hat{\beta}_1x_1+\hat{\beta}_2x_2$$

式中：$\hat{y}$——利润的预测值；

$\hat{\beta}_0$——预测常数；

$\hat{\beta}_1$——第一预测变量系数；

x_1——第一预测变量原材料成本值；

$\hat{\beta}_2$——第二预测变量系数；

x_2——第二预测变量广告费用值。

2. 应用最小二乘法估计参数，得到联立方程组：

$$\begin{cases} \sum y = n\hat{\beta}_0 + \hat{\beta}_1 \sum x_1 + \hat{\beta}_1 \sum x_1 \\ \sum x_1 y = \hat{\beta}_0 \sum x_1 + \hat{\beta}_1 \sum x_1^2 + \hat{\beta}_2 \sum x_1 x_2 \\ \sum x_2 y = \hat{\beta}_0 \sum x_2 + \hat{\beta}_1 \sum x_1 x_2 + \hat{\beta}_2 \sum x_2^2 \end{cases}$$

将联立方程组中需要的数据进行列表结算，得到表7-5）。

表7-5 某公司利润同原材料成本及广告费用的二元回归计算表

编号	利润 y (y_i)	原材料成本 x_1 (x_{1i})	广告费用 x_2 (x_{2i})	x_{1y}	x_{2y}	x_1x_2	x_{12}	x_{22}
1	28	41	49	1 148	1 372	2 009	1 681	2 401
2	39	45	58	1 755	2 262	2 610	2 025	3 364
3	41	51	62	2 091	2 542	3 162	2 601	3 844
4	44	52	71	2 288	3 124	3 692	2 704	5 041
5	43	59	62	2 537	2 666	3 658	3 481	3 844
6	50	62	74	3 100	3 700	4 588	3 844	5 476
7	51	69	71	3 519	3 621	4 899	4 761	5 041
8	57	72	74	4 104	4 218	5 328	5 184	5 476
9	63	78	79	4 914	4 977	6 162	6 084	6 241
10	66	80	84	5 280	5 544	6 720	6 400	7 056
11	70	90	85	6 300	5 950	7 650	8 100	7 225
12	76	92	94	6 992	7 144	8 648	8 464	8 836
13	80	98	91	7 840	7 280	8 918	9 604	8 281
14	84	103	95	8 652	7 980	9 785	10 609	9 025
合计	792	992	1 049	60 520	62 380	77 829	75 542	81 151

则回归方程应满足以下方程组：

$$\begin{cases}792 = 14\hat{\beta}_0 + 992\hat{\beta}_1 + 1\ 049\hat{\beta}_2 \\ 60\ 520 = 992\hat{\beta}_0 + 75\ 542\hat{\beta}_1 + 77\ 829\hat{\beta}_2 \\ 62\ 380 = 1\ 049\hat{\beta}_0 + 77\ 829\hat{\beta}_1 + 81\ 151\hat{\beta}_2\end{cases}$$

解得：

$$\hat{\beta}_0 = -15.938, \hat{\beta}_1 = 0.522, \hat{\beta}_2 = 0.474$$

所以求得的方程组为：

$$\hat{y} = -15.938 + 0.522x_1 + 0.474x_2$$

二、多元线性回归方程的检验

（一）拟合优度检验

拟合优度是用来检验模型对样本观测值的拟合程度的参数。我们引入统计量 R^2 来表示对估计的多元线性回归方程拟合程度的度量，它反映了在因变量 y 的变化中，由回归系数解释的部分变动所占的比重。

拟合优度 R^2 的计算公式为：

$$R^2 = \frac{\sum(\hat{y} - \bar{y})^2}{\sum(y - \bar{y})^2} = 1 - \frac{\sum(y - \hat{y})^2}{\sum(y - \bar{y})^2} = \frac{\text{SSR}}{\text{SST}} = 1 - \frac{\text{SSE}}{\text{SST}} \tag{7.24}$$

式中：$\text{SST} = \sum(y - \bar{y})^2$ 为总离差平方和；

$\text{SSR} = \sum(\hat{y} - \bar{y})^2$ 为回归平方和；反映自变量的变化所引起的对 y 的波动。

$\text{SSE} = \sum(y - \bar{y})^2$ 为残差平方和，反映测量误差及随机因素对 y 的影响，用来比较回归效果的有效性。

$R^2 = 1$ 说明模型与样本观测值完全拟合，这样的情况实际中很难实现。R^2 越接近 1，则说明回归方程用来预测的效果越好。在实际应用中，R^2 到底多大才算通过了拟合度检验？这要根据具体情况来确定。拟合度并不是检验模型优劣的唯一标准，有时为了使得模型从结构上有较合理的经济解释，R^2 等于 0.7 左右也给回归模型予以肯定。

另外需要说明的是，R^2 会受到回归方程中引入的自变量的个数的影响，自变量个数越多，R^2 的结果就会越接近于 1。也就是说如果在模型中增加一个自变量，即使这个自变量在统计上并不显著，也会使 R^2 的取值增大。因此，为避免因为自变量的数量造成对 R^2 的错误估计，有必要在计算中剔除自变量个数对 R^2 的影响。这里引入修正的拟合优度 $\bar{R}^2$ 的概念。

修正的拟合优度 $\bar{R}^2$ 的计算公式为：

$$\overline{R}^2 = 1 - \frac{\sum(\hat{y}-\bar{y})^2/(n-k-1)}{\sum(y-\bar{y})^2/(n-1)} = 1 - \frac{\text{SSE}/(n-k-1)}{\text{SST}/(n-1)} \quad (7.25)$$

由式(7.24)及式(7.25)可知 R^2 与 $\overline{R}^2$ 的关系为:

$$\overline{R}^2 = 1-(1-R^2)\frac{n-1}{n-k-1} \quad 或 \quad R^2 = 1+(\overline{R}^2-1)\frac{n-k-1}{n-1} \quad (7.26)$$

由式(7.25)可知 $\overline{R}^2$ 的取值有可能为负值,并且当 $k=0$ 时,$\overline{R}^2=R^2$;当 $k>0$ 时,$\overline{R}^2>R^2$。

(二)回归方程的显著性检验

多元线性回归方程检验与一元线性回归方程的检验方法类似,这里我们也采用 F 检验的方法,具体步骤如下:

步骤1:提出原假设和备择假设

对于任意参数 $\beta_i(i=1,2,\cdots,k)$:

$H_0:\beta_i=0;H_1:\beta_i\neq 0$

如果接受 H_0,则表明随机变量 y 与 $x_1,x_2,\cdots,x_k$ 之间的关系由线性回归模型表示不合适,回归方程不显著。反之,回归方程显著。

步骤2:计算统计量 F

计算回归方程的 F 统计量:

$$F = \frac{\text{SSR}/k}{\text{SSE}/(n-k-1)} \sim F(k,n-k-1) \quad (7.27)$$

与一元回归方程的方差分析类似,多元回归的方差分析如表7-6所示。

表7-6 方差分析表

方差来源	平方和	自由度	均方	F 统计量	显著性水平
回归	SSR	k	SSR/k	$\frac{\text{SSR}/k}{\text{SSE}/(n-k-1)}$	
残差	SSE	$n-k-1$	$\text{SSE}/(n-k-1)$		
总和	SST	$n-1$			

步骤3:查临界值

根据给定的显著性水平 α(通常 $\alpha=0.05$)和两个自由度:$df_1=k,df_2=n-k-1$,查 F 分布表,得到临界值 $F_\alpha(k,n-k-1)$。

步骤4:进行判断

若 $F>F_\alpha(k,n-k-1)$,则拒绝 H_0,这意味着回归模型中各自变量与因变量之间的线性关系显著。

若 $F\leqslant F_\alpha(k,n-k-1)$,则接受 H_0,即认为回归模型中自变量与因变量间的线性关系不显著,意味着该线性回归方程的回归效果不显著。

如果 $\alpha=0.05$，$F>F_{0.05}$，则说明在5%的显著性水平上，应拒绝 H_0，即使认为"自变量全体对因变量 Y 产生影响"，这一结论错误的概率也不超过5%。

（三）偏回归系数的显著性检验

对于我们建立的多元线性回归方程，还需要对每个回归系数进行显著性检验，将那些检验结果不显著，即对因变量 y 的取值影响不显著的自变量剔除。这里，回归系数的检验方法同一元线性回归分析基本相同，都是采用 t 检验，只是在查 t 分布表时，将自由度取为 $n-k-1$。

回归系数显著性检验的具体步骤如下：

步骤1：提出原假设和备择假设

建立假设：对于任意参数 $\beta_i(i=1,2,\cdots,k)$：

$$H_0:\beta_i=0;H_1:\beta_i\neq 0$$

步骤2：计算统计量 t

计算检验的统计量：

$$t=\frac{\hat{\beta}_i}{s_{\hat{\beta}_1}}\sim t(n-k-1) \tag{7.28}$$

其中 $S_{\hat{\beta}_i}$ 是回归系数 $\hat{\beta}_i$ 的抽样分布的标准差，即：

$$s_{\hat{\beta}_i}=\frac{s_e}{\sqrt{\sum(x_{ij}-\bar{x}_j)^2}} \tag{7.29}$$

其中：$s_e=\sqrt{\dfrac{\sum(y_i-\hat{y}_i)^2}{n-k-1}}$

步骤3：查临界值

根据给定的显著性水平 α 和自由度 $df=n-k-1$，查 t 分布表，得到临界值 $t_{\alpha/2}(n-k-1)$ 的值；

步骤4：进行判断

若 $|t|>t_{\alpha/2}(n-k-1)$，则拒绝 H_0，说明回归系数 β_i 显著不为0；

若 $|t|\leq t_{\alpha/2}(n-k-1)$，则不能拒绝原假设，说明回归系数 β_i 不显著。

（四）多元线性回归方程检验举例

例7.7　对本节例7.6中的回归结果进行检验，显著性水平取 $\alpha=0.05$：

解：1. 拟合优度检验

由表7-3可以进一步得到如表7-7所示的计算结果。

表 7-7 **拟合优度计算数据表**

编号	利润 y (y_i)	原材料成本 x_1 (x_{1i})	广告费用 x_2 (x_{2i})	$\hat{y}$	$(y-\overline{Y})^2$ SST	$(\hat{y}-\overline{Y})^2$ SSR
1	28	41	49	28.666	816.324 9	778.689
2	39	45	58	35.029	308.754 1	464.057 8
3	41	51	62	40.061	242.468 5	272.580 1
4	44	52	71	44.858	158.040 1	137.194 4
5	43	59	62	44.237	184.182 9	152.127 6
6	50	62	74	51.503	43.183 3	25.684 62
7	51	69	71	53.732	31.040 5	8.059 921
8	57	72	74	56.723	0.183 698	0.023 104
9	63	78	79	62.23	41.326 9	32.024 28
10	66	80	84	65.649	88.898 5	82.410 08
11	70	90	85	71.344	180.327 3	218.241 5
12	76	92	94	76.663	377.470 5	403.688 5
13	80	98	91	78.37	548.899 3	475.196 4
14	84	103	95	82.88	752.328 1	692.163 5
$\overline{Y}=56.571$						
合计	792	992	1 049	791.945	3773.429	3 742.141

则 $R^2=\dfrac{\text{SSR}}{\text{SST}}=\dfrac{3742.141}{3773.429}=0.991$

$$\overline{R}^2=1-(1-0.9917)\frac{14-1}{14-2-1}=0.990$$

由以上 R^2 和 $\overline{R}^2$ 的计算结果我们不难判断，该模型对样本数据的拟合程度较高，因此其预测效果也应比较好。

2. 偏回归系数的显著性检验

(1)计算各回归系数的 t 值得：

$$t_{\beta_1}=\frac{\hat{\beta}_1}{S_{\beta_1}}=6.121$$

$$t_{\beta_2}=\frac{\hat{\beta}_2}{S_{\beta_2}}=3.870$$

(2)根据给定的显著性水平 $\alpha=0.05$ 和自由度 $df=n-k-1$,查 t 分布表,得到临界值 $t_{0.025}(11)=2.201$。

(3)进行判断

$|t_{\beta_1}|=6.121>t_{0.025}(11)=2.201$

$|t_{\beta_2}|=3.870>t_{0.025}(11)=2.201$

以上结果说明回归系数 β_1 和 β_2 均显著不为0,两个回归系数的 t 检验都通过。

3. 回归方程的显著性检验

(1)计算回归方程的 F 统计量

$$F=\frac{\mathrm{SSR}/k}{\mathrm{SSE}/(n-k-1)}=570.493$$

(2)根据给定的显著性水平 $\alpha=0.05$:$df_1=2$,$df_2=11$,查 F 分布表,得到临界值 $F_{0.05}(2,11)=3.98$。

(3)进行判断

$F=570.493>F_{0.05}(2,11)=3.98$

因此认为回归模型中各自变量与因变量之间的线性关系显著,回归方程的 F 检验通过。

(五)预测与应用

在通过以上的各项检验后,多元线性回归方程就可以用于预测了。其预测原理与一元线性回归的预测原理一致,这里主要介绍点预测的方法。

将自变量的预测值 $x_1,x_2,\cdots,x_k$ 代入回归模型式 $\hat{y}=\hat{\beta}_0+\hat{\beta}_1x_1+\hat{\beta}_2x_2+\cdots+\hat{\beta}_kx_k$ 中,即可求得因变量的点预测值 $\hat{y}$,对与 $x_1,x_2,\cdots,x_k$ 相对应的 $\hat{y}_0$ 的预测就是点预测的结果。

例7.8 由本节例7.6所求出的回归方程,当公司投入的原材料成本为58万元、广告费用为72万元时,预测该公司当年的利润是多少?

解:当$x_1=58$,$x_2=72$ 时,

$$\begin{aligned} y &= -15.938+0.522\times58+0.474\times72 \\ &= 48.466(\text{万元}) \end{aligned}$$

即当公司投入的原材料成本为58万元、广告费用为72万元时,预测该公司的利润将达到48.466万元。

第四节 非线性回归分析

在实际问题中,由于许多现象之间的数量关系并不是线性的,而是非线性的。这时就需要进行非线性回归(nonlinear regression)分析。非线性方程种类很多,本节主要介绍可以转化为线性回归方程的非线性方程,也即通过变量的转换,可以将非线性

方程转化为线性方程,然后用线性回归的原理进行处理。

曲线有不同的类型,要配合曲线方程,先要选择恰当的类型,通常是通过散点图的分布形状和特点,结合一些已知函数的图形,判断应当配合的曲线,并建立方程。曲线方程确立后,进一步的任务还是求方程的参数。求参数可直接解曲线方程式,也可先化曲线为直线,采用最小平方法解直线方程。

在经济现象中,常见的曲线有以下几种。

一、指数曲线回归方程

当自变量 x 的值依次逐期增长数值大体相同,相应地,因变量 y 的值依次作环比发展速度数值大体相同,则可判断此资料适合于配合指数曲线,见图 7-5 所示。其回归方程为:

$$y = ae^{bx} \tag{7.30}$$

上式中,a、b 是参数,自变量 x 是参数 b 的指数。

对其两边取自然对数,得

$$\ln y = \ln a + bx \tag{7.31}$$

令: $y' = \ln Y$

则指数曲线回归方程可化为直线回归方程:

$$y' = \ln a + bx \tag{7.32}$$

可以用最小二乘法估计参数,得到回归方程。

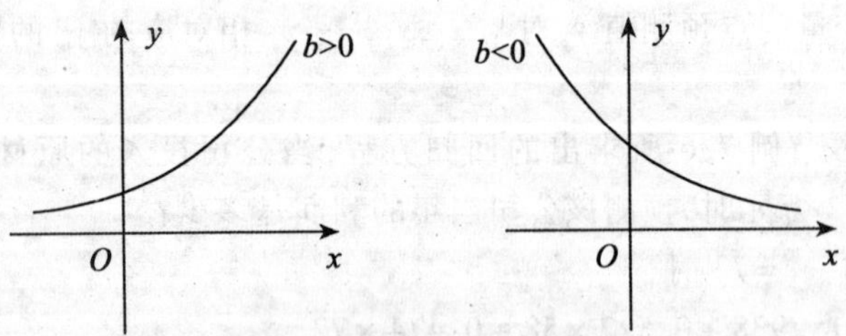

图 7-5 指数函数曲线示意图

二、幂函数

$$y = ax^{b} \tag{7.33}$$

对上式两边取对数,得:

$$\lg y = \lg a + b\lg x \tag{7.34}$$

令:$y' = \lg y, x' = \lg x$,则得:

$$y' = \lg a + bx' \tag{7.35}$$

可以用最小二乘法估计参数。

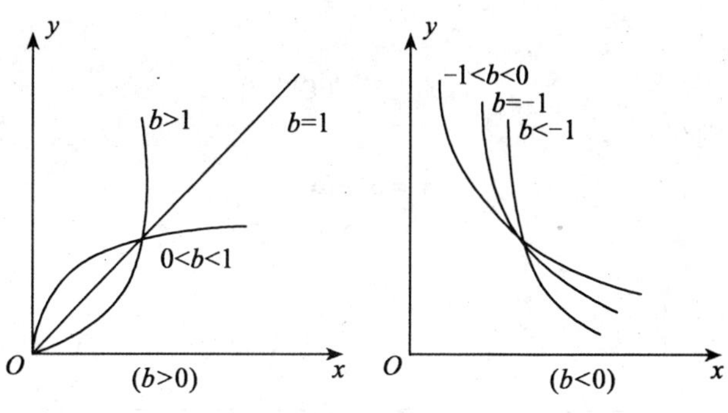

图 7-6　幂函数曲线示意图

三、双曲线回归方程

当一个变量随另一个变量的增加而表现出下降的趋势,并且这种下降趋势一直降下去,而且有一个最低限度时,建立双曲线回归方程最合适。如产量和单位成本之间,单位成本一般随产量增加而降低,但单位成本总有一个最低限度,再少下去,就无法生产这种产品。这种情况下通常建立双曲线回归方程(见图 7-7)。

$$\frac{1}{y}=a+b\frac{1}{x} \tag{7.36}$$

设:$y'=\frac{1}{y}, x'=\frac{1}{x}$

则双曲线回归方程可转化为直线回归方程:

$$y'=a+bx' \tag{7.37}$$

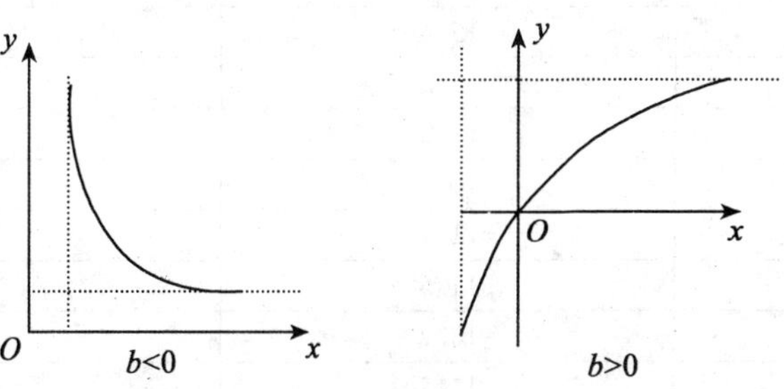

图 7-7　双曲线函数曲线示意图

四、对数函数

设：

$$y = a + b\lg x \tag{7.38}$$

令：$x' = \lg x$，则得：

$$y = a + bx' \tag{7.39}$$

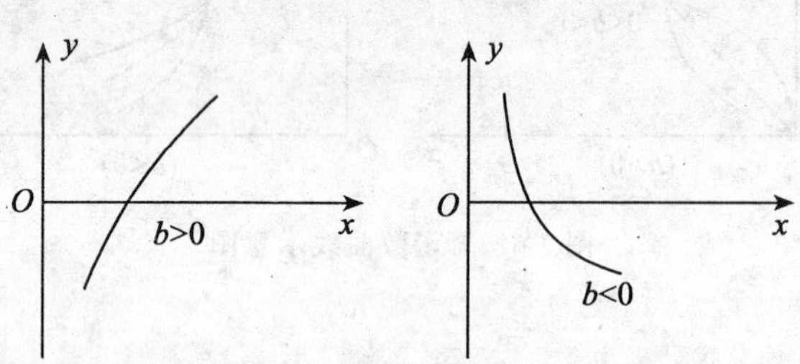

图 7-8　对数函数曲线示意图

还有一些其他类型曲线如龚伯兹曲线等，在此不一一赘述。

案例 7.1　产品销量与利润关系单因素分析

某饮料厂以生产冰箱产品为主，为了解其利润与冰箱销量之间的关系，统计了该企业 1996～2005 年间冰箱销量及每年获得利润的资料，见表 7-8。试分析产品销售量与利润之间的关系。

表 7-8　各年冰箱销量及利润统计表

年份	利润（y_i）（百万元）	冰箱销量（x_i）（万台）
1996	15.4	2.6
1997	14.2	2.4
1998	11.2	1.9
1999	14.3	2.3
2000	11.1	1.8
2001	11.5	1.9
2002	13.2	2.1
2003	11.2	1.8
2004	11.3	1.9
2005	12.7	2.1
合计	126.1	20.8

解:以下分析过程将由 SPSS 软件进行。

1. 在 SPSS 中输入数据

在 Variable View 框内先输入变量名称及各项属性。然后在 Data View 框内按各项目名称输入数据。

2. 绘制散点图

操作步骤:

(1) 选择菜单 Graphs→Scatter...。

(2) 打开 Scatterplot 子对话框选择 Simple 图形,单击 Define 键。

(3) 在打开的 Simple Scatterplot 子对话框中将变量分别放入Y Axis 和X Axis 框,见图 7-9。

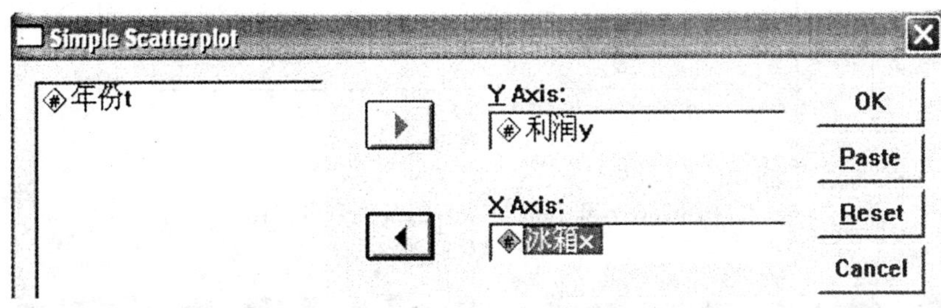

图 7-9

(4)单击 OK 键,绘图结果如图 7-10 所示。

(5)从图中我们可以看出年利润同冰箱销量间具有线性的趋势。

3. 计算相关系数并进行假设检验

操作步骤:

(1) 选择菜单 Analyze→Correlate→Bivariate...。

(2) 在打开的 Bivariate Correlations 对话框中输入变量,见图 7-11。

(3) 点击 OK 键,结果见表 7-9。

表 7-9 **Correlations**

		利润 Y	冰箱 X
利润 Y	Pearson Correlation	1.000	.983
	Sig. (2-tailed)	.	.000
	N	10	10
冰箱 X	Pearson Correlation	.983	1.000
	Sig. (2-tailed)	.000	.
	N	10	10

* * Correlation is significant at the 0.01 level (2-tailed).

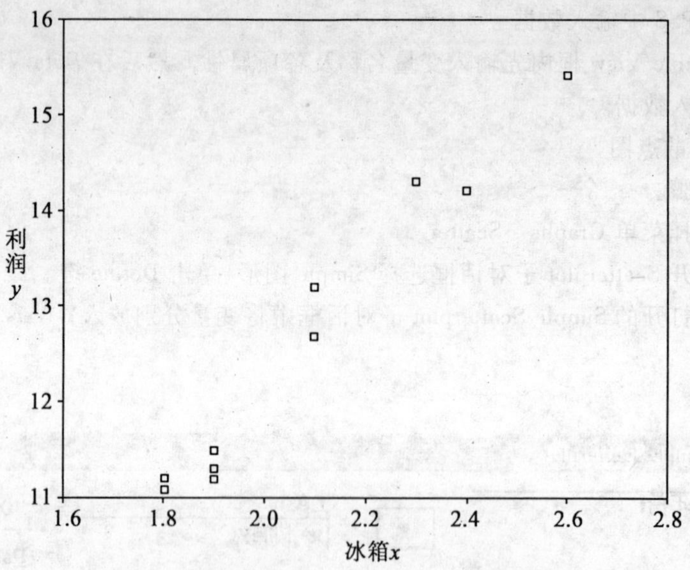

图 7-10　年利润与冰箱销量关系散点图

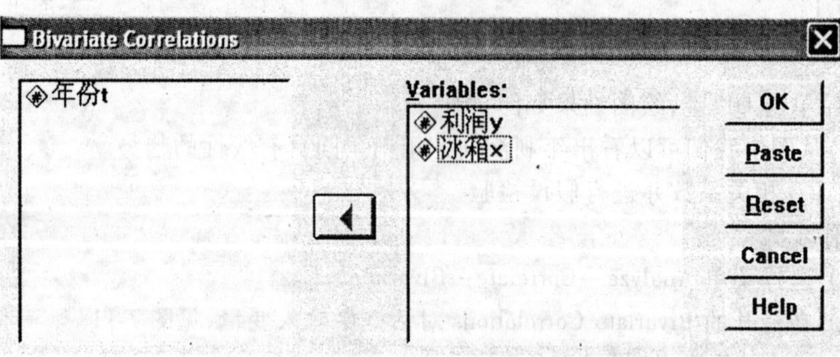

图 7-11

(4) 从表 7-9 中可以看出 X 同 Y 的相关系数 r 为 0.983，P 值小于 0.001，说明 X 与 Y 高度相关。

4. 回归方程检验

操作步骤：

(1) 选择菜单 Analyze→Regression→Linear...。

(2) 在打开的 Linear Regression 子对话框中分别输入自变量及因变量，见图 7-12。

(3) 点击 OK 键，结果见表 7-10 ~ 表 7-13。

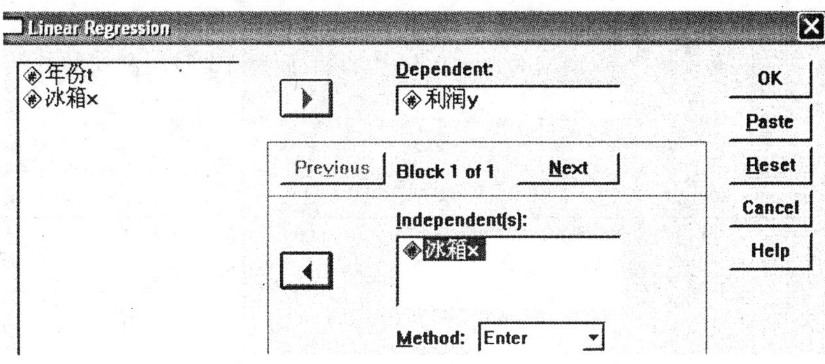

图7-12

表 7-10 **Variables Entered/Removed**[b]

Model	Variables Entered	Variables Removed	Method
1	冰箱 X	.	Enter

a. All requested variables entered.

b. Dependent Variable：利润 Y.

表 7-11 **Model Summary**

Model	R	R Square	Adjusted R Square	Std. Error of the Estimate
1	.983	.966	.961	.312

a. Predictors：(Constant)，冰箱 X

说明：相关系数 $R=0.983$，可决系数 $R^2=0.966$，说明冰箱产量同年利润间呈正相关的关系，且线性趋势明显。

表 7-12 **ANOVA b**

Model		Sum of Squares	df	Mean Square	F	Sig.
1	Regression	21.950	1	21.950	225.286	.000
	Residual	.779	8	9.743E-02		
	Total	22.729	9			

a. Predictors：(Constant)，冰箱 X.

b. Dependent Variable：利润 Y.

说明：检验统计量 $F=225.286$，$P<0.001$，肯定了冰箱销量同利润间的线性相关关系。

表 7-13 **Coefficients a**

Model		Unstandardized Coefficients		Standardized Coefficients	t	Sig.
		B	Std. Error	Beta		
1	(Constant)	.758	.796		.952	.369
	冰箱 X	5.698	.380	.983	15.010	.000

a. Dependent Variable：利润 Y.

说明：该表显示了线性回归模型中各自变量系数的取值及检验值，常数项 $a=0.758$，回归系数 $b=5.698$，标准回归系数 $b'=0.983$，回归系数显著性检验 $t=15.010$，$P<0.001$，说明回归系数显著不等于 0，回归方程有意义。

5. 绘制回归图

操作步骤：

(1) 选择菜单 Graphs→Interactive→Scatterplot...。

(2) 将变量分别放入 Y 轴和 X 轴，见图 7-13。

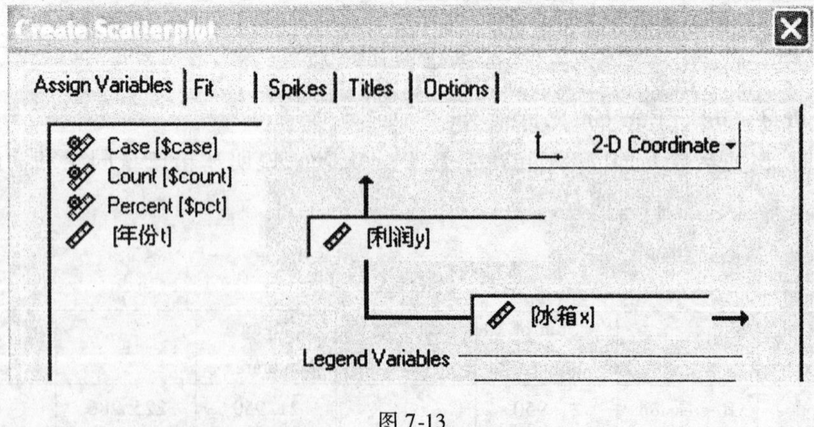

图 7-13

(3) 在 Fit 页面 Method 选择 Regression，见图 7-14。

(4) 单击 OK 键，输出结果如图 7-15。

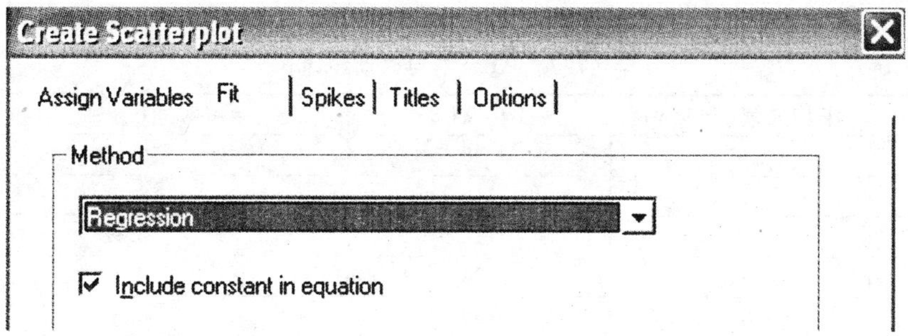

图 7-14

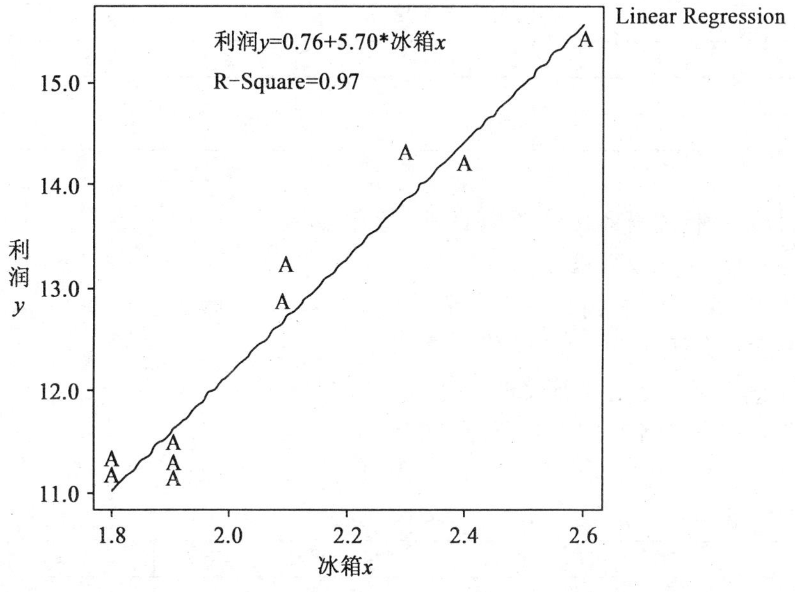

图 7-15　利润与冰箱销量关系回归分析图

6. 利用模型预测

若 2006 年冰箱销售额为 2.7 万台，则利润应为：$0.758+5.698\times2.7=16.053$（百万元）。

案例 7.2　学生成绩多因素分析

为了解学生成绩同其 IQ 及学习时间之间的关系，这里我们随机抽取了 12 名学生，对其平均成绩、IQ 及学习时间进行了统计，见表 7-14。试分析学生成绩与 IQ、学习时间之间的关系。

表 7-14 **学生成绩、IQ 及学习时间统计表**

学号	平均成绩(分)(y)	IQ ($X1$)	学习时间(分钟)($X2$)
1	48	128	5.6
2	51	116	8.4
3	59	118	6.9
4	64	124	7.6
5	68	139	6.6
6	72	131	7.6
7	78	139	6.8
8	81	129	9.2
9	85	135	8.6
10	88	125	9.5
11	94	136	8.4
12	96	138	9.6

解:以下分析过程将由 SPSS 软件进行。

1. 在 SPSS 中输入数据

在 Variable View 框内先输入变量名称及各项属性,然后在 Data View 框内按各项目名称输入数据。

2. 计算相关系数并进行假设检验

操作步骤与案例 7.1 同,结果见表 7-15。

表 7-15 **Correlations**

		平均成绩	IQ	学习时间
平均成绩	Pearson Correlation	1.000	.619	.718
	Sig. (2-tailed)	.	.032	.009
	N	12	12	12
IQ	Pearson Correlation	.619	1.000	.009
	Sig. (2-tailed)	.032	.	.977
	N	12	12	12
学习时间	Pearson Correlation	.718	.009	1.000
	Sig. (2-tailed)	.009	.977	.
	N	12	12	12

* Correlation is significant at the 0.05 level (2 – tailed).

* * Correlation is significant at the 0.01 level (2 – tailed).

由表可知：平均成绩与 IQ 的相关系数为 0.619，P 值为 0.032；平均成绩与学习时间的相关系数为 0.718，P 值为 0.009；IQ 与学习时间的相关系数为 0.009，P 值为 0.009。说明平均成绩与 IQ 及学习成绩之间存在较强的相关关系，而 IQ 和学习时间之间的相关关系可以忽略。

3. 回归方程建立及检验

操作步骤与案例 7.1 相同，结果见表 7-16 ~ 表 7-19。

表 7-16　**Variables Entered/Removed**

Model	Variables Entered	Variables Removed	Method
1	学习时间，IQ	.	Enter

a. All requested variables entered.

b. Dependent Variable：平均成绩。

表 7-17　**Model Summary**

Model	R	R Square	Adjusted R Square	Std. Error of the Estimate
1	.943	.889	.865	5.90

a. Predictors：(Constant)，学习时间，IQ.

说明：相关系数 $r = 0.943$，可决系数 $R^2 = 0.889$，说明 IQ、学习时间同平均成绩的高低呈正相关的关系，且线性趋势明显。

表 7-18　**ANOVA b**

Model		Sum of Squares	df	Mean Square	F	Sig.
1	Regression	2521.232	2	1260.616	36.197	.000
	Residual	313.435	9	34.826		
	Total	2834.667	11			

a. Predictors：(Constant)，学习时间，IQ。

b. Dependent Variable：平均成绩。

说明：检验统计量 $F = 36.197$，$P < 0.001$，说明 IQ、学习时间同平均成绩的高低呈线性相关关系。

表 7-19 **Coefficients**

Model		Unstandardized Coefficients		Standardized Coefficients	t	Sig.
		B	Std. Error	Beta		
1	(Constant)	-157.603	31.054		-5.075	.001
	IQ	1.237	.224	.612	5.520	.000
	学习时间	8.919	1.389	.712	6.423	.000

Dependent Variable: 平均成绩.

说明:该表显示了线性回归模型中各自变量系数的取值及检验值,常数项 $a = 0.758$,回归系数 $b = 5.698$,标准回归系数 $b' = 0.983$,回归系数显著性检验 $t = 15.010$,$P < 0.001$,说明回归系数显著不等于0,回归方程有意义。

4. 绘制回归图

操作步骤与案例 7.1 基本相同,只是在打开 Create Scatterplot 对话框后,点击页面上方 2D Coordinate 标志,使其变为 3D Coordinate,然后将变量分别放入 Y 轴、X 轴和 Z 轴,结果见图 7-16。

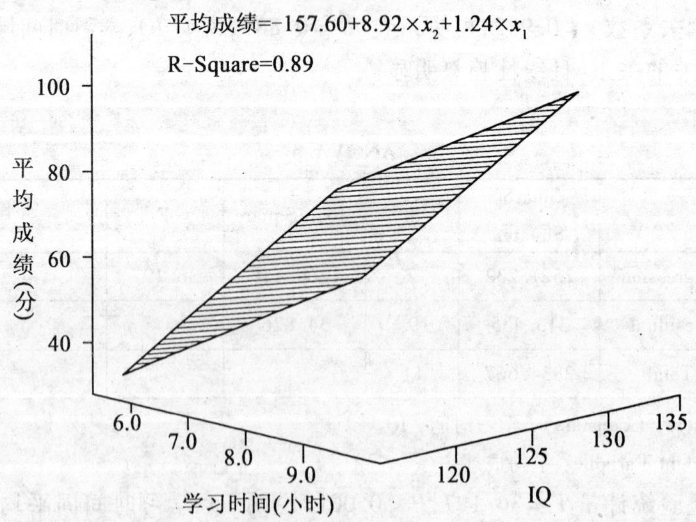

图 7-16 平均成绩同学习时间、IQ 关系回归分析图

小　结

相关与回归分析是定量分析方法中较为重要的方法之一，在自然科学、工程技术和社会经济领域得到广泛的应用，是构造各种经济模型、进行结构分析、预测和控制的重要工具，本章主要介绍了相关与回归分析的基本理论和方法。

相关分析是指根据实际资料或试验统计所得到的数据，加以研究分析有关现象之间相互依存、相互影响关系的形式及密切程度的研究方法。要想准确的反映变量之间相关关系的密切程度，需要计算相关系数。

回归分析时将相关的因素进行测定，确定其因果关系，并以数学模型来表现其具体关系式，从而进行各类统计分析。分析中所形成的这种关系称为回归模型。

对于只涉及一个自变量和一个因变量的线性回归问题的研究称为一元线性回归分析。对于多个自变量和一个因变量的线性回归问题的研究称为多元线性回归分析。

一元回归分析和多元回归分析的原理是相同的。首先建立回归方程，根据最小二乘法进行参数估计，得到回归方程后，对方程进行回归检验和参数检验，回归方程如果显著，则可以应用于预测，如果回归方程不显著，要重新进行回归方程的测算。

思考与练习

7.1　什么是相关关系？什么是函数关系？二者的区别和联系是什么？请举例说明。

7.2　什么是相关分析？什么是回归分析？二者如何区别？

7.3　叙述一元线性回归模型中各系数的含义。

7.4　应用回归方程进行预测应注意哪些问题？

7.5　已知两个随机变量 x 和 y 的协方差为 260，变量 x 的方差为 320，变量 y 的方差为 240，试求变量 x 和 y 的相关系数。

7.6　现随机抽取了某高校 10 名考生在入学考试中的物理成绩(x)与入学后第一次考试的物理成绩(y)的数据，如表 7-20 所示：

表 7-20

学号	1	2	3	4	5	6	7	8	9	10
x	118	109	104	102	98	94	89	82	79	76
y	86	89	83	83	79	78	80	74	72	71

试分析这 10 个学生两次考试的物理成绩之间是否存在显著的线性相关关系，画出散点图并计算相关系数。

7.7 某部门进行了一项调查，分析该部门产量(x)与生产费用(y)之间的关系。这里从该部门内随机抽取了 10 个企业作为样本，得出了以下数据资料：

产量(x)	102	106	116	121	128	137	142	149
生产费用(y)	350	362	366	370	365	380	386	382

(1) 计算部门产量(x)与生产费用(y)之间的相关系数；

(2) 对计算出来的相关系数进行检验并画出散点图。

7.8 表 7-21 给出三变量模型的回归结果：

表 7-21

方差来源	平方和(SS)	自由度($d.f.$)	平方和的均值(MSS)
来自回归(ESS)	65 965	—	—
来自残差(RSS)	—	—	—
总离差(TSS)	66 042	14	

要求：(1)样本容量是多少？

(2)求 RSS。

(3)ESS 和 RSS 的自由度各是多少？

(4)求 R^2 和 $\overline{R}^2$？

(5)检验假设：X_2 和 X_3 对 Y 无影响。你用什么假设检验？为什么？

(6)根据以上信息，你能否确定 X_2 和 X_3 各自对 Y 的贡献？

7.9 已知某商品价格 y 与供给量 x 之间的关系如下：

价格(x)	2	3	4	5	6	7	8	9
供给量(y)	15	20	25	30	35	40	45	50

(1)画出散点图；

(2)求商品价格 y 对供给量 x 的线性回归方程；

(3)分别用方差分析法和 t 检验法对所求回归方程进行显著性检验；

(4)当供给量达到55时,求该商品价格在置信度为95%时的预测空间。

7.10　用某城市1987~2005年购买力Y,对职工人数、平均工资、存款进行多元线性回归分析,结果如下:样本容量=19,回归方程为:

$$\hat{y} = -652.964 + 1.3085x_1 + 0.7276x_2 + 83.025x_3$$
$$(300.858)\quad (0.348)\quad (0.3206)\quad (41.8466)$$
$$R^2 = 0.978 \quad F = 227.398$$

(1) 说明回归方程各回归系数的含义;

(2) 判断线性回归效果是否显著($\alpha = 0.05$);

(3) 判断回归方程中哪些变量的系数是显著不为零的($\alpha = 0.05$)。

7.11 假定以校园内食堂每天卖出的盒饭数量作为被解释变量,盒饭价格、气温、附近餐厅的盒饭价格、学校当日的学生数量(单位:千人)作为解释变量,进行回归分析;假设不管是否有假期,食堂都营业。不幸的是,食堂内的计算机被一次病毒侵犯,所有的存储丢失,无法恢复,你不能说出独立变量分别代表着哪一项!下面是回归结果(括号内为标准差):

$$\hat{Y}_i = 10.6 + 28.4X_{1i} + 12.7X_{2i} + 0.61X_{3i} - 5.9X_{4i}$$
$$(2.6)\quad (6.3)\quad (0.61)\quad (5.9)$$
$$\overline{R}^2 = 0.63 \quad n = 35$$

要求:

(1)试判定每项结果对应着哪一个变量?

(2)对你的判定结论做出说明。

7.12　某企业在全国10个大城市内设有连锁店,现调查得到每个连锁店2005年的利润额和当地人口数量及人均年收入的资料如表7-22所示。

表7-22

地区编号	1	2	3	4	5	6	7	8	9	10
利润额(y)/万元	18	19	24	22	18	31	19	22	29	26
人口数量(x_1)/万人	46	42	56	58	42	65	52	59	63	60
人均年收入(x_2)/百元	23	26	28	25	24	29	31	28	30	27

(1) 确定利润额对当地人口数量及人均年收入的线性回归方程,并说明各回归系数在经济学上的含义;

(2) 对计算的回归方程及各回归系数进行显示性检验,取$\alpha = 0.05$;

(3) 计算回归方程的拟合度,并进行评价。

7.13　某办公用具生产企业的产品销售额(y)与其科研经费(x_1)、质量监督投入的资金(x_2)、推销员数量(x_3)及为该产品宣传所支付的广告费(x_4)有一定关系，现将该企业 1995～2005 年的有关数据统计如表 7-23。

表 2-23

年份	销售额(y)/万元	科研经费(x_1)/万元	推销人员(x_3)/人	广告费(x_4)/万元
1995	108	3.9	16	2.2
1996	112	4.2	16	2.8
1997	123	4.6	18	3.5
1998	134	5.2	18	3.9
1999	136	5.3	17	4.6
2000	152	6.6	18	4.8
2001	149	7.2	16	5.4
2002	162	7.6	17	6.2
2003	178	8.3	17	6.1
2004	186	9.2	15	6.8
2005	189	10.7	16	7.2

(1) 建立产品销售额(y)对其科研经费(x_1)、质量监督投入的资金(x_2)、推销员数量(x_3)及为该产品宣传所支付的广告费(x_4)的线性回归方程，并解释各回归系数在经济学中的含义；

(2) 对回归方程系数及拟合程度进行检验，取 $\alpha = 0.05$；

(3) 当科研经费为 12 万元、推销人员为 16 人、广告费为 8 万元时，预测当年的销售额为多少。

7.14 已知 12 个同类企业的生产性固定资产价值和工业总产值的资料(单位：万元)如表 7-24 所示。

表 7-24

企业编号	生产性固定资产价值	工业总产值	企业编号	生产性固定资产价值	工业总产值
1	343	531	7	445	773
2	194	376	8	380	487
3	345	403	9	469	627
4	626	812	10	621	856
5	729	910	11	371	540
6	380	487	12	259	572

计算相关系数；说明二者的相关程度；估计生产性固定资产为 1 000 万元时的总产值为若干？

7.15　某市电子工业企业的年设备能力和年劳动生产率的资料如表 7-25 所示。

表 7-25

企业编号	年设备能力（千瓦/人）	年劳动生产率（千元/人）	企业编号	年设备能力（千瓦/人）	年劳动生产率（千元/人）
1	2.8	6.7	8	4.8	9.8
2	2.8	6.9	9	4.9	10.6
3	3.0	7.2	10	5.2	11.7
4	2.9	7.3	11	5.4	11.1
5	3.4	8.4	12	5.5	12.8
6	3.9	8.8	13	6.2	12.1
7	4.0	9.1	14	7.0	12.4

要求：(1)计算以劳动生产率为因变量的回归方程；

(2)解释回归方程中待定系数 b 的经济意义；

(3)若新建一企业，其年设备能力为 6.5 千瓦/人，估计劳动生产率将为多少？

第八章　线性回归问题的诊断和处理

线性回归中参数估计和统计推断的原理都建立在模型假设成立的基础上，但在解决实际问题时，有可能出现自变量之间多重共线性、随机误差项之间存在异方差及自相关等问题，对线性回归模型的影响很大。本章主要讨论线性回归中如何检验这三种情况是否出现，以及出现共线性、异方差及自相关时如何解决，并通过一些实际例子来说明检验和解决问题的全过程。

第一节　多重共线性问题的检验和解决方法

在研究实际问题时，模型中一般有许多变量，此时多重共线性的问题就不可避免。因为在社会经济系统中，各个因素都多多少少是相互关联的，关键要看多重共线性的问题严重不严重。

一、什么是多重共线性问题

在多元线性回归中应用最小二乘法对参数进行估计的必备条件之一是模型中自变量之间不能线性相关。但在实际问题中，大部分变量在某种程度上是相互关联的，我们把自变量之间存在着密切的线性相关性称为多重共线性。

任一经济现象都涉及多个影响因素，当因素之间的相关性较弱时，可认为其符合多元线性回归模型的基本假设，当因素之间的相关性较强时，就出现了多重共线性问题，其造成的不良后果是使最小二乘估计的方差很大，置信区间拉长，估计精度降低，甚至无法解释估计量的经济意义。

二、如何检验多重共线性的问题

多重共线性问题的检验方法有以下几种：

(一)相关系数和协方差检验

当回归模型中的几个自变量之间的相关系数值很大时，意味着回归模型中存在多重共线性的问题。因此在作回归分析之前，首先应该计算出所有变量与另一变量的相关系数和协方差，通过这个检验，可以清楚地了解变量之间的关系。

假设模型有一个因变量 Y 和两个自变量 X_1 和 X_2，模型为：

$$Y = \beta_0 + \beta_1 X_1 + \beta_2 X_2 + \varepsilon \tag{8.1}$$

用最小二乘法来达到最理想估计结果的必备假设条件之一是两个自变量的协方差等于零,即:

$$\mathrm{Cov}(X_1, X_2) = 0 \tag{8.2}$$

检验两个自变量的协方差是否等于零与检验这两个变量的相关系数是一样的。两个变量的相关系数的计算公式如下:

$$r_{12} = \frac{\mathrm{Cov}(X_1, X_2)}{\sqrt{\mathrm{Var}(X_1)\mathrm{Var}(X_2)}} \tag{8.3}$$

如果两个自变量的相关系数接近于"1",那么这两个自变量可能会是正相关的;如果其相关系数接近于"-1",那么这两个自变量可能会是负相关的。无论是正相关还是负相关,意味着两个变量间存在较强的共线性关系。

例 8.1　某两个自变量 X_1、X_2 和因变量 Y 之间的有关数据如表 8-1 所示,建立回归方程并分析其自变量之间的多重共线性问题。

表 8-1　**基础数据**

X_1	X_2	Y	X_1	X_2	Y	X_1	X_2	Y
16	678	109	29	554	155	35	358	152
19	680	145	29	530	167	35	352	146
22	651	161	29	531	130	36	398	162
23	629	143	31	568	149	39	456	158
25	780	167	32	509	143	38	432	168
27	651	158	32	431	150	41	361	178
27	589	161	33	490	165	41	356	180
28	578	157	33	451	148	45	431	179
28	520	145	34	449	165	45	260	169
28	534	165	34	430	170	35	358	152

解:设其模型如下:$Y = \beta_0 + \beta_1 X_1 + \beta_2 X_2 + \varepsilon$

首先分析变量之间的相关系数和协方差问题。通过计算得到相关系数,如表 8-2 所示。

表 8-2 **相关系数表**

	X_1	X_2	Y
X_1	1		
X_2	-0.8660	1	
Y	0.7010	-0.4390	1

从表中可知，两个自变量的相关系数是 $r_{12}=-0.8660$，其协方差为 $\sigma_{12}=-149.40$。很明显，它们之间确实相互关联的。因此可以确定 x_1 和 x_2 存在着严重的多重共线性问题。

再来观察残差的分布图，回归方程为：

$$\hat{Y}=22.55+2.79X_1+0.09X_2$$
$$(1.706)\quad(5.307)\quad(2.784)$$

将估计误差值 $\hat{\varepsilon}$ 和估计值 $\hat{Y}$ 用图来表示，就会发现问题（如图 8-1 所示）。误差的分布虽然看不出什么规律，但也没有随机地、均匀地分布在回归估计值的线性方程的周围，说明上面的回归估计模型非常糟糕。这很可能是由自变量之间的相关性而产生的结果。

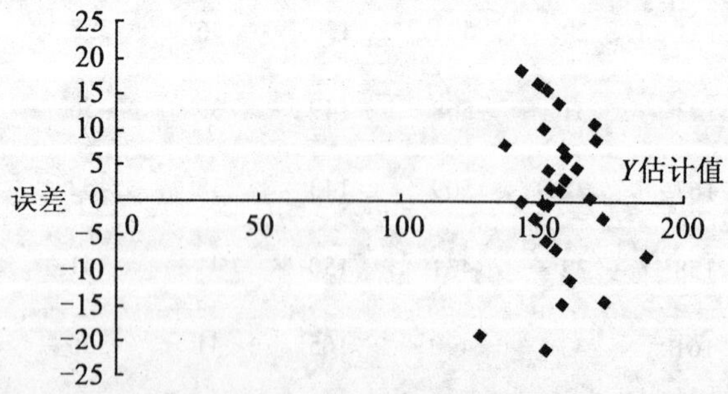

图 8-1 回归估计模型残差

那么这两个变量之间是否存在相关关系呢？需要进一步检验，设方程如下：

$$X_2=\gamma_0+\gamma_1 X_1$$

用最小二乘法对这个模型进行估计，可得回归结果如表 8-3 所示。

表 8-3　**回归分析结果**

	参数	t 值	p-value
截距	938.75	19.51	0.000
自变量 X_1	-13.84	-9.17	0.000

(其中:$F=84.04$,$R^2=0.75$)

从这个回归分析的结果来看,这两个自变量之间确实存在着明显的负相关关系。由此可知前面的那个回归模型中存在着严重的多重共线性问题。

(二)相关系数与 t 检验值关系

在回归分析结果中如果 R^2 值很高,而某些自变量的 t 检验值却很低时,这就意味着回归模型中存在多重共线性的问题。这可能是因为有多余(不必要)的自变量在回归模型中。多余的自变量夺走了那些必要的自变量对因变量的贡献,从而降低了那些必要的自变量的参数的 t 检验值;另外这些多余的自变量又虚假地减少了回归估计误差的平方和,从而使 R^2 的值提高了。

(三)经验方法

如果回归估计参数值大得令人难以置信或小得令人难以置信时,这就意味着回归模型中存在有多重共线性的问题。

如果回归估计参数与所预期(经济理论)的值相反,这也意味着回归模型中存在有多重共线性的问题,因为多重共线性问题的存在,自变量之间的相互影响,使得自变量的系数(回归模型的参数)改变其符号,即改变了这个自变量对因变量的影响方向。比如说,根据经济理论,某自变量对因变量的影响本该是正的,但该自变量与另一个自变量之间的相互影响,使得回归分析结果显示出这个自变量对因变量的影响变成负值了,这就是个错误的估计结果。

另外如果在回归分析的过程中增加或减少几个样本会使估计参数值有很大的变化,这也意味着回归模型中存在有多重共线性的问题。这种情况往往与样本数量少相关联。减少样本数量,变量的变化区域就缩小了,这会使两个变量的差异性减少,雷同性增加,其相关性就更大了。于是,回归估计参数值就越受到相关自变量之间的相互影响。

三、解决多重共线性问题的方法

(一)忽略法

如果发现模型中有多重共线性问题,首先要看看这个多重共线性问题是否很严重。如果不严重的话,可以忽视其多重共线性问题的存在。所谓“严重”与“不严重”就要比较变量间的相关系数。如果两个自变量的相关系数小于其中某个自变量与其

因变量的相关系数时，即

$$r(X_j,X_k) < r(Y,X) \text{ 并且 } r(X_j,X_k) < r(Y,X_k) \tag{8.4}$$

那么可以认为这里的多重共线性问题并不严重，可以忽略它。

(二)删除法

当模型中出现两个自变量出现多重共线性问题时，回归估计效果就会不好。这时，如果我们决定删除其中一个的话，到底应该删掉哪一个呢？从实际问题来看，哪一个比较不重要就删去哪一个，同时还要比较被删掉一个自变量的模型的回归估计结果。从严格意义上讲，此时应该比较三个回归模型：一个是原模型，一个是删除某个自变量的模型，一个是删掉另一个自变量的模型。比较哪个回归估计结果更好。

假设有模型：

$$Y = \beta_0 + \beta_1 X_1 + \beta_2 X_2 + \varepsilon \tag{8.5}$$

如果 X_1 和 X_2 是部分相关，估计参数 β_1 的统计检验值 t_{β_1} 会随 X_1 和 X_2 的相关性的强弱而变化。当其相关性强时，其统计检验值 t_{β_1} 就会变小。如果将 X_2 从模型中删掉，那么就得到一个新的模型：

$$Y = \alpha_0 + \alpha_1 X_1 + \delta \tag{8.6}$$

用最小二乘法来对这个模型作回归分析，所得到的估计参数 α_1 不仅代表了 X_1 对 Y 的影响，而且它还部分地代表着 X_2 对 Y 的影响。因此，可以认为：

$$\alpha_1 = \beta_1 + \gamma\beta_2 \tag{8.7}$$

这里，γ 就表示 X_1 所能代表的 X_2 的部分。它的大小取决于 X_1 和 X_2 的关系是否紧密：如果关系紧密，那么 γ 的值就大；如果它们俩的关系不紧密，那么 γ 值就小；如果它们没有相关的关系，那么 γ 值就等于零。如果我们比较原模型和删除 X_2 的模型，我们应该会看到新模型中自变量 X_1 的参数估计值 α_1 的检验值 t_{α_1} 大于原模型中自变量 X_1 的参数估计值 β_1 的检验值 t_{β_1}，即

$$t_{\alpha_1} > t_{\beta_1} \tag{8.8}$$

这一点也表明了从原模型中删去一个自变量后，另一个被留下来的自变量对因变量的影响会增大。

下一步，对新模型进行 F 检验，看看改型的新模型是否比原模型好。

首先，假设 H_0：所有从原模型中被删除的自变量的系数都等于零；H_1：至少有一个被删除的自变量的系数不等于零。

其次，查 F 检验的临界值，根据自由度 $df_1 = r$（被删除的自变量的个数），$df_2 = n - k - 1$，置信度 $\alpha = 5\%$，查表可得 $F_\alpha(r, n-k-1)$ 检验值。

然后，计算 F 检验的值：

$$F_{r,n-k-1} = \frac{(\text{SSE}_r - \text{SSE}_u)/r}{\text{SSE}_u/(n-k-1)} \tag{8.9}$$

式中：$\text{SSE} = \sum e_i^2$ 是回归估计误差平方的总和；

SSE_r 是改型模型回归估计平方的总和；

SSE_u 是原模型回归估计误差平方的总和。

最后比较 $F_\alpha(r,n-k-1)$ 与 F 的关系。如果 $F>F_\alpha(r,n-k-1)$，否定原假设，改型模型不理想；如果 $F<F_\alpha(r,n-k-1)$，不能否定原假设，改型模型比较理想。

删除某个自变量的方法并不是最好的方法。因为有时删去一个引起多重共线性问题的自变量后，很可能会引起其他问题，如估计误差增大。

（三）增加样本法

如果两个自变量的相关系数大于其中某个自变量与其因变量的相关系数时，这个模型会出现很严重的多重共线性问题。在这种情况下，就不能忽视其多重共线性问题的存在。当我们发现了多重共线性问题的存在，又不能忽视其问题存在的严重性时，那么最好的解决办法就是增加数据的样本量。一般来说，当样本量加大时，自变量的随机性就增大了，自变量的变化区域也会扩大，这会使自变量之间的相似性减少，其相互的差异性增大，从而减少了不必要的共性，也就解决了多重共线性的问题。

（四）差分法

如果线性回归所用的数据为时间序列数据，当变量间出现严重的多重共线性问题时，可以通过变量自身的样本值之间的差来消除共线性问题对回归估计的影响。因为是时间序列数据，可以重新设立一组变量，即每个变量某一时期的值与后一时期的值之间的差，然后再对新变量作回归分析，这种处理方法称为差分法。

设某模型有一个因变量 Y 和三个自变量 X_1、X_2 和 X_3，模型为：

$$Y=\beta_0+\beta_1X_1+\beta_2X_2+\beta_3X_3+\varepsilon \tag{8.10}$$

设定新的自变量如下：

$$\begin{aligned} Y_t^* &= Y_t - Y_{t-1} \\ X_{1i}^* &= X_{1t} - X_{1t-1} \\ X_{2i}^* &= X_{2t} - X_{2t-1} \\ X_{3i}^* &= X_{3t} - X_{3t-1} \end{aligned} \tag{8.11}$$

由此得到新的样本数据，用新变量来做回归分析，即：

$$Y^*=\alpha_0+\alpha_1X_1^*+\alpha_2X_2^*+\alpha_3X_3^*+\eta \tag{8.12}$$

通过这种方法，可消除由于时间序列而产生的解释变量之间的相关性，从而在一定程度上减轻了多重共线性问题对回归估计的影响。

（五）合并变量法

当模型中出现多重共线性问题时，也可以将两个相关性非常强的自变量合并成一个新的变量，用这个新变量取代原来的两个变量在模型中的位置，然后再对新变量作回归分析。

假设某模型有一个因变量 Y 和三个自变量 X_1、X_2 和 X_3，模型为：

$$Y = \beta_0 + \beta_1 X_1 + \beta_2 X_2 + \beta_3 X_3 + \varepsilon \tag{8.13}$$

假设 X_1 和 X_2 有很强的相关性,可以新设一个变量 Z 使它成为 X_1 和 X_2 的线性方程,即:

$$M = \lambda_1 X_1 + \lambda_2 X_2 \tag{8.14}$$

这里的 λ_1 和 λ_2 是组合新变量的调整系数。这两个系数是凭经济常识和实际研究经验估计出来的。有了这个新变量后,便可以建立新的模型:

$$Y = \gamma_0 + \gamma_1 M_1 + \gamma_2 M_3 + \delta \tag{8.15}$$

用这种合并变量的方法,可以消除变量之间的相关性所带来的多重共线性问题对回归估计问题的影响。

第二节 异方差问题的检验和解决方法

一、什么是异方差

用最小二乘法去估计模型的参数时,要想使回归估计结果达到最好的、无偏的、有效的估计,其样本数据必须满足最小二乘法所要求的随机误差项同方差的假设条件。然而,在实际问题中,经常会出现异方差的问题。

假设模型有一个因变量 Y 和三个自变量 X_1、X_2 和 X_3,表示如下:

$$Y = \beta_0 + \beta_1 X_1 + \beta_2 X_2 + \beta_3 X_3 + \varepsilon \tag{8.16}$$

当用最小二乘法估计参数 β_0、β_1、β_2 和 β_3 时,模型中的误差项的方差应该是相同的,即:

$$\text{Var}(\varepsilon_i) = \sigma^2 \text{ 和 } \sigma^2 < \infty \tag{8.17}$$

并且

$$\text{Cov}(\varepsilon_i, X_i) = 0 \tag{8.18}$$

如果所得到的数据不能满足这两个条件中的一个,那么我们就称这类问题为异方差问题。也就是说,模型中的误差项的方差是不相同的。异方差问题的存在无法使误差项的平方和最小化,无法控制估计参数误差的增大,从而使回归估计值达不到最好的、有效的结果。

产生异方差的原因是什么呢?产生的原因很多,可能是其样本的方差本来就不相同,也就是说 $\text{Var}(\varepsilon_i) \neq \sigma^2$ 或 $\text{Var}(\varepsilon_i) \neq \text{Var}(\varepsilon_j)$,也可能是由于其误差项与某一个或某几个自变量相关,它的变化随着这些自变量的变化而变化,即 $\text{Cov}(\varepsilon_i, X_i) \neq 0$ 和 $\text{Corr}(\varepsilon_i, X_i) \neq 0$。比如样本属于不同的类别,它们的方差就不同了。如果把它们的数据放在一起进行分析,就会出现异方差的问题。这就是说,在采集样本时是从同一群体中得到的,那它们的方差就是相同的;如果是从不同群体中抽选来的,那它们各自的方差就一定不相同。

典型的异方差问题有两种:一种是其方差随变量值的增加而增加;另一种是其方

差随变量值的增加而减少。误差项的方差的这种有规律的变动,表明其误差受模型中某些变量的直接影响,其误差项的随机性就受到了制约。因此,根据这个数据所估计出来的参数值就一定不是有效的,且是不精确的。

二、如何检验异方差问题

检验异方差问题的方法有许多种,各种方法都是针对某种误差分布而设计的,各有其优越性。下面介绍几种常用的检验异方差问题的方法。

(一)图示法

图示法(graph test)是将估计的误差项的分布用图显示出来,看看其误差项的绝对值是否有规律性地变化,检查模型误差项是否与某个自变量有相关性。这是检验异方差问题最简单、最直接的方法。

假设某模型有一个因变量 Y 和三个自变量 X_1、X_2 和 X_3,模型为:

$$Y=\beta_0+\beta_1X_1+\beta_2X_2+\beta_3X_3+\varepsilon$$

首先根据给定的模型,用最小二乘法对原数据作回归分析,从而得到初步的 4 个参数值:β_0、β_1、β_2 和 β_3。

其次根据得到的估计方程,将自变量 X_1、X_2 和 X_3 的样本(原数据)值代入这个参数估计方程中,求得因变量 Y 的估计值 $\hat{Y}$,即:

$$\hat{Y}=\beta_0+\beta_1X_1+\beta_2X_2+\beta_3X_3 \tag{8.19}$$

然后计算误差项 ε 的估计值:

$$\hat{\varepsilon}=Y-\hat{Y} \tag{8.20}$$

最后用 $\hat{\varepsilon}$ 分别与 Y、X_1、X_2 和 X_3 来画图,先从图中看看估计误差的绝对值 $|\hat{\varepsilon}|$ 是否有规律性地变化,即它的方差 $\mathrm{Var}(\varepsilon)$ 是否随某个自变量值变化而变化。如果呈现有规律的变化,说明就存在异方差问题。

(二)帕克检验

帕克检验(park test)方法很简单,分为三个步骤:

首先与前面的图示法一样,根据原数据,用最小二乘法先估计出模型的误差项 $|\hat{\varepsilon}|$。

其次设立一个误差项的线性方程,即

$$\mathrm{Log}(\hat{\varepsilon})=\gamma_0+\gamma_1\log(Z)+\delta \tag{8.21}$$

这里,解释变量 Z 是原模型中与误差项最相关的一个自变量 X_k。然后再用最小二乘法作回归分析,估计出这个方程的参数值。

最后,用 t 检验来测定上述方程的参数值是否等于零。如果不能否定原假设 H_0: $\gamma_1=0$ 的话,那么就可以说,这里不存在异方差问题。如果检验结果表明可以否定原假设的话,我们就可以确信这里有异方差问题。

(三)戈德菲尔德—奎安迪特检验

如果从估计误差分布图中可以明显看出有异方差的问题,但又找不出它与哪一个自变量有线性关系时,就要借助戈德菲尔德—奎安迪特检验(goldfeld-quand test)了。这个方法步骤如下:

首先将原样本数据按比例因素 Z 的次序(从小到大)重新排列。这个比例因素可以是因变量,也可以是与误差项最有可能相关的某个自变量。

再将样本数据分为3部分,并将中间的那部分删去(如果样本数较少,也可将样本数据分为5部分,删去中间的1/5)。Z 值小的为第一部分,Z 值大的为第三部分。

然后用最小二乘法分别对其余的两部分数据作回归分析。算出两个回归估计模型的残差平方和SSE。用 SSE_1 表示从第一部分数据中算出来的残差平方和,用 SSE_3 表示从第三部分数据中算出来的残差平方和(SSE_3 应该大于 SSE_1)。

最后计算 F 检验值,即:

$$F = \frac{SSE_3/(n_3 - k - 1)}{SSE_1/(n_1 - k - 1)} \tag{8.22}$$

式中:n_1 是第一部分的样本数,n_3 是第三部分的样本数,k 是回归模型中自变量的数目,$n_1 - k - 1$ 是 F 检验值中分母的自由度,$n_3 - k - 1$ 是 F 检验值中分子的自由度。

设立原来假设 $H_0: \sigma_1^2 = \sigma_3^2$,从 F 分布表中查出检验值 $F_\alpha(n-k-1, n-k-1)$,再将计算值 F 与临界值 $F_\alpha(n-k-1, n-k-1)$ 比较,如果 $F > F_\alpha(n-k-1, n-k-1)$,就可以否定原假设,确认这里有异方差问题;如果 $F < F_\alpha(n-k-1, n-k-1)$,就不能否定原假设,可以认为这里没有异方差问题。

三、如何解决异方差问题

如果发现模型中存在异方差问题,就需要对异方差问题进行处理,可采用以下方法:

(一)广义最小二乘法

当确定估计方程中存在异方差问题时,一般可以采用广义最小二乘法(generalized least squares)来消除异方差问题,并得到最佳的无偏差估计。所谓广义化,就是通过对模型的修改来调整原数据的数值,从而使其误差项满足对最小二乘法的应用所要求的假设条件。也就是说,通过某种修正和调整,把变化不定的误差项的方差 σ_i^2 固定下来。

假设模型如下:

$$Y = \beta_0 + \beta_1 X_1 + \beta_2 X_2 + \beta_3 X_3 + \varepsilon$$

从理论上说,假如能够找到每个样本的原方差的话,用其标准偏差同时去除等式两边的每项,从而得到一组新的变量,即:

$$
\begin{aligned}
Y_i^* &= Y_i/\sigma_i \\
X_{01}^* &= 1/\sigma_i \\
X_{1i}^* &= X_{1i}/\sigma_i \\
X_{2i}^* &= X_{2i}/\sigma_i \\
X_{3i}^* &= X_{3i}/\sigma_i \\
\varepsilon_i^* &= \varepsilon_i/\sigma_i
\end{aligned}
\tag{8.23}
$$

经过上面这种处理,原误差项方差的变化就被消除了或减弱了,新的误差项的方差就会被固定下来。但是,在实际研究的过程中,往往无法得到其标准方差 σ_i 真实的数据,因此可以通过初步的回归分析来估计出每个样本的误差的绝对值 $s_i = \sqrt{\hat{\varepsilon}_i^2}$,用此值来替代实际的标准偏差 σ_i,原有模型中的变量就被转变为:

$$
\begin{aligned}
Y_i^* &= Y_i/S_i \\
X_{1i}^* &= X_{1i}/S_i \\
X_{2i}^* &= X_{2i}/S_i \\
X_{3i}^* &= X_{3i}/S_i
\end{aligned}
\tag{8.24}
$$

于是就得到了新的模型:

$$Y^* = \alpha_0 \frac{1}{S_i} + \alpha_1 X_1^* + \alpha_2 X_2^* + \alpha_3 X_3^* + \eta \tag{8.25}$$

按这个新模型进行最小二乘法的回归分析,所得到的结果就消除了异方差的问题。

(二)加权最小二乘法

假设模型中的某一个自变量对模型误差项的方差有很严重的影响,可以用这个变量去除模型中的每一项,再用最小二乘法来估计由新变量组成的模型,这种方法叫做“加权最小二乘法”(weighted least squares)。

假设某模型是:

$$Y = \beta_0 + \beta_1 X_1 + \beta_2 X_2 + \beta_3 X_3 + \varepsilon$$

假如自变量 X_1 对误差项的方差有影响,将上面等式除以 X_1,得到:

$$\frac{Y}{X_1} = \frac{\beta_0}{X_1} + \frac{\beta_1 X_1}{X_1} + \frac{\beta_2 X_2}{X_1} + \frac{\beta_3 X_3}{X_1} + \frac{\varepsilon}{X_1} \tag{8.26}$$

或

$$Y^* = \beta_1 + \beta_0 X_0^* + \beta_2 X_2^* + \beta_3 X_3^* + \varepsilon^* \tag{8.27}$$

式中:

$$
\begin{aligned}
Y_i^* &= Y_i / X_{1i} \\
X_{01}^* &= 1 / X_{1i} \\
X_{2i}^* &= X_{2i} / X_{1i} \\
X_{3i}^* &= X_{3i} / X_{1i} \\
\varepsilon_i^* &= \varepsilon_i / X_{1i}
\end{aligned}
\tag{8.28}
$$

这样,就消除了 X_1 对模型误差的方差的影响,然后再对新模型做回归分析。这样得出的参数估计方程就是最佳的、无偏差的线性估计。

例 8.3 利用下面一组数据(表 8-4)检验异方差的存在及解决方法。

表 8-4 **基础数据**

X	Y	X	Y	X	Y	X	Y	X	Y	X	Y	X	Y
25	140	24	145	23	140	21	150	18	161	14	152	10	89
25	216	23	192	22	157	21	143	17	120	13	121	10	100
24	156	23	178	22	156	20	146	17	147	12	109	9	85
24	208	23	185	22	157	19	165	17	124	13	89	12	115
24	189	23	167	21	176	18	134	15	138	11	90	11	113

解:设线性模型为:

$$Y = \alpha + \beta X + \varepsilon$$

用最小二乘法作回归分析,得到如下方程:

$$\hat{Y} = 43.12 + 5.49X$$
$$(3.60)\ (8.78)$$

这个回归估计模型的 $F = 77.01$, $R^2 = 0.70$。这个结果看上去很不错,但是如果比较实际数据与回归估计分布图就会发现问题(见图 8-2)。

从图中可知,当变量(X,Y)增加时,图中的落点(X_i,Y_i)距回归估计方程 $\hat{Y}$ 越来越离散。也就是说,其误差的绝对值越来越大,或说其方差越来越大。估计方差的值 $\hat{\sigma}_i^2$ 与自变量的值 X_i 可能有正相关的关系。建立方程如下:

$$\hat{\varepsilon}_i^2 = \gamma_0 + \gamma_1 X_i$$

这个模型的回归估计方程为:

$$\hat{\varepsilon}^2 = -282.52 + 33.21X$$
$$(-1.16)\quad(2.62)$$

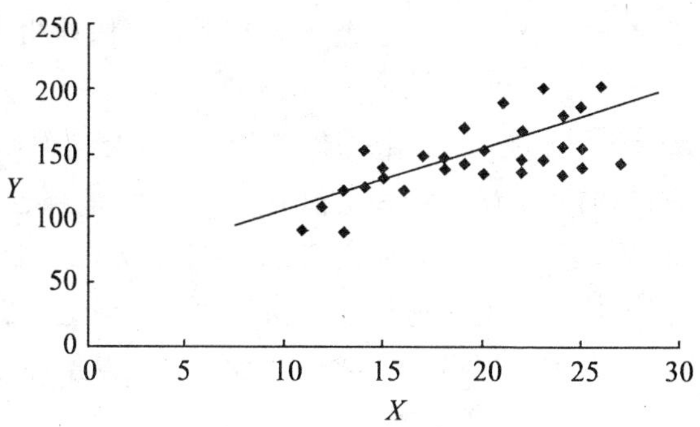

图 8-2　实际数据与回归估计比较

这个回归估计模型的 $F=6.86$，$R^2=0.20$。回归分析的结果很显然表明了 $\gamma_1>0$，也就是说 σ_i^2 与自变量的值 X_i 有正相关的关系，可以确认存在异方差的问题。

下面用加权最小二乘法来消除异方差问题。方程变换为：

$$\frac{Y}{X}=\alpha\frac{1}{X}+\beta\frac{X}{X}+\frac{\varepsilon}{X}$$

用最小二乘法对这个模型作回归，其回归方程：

$$\hat{Y}=39.19+5.71X$$
$$(4.77)\ (11.04)$$

这个回归估计模型的 $F=22.74$，$R^2=0.41$，这个新的估计结果是在一定程度上消除了异方差问题影响后的结果。

第三节　自相关问题的检验和解决方法

一、什么是自相关问题

当模型中前一误差项与后一误差项之间存在相关性时，就认为模型存在自相关的问题。

假设模型为：

$$Y=\beta_0+\beta_1X_1+\beta_2X_2+\beta_3X_3+\varepsilon \tag{8.29}$$

根据最小二乘估计参数，这个模型中的误差项 ε 应该是随机的，前后两个样本之间的误差不能是相互关联的，用公式来表示就是：

$$\mathrm{Cov}(\varepsilon_i,\varepsilon_j)=0 \quad 或 \quad \mathrm{Corr}(\varepsilon_i,\varepsilon_j)=0 \tag{8.30}$$

如果前后两个误差项相关，我们称这种情况为"一阶自相关（first-order auto-correlation）"，用公式表示就是：

$$\varepsilon_t = \gamma\varepsilon_{t-1} + \delta \tag{8.31}$$

式中：γ 就是前一个误差项 ε_t 与后一个误差项 ε_{t-1} 之间的估计相关系数，δ 是随机变化的误差项。

自相关问题有两种。一种是正自相关，即 $\gamma>0$，也就是前面一误差项为正值，下一个误差项也是正值；当前一个误差项为负值时，下一个误差项也是负值。另一种叫负自相关，即 $\gamma<0$，也就是前一误差项为正值，下一个误差项为负值；当前一个误差项为负值时，下一个误差项为正值。这种前后相邻的误差项呈现出自动地、不受自变量影响的相关性，也是违背了使用最小二乘法所必要的假设条件，从而使其估计参数不可信。在这种情况下所估计出来的参数值一定不是有效的、准确的。

二、自相关问题的检验

那么我们如何才能发现我们所估计的参数方程存在自相关问题呢？下面我们来分析自相关问题的检验。

（一）图示法

最简单的检验方法就是将估计的误差项的分布用图表显示出来，看看其误差项的值是否有规律性地变化。

计算误差项数值的方法与上一节所描述的方法基本上一样，这里不再重复。

设模型为：

$$\hat{Y} = \beta_0 + \beta_1 X_1 + \beta_2 X_2 + \beta_3 X_3 \tag{8.32}$$

从给定的数学模型中我们知道，其误差项 ε 的值等于

$$\varepsilon = Y - (\beta_0 + \beta_1 X_1 + \beta_2 X_2 + \beta_3 X_3) \tag{8.33}$$

那么，误差项 ε 的估计值应该是 $\hat{\varepsilon} = Y - \hat{Y}$。

用 $\hat{\varepsilon}$ 和 $\hat{Y}$ 来画图，先从图中看看估计误差值是否有规律性地变化。如果我们看出误差项在图中有规律性的分布，说明可能存在自相关问题。

要对估计出来的误差值作回归分析。设模型为：

$$\hat{\varepsilon}_t = \gamma\hat{\varepsilon}_{t-1} + \delta \tag{8.34}$$

这个模型中的参数 γ 被称为“一阶自相关系数（first-order autocorrelation coefficient）”。如果这个回归分析结果表明其参数值是有统计意义的（不等于零），那就可以确认这里存在着“一阶自相关”问题。

（二）杜宾-沃森检验

自相关检验最常用的一个方法叫做杜宾－沃森检验（Durbin-Watson test），这个检验方法是专门检验“一阶自相关”问题的。

根据误差项的估计模型进行假设检验，设模型为：

$$\varepsilon_t = \gamma\varepsilon_{t-1} + \delta \tag{8.35}$$

设原假设和备择假设为：

$$H_0: \gamma = 0 \quad 和 \quad H_\alpha: \gamma \neq 0$$

“杜宾-沃森”检验值计算公式为：

$$d = \frac{\sum_{t=2}^{T}(\varepsilon_t - \varepsilon_{t-1})^2}{\sum_{t=1}^{T}\varepsilon_t^2} \tag{8.36}$$

这里 $t=1,2,\cdots,T$，根据这个公式计算出来的“杜宾-沃森”检验值 d 将落在 0 与 4 之间。判断如下：

如果 $0 \leqslant d < d_L$，那么 $0 < \gamma \leqslant 1$，一阶正自相关；

如果 $d_L \leqslant d \leqslant d_U$，那么自相关问题无法确定；

如果 $d_U < d < 4 - d_U$，那么 $\gamma = 0$，无一阶自相关；

如果 $4 - d_U \leqslant d \leqslant 4 - d_L$，那么自相关问题无法确定；

如果，$4 - d_L < d \leqslant 4$，那么 $-1 \leqslant \gamma < 0$，一阶负自相关。

这里，d_L 和 d_u 的值可在“杜宾-沃森”检验表中查到。

当实际问题出现样本较少、解释变量较多的问题，在“杜宾-沃森”检验表中查到的两个统计量 d_L 和 d_U 可能会落在 2 的两边，即：$d_L \leqslant 2 \leqslant d_U$。在这种情况下，我们按上述方法来检验就成问题了，应该用其他的方法来检验。

三、自相关问题的解决方法

对于自相关问题，可采用准差分法进行处理。

假如回归模型为：

$$Y = \beta_0 + \beta_1 X_1 + \beta_2 X_2 + \cdots + \beta_k X_k + \varepsilon \tag{8.37}$$

如果自相关的问题是存在的，并且有 $\varepsilon_t = \gamma\varepsilon_{t-1} + \delta$。那么，准差分法步骤如下：

首先，估算 γ 值。先对上面的通用模型作回归分析，求出“杜宾-沃森”检验值 d。再根据“杜宾-沃森”检验值来估计 γ 值，即：

$$d \approx 2(1 - \hat{\gamma}) \quad 或 \quad \hat{\gamma} \approx 1 - d/2 \tag{8.38}$$

这是最简单的办法，但不一定精确。比较精确的方法是先用原数据和原模型做回归分析；再根据估计参数方程来估算出误差项的值 a；再用估算的误差项的值做回归分析，$(\varepsilon_t = \gamma\varepsilon_{t-1} + \delta)$，得出 γ 的估计值 $\hat{\gamma}$。

其次，对原有数据进行准差异的消除处理，将每个变量（包括因变量和自变量）的滞后样本作为一个新的变量，并乘以 $\hat{\gamma}$。再用原变量减去新设变量和 $\hat{\gamma}$ 的乘积，即

$$
\begin{aligned}
Y_t^* &= Y_t - \hat{\gamma} Y_{t-1} \\
X_{1t}^* &= X_{1t} - \hat{\gamma} X_{1t-1} \\
X_{2t}^* &= X_{2t} - \hat{\gamma} X_{2t-1} \\
&\cdots \\
X_{kt}^* &= X_{kt} - \hat{\gamma} X_{kt-1}
\end{aligned} \tag{8.39}
$$

这样得出来的新的一组数据就是我们所需要的消除了一次性自相关问题的数据。

最后用上面得到的新数据来做回归分析。新模型为：

$$Y^* = \alpha_0 + \alpha_1 X_1^* + \alpha_2 X_2^* + \cdots + \alpha_k X_k^* + \eta \tag{8.40}$$

用这个模型作出来的回归估计参数就是消除了一阶自相关问题的估计结果。准差分法只能解决一阶自相关问题，不能解决其他自相关问题。

例 8.5 根据表 8-5 的数据，分析自相关问题。

表 8-5 **基础数据**

X	Y	X	Y	X	Y	X	Y
40	140	32	127	25	120	16	100
38	152	31	130	23	120	15	101
39	144	29	140	21	130	14	107
37	150	30	132	22	124	13	110
36	148	28	136	20	128	11	89
35	142	27	130	19	126	12	100
34	137	26	128	18	122	10	85
33	130	24	117	17	115	9	72

解：假定 $Y = \alpha + \beta X + \varepsilon$，用最小二乘法作回归分析，得到的回归估计方程为：

$$\hat{Y} = 77.39 + 1.87X$$
$$(18.1)\quad(11.4)$$

这个回归估计模型的 $F = 129.68$，$R^2 = 0.8121$。

下面来分析是否存在自相关问题。首先观察实际数据与回归估计方程的分布图，见图 8-3。

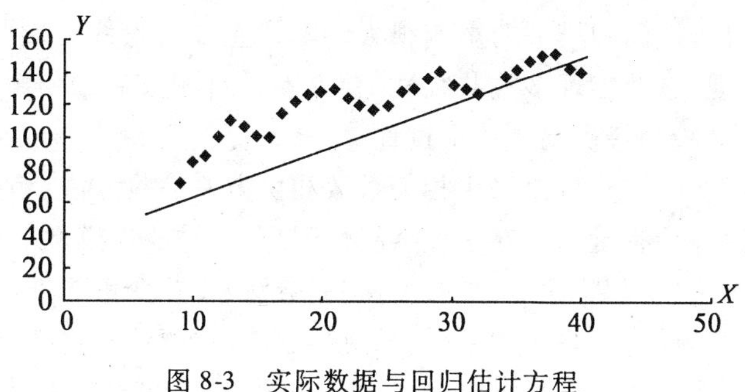

图 8-3　实际数据与回归估计方程

从这个图形可以看出误差项并不是随机地、匀称地分布在回归估计方程的周围；而是像波浪的形状那样一个跟着另一个在变化。很显然，误差项并不是各自独立的。设

$$\hat{\varepsilon}_t = \gamma\hat{\varepsilon}_{t-1} + \delta$$

对其进行回归分析，得到回归估计方程为：

$$\hat{\varepsilon}_t = 0.456\hat{\varepsilon}_{t-1}$$
$$(2.497)$$

这个回归估计模型的 $F = 6.16$，$R^2 = 0.14$。回归分析的结果表明 $\gamma > 0$，也就是说后一个误差值 ε_{t-1} 有正相关的关系，那么就可以确认所得到的数据存在着正自相关的问题。

下面用准差分法来解决自相关问题。用 $\gamma = 0.456$ 作为修正数据的参数，即：

$$Y_t^* = Y_t - 0.456Y_{t-1}$$
$$X_t^* = X_t - 0.456X_{t-1}$$

然后对新模型作回归分析。新模型是：

$$Y^* = \alpha_0 + \alpha_1 X^* + \eta$$

其回归估计方程为：

$$\hat{Y} = 47.73 + 1.49X$$
$$(13.1)\quad(6.10)$$

这个回归估计模型的 $F = 37.18$，$R^2 = 0.5618$，$\text{Adj} - R^2 = 0.567$。用经过修正的数据估计出来的参数值比用未修正的数据估计出来的参数值要准确，在一定程度上减轻了自相关问题的影响。

小　结

线性回归参数估计的性质和统计推断都是建立在模型假设成立的基础上，但在

解决实际问题时，有可能出现自变量间多重共线性、随机误差项之间存在异方差及自相关等问题，这对线性回归模型的影响很大。本章主要讨论线性回归中如何检验这三种情况是否出现，以及出现多重共线性、异方差及自相关时如何解决，并通过一些实际例子来说明检验和解决问题的全过程。

对于多重共线性问题，可以采用相关系数和协方差检验方法、相关系数与 t 检验值关系、经验方法等检查是否存在多重共线性问题；如果发现模型中存在多重共线性问题，可以采用忽略法、删除法、增加样本法、差分法、合并变量法进行消除。

对于异方差问题，可以采用图示法、帕克检验法、戈德菲尔德-奎安迪特检验法进行检验，如果发现模型中存在异方差问题，可以采用广义最小二乘法、加权最小二乘法进行处理。

对于自相关问题，可以采用图示法、杜宾-沃森检验等方法检验。如果发现模型中存在异方差问题，可以采用准差分法进行处理。

思考与练习

8.1 什么是多重共线性问题？如何检验？

8.2 如何解决模型的多重共线性问题？

8.3 什么是异方差问题？如何检验？

8.4 当模型中出现异方差问题时，如何解决？

8.5 什么是自相关问题？如何检验？

8.6 当模型中出现自相关问题时，如何解决？

8.7 用某城市 1984 ~2002 年购买力 Y，对职工人数 x_1、平均工资 x_2、存款 x_3 进行多元线性回归分析，结果如下：样本容量 =19，回归方程为：

$$\hat{y} = -652.964 + 1.3085x_1 + 0.7276x_2 + 83.025x_3$$

$$(300.858) \quad (0.348) \quad (0.3206) \quad (41.8466)$$

$$R^2 = 0.978 \qquad F = 227.398$$

(1) 说明回归方程各回归系数的含义；

(2) 判断线性回归效果是否显著($\alpha = 0.05$)；

(3) 判断线性回归方程中哪些变量的系数是显著不为零的($\alpha = 0.05$)；

(4) 若 $r_{x_1x_2} = -0.7608$，$r_{x_2x_3} = 0.9075$，说明上述线性回归方程存在什么问题？如果该模型存在问题，如何解决？

第九章　时间序列分析

时间序列是变量依一定的时间间隔顺序而形成的一系列变量值。大量社会经济统计指标都依年、季、月或日统计其指标值，随着时间的推移，形成了统计指标的时间序列。因此，时间序列是某一统计指标长期变动的数量表现。时间序列分析就是估算和研究某一时间序列在长期变动过程中所存在的统计规律性，如长期变动趋势、季节性变动规律、循环变动规律及不规则变动，以此预测今后的发展和变化。本章主要讨论一些传统的时间序列的分析方法，包括指标分析法和因素分析法。

第一节　时间序列的一般问题

一、时间序列的含义

时间序列也叫动态序列，是指同一现象在不同时间上的相继观察值排列而成的序列，它反映社会经济现象发展变化的过程和特点。时间序列由两个基本要素构成：一是资料所属的时间，二是在一定时间条件下的指标数值。表 9-1 所示的就是一个时间序列。

表 9-1　**销售收入统计表**

年份	2000	2001	2002	2003	2004	2005
销售收入（万元）	3 400	3 905	4 390	4 986	5 263	5 987

时间序列不论其数值大小，每一个数值所在的位置都是由它所处的时间决定的，即数字顺序是按时间的先后顺序排列的。

时间序列既可以反映现象发展变化的状态，通过各种描述性分析指标，可以深入揭示现象变化的数量特征，也可以反映现象发展变化的趋势和规律，通过影响时间序列的各种因素分析，可以进一步揭示现象变化的内在原因，为决策提供可靠的数量信息。

二、时间序列的分类

时间序列可以有不同的分类标准。根据观察指标值的不同,时间序列可以分为绝对数时间序列、相对数时间序列和平均数时间序列等。

(一)绝对数时间序列

由一系列绝对数按时间顺序排列而成的序列称为绝对数时间序列,又称总量时间序列,它是时间序列中最基本的表现形式,用于反映现象在不同时间上所达到的绝对水平。绝对数时间序列是计算相对指标、平均指标、进行各种时间序列分析的基础。

绝对数时间序列根据观察值所属的时间状况不同,又可以分为时期序列和时点序列。

1. 时期序列

时期序列的观察值反映现象在一段时期内的活动总量,并且各观察值通常可以直接相加,用于反映现象在更长一段时期内的活动总量。

时期序列具有以下几个特点:

(1)序列中每一个指标,都是表示社会经济现象在一定时期内发展过程的总量。

(2)序列中的各个指标是可以相加的。由于时期序列中每一个指标数值都是在一段时期内发展的总数,所以相加之后指标数值就表明现象在更长时期发展的总量。如全年的国内生产总值是一年中每个月国内生产总值相加的结果,各月份的国内生产总值又是月份内每天的国内生产总值之和。

(3)时期序列中,每个指标数值的大小与时期长短有直接关系。由于时期序列中每个指标都是社会经济现象在一段时期内的发展过程中不断累计的结果,所以一般来说,时期愈长指标数值就愈大,反之就愈小。

2. 时点序列

时点序列的观察值反映现象在某一瞬间时点上的总量,它是在某一时点上统计得到的,序列中的各观察值通常不能相加。

时点序列有以下几个特点:

(1)时点序列中的每一个指标数值,都表示社会经济现象在某一时点(时刻)上的数量。

(2)时点序列中的每个指标不能相加。由于时点序列中的指标数值都是反映现象在某一瞬间的数量,几个指标相加后无法说明这个数值属于哪一个时点上的数量,没有实际意义。

(3)时点序列中每个指标数值大小和“时点间隔”长短没有直接关系。时点序列中每个指标只是现象在某一时点上的水平,因此它的大小与时点间隔的长短没有直接关系。例如,年末的人口数不一定比某月底的人口数大。

（二）相对数时间序列

相对数时间序列又称相对指标时间序列，是反映现象相对水平的某一相对指标按时间先后顺序排列所形成的序列，用以说明现象之间数量关系的变化过程。比如人口自然增长率序列就是相对数时间序列。

相对数时间序列一般是两个有联系的总量指标时间序列对比派生的序列。由于总量指标时间序列有时期序列和时点序列之分，因而，两个总量指标时间序列对比所形成的相对数也可分为：由两个时期数列对比而成的相对数时间序列；由两个时点数列对比而成的相对数时间序列；由一个时期数列和一个时点数列对比形成的相对数时间数列。

在相对数时间序列中，由于每个指标都是相对数，因而各个指标是不能直接相加的。

（三）平均数时间序列

平均数时间序列又称平均指标时间序列，是把一系列同一性质的平均指标数值按时间顺序排列而形成的时间序列，以反映现象一般水平在时间上的变化。

三、时间序列的编制原则

编制时间序列，必须保证时间序列中的各项指标数值具有可比性，具体来说，包括以下几个方面的可比性。

（一）时间上的可比性

由于时期序列中各项指标数值与时期的长短直接相关，因而在同一个序列中，各个指标数值所属的时间长短应尽量一致。因此，这一可比性原则主要针对时期序列而言。

对于时点序列来说，由于各个指标数值都是反映现象在一定时点上所处的状态，所以不存在所属时间长短问题。

（二）总体范围上可比性

在时间序列中各个指标数值所包含的总体范围前后应该一致，主要是指研究现象的空间范围。如现象所包括的地区范围、隶属关系范围等随着社会制度的发展和管理的需要，不同历史时期会发生一定的变化，因此会造成同一指标在不同时期失去可比性。当总体范围有变化时，必须加以调整，以保证指标在范围上具有可比性。

（三）指标内容上可比性

指标内容是指指标计算口径、指标的性质等要具有可比性。每一个数值都具有一定的社会内容，它不是一个抽象的数字，只有同质的现象才能进行动态对比，前后数据计算口径应保持一致。

（四）计算方法具有可比性

对于指标名称、总体范围和经济内容都相同的指标，计算方法不同也会导致数值差异,有时甚至是极大的差异。例如国内生产总值(GDP),按照生产法、支出法、分配法计算的结果就有差异。因此,同一时间序列中,各个时期(时点)指标值的计算方法要统一。如果从某一时期,计算方法做了重大改变,那么发布资料必须注明,以便动态比较时进行调整。

(五)计算价格和计量单位可比

统计指标的计算价格种类很多,有现行价格和不变价格之分。不变价格为了适应客观经济条件的变化也在不断调整,形成了多个时期的不变价格,当遇到前后时期所用的计算价格不同时,就需要进行调整,使其统一。对于实物指标的时间序列,则要求计量单位保持一致,否则也要进行调整。

四、时间序列常用分析方法

时间序列分析最常用的方法有两种:一是指标分析法,二是构成因素分析法。

(一)指标分析法

所谓指标分析法,是指通过计算一系列时间序列分析指标,包括发展水平、平均发展水平、增长量、平均增长量、发展速度、平均发展速度、增长速度、平均增长速度等来揭示现象的发展状况和发展变化程度。

(二)构成因素分析法

时间序列构成因素分析法是将时间序列看作由长期趋势、季节变动、循环变动和不规则变动几种因素所构成,通过对这些因素的分解,揭示现象随时间变化而演变的规律,并在揭示这些规律的基础上,假定事物今后的发展趋势遵循这些规律,从而对事物的未来发展做出预测。

时间序列的这两种基本分析方法,各有不同的特点和作用,揭示不同的问题和状况,分析问题时应视研究的目的和任务,分别采用或综合应用。

第二节　时间序列的指标分析法

为了研究现象发展过程的规律性,需要对时间序列计算各种动态分析指标,反映现象变化的特性、趋势和规律,从而为决策提供依据。

时间序列的指标分析包括水平分析和速度分析两方面的内容。

一、时间序列的水平分析

(一)发展水平与平均发展水平

1. 发展水平

发展水平是指时间序列中每一个具体的指标数值,反映某种现象在一定时期内或一定时点上所达到的规模或水平,是计算其他动态分析指标的基础。

在时间序列中,我们用 t_i 表示现象所属的时间,a_i 表示现象在不同时间上的观察值。a_i 也称为现象在时间 t_i 上的发展水平,它表示现象在某一时间上所达到的一种数量状态。若观察的时间范围为 $t_1,t_2,\cdots,t_n$,相应的观察值表示为 $a_1,a_2,\cdots,a_n$,其中 a_1 称为最初发展水平,a_n 称为最末发展水平。若对两个观察值进行比较,把现在的这个时期称为报告期,用于比较的过去的那个时期称为基期。

2. 平均发展水平

平均发展水平是现象在不同时间上的观察值的平均数,也称序时平均数。它抽象了现象在不同时间上的数量差异,可以概括性地描述出现象在一段时期内所达到的一般水平。在证券市场上,对股票价格或股票价格指数的分析中常用到序时平均数。

由于不同时间序列中观察值的表现形式不同,序时平均数有不同的计算方法。

(1)绝对数时间序列的序时平均数。由于绝对数时间序列有时期序列和时点序列之分,序时平均数的计算方法也有所区别。

对于时期序列,平均发展水平的计算公式为:

$$\bar{a} = \frac{a_1 + a_2 + \cdots + a_n}{n} = \frac{\sum_{i=1}^{n} a_i}{n} \tag{9.1}$$

式中:$\bar{a}$ 表示序时平均数,a_i 为第 i 个时期的观察值,n 为观察值的个数。

例 9.1　某企业的各年的总产值如表 9-2 所示,计算 2002 ~ 2005 年度的平均总产值。

表 9-2　**某企业各年总产值**

年份	2000	2002	2003	2004	2005
总产值(万元)	1 020	1 280	1 500	1 670	1 890

解:根据式(9.1)计算得:

$$\bar{a} = \frac{\sum_{i=1}^{n} a_i}{n} = \frac{7\ 360}{5} = 1\ 472.00(\text{万元})$$

对于时点序列,时点序列中的各观察值是在某个瞬间时点上取得的,根据各观察点的时间间隔长度有所不同,序时平均数通常采用不同的计算方法。

①由连续的时点计算序时平均数

在社会经济研究中,通常将一天看作一个最小的时间单位,对于每天的时点序列,就看作是连续序列。对于以"天"为统计间隔的时点序列,序时平均数可按公式(9.1)计算。

例 9.2 某产品在6月上旬的销售额如表9-3所示,计算6月上旬该产品的平均销售额。

表 9-3 **某产品销售额** 单位:万元

日期	1	2	3	4	5	6	7	8	9	10
销售额	28	38	56	45	37	52	57	48	68	49

解:表中数据为每天资料,由公式(9.1)计算如下:

$$\bar{a}=\frac{a_1+a_2+\cdots+a_n}{n}=\frac{28+38+\cdots+49}{10}=47.8(\text{万元})$$

②由间隔的时点序列计算序时平均数

对于统计时点间隔在一天以上的时点序列,称为间隔时点序列,计算序时平均数时应先求出两个相邻观察值的平均数,然后由此求出整个观察期间的观察值总量,最后再根据这一总量求得平均数,称为两两平均法。其基本计算公式为:

$$\bar{a}=\frac{\left(\frac{a_1+a_2}{2}\right)T_1+\left(\frac{a_2+a_3}{2}\right)T_2+\cdots+\left(\frac{a_{n-1}+a_n}{2}\right)T_{n-1}}{\sum_{i=1}^{n-1}T_i} \tag{9.2}$$

式中:T_i 为观察值 Y_i 与 Y_{t+1} 之间的间隔日期长度。

当各观察时点的间隔相等时,即 $T_1=T_2=\cdots=T_{n-1}$,可采用首尾折半法,上式可化简为:

$$\bar{a}=\frac{\frac{a_1}{2}+a_2+\cdots+a_{n-1}+\frac{a_n}{2}}{n-1} \tag{9.3}$$

例 9.3 设某种股票2005年各统计时点的收盘价如表9-4所示,计算该股票2005年的年平均价格。

表 9-4 **某种股票 2005 年各统计时点的收盘价**

统计时点	1月1日	3月1日	7月1日	10月1日	12月31日
收盘价(元)	14.3	15.8	16.9	17.3	18.2

解:根据式(9.2)得:

$$\bar{a}=\frac{\left(\frac{14.3+15.8}{2}\right)\times 2+\left(\frac{15.8+16.9}{2}\right)\times 4+\left(\frac{16.9+17.3}{2}\right)\times 3+\left(\frac{17.3+18.2}{2}\right)\times 3}{2+4+3+3}$$

$=16.67$(元)

即该股票2005年的平均价格为16.67元。

(2)相对数或平均数时间序列的序时平均数。相对数和平均数通常是由两个绝对数对比形成的,即观察值 $c_i=a_i/b_i$。计算序时平均数时,应先分别求出构成相对数或平均数的分子 a_i 和分母 b_i 的平均数,而后再进行对比,即得相对数或平均数序列的序时平均数。其基本公式可写为:

$$\bar{c}=\frac{\bar{a}}{\bar{b}} \tag{9.4}$$

式中 $\bar{a}$ 和 $\bar{b}$ 可按绝对数时间序列序时平均数的计算方法求得。

具体计算公式有以下几种表达方式。

①由两个时期序列对比形成的相对数或平均数动态数列的序时平均数的计算,其计算公式为:

$$\bar{c}=\frac{\bar{a}}{\bar{b}}=\frac{\frac{a_1+a_2+\cdots+a_n}{n}}{\frac{b_1+b_2+\cdots+b_n}{n}}=\frac{\frac{\sum a_i}{n}}{\frac{\sum b_i}{n}}=\frac{\sum a_i}{\sum b_i} \tag{9.5}$$

例9.4　某企业2005年1～3月份产量计划完成程度资料如表9-5所示,试计算该企业第一季度平均计划完成程度。

表9-5　**某企业2005年1～3月份产量计划完成程度情况**　单位:件

月份	一月	二月	三月
实际完成程度 a	630	719	898
计划完成程度 b	600	700	850
计划完成程度(%)c	105	103	106

解:计算该企业第一季度平均计划完成程度:

$$\bar{c}=\frac{\bar{a}}{\bar{b}}=\frac{\sum a_i}{\sum b_i}=\frac{630+719+898}{600+700+850}=1.05$$

该企业第一季度平均计划完成程度为105%。

②由两个时点序列对比形成的相对数或平均数动态数列的序时平均数的计算，其计算公式为：

$$\bar{c}=\frac{\bar{a}}{\bar{b}}=\frac{\dfrac{\dfrac{a_1}{2}+a_2+\cdots+\dfrac{a_n}{2}}{n-1}}{\dfrac{\dfrac{b_1}{2}+b_2+\cdots+\dfrac{b_n}{2}}{n-1}} \tag{9.6}$$

例 9.5 某企业 2005 年 1 ~3 月生产工人占全部职工的比重如表 9-6 所示。

表 9-6 **某企业 2005 年 1 ~3 月份生产工人占全部职工的比重**

日期	1 月 1 日	2 月 1 日	2 月 28 日	3 月 31 日
生产工人(a)	375	384	400	440
全部工人(b)	500	480	500	550
比重(c)	75	80	80	80

计算第一季度生产工人占全部职工人数的平均比重。

解：该企业第一季度生产工人占全部职工人数的平均比重(%)为：

$$\bar{c}=\frac{\bar{a}}{\bar{b}}=\frac{\dfrac{\dfrac{a_1}{2}+a_2+\cdots+\dfrac{a_n}{2}}{n-1}}{\dfrac{\dfrac{b_1}{2}+b_2+\cdots+\dfrac{b_n}{2}}{n-1}}=\frac{\dfrac{\dfrac{375}{2}+384+400+\dfrac{440}{2}}{4-1}}{\dfrac{\dfrac{500}{2}+480+500+\dfrac{550}{2}}{4-1}}=80.24\%$$

即该企业第一季度生产工人占全部职工人数的平均比重为 80. 24%。

③由一个时期序列和一个时点序列对比形成的相对指标或平均指标的时间序列计算序时平均数。

$$\bar{c}=\frac{\bar{a}}{\bar{b}}=\frac{\dfrac{\sum a_i}{n}}{\dfrac{\dfrac{b_1}{2}+b_2+\cdots+\dfrac{b_n}{2}}{n-1}} \tag{9.7}$$

例 9.6 某企业第一季度商品销售额与月初库存额资料如表 9-7 所示，计算第一季度平均商品流转次数。

表 9-7　某企业第一季度商品销售额月初库存额资料

月份	单位	1	2	3	4
商品销售额(a)	万元	150	240	330	—
月初商品库存额(b)	万元	60	80	95	108
商品流转次数(c)	次	2.5	2.75	3.5	—

解:计算该商业企业第一季度平均商品流转次数:

$$\bar{c}=\frac{\bar{a}}{\bar{b}}=\frac{\dfrac{\sum a_i}{n}}{\dfrac{\dfrac{b_1}{2}+b_2+\cdots+\dfrac{b_n}{2}}{n-1}}=\frac{\dfrac{150+240+330}{3}}{\dfrac{\dfrac{60}{2}+80+95+\dfrac{108}{2}}{4-1}}=\frac{240}{86.33}=2.78(\text{次})$$

该商业企业第一季度平均商品流转次数为2.78次。

(二)增长量与平均增长量

1. 增长量

增长量是时间序列中的报告期水平与基期水平之差,用于描述现象在观察期内增长的绝对数量。若二者之差为正数,表示增长;若为负数,则表示负增长。

计算公式为:

$$\text{增长量}=\text{报告期发展水平}-\text{基期发展水平} \tag{9.8}$$

由于采用的基期不同,增长量有逐期增长量和累积增长量之分。

(1)逐期增长量是报告期水平与前一时期水平之差,表示本期比前一时期增长的绝对数量。设时间序列的观察值为 $a_i(i=0,1,\cdots,n)$,增长量为 Δ,逐期增长量的一般形式可以写为:

$$\Delta_i=a_i-a_{i-1}\quad(i=1,2,\cdots,n) \tag{9.9}$$

即:$a_1-a_0,a_2-a_1,\cdots,a_n-a_{n-1}$.

(2)累积增长量是报告期水平与某一固定时期水平之差,说明报告期与某一固定时期相比增长的绝对数量。累计增长量的基期一般选择时间序列的第一个时间。设时间序列的观察值为 $a_i(i=0,1,\cdots,n)$,增长量为 Δ,累积增长量的一般形式可以写为:

$$\Delta_i=a_i-a_0\quad(i=1,2,\cdots,n) \tag{9.10}$$

即:$a_1-a_0,a_2-a_0,\cdots,a_n-a_0$.

不难看出,整个观察期内各逐期增长量之和等于最末期的累积增长量。即:

$$\sum_{i=1}^{n}(a_i-a_{i-1})=a_n-a_0 \tag{9.11}$$

2. 平均增长量

平均增长量是观察期各逐期增长量的平均数,用于描述现象在观察期内平均增长的数量。它可以根据逐期增长量求得,也可以根据累积增长量求得。计算公式为:

$$\text{平均增长量} = \frac{\text{逐期增长量之和}}{\text{逐期增长量个数}} = \frac{\text{累积增长量}}{\text{观察值个数}-1} \tag{9.12}$$

式中第一步可以认为是平均增长量的定义公式,而第二步是根据累积增长量和逐期增长量的关系所得到的。增长量虽然有累积增长量和逐期增长量之分,但由于累积增长量在不同时间上不具有可加性,即将累积增长量再累积没有什么经济意义,因此,所谓平均增长量就是指逐期增长量的序时平均数。

例 9.7 某企业 2005 年产品销售量资料如表 9-8 所示,由此计算上半年平均增长量。

表 9-8 **某企业 2005 年产品销售量**

月份	1	2	3	4	5	6
销售量(千件)	20	25	24	26	27	29
逐期增长量		5	-1	2	1	2
累计增长量		5	4	6	7	9

解:上半年总增长量等于各月增长量之和,即:

$$\text{各月增长量之和} = 5 + (-1) + 2 + 1 + 2 = 9$$

而上半年平均每月增长量为:

$$\text{平均增长量} = 9/5 = 1.8(\text{千件})$$

二、时间序列的速度分析

(一)发展速度与增长速度

1. 发展速度

发展速度是报告期发展水平与基期发展水平之比,用于描述现象在观察期内的发展变化程度。用公式表示为:

$$\text{发展速度} = \frac{\text{报告期发展水平}}{\text{基期发展水平}} \times 100\% = \frac{a_n}{a_0} \times 100\% \tag{9.13}$$

式中:a_n、a_0 分别为报告期发展水平和基期发展水平。发展速度一般用百分比表示,也可用倍数或系数表示。

由于采用的基期不同,发展速度可以分为环比发展速度和定基发展速度。

(1)环比发展速度是报告期水平与前一时期水平之比,说明现象逐期发展变化的程度;设时间序列的观察值为 $a_i(i=0,1,\cdots,n)$,发展速度为 R,环比发展速度的一般形式可以写为:

$$R_i = \frac{a_i}{a_{i-1}} \times 100\% \quad (i = 1,2,\cdots,n) \tag{9.14}$$

(2)定基发展速度是报告期水平与某一固定时期水平之比，说明现象在整个观察期内总的发展变化程度。设时间序列的观察值为 $a(i=0,1,\cdots,n)$，发展速度为 R，定基发展速度的一般形式可以写为：

$$R_i = \frac{a_i}{a_0} \times 100\% \quad (i = 1,2,\cdots,n) \tag{9.15}$$

观察期内各个环比发展速度的连乘积等于最末期的定基发展速度；两个相邻的定基发展速度，用后者除以前者，等于相应的环比发展速度。即：

$$\prod \frac{a_i}{a_{i-1}} = \frac{a_n}{a_0}(\prod \text{为连乘符号}) \tag{9.16}$$

$$\frac{a_i}{a_0} \div \frac{a_{i-1}}{a_0} = \frac{a_i}{a_{i-1}} \tag{9.17}$$

利用上述关系，可以根据一种发展速度去推算另一种发展速度。

2. 增长速度

增长速度也称增长率，是增长量与基期水平之比，用于描述现象的相对增长程度。其基本计算公式为：

$$\text{增长速度} = \frac{\text{增长量}}{\text{基期水平}} \times 100\% \tag{9.18}$$

增长速度的结果可正可负，当结果为正时，表明现象的增长，结果为负时，表明现象的下降，因而增长速度也称为增减速度。

由于采用的基期不同，增长速度也可分为环比增长速度和定基增长速度。

①环比增长速度是逐期增长量与前一时期水平之比，用于描述现象逐期增长的程度。设增长速度为 G，环比增长速度的公式可写为：

$$G_i = \frac{a_i - a_{i-1}}{a_{i-1}} = \frac{a_i}{a_{i-1}} - 1 \quad (i = 1,\cdots,n) \tag{9.19}$$

即：$\frac{a_1 - a_0}{a_0},\frac{a_2 - a_1}{a_1},\cdots,\frac{a_n - a_{n-1}}{a_{n-1}}$.

②定基增长速度是累积增长量与某一固定时期水平之比，用于描述现象在观察期内总的增长程度。定基增长速度公式为：

$$G_i = \frac{a_i - a_0}{a_0} = \frac{a_i}{a_0} - 1 \quad (i = 1,\cdots,n) \tag{9.20}$$

即：$\frac{a_1 - a_0}{a_0},\frac{a_2 - a_0}{a_0},\cdots,\frac{a_n - a_0}{a_0}$.

由此可知，如果发展速度大于 1，则增长速度为正值，表明某种社会经济现象增长的程度和上升的发展趋势；否则相反。

例 9.8 下面以我国 2000～2005 年某种商品的产量数据为例，计算各种动态指标，见表 9-9。

解：根据各种指标的含义，计算如表 9-9 所示。

表 9-9 我国 **2000～2005** 年某种商品产量增长速度

年份		2000	2001	2002	2003	2004	2005
发展水平(元/吨)		134.9	177.4	222.5	285.3	446.3	535
增长量(元/吨)	累积	—	42.5	87.6	150.4	311.4	400.1
	逐期	—	42.5	45.1	62.8	161	88.7
发展速度%	环比	—	131.5	125.4	128.2	156.5	119.8
	定基	100	131.5	164.9	211.5	331	396.6
增长速度%	环比	—	31.5	25.4	28.2	56.5	19.8
	定基	—	31.5	64.9	111.5	231.5	296.6
增长 1% 的绝对值		—	1.35	1.77	2.23	2.85	4.46

3. 计算和运用速度指标应注意的问题

(1)时间序列中的指标值为 0 或负数时，不宜计算速度。

(2)速度指标与发展水平指标要结合使用。速度是一个相对值，它与对比的基期值的大小有很大关系，大的速度背后，其隐含的增长绝对值可能很小；小的速度背后，其隐含的增长绝对值可能很大。这就是说，由于对比的基点不同，可能会造成速度数值上的较大差异，进而造成高的速度掩盖了低的增长。为了求得一个具有可比性的指标，就需要把速度指标与水平指标结合起来，计算增长 1% 的绝对值指标。

统计上把增长速度和增长量结合起来的指标，就是增长百分之一的绝对值。其计算公式为：

增长 1% 的绝对值 = 逐期增长量/环比增长速度

增长百分之一的绝对值这一指标不仅可用于比较同一事物不同时期增长速度的经济意义，还可以用于比较不同国家、不同地区、不同单位之间同一事物增长速度所隐含的不同经济意义。

(二)平均发展速度与平均增长速度

平均速度指标可以分为平均发展速度和平均增长速度两种。平均速度指标在实际种应用非常广泛。将不同时期的平均速度指标进行对比，可以反映现象在不同发展阶段的变化情况，为企业预测、决策提供依据。

1. 平均发展速度

平均发展速度是各个时期环比发展速度的平均数，用于描述现象在整个观察期内平均发展变化的程度,可以用几何法和方程法计算。

(1)几何法

几何法又称水平法,它是根据各期的环比发展速度采用几何平均法计算出来的。计算公式为:

$$\bar{R}=\sqrt[m]{\frac{a_1}{a_0}\times\frac{a_2}{a_1}\times\cdots\times\frac{a_n}{a_{n-1}}}=\sqrt[m]{\prod\frac{a_i}{a_{i-1}}}=\sqrt[m]{\frac{a_n}{a_0}}\quad(i=1,2,\cdots,n)\quad(9.21)$$

式中:$\bar{R}$ 表示平均发展速度,m 为环比发展速度的个数,它等于观察数据的个数 n 减 1,Π为连乘符号。

用几何平均法计算得到的平均发展速度,实质上只考虑了最初发展水平和最末发展水平之间的变化情况,不能反映中间各项水平的变化,因而只有在现象各期水平比较平稳地向同一方向发展时,计算结果才具有意义。

例 9.9　如果某企业 2000 年的产值为 1 260 万元,到 2010 年其产值预计达到 8 000 万元,求其平均发展速度为多少?

解:根据公式(9.21)可知:

$$\bar{R}=\sqrt[10]{\frac{Y_n}{Y_0}}=\sqrt[10]{\frac{8\ 000}{1\ 260}}=120.30\%$$

即该企业的平均发展速度为 120.30%。

(2)方程法又称累计法,它的基本出发点是从时间序列的最初发展水平 a_0 开始,以数列的平均速度去代替各期的环比发展速度,由此推算出各期理论发展水平之和与各期实际发展水平之和相一致,即:

$$a_1+a_2+a_3+\cdots+a_n=\sum_{i=1}^{n}a_i$$

$$a_0\bar{a}+a_0\bar{a}^2+a_0\bar{a}^3+\cdots+a_0\bar{a}^n=\sum_{i=1}^{n}a_i$$

$$\sum_{I=1}^{n}a_0\bar{a}^i=\sum_{i=1}^{n}a_i\quad(9.22)$$

$$\sum_{i=1}^{n}\bar{a}^i=\frac{\sum_{i=1}^{n}a_i}{Y_0}$$

解这个高次方程,其正根即为平均发展速度。但是,要求解这个高次方程是非常麻烦的,因此,在实际工作中,往往利用已经编好的《平均增长速度查对表》来计算。

2. 平均增长速度

平均增长速度(平均增长率)则是用于描述现象在整个观察期内平均增长变化的程度,它通常用平均发展速度减 1 来求得。

设平均增长速度为 $\bar{G}$,则有:

$$\overline{G} = \overline{R} - 1 \tag{9.23}$$

当发展速度大于1时,平均增长速度为正值,表明现象在一定时期内平均逐期递增的程度,也叫平均递增率,反之,当平均发展速度小于1时,平均增长速度为负,表明现象在一定时期内平均速度递减的程度,也叫平均递减速率。

例9.10 若要求在2010年底,把祖国大陆人口数控制在14亿以内,以2000年底全国人口126 000万人为基数,10年内我国人口增长率应控制在什么水平上?

解:由已知条件可知 $a_0 = 126\ 000$,$a_n = 140\ 000$,$n = 10$

$$\overline{R} = \sqrt[10]{\frac{140\ 000}{126\ 000}} = 1.0106$$

平均增长速度 $= (1.0106 - 1) \times 1\ 000‰ = 10.6‰$

即从2000年开始我国人口年平均增长速度必须控制在10.6‰以内,才能保证到2010年底人口不突破14亿人。

3. 计算和应用平均速度指标应注意的问题

(1)几何平均法和方程法是计算平均发展速度的基本方法,但两种方法的侧重点不同:前者是从报告期水平出发来研究问题,而后者则是从各期水平的累计总和出发进行考察。因此,它们的应用条件是不同的,同一资料,两种方法计算的结果也不相同。所以,在计算平均发展速度时要根据研究现象的性质、研究目的来选择合适的方法。

(2)要根据事物的发展状态,应用分段平均发展速度来补充说明整个时期的总平均发展速度。

(3)在应用几何平均法计算平均发展速度时,还要注意与环比发展速度结合进行分析。因为几何平均法计算的平均发展速度只考虑了报告期水平与基期水平,中间各期水平无论怎样变化,对平均速度的高低都无影响。如果中间各期水平出现了特殊高低变化,或者最初、最末水平受到特殊因素的影响,就会降低或失去平均速度的意义。

第三节 时间序列的构成因素分析法

一、时间序列的变动因素

现象的发展变化往往是多种因素影响的综合结果。一般认为,一个时间序列中包含四种变动因素:长期变动趋势、季节性变动、循环变动和不规则变动。换言之,时间序列通常是上述四种变动因素综合作用的结果。

(一)长期变动趋势

长期变动趋势(T:secular trend)是指变量值在一个长时期内所呈现出来的持续增加或减少的一般趋势。长期变动趋势可能呈现为直线型变动趋势,也可能呈现曲线型变动趋势,依变量不同而异。例如随着经济条件、医疗条件的发展,人口出生率有高于死亡率的趋势;城市人均收入水平随着经济的发展有增长的趋势。这种趋势的时间长短,可根据资料情况而定。

(二)季节性变动

季节性变动(S:seasonal variation)是指变量的时间序列值因受季节变化而产生的变动。季节变动是一种年年重复出现的一年内的季节性周期变动,即每年随季节替换,时间序列值呈周期变化。

季节变动一般以1年为周期。也有以1日、1周、1月为周期而产生变动,称为准季节变动。如市内公共汽车的乘客,早晨逐渐增多,上、下班时间达到高峰,入夜以后逐渐减少,是以1日为周期的变动;市内商店的顾客星期六和星期日最多,是以1周为周期的变动;银行活期储蓄存款月初增加,月末减少,这是以1月为周期的变动。

引起季节变化的因素,有自然因素也有人为因素。比如由于自然气候条件的变化,棉衣销量呈现季节变化;由于人为的社会条件变化而引起的季节变化,如节假日某种商品销量的变化等。

(三)循环变动

循环变动(C:cyclical variation)又称周期性变动,它是指变量的时间序列值相隔一段时间后所呈现的周期变动。其变化特征是:现象的增加或减少交替出现,但持续的周期不因它的波动按任何既定的趋势变化,而是按照某种不可预测方式进行涨落起伏的变化。在一个时间序列中,循环变动的周期可以长短不一,变动的幅度也可大可小。例如,股票市场由牛市到熊市的周期再到下一个牛市与熊市的周期。虽然每一个周期可能长短不同,但盛衰起伏周而复始。事物的循环变动,是由事物发展的内在原因决定的。

(四)不规则变动

不规则变动(I:irregular variation)是指变量的时间序列值受突发事件、偶然因素或不明原因所引起的非趋势性、非季节性、非周期性的随机变动,因此,不规则变动是一种无法预测的波动,不能用数学模型来表达和说明。

一个时间序列通常包含上述四种变动因素,但不是所有的时间序列都含有这四种变动因素。例如,年份统计数据就不存在季节性变动因素,而按季统计的数据不一定就存在循环变动因素。在某些时间序列中,季节变动和循环变动可能同时存在,亦可能不同时存在。

二、时间序列的分析模型

一个时间序列通常包括上述四种或其中几种变动因素,因此分析时间序列的基本思路就是将其中的变动因素一一分解出来,测定其变动规律,然后再综合分析它们的变动对时间序列变动的影响。

采用何种方法分析和测定时间序列中各因素的变动规律或变动特征取决于对四种变动因素之间相互关系的假设。一般可对时间序列各变动因素关系做两种不同的假设,即加法关系假设或乘法关系假设,由此形成了相应的加法模型或乘法模型。

（一）加法模型

加法模型假设时间序列中四个变动因素之间是相互独立且其数值可依次相加,即:

$$Y_t = T_t + S_t + C_t + I_t \tag{9.24}$$

其中:Y_t 表示变量在 t 时间的取值;

T_t 表示变量在 t 时间的长期趋势值;

S_t、C_t、I_t 分别表示季节变动、循环变动和不规则变动与长期趋势值的离差。

显然,加法模型假设季节因素、循环因素和不规则因素的变动均围绕长期趋势值上下波动,它们可表现为正值或负值,以此测定其在长期趋势值的基础上增加或减少若干个单位,并且反映其各自对时间序列值的影响和作用。

（二）乘法模型

乘法模型假设时间序列中四个变动因素之间为相乘关系,即变量的时间序列值是各因素的连乘积。以公式表示:

$$Y_t = T_t \times S_t \times C_t \times I_t \tag{9.25}$$

符号意义同上。

显然,乘法模型也假设季节因素、循环因素和不规则因素的变动围绕长期趋势值上下波动,但这种波动表现为一个大于或小于 1 的系数或百分比,以此测定其在 t 时间的长期趋势值的基础上增加或减少的相对程度,并且反映其各自对时间序列值的影响和作用。

三、长期趋势的分析方法

长期趋势是统计指标在较长一段时期内发展变化的基本形式和方向。研究长期趋势的目的是为了认识和掌握现象发展的规律性,为统计预测提供必要的依据。长期趋势的分析方法主要有移动平均法和回归分析法,两者可依据时间序列的变动特点分别使用或搭配使用。

（一）移动平均法

移动平均法(moving average method)就是以依次逐期推移的方式计算时间序列中一段时期变量值的序时平均数。通过依序逐期推移计算所得的一系列序时平均数,称移动平均数序列,消除了时间序列的波动程度,结果比较均匀。因此,移动平均法又称修匀方法。移动平均法的实质是通过对变量值进行平均的方法,对原来的时间序列进行修匀,以消除季节变动、不规则变动等其他因素对序列产生的影响。移动平均法主要有简单移动平均、加权移动平均、指数平滑等形式。

1. 简单移动平均

简单移动平均是直接用简单算术平均数作为移动平均趋势值的一种方法。计算过程如下:首先确定移动的项数 k,然后从时间序列的第一个变量开始,每次向后移动一项,分别计算出各数值的序时平均数,最后将计算出来的每个移动平均数的数值与它所对应的时间对应排列,构成一个新的时间序列。

设移动间隔长度为 k,则移动平均数序列可以写为:

$$\bar{Y}_i = \frac{Y_i + Y_{t+1} + \cdots + Y_{i+k-1}}{k} \tag{9.26}$$

式中,$\bar{Y}_i$ 为移动平均趋势值;k 为大于 1 小于 n 的正整数。

例 9.11　某公司 2005 年各月的销售额资料见表 9-10,分别计算 3 个月,5 个月的移动平均趋势值,并进行比较。

解:根据简单移动平均公式,当 $k=3$ 时,移动平均趋势值:

$$\bar{Y}_1 = \frac{Y_1 + Y_2 + Y_3}{3} = \frac{34 + 35 + 38}{3} = 35.67$$

当 $k=5$ 时:

$$\bar{Y}_i = \frac{Y_1 + Y_2 + Y_3 + Y_4 + Y_5}{3} = \frac{34 + 35 + 38 + 40 + 46}{3} = 38.60$$

其余各期同理,结果见表 9-10。

表 9-10　**某公司 2000 年各月销售额**　单位:万元

月份	实际销售额	移动平均值($k=3$)	移动平均值($k=5$)
1	34	—	—
2	35	35.67	—
3	38	37.67	38.60
4	40	41.33	41.40
5	46	44.67	43.60
6	48	46.67	45.00
7	46	46.33	47.20
8	45	47.33	48.00
9	51	48.67	50.4
10	50	53.67	56.00
11	60	61.33	—
12	74	—	—

2. 加权移动平均数

用简单移动平均数计算移动平均,每个观测值都用相同的权数,即假定过去各期的数据对预测期的重要程度是相同的。在加权移动平均法中,每个数据值选择不同的权数,然后计算最近几个时期数值的加权数作为预测值。

加权移动平均数的公式为:

$$\bar{Y}_i = \frac{Y_i f_i + Y_{i+1} f_{i+1} + \cdots + Y_{i+k-1} f_{i+k-1}}{f_i + f_{i+1} + \cdots + f_{i+k-1}} \tag{9.27}$$

例 9.12 仍以表 9-10 中的已知数据为例,计算加权移动平均数(设 $k=3$)。

解:根据加权移动平均数计算公式,当 $k=3$ 时,

$$Y_1 = \frac{34 \times 1 + 35 \times 2 + 38 \times 3}{1 + 2 + 3} = 36.33$$

其余类推。见表 9-11 所示。

表 9-11 **加权移动平均数计算**

月份	实际销售额	加权移动平均数($k=3$)
1	34	—
2	35	36.33
3	38	38.50
4	40	42.67
5	46	46.00
6	48	46.67
7	46	45.83
8	45	48.17
9	51	49.50
10	50	55.17
11	60	65.33
12	74	—

一般来说,较近时期的历史资料比较远的历史资料对预测未来更加合适一些,因此应该给最近时期的观测数据以最大的权数。

利用移动平均法分析趋势变动时,注意以下几个问题:(1)移动间隔的长度应长短适中。一般来说,通过移动平均所得到的移动平均数数列,要比原始数据序列匀滑。移动的步长越大,所得趋势值越少,个别观察值影响作用就越弱,移动平均序列所表现的趋势越明显,但移动间隔过长,有时会脱离现象发展的真实趋势;移动间隔越短,个别观察值的影响作用就越大,有时又不能完全消除序列中短期偶然因素的影响,从而看不出现象发展的变动趋势。(2)在利用移动平均法分析趋势变动时,要注意应把移动平均后的趋势值放在各移动项的中间位置。

3. 指数平滑法

指数平滑法是用过去时间序列数值的加权平均数作为预测值,是加权移动平均

法的一种特殊形式。其基本形式是根据本期的实际值 Y_t 和本期的趋势值 $\hat{Y}_t$，分别给以不同权数 α 和 $1-\alpha$，计算加权平均数作为下期的趋势值 $\hat{Y}_{t+1}$。基本指数平滑法模型如下：

$$\hat{Y}_{t+1} = \alpha Y_t + (1-\alpha)\hat{Y}_t \tag{9.28}$$

式中：$\hat{Y}_{t+1}$ 表示时间序列 $t+1$ 期趋势值，Y_t 表示时间序列 t 期的实际值，$\hat{Y}_t$ 表示时间序列 t 期的趋势值，α 为平滑常数（$0<\alpha<1$）。

若利用指数平滑法模型进行预测，从基本模型中可以看出，只需一个 t 期的实际值 Y_t，一个 t 期的趋势值 $\hat{Y}_t$ 和一个 α 值，所用数据量和计算量都很少。

例 9.13　某公司 2005 年前 8 个月销售额资料见表 9-12，用指数平滑法进行长期趋势分析。已知 1 月份预测值为 150.8 万元，α 分别取 0.2 和 0.8。

解：根据公式（9.28）计算得到如表 9-12 所示的结果。

表 9-12　**某公司 2005 年各月销售额预测表**　单位：万元

月份	实际销售额	一次指数平滑预测数	
		$\alpha=0.2$	$\alpha=0.8$
1	154	150.80	150.80
2	148	$0.2\times154+(1-0.2)\times150.8=151.44$	153.36
3	142	150.75	149.07
4	151	149.00	143.41
5	145	149.40	149.48
6	154	148.52	145.90
7	157	149.62	152.38
8	151	151.10	156.08
9	—	151.08	152.02

一次指数平滑法比较简单，α 和初始值的确定最为关键。

（1）α 值的确定

选择 α 的原则是使预测值与实际观察值之间的误差最小。从理论上讲，α 取 0～1 之间的任意数据均可以。具体如何选择，要视时间序列的变化趋势来定。一般来说，当时间序列呈较稳定的水平趋势时，应取小一些，如 0.1～0.3，以减小修正幅度；当时间序列波动较大时，宜选择居中的 α 值，如 0.3～0.5；当时间序列波动很大，呈现明显且迅速的上升或下降趋势时，α 应取大些，如 0.6～0.8，以使预测模型灵敏度高些，能迅速跟上数据的变化；在实际预测中，可取几个 α 值进行试算，比较预测误差，选择误差小的那个 α 值。

（2）初始值的确定

如果资料总项数 N 大于 50,则经过长期平滑的推算,初始值的影响变得很小了,为了简便起见,可用第一期水平作为初始值。但是,如果 N 小到 15 或 20,则初始值的影响较大,可以选用最初几期的平均数作为初始值。

(二)回归分析法

利用移动平均法可以反映现象在一定时期内的发展变化趋势,但无法依据这种趋势进行外延预测,确定相应的趋势方程。回归分析法就能解决这个问题。

时间序列的回归分析法是以时间 t 为自变量,以形成时间序列的统计指标 y 为因变量,应用最小二乘法,建立 y 和 t 之间的回归模型,以此测定时间序列的长期趋势值。其分析方法实际上与第六章所介绍的回归分析方法完全一致,采用最小二乘法进行回归分析。

时间序列的长期变动趋势有直线和曲线之分,因此,应当根据其变动趋势的特征分别拟合相应的直线回归模型或曲线回归模型。

1. 直线回归模型

设趋势线方程为:

$$\hat{Y}_t = a + bt \tag{9.29}$$

式中 $\hat{Y}_t$ 为现象在某一时间上的趋势值,a 为趋势线在 Y 轴上的截距,b 为趋势线的斜率,表示时间 t 变动 1 个单位时,趋势值 $\hat{Y}_t$ 的平均变动数量。

方程中的参数 a 和 b 利用最小二乘法进行求解:

$$\begin{aligned} \sum y &= a + b\sum t \\ \sum ty &= a\sum t + b\sum t^2 \end{aligned} \tag{9.30}$$

得到:

$$b = \frac{n\sum tY - \sum t\sum Y}{n\sum t^2 - (\sum t)^2} \tag{9.31}$$

$$a = \bar{Y} - b\bar{t}$$

为了简化计算,把原数列中间项 作为原点,使得 $\sum t = 0$, 则标准方程简化为:

$$\begin{aligned} \sum y &= na \\ \sum ty &= b\sum t^2 \end{aligned} \tag{9.32}$$

因此:

$$a = \frac{\sum y}{n};b = \frac{\sum ty}{\sum t^2} \tag{9.33}$$

例 9.14 下面以某企业连续 6 年的销售量资料(表 9-13)为例说明最小二乘法的应用。

表 9-13　**某企业的销售量**　单位:万件

年份	时间代码 t	销售额 y	t^2	ty	$y=98.85+2.66t$
2000	-5	85.6	25	-428.0	85.6
2001	-3	91.0	9	-273.0	90.9
2002	-1	96.1	1	-96.1	96.2
2003	1	101.2	1	101.2	101.5
2004	3	107.0	9	321.0	106.8
2005	5	112.2	25	561.0	112.1
合计	0	593.1	70	186.1	593.1

解:根据表中原始数据,计算可得:

$$b=\frac{\sum ty}{\sum t^2}=\frac{186.1}{70}=2.66$$

$$a=\frac{\sum y}{n}=\frac{593.1}{6}=98.85$$

则所拟合的直线趋势方程为:$y=a+bt=98.85+2.66t$

若预测 2006 年的销售量,将 $t=7$ 代入方程得:

$$y=98.85+2.66\times7=117.47(\text{万件})$$

2. 非线性回归模型

在实际研究问题中,现象发展变化有可能是直线,也可能是曲线。若呈现出某种非线性态势,则需要配合适当的趋势曲线。

(1)抛物线型

抛物线型的基本方程为:

$$\hat{Y}_t=a+bt+ct^2 \tag{9.34}$$

式中 a,b,c 为三个未知参数,可根据最小二乘法求解。

根据最小二乘法原理,可推到出 a、b、c 的标准求解方程:

$$\sum Y=na+b\sum t+c\sum t^2 \tag{9.35}$$

$$\sum tY=a\sum t+b\sum t^2+c\sum t^3 \tag{9.36}$$

$$\sum t^2Y=a\sum t^2+b\sum t^3+c\sum t^4 \tag{9.37}$$

(2)指数曲线

指数曲线用以描述几何级数递增或递减的现象。指数曲线的一般形式为:

$$\hat{Y}_t=ab^t \tag{9.38}$$

式中 a、b 为未知参数。

为确定 a、b 的值，可采用线性化的手段来确定。对指数方程两边取对数，指数曲线化为对数直线形式：

$$\log\hat{Y}_t = \log a + t\log b \tag{9.39}$$

然后用最小二乘法原理，求出 a 和 b：

$$\sum \log Y = n\log a + \log b \sum t \tag{9.40}$$

$$\sum t\log Y = \log a \sum t + \log b \sum t^2 \tag{9.41}$$

例 9.15 现有某企业 2000～2005 年的销售量依次为 53、72、96、129、171、232 万件，试求该企业销售量的长期趋势。

解：由于各年产量几乎按同一比例增长，所以，可以考虑拟合指数曲线：$y = ae^{bt}$。

首先将上式转换为直线方程，取对数 $\ln Y = \ln a + bt$，令 $Y' = \ln Y \quad a' = \ln a$，然后利用最小平方法求解参数。具体计算见表 9-14。

表 9-14 **指数趋势函数计算表**

年份	序号 t	t^2	Y	$Y' = \ln Y$	tY'	趋势值 Y_t
2000	1	1	53	3.97	3.97	53.79
2001	2	4	72	4.23	8.55	71.89
2002	3	9	96	4.56	13.69	96.07
2003	4	16	129	4.86	19.44	128.39
2004	5	25	171	5.14	25.71	171.59
2005	6	36	232	5.45	32.68	229.32
合计	21	91	—	28.26	104.04	—

根据上面的结果，有：

$$b = \frac{n\sum ty' - \sum t \sum y'}{n\sum t^2 - (\sum t)^2} = 0.29$$

$$a' = \overline{Y}' - b\,\overline{t} = 3.695$$

$$a = e^{a'} = 40.25$$

因此得到产量的长期趋势函数为 $Y = 40.25e^{0.29t}$。将 t 代入方程即得 2000～2005 年销售量的趋势值。若要预测 2006 年产量，则有：

$$Y = 40.25e^{0.29\times 7} = 306.47(\text{万件})$$

一般用数学模型法测定长期趋势，关键在于科学的选择模型。数学模型有直线型和曲线型两种类型，而每一种类型又有很多种具体形式。因此，在建立模型之前首先要判断趋势的形态。一种是根据散点图法判断，然后根据散点图的形状来确定数学模型；另一种是根据指标判断，若时间序列的环比增长量大体相等，则其趋势线近似于一条直线；若时间序列的二次增长量大体相等（即逐期增长量大体上呈等量递增或递减态势），则其趋势线近似于一条抛物线；若时间序列的各期环比发展速度大体相等，则其趋势线近似于一条指数曲线。

四、季节性变动的分析方法

季节性变动具有三个特点：一是季节性变动每年重复进行；二是季节性变动按照一定的周期进行；三是每个周期变化强度大体相同。

分析季节性变动，还可以根据季节性变动规律，配合适当的季节模型，结合长期趋势，进行经济预测，计划未来行动。研究季节性变动的目的在于了解季节变动对人们经济生活的影响，以便更好地组织生产和安排生活。

分析季节性变动的方法很多，下面主要介绍同月（季）平均法和趋势剔除法。

（一）同月（季）平均法

同月（季）平均法是通过对若干年资料的数据，求出同月份（季）的平均水平与全数列总平均月份（季）水平，然后对比得出各月份（季）各季节指数。为了较准确的观察季节性变动情况，一般用连续3年以上的发展水平资料，加以平均分析。其计算步骤如下：

1. 根据各年按月（季）的时间序列资料计算出各年同月（季）的平均水平；
2. 计算各年所有月（季）的总平均水平；
3. 将各年同月（季）的平均水平与总平均水平进行对比，即得出季节指数，其计算公式为：

$$\text{月(季)指数} = \frac{\text{同月(季)平均水平}}{\text{总平均月份水平}} \times 100\% \tag{9.42}$$

显然，若在“旺月（季）”，月（或季）指数将大于1；若在“淡月（季）”，月（或季）指数将小于1。

按同月（季）平均法计算月（季）指数来反映季节性变动时，要求统计指标的时间序列无明显的长期趋势，否则月（或季）指数就无法准确反映季节性变动因素的影响程度。此外，该方法还要求一定的时间序列长度，一般要求至少应有3年的月份或季度的统计指标值。

同期平均法计算简单，易于理解。该方法的基本假定是原时间序列没有明显的长期趋势和循环波动，因而，通过若干年同期数值的平均，不仅可以消除不规则波动，而且当平均的周期与循环周期一致时，循环波动也可以在平均过程中得以消除，但实际上，许多时间序列所包含的长期趋势和循环波动，很少能够通过平均予以消除。因此只有当序列的长期趋势和循环波动不明显或影响不重要时，才适合应用该方法。

例 9.16 某服装公司 2003～2005 年各月销售量资料如表 9-15 所示，试用按月（或季）平均法计算各月的季节指数。

解：根据上述步骤销售量季节指数计算过程见表 9-15。

表 9-15 中的季节指数一栏，是以指数形式表现的典型销售量。每个指数代表 2003～2005 年间每个月份的平均销售量。比如，1 月份的季节指数为 13.8%，表示该月份销售量为全年平均销售量的 13.8%，这样从各月的季节指数序列，可以清楚地表明该服装公司销售量的季节变动趋势。

表 9－15　**2003～2005 年各月销售量资料及季节指数计算表**

月份	各年销售量（万件）			合 计	同月平均	季节比率（%）
	2003 （1）	2004 （2）	2005 （3）	（4）=（1） +（2）+（3）	（5）=（4）÷（3）	（6）=（5）÷1260.56
1 月	80	120	320	520	173.3	13.8
2 月	120	200	400	720	240	19.0
3 月	200	350	700	1 250	416.7	33.1
4 月	500	850	1 500	2 850	950	75.4
5 月	800	1 500	2 400	4 700	1 566.7	124.3
6 月	2 500	4 500	6 800	13 800	4 600	364.9
7 月	2 400	6 400	7 200	16 000	5 333.3	423.1
8 月	600	900	1 500	3 000	1 000	79.3
9 月	200	400	600	1 200	400	31.7
10 月	100	250	400	750	250	19.8
11 月	60	100	200	360	120	9.5
12 月	40	80	110	230	76.7	6.1
合计	7 600	15 650	22 130	45 380	15 126.7	1 200
平均	633.3	1 304.2	1 844.2	3 781.67	1 260.56	100

（二）长期趋势剔除法

长期趋势剔除法，就是在现象具有明显长期趋势的情况下，测定季节变动的一种基本方法。其基本思路：先从时间数列中将长期趋势剔除掉，然后再应用“同期平均法”剔除循环变动和不规则变动，最后通过计算季节指数来测定季节变动的程度。序列中的趋势值可以采用移动平均法和最小二乘法求得。前者称为移动平均趋势剔除法，后者称为趋势剔除法。

下面主要分析移动平均趋势剔除法的基本原理。

移动平均趋势剔除法假定时间序列各构成要素的关系结构为 $Y = T \times S \times C \times I$，假定各年度不规则波动 I 彼此独立。首先根据各年的季度（或月度）资料计算各月

(季)的移动平均数,作为各期的长期趋势值(T)。其次,将实际数值除以相应的移动平均数,得到各期的$\frac{Y}{T}=S\times I$,以消除长期趋势的影响,它是一个相对数,称为季节指数。最后,将$\frac{Y}{T}=S\times I$重新按月(季)排列,求出同月(季)平均数,再将其除以总平均数,即得到季节指数。

例 9.17　某公司销售数据如表 9-16 所示,计算季节指数 S。

解:根据移动平均趋势剔除法计算步骤,见表 9-16、表 9-17 所示。

表 9-16　　**某公司销售额及移动平均剔除法计算过程**

月份	销售额	趋势值	滑动平均百分比	月份	销售额	趋势值	滑动平均百分比
2002 年				2004 年			
1 月	50			1 月	55	105.25	52.26
2	60			2	65	105.33	61.71
3	77			3	83	105.42	78.74
4	96			4	102	105.58	96.61
5	137			5	144	105.83	136.06
6	158			6	165	106.00	155.66
7	167	100.17	166.72	7	175	106.17	164.84
8	159	100.33	158.47	8	166	106.42	155.99
9	108	100.50	107.46	9	116	106.67	108.75
10	75	100.67	74.50	10	81	106.92	75.76
11	61	100.92	60.45	11	64	107.25	59.67
12	54	101.17	53.38	12	58	107.67	53.97
2003 年				2005 年			
1	52	101.58	51.19	1	58	108.08	53.66
2	62	102.17	60.69	2	68	108.50	62.67
3	79	102.67	76.95	3	86	108.92	78.96
4	99	103.17	95.96	4	106	109.25	97.03
5	140	103.42	135.37	5	149	109.58	135.97
6	163	103.50	157.49	6	170	109.83	154.78
7	174	103.67	167.85	7	180	110.08	163.51
8	165	103.92	158.78	8	171		
9	114	104.17	109.44	9	120		
10	78	104.50	74.64	10	85		
11	62	104.75	59.19	11	67		
12	56	105.08	53.29	12	61		

表 9-17 **季节指数计算表**

年份	2002	2003	2004	2005	同月平均	季节指数 S
1 月		51.19	52.26	53.66	52.37	52.56
2 月		60.69	61.71	62.67	61.69	61.92
3 月		76.95	78.74	78.96	78.21	78.51
4 月		95.96	96.61	97.03	96.53	96.89
5 月		135.37	136.06	135.97	135.80	136.31
6 月		157.49	155.66	154.78	155.98	156.56
7 月	166.72	167.85	164.84		162.28	162.89
8 月	158.47	158.78	155.99		155.89	156.47
9 月	107.46	109.44	108.75		108.55	108.96
10 月	74.50	74.64	75.76		74.97	75.25
11 月	60.45	59.19	59.67		59.77	59.99
12 月	53.38	53.29	53.97		53.51	53.71
				总月平均	99.63	

测定季节变动后（见图 9-1 所示），利用乘法模型将原序列除以相应的季节指数，得到调整后的时间序列。

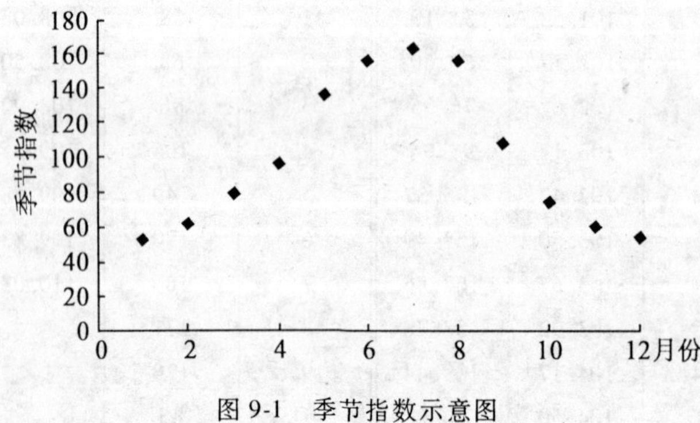

图 9-1 季节指数示意图

五、循环变动的分析方法

在社会经济生活中，循环变动是大量存在的，但最为典型的还应该是国民经济的循环波动。

循环变动不同于长期趋势，它所表现的并不是超着某一单一方向持续上升或下降，而是涨落相间的波浪式发展。

循环变动也不同于季节性变动。季节性变动一般是以一年、一季或月等为周期，它们都在一年以内，可以预见，而循环变动没有固定的循环周期，一般在数年以上，并且也没有固定的变动期限或规律，很难事先预知；季节性变动在各年的波动强度大致相同，无明显差异，循环波动在不同时期的振幅有明显的差异，其产生的机制在经济过程内部。

测定和分析现象的循环变动的目的，一是从数量上揭示现象循环变动的规律性；二是为了深入研究不同现象周期性循环波动的内在联系，有助于分析引起循环变动的原因；三是通过对循环规律的认识，对现象今后发展作出科学的预测，为制定有效遏制循环变动不利影响的决策方案提供依据。

由于循环变动通常隐匿在一个较长的变动过程中，而且其规律不固定，所以在时间序列的成分分析中，循环变动的测定是比较困难的。在实际工作中常用剩余法测定循环变动。

剩余法又称分解法，其基本思想是从序列中先分解出长期趋势和季节性变动，然后再通过平均消除不规则变动成分，剩余的变动则揭示出序列的循环变动特征。

如果原数列的因素组合为：$Y=T\times S\times C\times I$，先分别消除季节性变动 S 和长期趋势 T，或者同时消除季节性变动 S 和长期趋势 T，即：

$$\frac{Y}{T\cdot S}=\frac{T\cdot S\cdot C\cdot I}{T\cdot S}=C\cdot I \tag{9.43}$$

最后将所得循环变动和不规则变动的结果 $C\cdot I$ 进行移动平均，消除不规则变动 I，即得循环变动值 C。

例 9.18　根据例 9.17 的数据，运用剩余法计算循环变动。

解：运用剩余法得到循环和不规则变动数 $C\cdot I$，然后采用三步移动平均消除不规则波动的影响，结果见表 9-18。

表中第(2)列根据季节性变动计算得到季节指数，第(3)列为消除季节性变动后的调整值，即用销售额除以季节指数；第(4)列为时间变量序号，第(5)列为直线拟合趋势值，第(6)列为消除长期趋势后剩下的循环波动和不规则波动相对数，用第(3)列除以第(5)得到，第(7)列对第(6)列进行移动平均，消除不规则变动的影响，剩下的即为循环变动。图形如图 9-2 所示。

表 9-18 **循环波动计算表**

月份	销售额（1）	季节指数（2）	调整后销售额（3）	时间（4）	调整后趋势值（5）	相对数 $C \cdot I$（6）	循环变动相对数 C(7)
2002 年							
1 月	50	52.56	95.12	1	97.80	97.26	
2	60	61.92	96.90	2	98.10	98.78	98.57
3	77	78.51	98.08	3	98.40	99.68	99.62
4	96	96.89	99.08	4	98.70	100.39	101.19
5	137	136.31	100.51	5	98.99	101.53	101.19
6	158	156.56	100.92	6	99.30	101.64	102.04
7	167	162.89	102.53	7	99.59	102.94	102.10
8	159	156.47	101.62	8	99.89	101.73	101.20
9	108	108.96	99.12	9	100.19	98.93	99.95
10	75	75.25	99.67	10	100.49	99.18	99.67
11	61	59.99	101.68	11	100.79	100.88	99.84
12	54	53.71	100.54	12	101.09	99.45	99.30
2003 年							
1 月	52	52.56	98.93	13	101.39	97.57	98.50
2	62	61.92	100.13	14	101.69	98.47	98.23
3	79	78.51	100.63	15	101.99	98.67	99.01
4	99	96.89	102.18	16	102.29	99.89	99.56
5	140	136.31	102.71	17	102.58	100.12	100.40
6	163	156.56	104.12	18	102.88	101.20	101.61
7	174	162.89	106.82	19	103.18	103.53	102.21
8	165	156.47	105.45	20	103.48	101.91	102.08
9	114	108.96	104.63	21	100.82	100.82	100.77
10	78	75.25	103.66	22	99.59	99.59	99.81
11	62	59.99	103.35	23	99.01	99.01	99.40
12	56	53.71	104.26	24	99.60	99.60	99.42
2004 年							
1 月	55	52.56	104.63	25	99.67	99.67	99.66
2	65	61.92	104.98	26	99.71	99.71	99.84
3	83	78.51	105.73	27	100.14	100.14	99.76
4	102	96.89	105.27	28	99.43	99.43	99.69
5	144	136.31	105.64	29	99.50	99.50	99.31
6	165	156.56	105.39	30	98.98	98.99	99.70
7	175	162.89	107.44	31	100.62	100.62	99.57

续表

月份	销售额 (1)	季节指数 (2)	调整后 销售额 (3)	时间 (4)	调整后 趋势值 (5)	相对数 $C\cdot I$ (6)	循环变 动相对 数 C(7)
8	166	156.47	106.09	32	99.09	99.09	99.62
9	116	108.96	106.47	33	99.16	99.16	99.41
10	81	75.25	107.65	34	99.98	99.98	99.31
11	64	59.99	106.68	35	98.81	98.81	99.51
12	58	53.71	107.98	36	99.74	99.74	100.06
2005 年							
1 月	58	52.56	110.34	37	101.63	101.63	100.75
2	68	61.92	109.82	38	100.87	100.88	100.95
3	86	78.51	109.55	39	100.35	100.35	100.39
4	106	96.89	109.40	40	99.94	99.94	99.96
5	149	136.31	109.31	41	99.59	99.59	99.40
6	170	156.56	108.59	42	98.66	98.66	99.46
7	180	162.89	110.51	43	100.13	100.13	99.18
8	171	156.47	109.29	44	98.76	98.76	99.38
9	120	108.96	110.14	45	99.26	99.26	99.85
10	85	75.25	112.96	46	101.53	101.53	100.30
11	67	59.99	111.68	47	100.11	100.11	101.06
12	61	53.71	113.57	48	101.53	101.53	

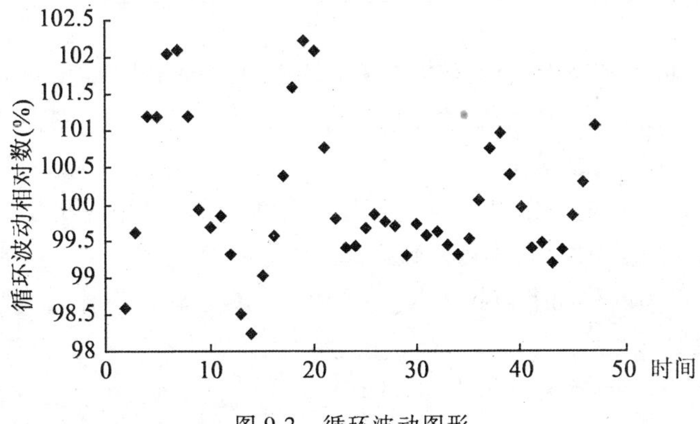

图 9-2　循环波动图形

案例 9.1 某产品各季度出口额预测

某企业以生产 A 产品为主,为了更好地避免出口高峰期短缺货源的情况,记录了 2002～2005 年各季度的出口额资料如表 9-19 所示,试预测 2006 年的各季度出口额。

表 9-19 各季度出口额数据

年份(年)	季 度	出口额(万元)
2002	1	51
	2	75
	3	87
	4	54
2003	1	65
	2	67
	3	82
	4	62
2004	1	76
	2	77
	3	89
	4	73
2005	1	74
	2	80
	3	95
	4	72

解:在此出口额预测中,因循环变动和不规则变动难以准确预测,故仅考虑长期趋势与季节性变动对出口额的影响。以下分析过程由 SPSS 统计软件来进行。

1. 在 SPSS 中输入数据

在 Variable View 框内先输入变量名称及各项属性,其中定义出口额为变量 p。然后在 Data 框中按各项目名称输入数据。

2. 计算出口额的移动平均数

操作步骤如下:

(1) 选择 Transform→Create Time Series...。

(2)弹出 Create Time Series 对话框,将 p 添加到 New Variable 框中,在 Function 框中选择 Centered moving average,并在 Span 框中输入移动项数 4,单击 Change 键,如图 9-3 所示。

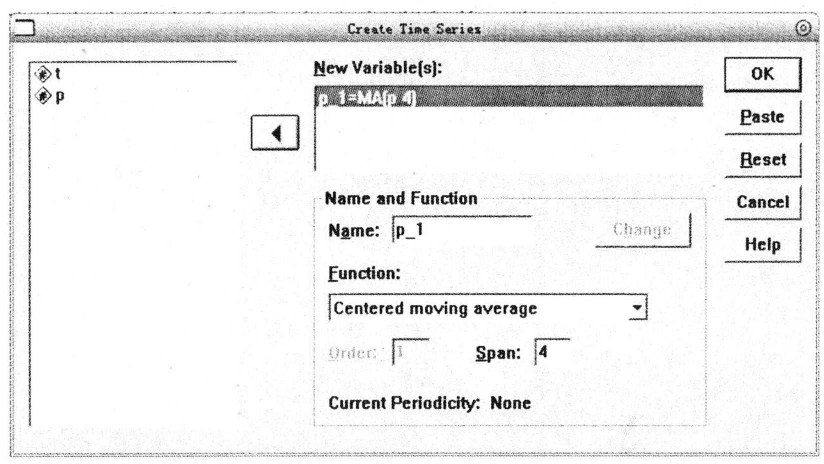

图 9-3

(3)单击 OK 键,表中就会出现 p_1 变量,如图 9-6 所示。

3. 分离长期趋势 T

在移动平均数计算中得到的 p_1 变量即为 $T \times C$,令 y 值为 p_1,作回归分析,步骤如下:

(1) 输入时间变量 x。

(2)选择 Analyze→Regression→Linear,将 p_1 添加到 Dependent 框中,将 x 添加到 Independent 框中,如图 9-4 所示。

(3)单击 Save 键,在出现的对话框中,选择 Predicted values 中 Unstandardized 项,其他均可选择默认项。

(4)单击 OK 键,表中就会出现 *Pre_1* 变量,如图 9-6 中所示,在 Output 亦会出现系数表 9-20。

表 9-20　**Coefficients(a)**

Model		Unstandardized Coefficients		Standardized Coefficients	t	Sig.
		B	Std. Error	Beta		
1	(Constant)	65.290	.912		71.620	.000
	X	1.321	.124	.959	10.663	.000

a. Dependent Variable: MA(P,4,4)。

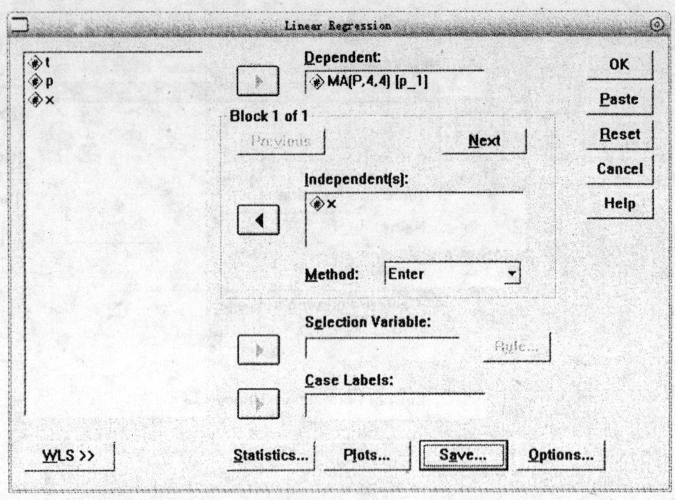

图 9-4

(5)由此可知,时间序列的长期趋势表示为:$\hat{y}=65.290+1.321x$。

4.分离季节性变动值 S

操作步骤如下:

(1)选择 Transform→Compute,在 Target 栏中键入变量名 S_i,在 Numeric Expression 框中输入数学表达式:p/p_1,即计算 $S\times I=\dfrac{T\times C\times S\times I}{T\times C}$,如图 9-5 所示。

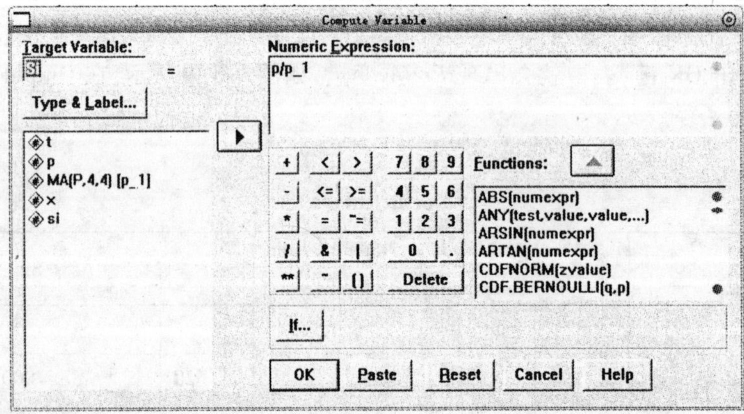

图 9-5

(2)单击 OK 键,表中就会出现 S_i 变量,S_i 即为 $S\times I$,如图 9-6 中所示。

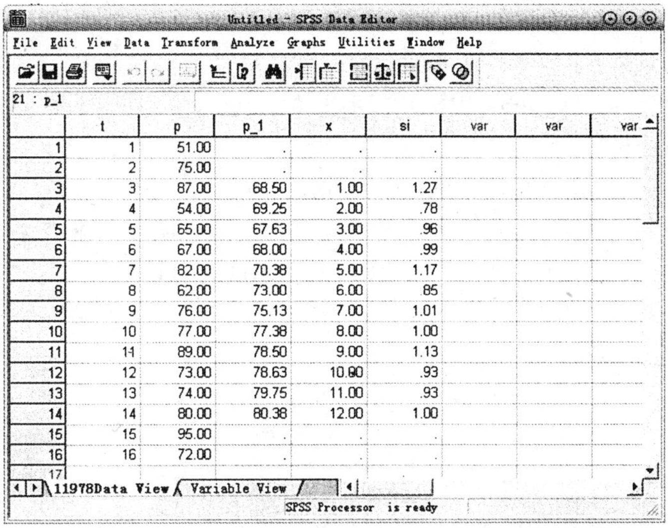

Untitled - SPSS Data Editor

File Edit View Data Transform Analyze Graphs Utilities Window Help

21 : p_1

	t	p	p_1	x	si	var	var	var
1	1	51.00	.	.	.			
2	2	75.00	.	.	.			
3	3	87.00	68.50	1.00	1.27			
4	4	54.00	69.25	2.00	.78			
5	5	65.00	67.63	3.00	.96			
6	6	67.00	68.00	4.00	.99			
7	7	82.00	70.38	5.00	1.17			
8	8	62.00	73.00	6.00	.85			
9	9	76.00	75.13	7.00	1.01			
10	10	77.00	77.38	8.00	1.00			
11	11	89.00	78.50	9.00	1.13			
12	12	73.00	78.63	10.00	.93			
13	13	74.00	79.75	11.00	.93			
14	14	80.00	80.38	12.00	1.00			
15	15	95.00	.	.	.			
16	16	72.00	.	.	.			
17								

Data View / Variable View

SPSS Processor is ready

图 9-6

(3)求各年同季平均数,消除不规则变动:

$$第一季平均数=\frac{S_5+S_9+S_{13}}{3}=0.97$$

第二季平均数 $=0.997$

第三季平均数 $=1.19$

第四季平均数 $=0.853$

$$季节调整因子=\frac{4}{0.97+0.997+1.19+0.853}=0.998$$

(4)各季节指数:

第一季季节指数 $=0.97\times 0.998=0.968$

第二季季节指数 $=0.997\times 0.998=0.995$

第三季季节指数 $=1.19\times 0.998=1.188$

第四季季节指数 $=0.853\times 0.998=0.851$

5. 2006 年各季度出口额预测值

(1)将 $x=15,16,17,18$ 分别代入时间序列模型 $\hat{y}=65.290+1.321x$,求得 2006 年各季节的长期趋势为:

第一季 $T=85.105$　　　　第二季 $T=86.426$

第三季 $T=87.747$　　　　第四季 $T=89.068$

(2) 由此可求出2006年各季度的出口额预测值为：

第一季出口额 $=85.105\times0.968=82.38$

第二季出口额 $=86.426\times0.995=85.99$

第三季出口额 $=87.747\times1.188=104.24$

第四季出口额 $=89.068\times0.851=75.8$

6. 预测值分析

从2006年的出口额预测值来看,2006年每个季度的出口额较以前是有一定增长的。从5年的数据来看,该产品的出口额变动呈现出明显的季节性变动。第三季度是每年的出口旺季,季节指数为1.188,第四季度是出口淡季,季节指数为0.851。企业应根据该产品的出口季节变动组织生产,特别是要注意为第三季度的出口准备好货源。

小　　结

时间序列是变量依相等时间间隔的顺序而形成的一系列变量值。时间序列分析最常用的方法有两种,一是指标分析法,二是构成因素分析法。

时间序列的指标分析包括水平分析和速度分析两方面的内容。时间序列的水平分析包括发展水平与平均发展水平、增长量与平均增长量两个方面。时间序列的速度分析包括发展速度与增长速度、平均发展速度与平均增长速度两个方面。

一个时间序列中包含四种变动因素:长期变动趋势、季节性变动、周期性变动和不规则变动。一个时间序列通常包括上述四种或其中几种变动因素,因此分析时间序列的基本思路就是将其中的变动因素一一分解出来,测定其变动规律,然后再综合反映它们的变动对时间序列变动的影响。

一般可对时间序列各变动因素关系做两种不同的假设,即加法关系假设或乘法关系假设,由此形成了相应的加法模型或乘法模型。

长期趋势分析采用移动平均法和回归分析法进行分析。季节变动采用同月(季)平均法、长期趋势剔除法;在实际工作中测定循环变动的常用方法主要有剩余法和直接法。

思考与练习

9.1　什么是时间序列？由哪些要素构成？

9.2　时间序列如何分类？

9.3　时间序列水平分析指标有哪些？

9.4　时间序列速度分析指标有哪些？

9.5　由时点序列计算序时平均数的基本思想是什么？

9.6　什么叫逐期增长量和累计增长量？二者有什么换算关系？

9.7　什么叫定基发展速度和环比发展速度？二者有什么换算关系？

9.8　试对计算平均发展速度的几何平均法和方程式法作一比较，指出它们的基本原理，不同特点和适用范围。

9.9　简述移动平均法的基本思想。

9.10　什么是季节性变动？为什么要研究季节性变动？季节性变动分析的基本原理是什么？

9.11　测定长期趋势有哪些基本方法？各有什么特点？

9.12　简述测定季节性变动的"趋势剔除法"的基本步骤及原理。

9.13　表 9-21 是连续 14 年的黄金年底价(单位:美元)，计算三项移动平均的时间序列，并画图，讨论图形的特点。

表 9-21

年份	价格	年份	价格	年份	价格
1	135	6	399	11	405
2	166	7	450	12	480
3	227	8	385	13	410
4	533	9	308	14	369
5	591	10	329		

9.14　表 9-22 是某股份公司 7 年间的每股收益：

表 9-22

年份	1 季度	2 季度	3 季度	4 季度
1	0.362	0.370	0.621	0.384
2	0.389	0.389	0.639	0.431
3	0.411	0.448	0.712	0.584
4	0.620	0.620	0.891	0.570
5	0.540	0.690	0.870	0.680
6	0.780	0.440	0.800	0.780
7	0.690	0.400	1.030	0.940

(1) 画散点图,是否存在明显的季节影响?

(2) 求季节指数,并对原序列进行季节调整,调整后的序列的散点图有何特点?

(3) 对调整后的数据,拟合一条趋势曲线。

9.15 表9-23是某地过去4年各季度的社会商品零售总额,应该用"同月(季)平均法"还是"移动平均数比率法"求季节指数?为什么?用你选择的方法计算月(季)指数。

表9-23

年	1季度	2季度	3季度	4季度
2002	87	105	86	122
2003	85	108	83	124
2004	84	104	87	125
2005	88	103	88	121

第十章　方差分析

方差分析(analysis of variance,ANOVA)又称变异数分析或 F 检验,其目的是推断两组或多组资料的总体均值是否相同,检验两个或多个样本均数的差异是否有统计学意义。方差分析对于比较不同生产工艺或设备条件下产量、质量的差异,分析不同计划方案效果的好坏和比较不同地区、不同人员有关的数量指标差异是否显著,是非常有用的。方差分析的目的是通过数据分析找出对该事物有显著影响的因素、各因素之间的交互作用以及显著影响因素的最佳水平。

方差分析开始于20世纪20年代。1923年英国统计学家R. A. Fisher首先提出这个概念。他把方差分析应用于农业实验上,通过分析提高农作物产量的主要因素。现在方差分析方法已广泛应用于科学实验、医学、化工、管理学等各个领域,应用范围很广。本章主要介绍方差分析的基本原理、单因素方差分析和双因素方差分析理论与方法。

第一节　单因素方差分析

在方差分析中,将影响因变量的变量的条件称为因素(factor),因素的不同状态称为水平(level)。当涉及的因素只有一个时,这种方差分析称为单因素方差分析;涉及到的因素有两个或两个以上时,称为多因素方差分析,只有两个因素时,称为双因素方差分析。下面先介绍单因素方差分析的基本原理。

一、问题的提出

先看一个简单的例子。

例10.1　某公司为了研究三种不同的广告对销售量的影响,进行了调查统计,有关数据如表10-1所示。问广告类型对销售量是否有显著影响?若有影响,哪种为好?

表 10-1 **销售量统计表**

广告类型	统计数据			
A_1	115	116	98	83
A_2	103	107	118	116
A_3	73	89	85	97

本例中考察不同的广告类型对销售额的影响。因素是广告类型,共有三个水平,记为 A_1、A_2、A_3。从表中数据可知,每个水平下销售额有所不同。各水平销售额的平均值也不相同。所有数据可看作是来自同一总体的样本,因此数据的差异是由随机因素引起的随机误差。但每一水平销售额的平均值的差异是由随机误差引起的还是因为广告类型不同而引起的呢?应做进一步的分析。

这个研究对象有 12 个样本,如何分析数据?我们前面所研究的 t 检验和 z 检验不能用于多于 2 组的数据,因此,处理这类数据需要用一种新的推断统计方法即方差分析。

在方差分析中希望解决下面两个问题:

第一,因素究竟对指标值有无影响?

第二,如果因素对指标确实有影响,那么因素取哪一种水平时指标值为最优?

二、方差分析的基本思想及应用条件

(一)方差分析基本思想

在实际生活中人们往往要通过实验来了解各种因素对指标的影响,而且还要在众多的因素中找出显著的因素以及它们在什么状态下对指标最有利,从而找出最优的因素水平。如例 10.1 的研究对象中,影响因素为 A,因素在试验时分为三个水平,分别用 A_1、A_2、A_3 表示,在每个水平下重复进行 4 次试验,其得到的试验数据用 $x_{ij}(i=1,2,\cdots,3,j=1,2,\cdots,4)$ 表示,表示水平 A_i 下第 j 次试验的观察值。通过方差分析就是要研究造成这种数据差异的原因是什么。

影响实验数据发生波动的原因可分为两类:一是不可控制的随机因素,二是研究中施加的对结果形成影响的可控制因素。方差分析就是将不可控制的随机因素所产生的随机误差,与可控因素所形成的系统误差进行比较,据此判断若干个具有同方差的正态均值是否存在差异。因此方差分析的基本思想是:通过分析研究不同来源的变异对总变异的贡献大小,从而确定可控制因素对研究结果的影响程度。

一般地,假定所检验的结果受某一因素 A 的影响,它可以取 p 个不同的水平:1,2,3,…,p。对于因素的每一个水平 i 都进行 r 次试验,结果分别为 $X_{i1},X_{i2},\cdots,X_{ir}$,把这一组样本记作 X_i,假定 $X_i \sim N(\mu_i,\sigma^2)$,即对于因素的每一个水平,所得到的结果都服从正态分布,且方差相等。

用统计的语言来表达，要检验的假设就是：

H_0：：$\mu_1=\mu_2=\cdots=\mu_p$；

H_1：不是所有的 μ_i 都相等（$i=1,2,\cdots,p$）。

由此可见，方差分析是研究一个或多个可分组的变量（自变量）与一个连续变量（因变量）之间的统计关系，并测定自变量在取各种不同水平时对因变量的影响和作用的一种统计分析方法，通过比较和检验在因素的不同水平下均值之间是否存在显著的统计差异来测定因素的不同水平对因变量的影响和作用的差异。

（二）方差分析的应用条件

单因素方差分析是以下列假设为前提的：

1. 可比性。若资料中各组均数本身不具可比性则不适用方差分析。

2. 正态性。在同一水平下，不同的试验结果一般不同，对于水平 A_i，所有结果均来自同一个总体的样本，总体服从正态分布。偏态分布资料不适用方差分析，对偏态分布的资料应考虑用对数变换、平方根变换、倒数变换、平方根反正弦变换等变量变换方法变为正态或接近正态分布后再进行方差分析。

3. 方差齐性。p 个不同水平的方差是相等的，具有方差齐性。若组间方差不同则不适用方差分析。

4. p 个总体相互独立，各个样本之间相互独立。

三、单因素方差分析的步骤

方差分析的基本思路是一方面确定因素的不同水平下均值之间的方差，把它作为对由所有试验数据所组成的全部总体的方差的一个估计值。另一方面，再考虑在同一水平下不同试验数据对于这一水平的均值的方差。由此，计算出对由所有试验数据所组成的全部数据的总体方差的第二个估计值。最后，比较上述两个估计值。如果这两个方差的估计值比较接近就说明因素的不同水平下的均值间的差异并不大，就接受原假设；否则，就说明因素的不同水平下的均值间的差异比较大，就接受备择假设。

单因素方差分析的步骤如下：

（一）提出假设

若可控因素的不同水平对试验结果无显著性影响，那么观测值 X_{ij} 应该来自同一正态总体，$X_{ij}\sim N(\mu,\sigma^2)$。所以，对应的原假设和备择假设分别是：

H_0：$\mu_1=\mu_2=\cdots=\mu_p$，即因素的不同水平对试验结果无显著影响，

H_1：不是所有的 μ_i 都相等（$i=1,2,\cdots,p$），即因素的不同水平对试验结果有显著影响。

当 H_0 成立时，样本的行平均数 $\bar{X}_i$ 必然差异不大，差异表现为随机误差，即因素

的不同水平对试验结果无显著影响；当 H_1 成立时，$\bar{X}_i$ 间必存在较大差异，这时差异表现为系统误差，即因素的不同水平对试验结果有显著影响。

（二）方差分解

1. 方差分解

方差分析的核心是具有相同方差的多个正态总体的均值是否相等的检验问题。设因素 A 有 p 个水平，在水平 i 下，进行 r 次独立试验，得到结果如表 10-2 的左半部分。

表 10-2 单因素方差分析数据结构

试验 / 数据 / 水平	1	…	j	…	r	行平均	均值
A_1	X_{11}	…	X_{1j}	…	X_{1r}	$\bar{X}_1$	μ_1
…						…	…
A_i	X_{i1}	…	X_{ij}	…	X_{ir}	$\bar{X}_2$	μ_i
…			…			…	…
A_p	X_{p1}	…	X_{pj}	…	X_{pr}	$\bar{X}_p$	μ_p
						$\frac{1}{N}\sum X_{ij} = \sum \bar{X}_i/p = \bar{X}$ $(N = p \cdot r)$	μ

要对数据进行分析，首先定义总离差平方和为各样本观察值与总均值的离差平方和。总离差平方和记作：

$$\text{SST} = \sum_{i=1}^{p}\sum_{j=1}^{r}(X_{ij} - \bar{X})^2 \tag{10.1}$$

其中：$\bar{X}$ 是样本总均值，即：$\bar{X} = \dfrac{\sum_{i=1}^{p}\sum_{j=1}^{r}X_{ij}}{N}$

式中：$N = pr$ 为样本观察值总数。

在 SST 公式中加入行平均数 $\bar{X}_i$，则：

$$\text{SST} = \sum_{i=1}^{p}\sum_{j=1}^{r}(X_{ij} - \bar{X})^2 = \sum_{i=1}^{p}\sum_{j=1}^{r}[(X_{ij} - \bar{X}_i) + (\bar{X}_i - \bar{X})]^2$$

$$\text{SST} = \sum_{i=1}^{p}\sum_{j=1}^{r}(X_{ij} - \bar{X}_i)^2 + \sum_{i=1}^{p}\sum_{j=1}^{r}(\bar{X}_i - \bar{X})^2 + 2\sum_{i=1}^{p}\sum_{j=1}^{r}(X_{ij} - \bar{X}_i)(\bar{X}_i - \bar{X}) \tag{10.2}$$

因为:

$$\sum_{i=1}^{p}\sum_{j=1}^{r}(X_{ij}-\bar{X}_i)(\bar{X}_i-\bar{X}) = \sum_{i=1}^{p}\left[(\bar{X}_i-\bar{X})\sum_{j=1}^{r}(X_{ij}-\bar{X}_i)\right] = 0$$

则总离差平方和分解为两部分:

$$\text{SST} = \sum_{i=1}^{p}\sum_{j=1}^{r}(X_{ij}-\bar{X})^2 = \sum_{i=1}^{p}\sum_{j=1}^{r}[(X_{ij}-\bar{X}_i)+(\bar{X}_i-\bar{X})]^2$$

$$\text{SST} = \sum_{i=1}^{p}\sum_{j=1}^{r}(X_{ij}-\bar{X}_i)^2 + \sum_{i=1}^{p} r\cdot(X_i-\bar{X})^2 \tag{10.3}$$

其中:$\bar{X}_i$是第i个样本的平均值，即:$\bar{X}_i = \frac{\sum_{j=1}^{r}X_{ij}}{r}$

设:

$$\text{SSE} = \sum_{i=1}^{p}\sum_{j=1}^{r}(X_{ij}-\bar{X}_i)^2 \tag{10.4}$$

表示同一样本组内,由于随机因素影响所产生的离差平方和,简称为组内平方和,也称为误差平方和。

设:

$$\text{SSR} = \sum_{i=1}^{p} r\cdot(X_i-\bar{X})^2 \tag{10.5}$$

表示不同的样本组之间,由于变异因素的不同水平影响所产生的离差平方和,简称为组间平方和。

由此可得到:

$$\text{SST} = \text{SSR} + \text{SSE} \tag{10.6}$$

SST 是所有测量观察数据 X_{ij}与总平均值的离差平方和,SSE 是每个测量观察数据与其组平均值离差的平方和,它反映的是随机误差;SSR 是各组平均值与总平均值离差的平方和,反映了各总体的样本平均值之间的差异程度。

为简化计算,把上述公式转化为:

$$\text{SST} = \sum_{i=1}^{p}\sum_{j=1}^{r}(X_{ij}-\bar{X})^2 = \sum_{i=1}^{p}\sum_{j=1}^{r}X_{ij}^2 - \frac{1}{N}\left(\sum_{i=1}^{p}\sum_{j=1}^{r}X_{ij}\right)^2 \tag{10.7}$$

令:

$$R = \sum_{i=1}^{p}\sum_{j=1}^{r}X_{ij}^2 \tag{10.8}$$

$$P = \frac{1}{p\cdot r}\left(\sum_{i=1}^{p}\sum_{j=1}^{r}X_{ij}\right)^2 \tag{10.9}$$

$$Q = \frac{1}{r}\sum_{i=1}^{p}\left(\sum_{j=1}^{r}X_{ij}\right)^2 \tag{10.10}$$

则：

$$SST = R - P \tag{10.11}$$

$$SSR = Q - P \tag{10.12}$$

$$SSE = R - Q \tag{10.13}$$

2. 求各离差平方和的自由度

(1) $SST = \sum_{i=1}^{p}\sum_{j=1}^{r}(X_{ij} - \bar{X})^2$ 的自由度。因随机变量 X_{ij} 的个数是 N 个 $(N = p \cdot r)$，相互独立，但受一个约束条件 $\bar{X} = \frac{1}{N}\sum_{i=1}^{p}\sum_{j=1}^{r}X_{ij}$ 的约束，所以自由度为 $N-1$，即 $f_T = N-1$。

(2) $SSR = \sum_{i=1}^{p}\sum_{j=1}^{r}\left(\bar{X}_i - \bar{X}\right)^2 = \sum_{i=1}^{p}r(\bar{X}_i - \bar{X})^2$ 的自由度。因 $\bar{X}_i$ 的个数是 p 个，但受条件 $\bar{X} = \frac{1}{N}\sum_{i=1}^{p}r\bar{X}_i$ 约束，所以自由度为 $f_R = p - 1$。

(3) $SSE = \sum_{i=1}^{p}\sum_{j=1}^{r}(X_{ij} - \bar{X}_i)^2$ 的自由度。因 X_{ij} 的个数为 N，但受条件 $\bar{X}_i = \sum_{j=1}^{r}X_{ij}$，$(i = 1,\cdots,p)$ 约束，所以自由度为 $f_E = N - p$。

可见三个自由度之间也有这样的关系：

$$f_T = f_R + f_E \tag{10.14}$$

（三）统计检验——F 检验

将 SSR 和 SSE 分别除以其自由度，即得各自的均方差：

组间均方差：

$$MSR = \frac{SSR}{p-1} \tag{10.15}$$

组内均方差：

$$MSE = \frac{SSE}{N-p} \tag{10.16}$$

在 H_0 成立的条件下，X_{ij} 服从正态分布 $N(\mu,\sigma^2)$，又知 X_{ij} 相互独立，所以有：

$$\frac{SST}{\sigma^2} = \frac{\sum_{i=1}^{p}\sum_{j=1}^{r}(X_{ij} - \bar{X})^2}{\sigma^2} \sim \chi^2(N-1)$$

$$\frac{SSA}{\sigma^2} = \frac{\sum_{i=1}^{p}\sum_{j=1}^{r}(X_i - \bar{X})^2}{\sigma^2} \sim \chi^2(p-1)$$

$$\frac{SSE}{\sigma^2} = \frac{\sum_{i=1}^{p}\sum_{j=1}^{r}(X_{ij} - \bar{X}_i)^2}{\sigma^2} \sim \chi^2(N-p)$$

且 S_A、S_E 相互独立(证明从略)。

当已知 S_A、S_E 相互独立且分别服从$(p-1)$和$(N-p)$个自由度的 χ^2 分布时,则有:

$$F=\frac{\dfrac{\text{SSA}}{\sigma^2}\Big/(p-1)}{\dfrac{\text{SSE}}{\sigma^2}\Big/(N-p)}=\frac{\text{MSR}}{\text{MSE}}\sim F(p-1,N-p) \tag{10.17}$$

如上所述,当原假设 H_0: $\mu_1=\mu_2=\cdots=\mu_p$ 成立时,$E(\text{MSE})=E(\text{MSR})=\sigma^2$。此时 MSR 较小,$F$ 值也较小。反之 H_0 不成立时,MSR 较大,F 值也较大。因此对于给定的显著性水平 α 查 F 分布表得到 $F_{1-\alpha}(p-1,N-p)$,得到如下判断结论:

如果 $F>F_{1-\alpha}(p-1,N-p)$,则拒绝 H_0,原假设不成立,即 p 个组的总体均值之间有显著的差异。

若 $F\leqslant F_{1-\alpha}(p-1,N-p)$,则接受 H_0,原假设成立,即 p 个组的总体均值之间没有显著差异。

上述方差分析的方法可以用一张标准形式的表格来实现(见表 10-3),这种表格称为方差分析表。它将方差分析的计算方法以简洁的形式进行总结。表格分为 5 列,第一列表示方差的来源,第二列表示方差的离差平方和,第三列表示自由度,第四列为均方差,第五列为统计检验量 F。表格又分为 3 行。第一行是组间的方差 SSR 和均方差 MSR,表示因素的不同水平的影响所产生的方差,其值作为计算统计检验量 F 时的分子;第二行是组内方差 SSE 和均方差 MSE,表示随机误差所引起的方差,其值作为计算统计检验量 F 的分母,第三行是检验行,表示总的方差 SST。

由于方差分析表概括了方差分析中统计量之间的关系,因此在进行方差分析时就可以直接按照方差分析表计算出有关的统计量,最后得到检验量 F 的值,并把这一 F 值与查表所得到的一定显著性水平下的 F 检验的临界值进行比较,以得出接受或拒绝原假设的结论。

表 10-3　**单因子方差分析表**

方差来源	平方和	自由度	均方差	F 值
因素	$\text{SSR}=Q-P$	$p-1$	$\text{MSR}=\text{SSR}/(p-1)$	$F=\text{MSR}/\text{MSE}$
误差	$\text{SSE}=R-Q$	$N-p$	$\text{MSE}=\text{SSE}/(n-p)$	
总和	$\text{SST}=R-P$	$N-1$		

例 10.2　某公司为了研究 3 种不同的广告对销售量的影响,进行了调查统计,有关数据如表 10-4 所示。分析广告类型对销售量的影响。

表 10-4 基础数据

广告类型	统计数据			
A_1	115	116	98	83
A_2	103	107	118	116
A_3	73	89	85	97

解:根据方差分析的基本步骤,分析如下:

第一步:建立假设

H_0: $\mu_1=\mu_2=\mu_3$,即因素的不同水平对试验结果无显著影响;

H_1: 不是所有的 μ_i 都相等($i=1,2,3$),即因素的不同水平对试验结果有显著影响。

第二步:进行方差分解

根据下列公式计算:

$$\mathrm{SST}=R-P$$

$$\mathrm{SSR}=Q-P$$

$$\mathrm{SSE}=R-Q$$

式中:$R=\sum_{i=1}^{p}\sum_{j=1}^{r}x_{ij}^2$;$P=\frac{1}{n}\left(\sum_{i=1}^{p}\sum_{j=1}^{r}x_{ij}\right)^2$;$Q=\frac{1}{r}\sum_{i=1}^{p}\left(\sum_{j=1}^{r}x_{ij}\right)^2$

具体计算过程在表 10-5 中完成。

表 10-5 计算过程

水平	统计数据				$\sum_{j=1}^{4}x_{ij}$	$\left(\sum_{j=1}^{4}x_{ij}\right)^2$	$\sum_{j=1}^{4}x_{ij}^2$
A_1	115	116	98	83	412	169 744	43 174
A_2	103	107	118	116	444	197 136	49 438
A_3	73	89	85	97	344	118 336	29 884
$\sum$					1 200	485 216	122 496

根据表 10-5 的计算,得到:

$$P=\frac{1}{N}\left(\sum_{i=1}^{p}\sum_{j=1}^{r}x_{ij}\right)^2=\frac{1}{12}\cdot 1\,200^2=120\,000$$

$$Q=\frac{1}{r}\sum_{i=1}^{p}\left(\sum_{j=1}^{r}x_{ij}\right)^2=\frac{1}{4}\cdot 485\,216=121\,304$$

$$R = \sum_{i=1}^{p} \sum_{j=1}^{r} x_{ij}^2 = 122\ 496$$

因此：$SST = R - P = 122\ 496 - 120\ 000 = 2\ 496$

$SSR = Q - P = 121\ 304 - 120\ 000 = 1\ 304$

$SSE = R - Q = 122\ 496 - 121\ 304 = 1\ 192$

第三步：统计检验

根据方差分解计算结果，计算 F 统计量的值，见表 10-6。

表 10-6　**方差分析表**

方差来源	平方和	自由度	均方差	F 值
因素	SSR = 1 304	2	MSR = 652	4.92
误差	SSE = 1 192	9	MSE = 132.4	
总和	SST = 2 496	11		

假设显著性水平 $\alpha = 0.05$，查表得到 $F_{0.05}(2,9) = 4.26$，因为：

$$F > F_{0.05}(2,9) = 4.26$$

所以拒绝 H_0，即我们有 95% 的把握认为 3 种广告对产品销售额有显著的差异。

第二节　双因素方差分析

前面所研究的是试验结果仅受一个因素影响的情形，要求检验的是当因素取不同水平时对结果所产生的影响是否显著。但在实践中，有时需要考虑两个或两个以上因素对某个指标的影响。例如产品的合格率可能与所用的设备以及操作人员有关，企业的利润可能与市场的潜力、产品的式样和所投入的广告费用有关等。如果我们研究的是两个因素的不同水平对试验结果的影响是否显著的问题就称作双因素方差分析。双因素方差分析的基本思想与单因素方差分析基本相同。

双因素方差分析中两个因素的影响既可能是相互联系、相互影响的，也可能是相互独立的。根据两个因素相互之间是否有交互影响，双因素方差分析分为无交互影响和有交互影响的两种情形，前者是假定两个因素对因变量的影响是独立的，不存在共同影响，后者是假定两个因素对因变量都有影响，同时还存在两因素的共同影响。

一、无交互影响的双因素方差分析

如果某一试验结果受到 A 和 B 两个因素的影响。这两个因素分别可取 p 和 q 个水平，则双因素方差分析实际上就是要比较因素 A 的 p 个水平的均值之间是否存在显著差异，因素 B 的 q 个水平的均值之间是否存在显著差异。目的是要检验试验中这两个因素所起的作用有多大，是仅仅一个因素在起作用，还是两个因素起作用或者是两个因素的作用都不显著。

在假定两个因素无交互影响的情形下，通常采用不重复试验，即对于两个因素每一种水平的组合只进行一次试验，这样总共就进行 $p \cdot q$ 次试验。假定试验的结果如表 10-7 所示。

表 10-7 **双因素方差分析（无交互作用）数据结构表**

		B 因子				平均值 $\bar{X}_{Ai}$
		B_1	B_2	…	Bq	
A 因子	A_1	X_{11}	X_{12}	…	X_{1q}	$\bar{X}_{A1}$
	A_2	X_{21}	X_{22}	…	X_{2q}	$\bar{X}_{A2}$
	⋮	⋮	⋮		⋮	⋮
	A_p	X_{r1}	X_{r2}	…	X_{pq}	$\bar{X}_{Ap}$
平均值 $\bar{X}_{Bj}$		$\bar{X}_{B1}$	$\bar{X}_{B2}$	…	$\bar{X}_{Bq}$	$\bar{X}$

其中：X_{ij} 是因素 A 为水平 i，因素 B 为水平 j 时的观察值；

$\bar{X}_{Ai} = \dfrac{1}{q}\sum_{j=1}^{q} X_{ij}$ 因素 A 在 i 水平下的平均值；

$\bar{X}_{Bj} = \sum_{i=1}^{p} X_{ij}$ 因素 B 在 j 水平下的平均值；

$T = \sum_{i=1}^{p}\sum_{j=1}^{q} X_{ij}$ 是所有观察值的总和；

$\bar{X} = \dfrac{1}{N}\sum_{i=1}^{p}\sum_{j=1}^{q} X_{ij} = \dfrac{T}{N}$ 是所有观察值的平均值；

$N = pq$ 是所有观察值的总数。

无交互影响的双因素方差分析的方法和步骤如下：

（一）建立假设

由于两因素相互独立，因此可以分别对每一个因素进行检验。

对于因素 A：H_{01}：$\mu_1 = \mu_2 = \cdots = \mu_p$，因素 A 的各个水平的影响无显著差异；

H_{11}：$\mu_1, \mu_2, \cdots, \mu_p$ 不全相等，因素 A 的各种水平的影响有显著差异。

对于因素 B：H_{02}：$\beta_1 = \beta_2 = \cdots = \beta_q$，因素 B 的各种水平的影响无显著差异；

H_{12}，$\beta_1,\beta_2,\cdots,\beta_q$ 不全相等，因素 B 的各种水平的影响有显著差异。

（二）离差平方和的分解

1. 离差平方和分解

离差平方和 SST 分解为：

$$\text{SST} = \sum_{i=1}^{p}\sum_{j=1}^{q}(X_{ij} - \bar{X})^2 \tag{10.18}$$

$$\text{SST} = \sum_{i=1}^{p}\sum_{j=1}^{q}[(X_{ij} - \bar{X}_{Ai} - \bar{X}_{Bj} + \bar{X}) + (\bar{X}_{Ai} - \bar{X}) + (\bar{X}_{Bj} - \bar{X})]^2 \tag{10.19}$$

可以证明上式展开式中 3 个二倍乘积项均为零。我们令：

$$\text{SSE} = \sum_{i=1}^{p}\sum_{j=1}^{q}(X_{ij} - \bar{X}_{Ai} - \bar{X}_{Bj} + \bar{X})^2 \tag{10.20}$$

$$\text{SSA} = q \cdot \sum_{i=1}^{p}(\bar{X}_{Ai} - \bar{X})^2 \tag{10.21}$$

$$\text{SSB} = p \cdot \sum_{j=1}^{q}(\bar{X}_{Bj} - \bar{X})^2 \tag{10.22}$$

于是就有：

$$\text{SST} = \text{SSA} + \text{SSB} + \text{SSE} \tag{10.23}$$

为简化计算，实际计算时可采用如下公式：

$$P = \frac{1}{pq}\left(\sum_{i=1}^{p}\sum_{j=1}^{q}x_{ij}\right)^2 \tag{10.24}$$

$$Q_A = \frac{1}{q}\sum_{i=q}^{p}\left(\sum_{j=1}^{q}x_{ij}\right)^2 \tag{10.25}$$

$$Q_B = \frac{1}{p}\sum_{j=1}^{q}\left(\sum_{i=1}^{p}x_{ij}\right)^2 \tag{10.26}$$

$$R = \sum_{i=1}^{p}\sum_{j=1}^{q}x_{ij}^2 \tag{10.27}$$

于是有：

$$\text{SSA} = Q_A - P \tag{10.28}$$

$$\text{SSB} = Q_B - P \tag{10.29}$$

$$\text{SSE} = R - Q_A - Q_B + P \tag{10.30}$$

$$\text{SST} = R - P \tag{10.31}$$

2. 确定自由度

与单因素方差分析类似，可以得到 SST 的自由度为 $(N-1)$，其中：$N=p\cdot q$，SSA 和 SSB 的自由度分别为 $(p-1)$ 和 $(q-1)$，SSE 的自由度为 $(N-1)-(p-1)-(q-1)=(p-1)(q-1)$。

（三）F 统计检验

从方差分解式所得到的 SSA、SSB 和 SSE 除以各自的自由度，就得到各自相应的均方差，然后与单因素方差分析时一样，我们可以得到无交互影响时双因素方差分析表(见表10-8)。

表10-8 双因素(无交互作用)方差分析表

方差来源	平方和	自由度	均方差	F
因素 A	SSA	$(p-1)$	$MSA = SSA/(p-1)$	$F_A = MSA/MSE$
因素 B	SSB	$(q-1)$	$MSB = SSB/(q-1)$	$F_B = MSB/MSE$
误差	SSE	$(p-1)(q-1)$	$MSE = SSE/(p-1)(q-1)$	
总和	SST	$(pq-1)$		

根据方差分析表计算得到 F_A 和 F_B 以后，根据问题的显著性水平 α，查表得到 $F_\alpha\{(p-1)\},(p-1)(q-1)\}$。

结论如下：

对于因素 A 而言，若 $F_A > F_\alpha\{(p-1),(p-1)(q-1)\}$，拒绝关于因素 A 的原假设，认为因素 A 对结果有显著的影响。否则，就接受原假设，说明因素 A 对结果没有显著的影响。

对于因素 B 而言，若 $F_B > F_\alpha\{(q-1),(p-1)(q-1)\}$，拒绝关于因素 B 的原假设，认为因素 B 对结果有显著的影响。否则，就接受原假设，说明因素 B 对结果没有显著的影响。

例10.3 某公司分别在5个地区有销售点 A_1、A_2、A_3、A_4、A_5，共记录了5个时期的销售量资料(见表10-9)。试分析不同地区以及不同时期对销售量是否有显著影响。

表10-9 销售量试验结果数据 单位:百台

		时期					平均值 $\overline{X}_{Bj}$
		B_1	B_2	B_3	B_4	B_5	
地区	A_1	6.5	1.8	3.6	3.7	7.6	4.64
	A_2	14.2	7.1	10.8	8.9	12.6	10.72
	A_3	13.4	9.4	7.2	8.6	7.5	9.22
	A_4	2.4	1.5	1.7	2.3	2.8	2.14
	A_5	6.2	4.8	4.9	4.6	5.2	5.14
平均值 $\overline{X}_{Ai}$		8.54	4.92	5.64	5.62	7.14	6.37

解:设地区为因素 A,分为 5 个水平。第 i 个水平对销售量的特殊效应为 $\mu_i(i=1,2,3,4,5)$,时期的因素为 B,也分为 5 个水平。第 j 个水平对销售量的特殊效应为 $\beta_j(j=1,2,3,4,5)$,则假设为:

对于因素 A,H_{01}: $\mu_1=\mu_2=\mu_3=\mu_4=\mu_5$,因素 A 的各个水平的影响无显著差异;

H_{11}: $\mu_1,\mu_2,\cdots,\mu_5$ 不全相等,因素 A 的各种水平的影响有显著差异。

对于因素 B:H_{02}: $\beta_1=\beta_2=\cdots=\beta_5$,因素 B 的各种水平的影响无显著差异;

H_{12},$\beta_1,\beta_2,\cdots,\beta_5$ 不全相等,因素 B 的各种水平的影响有显著差异。

方差分析的数据计算采用式(10.28~10.31)既方便,又不容易出错。

根据表 10.9 中的数字,按照上面的公式可以计算得到:

$$P=\frac{1}{25}\left(\sum_{i=1}^{5}\sum_{j=1}^{5}x_{ij}\right)^2=\frac{1}{25}\times(159.3)^2=1\ 015.06$$

$$Q_A=\frac{1}{5}\sum_{i=q}^{5}\left(\sum_{j=1}^{5}x_{ij}\right)^2=1\ 262.28$$

$$Q_B=\frac{1}{5}\sum_{j=1}^{5}\left(\sum_{i=1}^{5}x_{ij}\right)^2=1\ 057.56$$

$$R=\sum_{i=1}^{5}\sum_{j=1}^{5}x_{ij}^2=1\ 344.25$$

则:

$$\text{SST}=R-P=1\ 344.25-1\ 015.06=329.19$$

$$\text{SSA}=Q_A-P=1\ 262.28-1\ 015.06=247.22$$

$$\text{SSB}=Q_B-P=1\ 057.56-1\ 015.06=42.50$$

$$\text{SSE}=\text{SST}-\text{SSA}-\text{SSB}=329.19-247.22-42.50=39.47$$

方差分析表如表 10-10 所示。

表 10-10　　**方差分析表**

方差来源	平方和	自由度	均方差	F 值
因素 A	SSA = 247.22	4	61.81	$F_A=25.02$
因素 B	SSB = 42.50	4	10.63	$F_B=4.30$
误 差	SSE = 39.47	16	2.47	
总 和	SST = 329.19	24		

若给定的显著性水平 $\alpha=0.05$,查表得到临界值 $F_{0.05}(4,16)=3.01$;如果显著性水平 $\alpha=0.01$,查表得到临界值 $F_{0.01}(4,16)=4.77$。因为:

$$F_A=25.02>F_{0.05}(4,16)=3.01$$

$$F_B=4.30>F_{0.05}(4,16)=3.01$$

所以拒绝 H_{01} 和 H_{02}，即根据现有的数据资料，可以有 95% 的把握说不同地区对销售量的影响是极为显著的，不同时期对销售量也有显著影响。

当 $\alpha = 0.01$ 时：

$$F_A = 25.02 > F_{0.01}(4,16) = 4.77$$
$$F_B = 4.30 < F_{0.01}(4,16) = 4.77$$

即根据现有的数据资料，可以有 99% 的把握说不同地区对销售量的影响是极为显著的，但没有把握认为不同时期对销售量也有影响。

二、有交互作用的双因素方差分析

前面假定因素 A 与因素 B 之间相互独立，不存在相互影响，但有时两个因素会产生交互作用，从而使因素 A 的某些水平与因素 B 的另一些水平相结合时对结果产生更大的影响。

对于有交互作用的两因素之间方差分析的步骤与前面相同，不同的是当两因素之间存在交互作用时，先要剔除交互作用的影响，因此计算比较复杂。同时，在有交互作用的影响时对于每一种试验条件要进行多次重复试验以便将因素间交互作用的平方和从误差平方和中分离出来。由于重复试验数据量就大大增加了。

设因素 A 和因素 B，分别有 p 个水平和 q 个水平，试验的重复次数记作 r。记 X_{ijk} 为在因素 A 的第 i 个水平，因素 B 的第 j 个水平下进行第 k 次试验时的观察值（$i=1,2,\cdots,p;j=1,2,\cdots,q;k=1,2,\cdots,r$）。有交互作用的双因素方差分析的数据结构见表 10-11 所示。

表 10-11 **有交互作用的双因素方差分析数据结构**

A 因素	重复	B 因素			
		B_1	B_2	…	B_q
A_1	1	x_{111}	x_{121}	…	x_{1q1}
	2	x_{112}	x_{122}	…	x_{1q2}
	⋮	⋮	⋮		⋮
	r	x_{11r}	x_{12r}	…	x_{1qr}
A_2	1	x_{211}	x_{221}	…	x_{2q1}
	2	x_{212}	x_{222}	…	x_{2q2}
	⋮	⋮	⋮		⋮
	r	x_{21r}	x_{22r}	…	x_{2qr}
⋮	⋮	⋮	⋮	…	⋮
A_p	1	x_{p11}	x_{p21}	…	x_{pq1}
	2	x_{p12}	x_{p22}	…	x_{pq2}
	⋮	⋮	⋮		⋮
	r	x_{p1r}	x_{p2r}	…	x_{pqr}

进行方差分析的假定是 $x_{ijk} \sim N(\mu_{ij},\sigma^2)$，且 x_{ijk} 是独立的，在满足上述假定条件下，可以进行方差分析。方差分析的步骤如下：

（一）建立假设

由于两因素有交互影响，因此除了分别检验两因素单独对试验结果的影响外，还必须检验两因素交互影响的作用是否显著。

对于因素 A：H_{01}：$\mu_1=\mu_2=\cdots=\mu_p$，因素 A 的各个水平的影响无显著差异，H_{01}：$\mu_1,\mu_2,\cdots,\mu_p$ 不全相等，因素 A 的各个水平的影响有显著差异。

对于因素 B：H_{02}：$\beta_1=\beta_2=\cdots=\beta_q$，因素 B 的各个水平的影响无显著差异，H_{02}：$\beta_1,\beta_2,\cdots,\beta_q$ 不全相等，因素 B 的各个水平的影响有显著差异。

对于因素 A、B 的交互作用，设 H_{03}：因素 A、B 的各个水平的交互作用无显著影响，H_{13}：因素 A、B 的各个水平的交互作用有显著影响。

（二）离差平方和的分解

1. 离差平方和的分解

有交互作用的两因素方差分析的总离差平方和可以分解为 4 项：

$$\mathrm{SST}=\sum_{i=1}^{p}\sum_{j=1}^{q}\sum_{k=1}^{r}(x_{ijk}-\bar{X})^2 \tag{10.32}$$

可以证明：

$$\mathrm{SST}=\mathrm{SSA}+\mathrm{SSB}+\mathrm{SSAB}+\mathrm{SSE} \tag{10.33}$$

式中：SSAB 为因素 A 和因素 B 交互作用的变差平方和，其他符号意义同前。

为了简化计算，采用下面方法来计算：

$$P=\frac{1}{N}\left(\sum_{i=1}^{p}\sum_{j=1}^{q}\sum_{k=1}^{r}x_{ijk}\right)^2 \tag{10.34}$$

$$Q_A=\frac{1}{qr}\sum_{i=1}^{p}\left(\sum_{j=1}^{q}x_{ij}\right)^2 \tag{10.35}$$

$$Q_B=\frac{1}{pr}\sum_{j=1}^{q}\left(\sum_{i=1}^{p}x_{ij}\right)^2 \tag{10.36}$$

$$R=\frac{1}{r}\sum_{i=1}^{p}\sum_{j=1}^{q}x_{ij}^2 \tag{10.37}$$

$$W=\sum_{i=1}^{p}\sum_{j=1}^{q}\sum_{k=1}^{r}x_{ijk}^2 \tag{10.38}$$

则：

$$\mathrm{SSA}=Q_A-P \tag{10.39}$$

$$\mathrm{SSB}=Q_B-P \tag{10.40}$$

$$\mathrm{SSAB}=R-Q_A-Q_B+P \tag{10.41}$$

$$\mathrm{SSE}=W-R \tag{10.42}$$

$$\mathrm{SST}=W-P \tag{10.43}$$

2. 确定自由度

总离差平方和 SST 的自由度为 $N-1$,其中:$N=pqr$,SSA 的自由度为 $p-1$, SSB 的自由度为 $q-1$,SSE 表示随机误差的离差平方和,自由度为 $N-pq=pqr-pq=pq(r-1)$。

SSAB 表示因素间交互作用的离差平方和,自由度为:

$$(N-1)-(p-1)-(q-1)-(r-1)pq=(p-1)(q-1) \tag{10.44}$$

(三)统计分析——F 检验

从方差分解式所得到的 SSA、SSB、SSAB 和 SSE 除以各自的自由度,就得到各自相应的均方差,然后我们对因素 A、因素 B 和因素 A、B 的交互作用分别作 F 检验。与前面所讨论的情形一样,这一过程也可以用表格来表示,可得到有交互影响时双因素方差分析表,如表 10-12 所示。

表 10-12 有交互影响的双因素方差分析表

方差来源	离差平方和	自由度	均方差	F 统计量
因素 A	SSA	$p-1$	$MSA=SSA/(p-1)$	$F_A=MSA/MSE$
因素 B	SSB	$q-1$	$MSB=SSB/(q-1)$	$F_B=MSB/MSE$
交互作用	SSAB	$(p-1)(q-1)$	$MSAB=SSAB/(p-1)(q-1)$	$F_{AB}=MSAB/MSE$
误差	SSE	$N-pq$	$MSE=SSE/(N-pq)$	
总和	SST	$N-1$		

根据方差分析表计算得到 F_A、F_B 和 F_{AB} 以后,根据问题的显著性水平 α,查表分别得到 $F_\alpha\{(p-1),(N-pq)\}$、$F_\alpha\{(q-1),(N-pq)\}$ 和 $F_\alpha\{(p-1)(q-1),(N-pq)\}$。于是,可以分别检验因素 A 和 B 的影响,以及两因素的交互作用的影响是否显著。

判断如下:

对于因素 A 而言,若 $F_A>F_\alpha\{(p-1),(N-pq)\}$,拒绝关于因素 A 的原假设,说明因素 A 对结果有显著的影响。否则,就接受原假设,说明因素 A 对结果没有显著的影响。

对于因素 B 而言,若 $F_B>F_\alpha\{(q-1),(N-pq)\}$,拒绝关于因素 B 的原假设,说明因素 B 对结果有显著的影响。否则,就接受原假设,说明因素 B 对结果没有显著的影响。

对于两因素的交互作用,若 $F_{AB}>F_\alpha\{(p-1)(q-1),(N-pq)\}$,拒绝关于两因

素交互作用的原假设,说明因素 A 和因素 B 对结果有显著交互影响。否则,就接受原假设,说明两因素对结果没有显著的交互影响。

例 10.4　为了研究 3 种不同工艺方法和 3 种不同的灯丝对灯泡寿命的影响,对每种水平组合进行了两次试验,得到数据如表 10-13 所示,试分析工艺方法和灯丝配方对寿命影响是否显著。

表 10-13　**灯泡寿命数据**　单位:百小时

A 因素	重复次数	B 因素		
		B_1	B_2	B_3
A_1	1	13.20	16.10	18.00
	2	15.00	17.30	17.11
A_2	1	14.40	13.70	14.50
	2	15.60	14.30	15.70
A_3	1	14.00	16.30	17.10
	2	13.60	17.10	16.20

解:从试验可知,属于有交互作用的双因素方差分析问题。

第一步:建立假设

对于因素 A:H_{01}: $\mu_1=\mu_2=\mu_3$,因素 A 的各个水平的影响无显著差异;

H_{11}: μ_1,μ_2,μ_3不全相等,因素 A 的各个水平的影响有显著差异。

对于因素 B:H_{02}: $\beta_1=\beta_2=\beta_3$,因素 B 的各个水平的影响无显著差异;

H_{12}: β_1,β_2,β_3 不全相等,因素 B 的各个水平的影响有显著差异。

对于因素 A、B 的交互作用 H_{03}:因素 A、B 的各个水平的交互作用无显著影响,H_{13}:因素 A、B 的各个水平的交互作用有显著影响。

根据表中数据,计算得到:

$$P=\frac{1}{18}\left(\sum_{i=1}^{3}\sum_{j=1}^{3}\sum_{k=1}^{2}x_{ijk}\right)^2=4\ 324.5$$

$$Q_A=\frac{1}{6}\sum_{i=1}^{3}\left(\sum_{j=1}^{3}x_{ij}\right)^2=4\ 330.74$$

$$Q_B=\frac{1}{6}\sum_{j=1}^{3}\left(\sum_{i=1}^{3}x_{ij}\right)^2=4\ 338.54$$

$$R=\frac{1}{2}\sum_{i=1}^{3}\sum_{j=1}^{3}x_{ij}^2=4\ 355.7$$

$$W = \sum_{i=1}^{3}\sum_{j=1}^{3}\sum_{k=1}^{2} x_{ijk}^2 = 4\ 361.06$$

则:

$$SSA = Q_A - P = 4\ 330.74 - 4\ 324.50 = 6.24$$

$$SSB = Q_B - P = 4\ 338.54 - 4\ 324.5 = 14.04$$

$$SSAB = R - Q_A - Q_B + P = 4\ 355.7 - 4\ 330.74 - 4\ 338.54 + 4\ 324.50 = 10.92$$

$$SSE = W - R = 4\ 361.06 - 4\ 355.70 = 5.36$$

$$SST = W - P = 4\ 361.06 - 4\ 324.50 = 36.56$$

方差分析表见 10-14 所示。

表 10-14 **方差分析表**

方差来源	离差平方和	自由度	均方差	F 统计量
因素 A	SSA = 6.24	2	MSA = 3.12	$F_A = 5.24$
因素 B	SSB = 14.04	2	MSB = 7.02	$F_B = 11.78$
交互作用	SSAB = 10.92	4	MSAB = 2.73	$F_{AB} = 4.58$
误差	SSE = 5.36	9	MSE = 0.60	
总方差	SST = 36.56	17		

根据显著水平 $\alpha = 0.05$,查表可得到临界值 $F_{0.05}(2,9) = 4.26$, $F_{0.05}(4,9) = 3.63$:

$$F_A = 5.24 > F_{0.05}(2,9) = 4.26$$

$$F_B = 11.79 > F_{0.05}(2,9) = 4.26$$

$$F_{AB} = 4.58 > F_{0.05}(4,9) = 3.63$$

所以拒绝 H_{01}, H_{02}, H_{03},有 95% 把握认为工艺方法、灯丝配方对灯泡寿命有显著影响,工艺方法和配方之间也存在交互作用。

案例 10.1 不同的生产线和员工影响工作效率吗?

某公司的一个车间新招纳了 3 名员工甲、乙、丙,为了提高他们的工作效率,以提高该车间的产量,车间主任记录了 3 名员工分布在 4 条生产线上工作 3 天的日产量,如表 10-15 所示。车间主任希望通过此次调查,能够了解 3 名新员工的工作效率是否有显著性差异,并能够找出使工作效率最高的分配方案。

表 10-15　**工作效率相关数据**

生产线	新进员工		
	甲	乙	丙
A	15,15,17	19,19,16	16,18,21
B	17,17,17	15,15,15	19,22,22
C	15,17,16	18,17,16	18,18,18
D	18,20,22	15,16,17	17,17,17

解:以下过程是用 SPSS 统计软件来实现的。

1. 在 SPSS 中输入数据

在 Variable View 框内先输入变量名称及各项属性。然后,在 Data View 框中按各项目名称输入数据。

2. 方差齐性检验

操作步骤如下:

(1) 选择菜单 Analyze→General Linear Model→Univariate...。

(2) 打开 Univariate 对话框,将变量"日产量"添加到 Dependent Variable 框中,将"生产线"和"员工"添加到 Fixed Factor(s)框中,如图 10-1 所示。

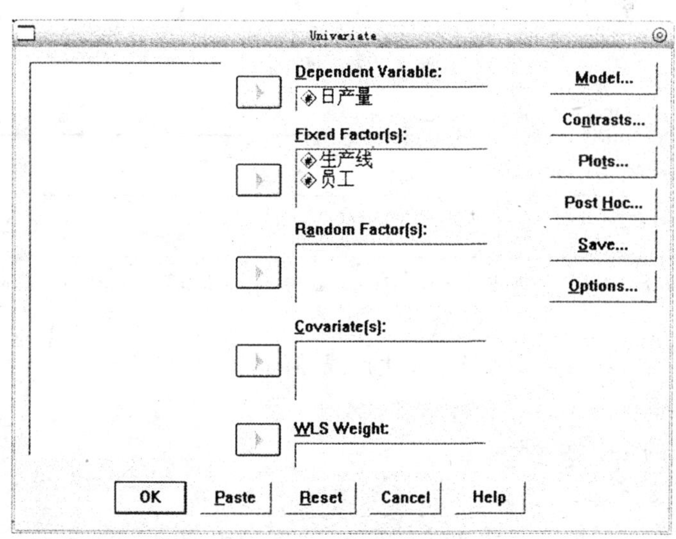

图 10-1

(3)单击 Options 按钮,出现 Univariate:Options 对话框,选择 Homogeneity tests,如

图 10-2 所示,然后点击 Continue 键。

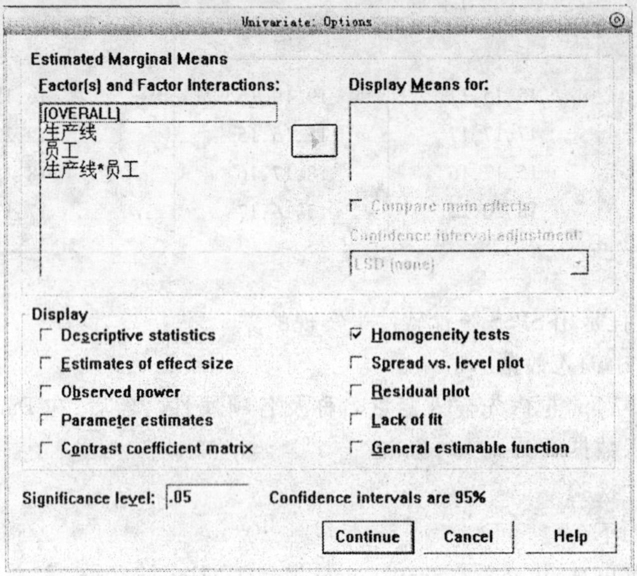

图 10-2

(4)单击 OK 键,方差齐性检验结果就出来了,如表 10-16 所示。

表 10-16 **方差齐性检验(a)**

Dependent Variable: 日产量

F	$df1$	$df2$	Sig.
3.009	11	24	.012

Tests the null hypothesis that the error variance of the dependent variable is equal across groups.

a Design: Intercept + 生产线 + 员工 + 生产线 * 员工

由显著性概率可知,误差项满足方差齐性。

3. 误差项的正态性检验

操作步骤如下:

(1) 选择菜单 Analyze→Nonparametric Tests→1-Sample K-S...。

(2)弹出 One-Sample Kolmogorov - Smirnov Test 对话框,将"日产量"添加到 Test Variable List 框中,如图 10-3 所示。

(3)单击 OK 键,结果如表 10-17 所示。

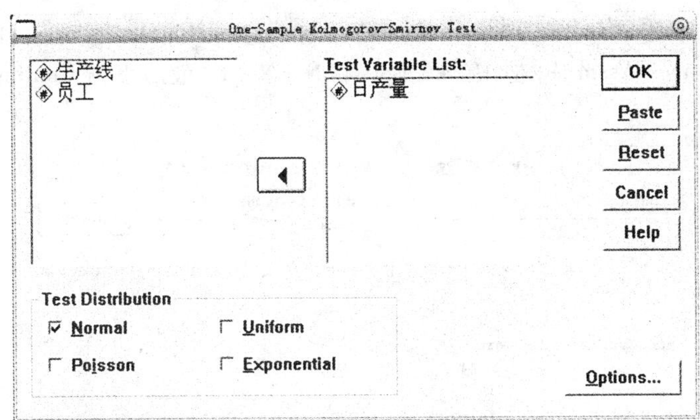

图 10-3

表 10-17　　误差项的正态性检验

		日产量
N		36
Normal Parameters(a,b)	Mean	17.4167
	Std. Deviation	2.03365
Most Extreme Differences	Absolute	.192
	Positive	.192
	Negative	-.117
Kolmogorov-Smirnov Z		1.154
Asymp. Sig. (2-tailed)		.140

a Test distribution is Normal.

b Calculated from data.

表中结果表明,P 值 0.14 大于显著性水平 0.05,因此不能拒绝原假设,认为误差项服从正态分布。

由以上检验可知,该实验的数据符合方差分析的假定,因此可以做方差分析。

4. 方差分析

操作步骤如下:

(1)如同3中前两步,出现如图10-3所示的图后,单击Post Hoc键,打开如图10-4所示的对话框,将“生产线”和“员工”都添加到“Post Hoc Tests for”对话框中,然后在Equal Variances Assumed框中选择LSD和S-N-K,最后点击Continue。

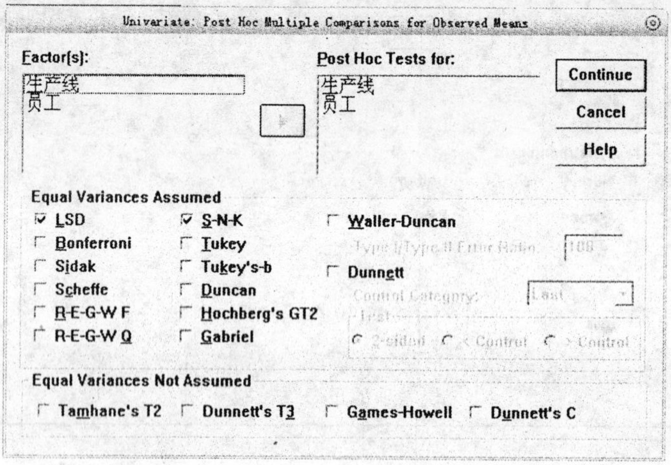

图 10-4

(2)单击Options,在弹出的对话框中,将变量“生产线”、“员工”和“生产线 * 员工”都添加到Display Means for框中,然后点击Continue键,如图10-5所示。

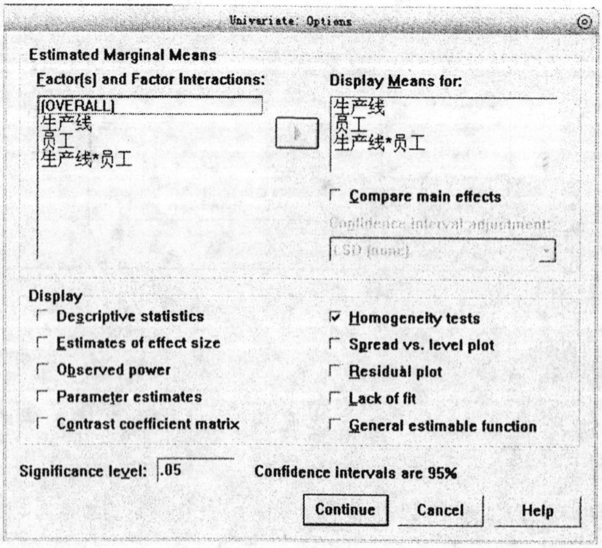

图 10-5

（3）单击 OK 键，输出结果如表 10-18 和表 10-19 所示。

表 10-18 **Between-Subjects Factors**

		Value Label	*N*
生产线	1	生产线 *A*	9
	2	生产线 *B*	9
	3	生产线 *C*	9
	4	生产线 *D*	9
员工	1	员工甲	12
	2	员工乙	12
	3	员工丙	12

表 10-19 **Tests of Between – Subjects Effects**

Dependent Variable：日产量

Source	Type III Sum of Squares	*df*	Mean Square	*F*	Sig.
Corrected Model	103.417(a)	11	9.402	5.459	.000
Intercept	10 920.250	1	10 920.250	6 340.790	.000
生产线	2.750	3	.917	.532	.665
员工	27.167	2	13.583	7.887	.002
生产线 * 员工	73.500	6	12.250	7.113	.000
Error	41.333	24	1.722		
Total	11 065.000	36			
Corrected Total	144.750	35			

a. *R* Squared = .714 (Adjusted *R* Squared = .584)

表中数据表明：生产线检验统计量 $F=0.532$，$P=0.665>0.05$，说明生产线对日产量没有显著的影响。而员工检验统计量 $F=7.887$，$P=0.002<0.05$，说明员工对日产量具有显著的影响。另外，生产线与员工的交互作用对日产量也具有很显著的

影响。

表 10-20 生产线 * 员工

Dependent Variable：日产量

生产线	员工	Mean	Std. Error	95% Confidence Interval	
				Lower Bound	Upper Bound
生产线 A	员工甲	15.667	.758	14.103	17.230
	员工乙	18.000	.758	16.436	19.564
	员工丙	18.333	.758	16.770	19.897
生产线 B	员工甲	17.000	.758	15.436	18.564
	员工乙	15.000	.758	13.436	16.564
	员工丙	21.000	.758	19.436	22.564
生产线 C	员工甲	16.000	.758	14.436	17.564
	员工乙	17.000	.758	15.436	18.564
	员工丙	18.000	.758	16.436	19.564
生产线 D	员工甲	20.000	.758	18.436	21.564
	员工乙	16.000	.758	14.436	17.564
	员工丙	17.000	.758	15.436	18.564

表 10-21 日产量

	生产线	*N*	Subset
			1
Student-Newman-Keuls(*a*,*b*)	生产线 *C*	9	17.0000
	生产线 *A*	9	17.3333
	生产线 *B*	9	17.6667
	生产线 *D*	9	17.6667
	Sig.		.706

Means for groups in homogeneous subsets are displayed. Based on Type III Sum of Squares the error term is Mean Square(Error) = 1.722.

a Uses Harmonic Mean Sample Size = 9.000.

b Alpha = .05.

表 10-20 中数据显示，A、B、C 三条生产线上，员工丙的平均日产量最多，生产线 D 上，员工甲的平均日产量最多。就每个员工来说，员工甲在 D 生产线上的平均日产量最多，在 A 生产线上的平均日产量最少；员工乙在生产线 A 上的平均日产量最多，在生产线 B 上平均日产量最少；员工丙在生产线 B 上的平均日产量最多，在生产线 D 上平均日产量最少。

表 10-21 显示，生产线 B 和 D 上的效率最高，其次为 A，最低的为 C。

下面进行员工的显著性分析，见表 10-22 所示。

表 10-22　**Multiple Comparisons**

Dependent Variable：日产量

(I) 员工		(J) 员工	Mean Difference (I-J)	Std. Error	Sig.	95% Confidence Interval	
						Lower Bound	Upper Bound
LSD	员工甲	员工乙	.6667	.53576	.225	-.4391	1.7724
		员工丙	-1.4167(*)	.53576	.014	-2.5224	-.3109
	员工乙	员工甲	-.6667	.53576	.225	-1.7724	.4391
		员工丙	-2.0833(*)	.53576	.001	-3.1891	-.9776
	员工丙	员工甲	1.4167(*)	.53576	.014	.3109	2.5224
		员工乙	2.0833(*)	.53576	.001	.9776	3.1891

Based on observed means.

* The mean difference is significant at the .05 level.

表中数据说明，员工甲与员工乙的平均日产量没有显著性的差别，而员工甲和丙、员工乙和丙均有显著性的差别。

从表 10-23 知，员工丙在生产线 B 上的平均日产量最高，即员工丙分配在生产线 B 上的生产效率是最高的。

表 10-23 日产量效率分析

	员工	N	Subset	
			1	2
Student-Newman-Keuls(a,b)	员工乙	12	16.5000	
	员工甲	12	17.1667	
	员工丙	12		18.5833
	Sig.		.225	1.000

Means for groups in homogeneous subsets are displayed. Based on Type III Sum of Squares The error term is Mean Square(Error) = 1.722.

a Uses Harmonic Mean Sample Size = 12.000.

b Alpha = .05.

小　结

方差分析的目的是推断两组或多组资料的总体均值是否相同,检验两个或多个样本均值的差异是否有统计学意义,通过数据分析找出对该事物有显著影响的因素、各因素之间的交互作用以及显著性影响因素的最佳水平。

方差分析的基本思路是一方面确定因素的不同水平下均值之间的方差,把它作为对由所有试验数据所组成的全部总体的方差的一个估计值。另一方面,再考虑在同一水平下不同试验数据对于这一水平的均值的方差。由此,计算出对由所有试验数据所组成的全部数据的总体方差的第二个估计值。最后,比较上述两个估计值。如果这两个方差的估计值比较接近就说明因素的不同水平下的均值间的差异并不大,就接受零假设。否则,就说明因素的不同水平下的均值间的差异比较大,就接受备择假设。

在方差分析中,有单因素和多因素方差分析。本章主要介绍单因素和双因素的方差分析,双因素方差分析又分为无交互作用和有交互作用两种情况。

单因素和双因素方差分析的步骤基本相同。首先建立假设,在此基础上对离差平方和进行分解,然后进行统计检验,得到是接受原假设还是拒绝原假设的结论。

思考与练习

10.1　方差分析的原理是什么?

10.2　怎样理解因素间的交互作用。

10.3　有 3 种抗凝剂(A_1,A_2,A_3)对一标本作红细胞沉降速度(一小时值)测定,每种抗凝剂各作 5 次。问 3 种抗凝剂对红细胞沉降速度的测定有无差别？(数据见表 10-24)。

表 10-24

水平	沉降速度				
A_1	15	11	13	12	14
A_2	13	16	14	17	15
A_3	13	15	16	14	12

10.4　对一所大学的学生按专业进行分组，检验他们学习成绩是否有差异？数据如表 10-25 所示，($\alpha=0.05$)

表 10-25

专业	学习成绩								
A	73	86	90	69	78	85	83	79	90
B	67	79	86	88	85	91	69	87	84
C	71	76	90	87	84	82	90	78	80

10.5　把学生随机地分为 3 组，一组采用程序化教育，一组采用录音教育，一组采用电视教育。然后测定各组学生对所学知识掌握的程度，所得分数如表 10-26 所示。

表 10-26

教育方法	学生成绩										
程序化	88	78	90	67	60	65	76	74	80	83	79
录音	67	89	81	85	79	80	88	69	90	75	75
电视	80	85	75	76	84	85	78	90	69	70	75

检验各种教育效果是否具有显著的差异($\alpha=0.05$)。

10.6　4 种不同品牌的汽车使用同种类型的汽油，在类似的行驶条件下每加仑汽油所行驶的里程数如表 10-27。在 0.05 的显著性水平下这 4 种汽车的耗油量相同吗？

表 10-27

水平	行驶里程				
品牌 A	14	12	14	20	18
品牌 B	12	15	15	14	12
品牌 C	12	11	9	13	17
品牌 E	16	17	14	17	15

10.7 12 个肥胖病人被随机分成 3 组试验 3 种减肥方案，两周后减轻的体重如表 10-28(公斤)。

表 10-28

方案 A	3	4	4	5
方案 B	2	3	4	3
方案 C	5	6	5	4

(1) 计算各处理(水平)的均值和总均值。

(2)计算总离差平方和、组间平方和和组内平方和，验证三者之间的数学关系。

(3)计算 F 统计量的值。

(4)如果显著性水平为 0.05，F 检验的临界值等于多少？检验的结论如何？

10.8 4 种不同的玉米种植在 5 种不同的地块上，产量见表 10-29。在 0.05 的显著性水平下检验土质和品种对产量是否有显著影响。

表 10-29

地块	品种 I	品种 II	品种 III	品种 IV
A	120	150	100	140
B	150	190	120	110
C	140	180	150	120
D	110	160	120	160
E	160	170	110	140

10.9 不同包装的某商品在 5 个地区销售，销售数据见表 10-30。

表 10-30

地区因素 A	包装因素 B		
	B_1	B_2	B_3
A_1	40	45	34
A_2	53	51	46
A_3	54	53	38
A_4	55	55	54
A_5	43	50	46

试以 $\alpha=0.05$ 的显著性水平检验该商品不同包装和在不同的地区销售数量之间是否有显著差异。

10.10　3 位技术人员在 4 台不同设备上工作了 3 天，产量数据见表 10-31。

表 10-31

设备	技术人员								
	甲			乙			丙		
A	15	15	17	19	19	16	18	21	20
B	17	17	17	15	16	15	19	22	23
C	15	17	16	18	17	16	18	18	17
D	18	20	22	16	17	15	17	18	16

要求在 $\alpha=0.05$ 时检验设备与技术人员对产量是否有影响。

10.11　人们通常认为，一个人的学历越高其收入也会越高。同时，性别也可能是影响收入水平的一个因素。为了对这两个因素进行研究，一名研究人员从毕业两年的学校毕业生中根据学历和性别随机选择了 30 人，他们的收入水平、学历和性别资料如表 10-32。假设数据是正态的和等方差的。在 $\alpha=0.05$ 的显著性水平下，试回答：(1)学历对收入水平的影响显著吗？(2)性别对收入水平的影响显著吗？(3)学历和性别的交互作用显著吗？

表 10-32 **30 名学校毕业生的月工资(元)**

序号	性别	学历	工资	序号	性别	学历	工资
1	1	1	1 600	16	2	1	1 200
2	1	1	1 700	17	2	1	1 300
3	1	1	1 700	18	2	1	1 400
4	1	1	2 100	19	2	1	2 000
5	1	1	2 200	20	2	1	2 200
6	1	2	2 800	21	2	2	2 600
7	1	2	3 700	22	2	2	2 700
8	1	2	3 900	23	2	2	2 900
9	1	2	4 000	24	2	2	3 100
10	1	2	4 100	25	2	2	3 500
11	1	3	4 000	26	2	3	3 200
12	1	3	4 300	27	2	3	3 500
13	1	3	4 700	28	2	3	3 600
14	1	3	5 300	29	2	3	3 800
15	1	3	5 500	30	2	3	3 900

性别:1 = 男性,2 = 女性

学历:1 = 中专,2 = 本科,3 = 研究生

第十一章 统计指数

统计指数是用于反映事物数量的相对变化程度的指标，是经济分析的一种特殊研究方法。统计指数包括综合指数和平均指数两类，本章主要介绍这两类指数的编制方法以及如何利用指数对事物的数量变化进行描述和分析。

第一节 统计指数的概念和分类

一、统计指数的概念和性质

(一)统计指数的概念

统计指数，也叫经济指数，简称为指数(index number)。指数的编制最早起源于物价指数。1650年，英国人沃汉(Rice Voughan)首创物价指数，随后指数的应用不断扩大，其含义和内容也随之发生了变化。指数有广义和狭义之分。从广义上讲，凡是说明现象数量对比关系的相对数，都可叫做指数。例如，动态相对数、发展速度、计划完成情况相对数、比较相对数等，均可称为指数。狭义的指数是反映不能直接相加的多因素组成的复杂现象总体的综合变动的相对数。比如，要说明一种产品的价格、产量、成本变动情况，就可简单地采用一般相对数的方法，但要反映多种产品的产量、价格、成本的综合变动情况，就要使用综合指数。我国统计部门公布的居民消费价格指数、商品零售价格指数、农产品收购价格指数、工业生产指数以及金融领域里的各种证券价格指数等，都是利用指数的原理和方法编制出来的。

本章主要分析狭义指数的计算原理及编制方法。

(二)统计指数的性质

统计指数具有以下性质：

第一，相对性。指数是总体各变量在不同场合下对比形成的相对数，它可以度量一个变量在不同时间或不同空间的相对变化，如一种商品的价格指数或数量指数，称为个体指数；统计指数也可以反映一组变量的综合变动，如零售价格指数反映一组指定零售商品的价格变动水平，称为综合指数。总体变量在不同时间上对比形成的指数为时间指数，在不同空间上对比形成的指数为区域性指数。

第二，综合性。指数反映一组变量在不同场合下的综合变动水平，没有综合性，指数就不可能发展成为一种独立的理论和方法体系。综合性说明指数是一种特殊的相对数,它是由一组变量或项目综合对比形成的。

第三,平均性。指数是总体水平的一个代表性数值,平均性的含义有二:一是指数进行比较的综合数量是作为个别量的一个代表,本身具有平均的性质;二是两个综合量对比形成的指数反映了个别量的平均变动水平,如物价指数反映了多种商品和服务项目价格的平均变动水平。

第四,代表性。指数通常选择部分项目作为全体的代表进行编制,以表示全部项目的变动情形。

二、统计指数的作用

统计指数对于分析社会经济现象的发展变化和发展变化中各因素的影响程度具有重要作用,主要表现在以下方面:

(一)综合反映事物的变动方向与变动程度

指数是用百分比表示的相对数。百分比大于或小于100%,反映现象变动方向是正还是负;而比100%大多少或小多少则反映现象变动程度的大小。如价格指数可以反映价格总的变动方向是上涨还是下跌,以及涨跌的程度是多少。

(二)对复杂的社会经济现象进行因素分析

复杂现象变动中,往往受到两个以上因素的影响。例如,商品销售额的变动受销售量和商品价格两个因素的影响,原材料支出费受产品产量、原材料单耗、原材料价格三个因素的影响。可以利用指数体系分析各构成因素对总指数的变动影响,这种影响可以从相对数和绝对数两个方面进行分析。

(三)研究事物在长时间内的变化趋势

由于用指数进行变动比较可以解决不同性质数列之间不能对比的问题,因此,指数适用于有联系而又性质不同的时间序列之间的对比关系,通过对指数序列的分析还可以反映事物的发展变化趋势。如按不变价格编制的工业生产指数,可以反映工业生产长期发展变化的动态、趋势和特征。

(四)对现象进行综合测定和评价

利用指数可以对现象进行综合测定和评价,如编制经济效益综合指数,可以评价不同地区、不同企业经济效益的高低。

三、指数的分类

按照不同的分类标准,指数可以有多种分类。

(一)按内容不同分类

按照指数内容的不同,指数可以分为数量指数(quantity index number)和质量指数(quality index number)。数量指数反映现象总体单位数、规模、物量等数量指标变动程度,如工业产量指数、商品销售量指数等;质量指数是反映总体相对水平、平均水平、单位价值等质量指标变动的相对数,如价格指数、产品成本指数等。

（二）按编制方法分类

按编制方法不同，指数可分为简单指数（simple index number）和加权指数（weighted index number）。简单指数又称不加权指数，是不考虑计入指数项目的重要程度而采用简单平均法计算；加权指数则对计入指数的项目依据重要程度赋予不同的权数，而后再进行计算。目前应用的主要是加权指数。

（三）按计入指数的项目分类

按计入指数的项目不同，可分为个体指数（individual index number）和综合指数（aggregative index number）。个体指数是反映个别现象（即简单现象总体）数量变动的相对数，如一种商品的价格或销售量的变动水平；综合指数是反映全部现象总体（即复杂现象总体）数量变动的相对数，如多种商品的价格或销售量的综合变动水平。例如，研究200种不同种类的零售商品的价格变化情况，如果分别观察每一种零售商品价格增减变动的相对程度，就得到个体指数；而综合反映这200种零售商品价格总的或平均变动的相对数，则得到总指数。区分个体指数与总指数的意义在于，前者可用一般相对数的方法来计算，后者则要用特殊的方法来研究。

另外，还有一种介于个体指数与总指数之间的指数，叫类指数或组指数。它是在对总体分组的基础上，分别计算总体中各类或各组变动的相对数。类指数是相对于总指数而言的，它实质上仍属于总指数。

（四）按对比性质分类

按对比性质不同，指数可以分为动态指数（dynamic index number）和静态指数（static index number）。动态指数又称为时间指数，是同一指标在同一空间不同时间上的水平进行比较的结果，反映现象在时间上的变化过程和程度。如物价指数、股票价格指数、工业生产指数等；静态指数是指同一指标在同一时间不同空间对比所得的结果，反映现象在空间上的差异程度。

（五）按对比基期分类

按对比基期不同，指数可以分为定基指数和环比指数。定基指数是指采用某一固定时期作基期计算的指数，说明现象在一个较长时期变动的程度。环比指数是采用报告期前一时期作基期而计算得到的指数，说明现象逐期变化的程度。

第二节 综合指数

一、综合指数的概念及特点

（一）综合指数的概念

综合指数（aggregate index）是把所研究的多个项目综合在一起后进行对比来反映它们的综合变动。若所反映的是一组项目的物量变动状况，就是数量指数，如产品产量指数,商品销售量指数等;若所反映的是一组项目的质量变动状况,就是质量指数,如价格指数、产品成本指数等。

(二)综合指数的编制特点

综合指数从编制方法来看,具有以下特点:

1. 先综合后对比。编制时先解决总体中各个个体由于使用价值、经济用途、计量单位、规格、型号等不同不能直接简单相加对比的问题。因此引入一个权数,使不能直接相加、不能直接对比的现象变成能够直接相加、能够直接对比的现象,这个因素称为同度量因素。

2. 固定同度量因素。把总量指标中的同度量因素加以固定,以测定所要研究的因素,即指数化指标的影响程度。例如要观察两个时期多种商品销售总额中的销售量的影响,需要把两个时期各种商品的价格作为权数固定在同一时期,以测定两个时期各种商品销售量的影响,这时商品的价格就是同度量因素。

3. 分子与分母所研究对象的范围原则上必须一致。

4. 综合指数的计算对资料要求较高,需要使用全面资料。一般采用实际资料作权数编制。

二、综合指数的计算

综合指数既包括数量指数,如产量指数、销售量指数,也包括质量指数,如价格指数、产品成本指数等。由于权数可以固定在不同时期,因而综合指数有不同的计算公式。较为常用的是拉氏综合指数和帕氏综合指数两种形式。

(一)拉氏综合指数

拉氏综合指数是同度量因素固定在基期的综合指数。早在1864年,由德国统计学家拉斯贝尔(Laspeyres)提出,故被称为拉氏公式。

1. 拉氏综合指数

若要反映多种商品价格的综合变动情况,不能简单地直接相加,但可以找到与之对应的商品销售量,由于商品销售量是商品价格与商品销售量的乘积,因此商品销售额具有可加性,如果直接将报告期和基期的商品销售总额对比,就得到如下公式:

$$I = \frac{\sum p_1 q_1}{\sum p_0 q_0} \tag{11.1}$$

式中,p_0、q_0、p_1、q_1 分别为基期和报告期商品的价格和销售量;I 表示总指数。

上式综合指数是商品价格和销售量两种因素共同变动作用的结果,反映的是商品销售总额的变动程度。

2. 拉氏质量综合指数

如果只想反映商品价格的变动程度,可将商品销售量作为同度量因素固定起来,

若固定在基期的 q_0 水平上，就得到拉氏质量指数公式：

$$I_p = \frac{\sum p_1 q_0}{\sum p_0 q_0} \tag{11.2}$$

3. 拉氏数量综合指数

同理，如果只想反映商品销售量的变动程度，可将商品价格作为同度量因素固定起来，若固定在基期的 p_0 水平上，就得到拉氏数量指数公式：

$$I_q = \frac{\sum p_0 q_1}{\sum p_0 q_0} \tag{11.3}$$

例 11.1　某商场销售的 3 种商品的资料见表 11-1，试计算质量指数和数量指数。

表 11-1　　**某商场销售三种商品的资料**

商品名称	计量单位	基期数据		报告期数据	
		价格(元) p_0	销量 q_0	价格(元) p_1	销量 q_1
A	千克	100	120	105	125
B	台	80	220	90	230
C	件	50	320	60	330

解：首先计算拉氏质量综合指数，利用公式(11.2)，得到：

$$I_p = \frac{\sum p_1 q_0}{\sum p_0 q_0}$$

$$= \frac{105 \times 120 + 90 \times 220 + 60 \times 320}{100 \times 120 + 80 \times 220 + 50 \times 320}$$

$$= \frac{51\ 600}{45\ 600} \times 100\% = 113.16\%$$

由于销售量变动而增加的销售额：

$$销售额变化量 = \sum p_1 q_0 - \sum p_0 q_0 = 51\ 600 - 45\ 600 = 6\ 000(元)$$

计算结果说明：三种商品销售量平均增加了 13.16%，由此增长的销售额为 6000 元。

用式(11.3)计算拉氏数量综合指数，得到：

$$I_q = \frac{\sum p_0 q_1}{\sum p_0 q_0} = \frac{100 \times 125 + 80 \times 230 + 50 \times 330}{100 \times 120 + 80 \times 220 + 50 \times 320} = \frac{47\ 400}{45\ 600} = 103.95\%$$

由于销售量变动而增加的销售额：

$$销售量变化额 = \sum p_0 q_1 - \sum p_0 q_0 = 47\ 400 - 45\ 600 = 1\ 800(元)$$

计算结果说明：三种商品销售量报告期比基期平均增加了 3.95% ，由于销售量增加而增加的销售额为 1 800 元。

拉氏综合指数由于以基期变量值作为权数，可以消除权数变动对指数的影响，从而使不同时期的指数具有可比性。但拉氏综合指数也存在缺陷，如质量指数在假定销售量不变的情况下反映价格的变动水平，但不能反映出消费量的变化。因此拉氏质量综合指数在实际中用得较少。拉氏数量综合指数是假定价格不变的条件下报告期销售量的综合变动，不仅反映销售量的综合变动，也符合计算销售量指数的实际要求，因此，拉氏数量综合指数在实际中用得较多。

（二）帕氏综合指数

帕氏综合指数是指同度量因素固定在报告期的综合指数。该方法是由另外一位德国统计学家帕煦（Paasche）于 1874 年提出来的。

1. 帕氏质量指数

如果只想反映商品价格的变动程度，可将商品销售量作为同度量因素固定起来，若固定在基期的 q_1 水平上，就得到帕氏质量指数公式为：

$$I_p = \frac{\sum p_1 q_1}{\sum p_0 q_1} \tag{11.4}$$

2. 帕氏数量指数

同理，如果只想反映商品销售量的变动程度，可将商品价格作为同度量因素固定起来，若固定在基期的 p_1 水平上，就得到帕氏数量指数公式：

$$I_q = \frac{\sum p_1 q_1}{\sum p_1 q_0} \tag{11.5}$$

例 11.2 根据表 11-1 的数据，计算帕氏质量指数和帕氏数量指数。

解：根据表 11-1 数据及公式（11.4）和公式（11.5），计算以报告期为权数的帕氏质量指数和帕氏数量指数：

$$\begin{aligned} I_p &= \frac{\sum p_1 q_1}{p_0 q_1} \\ &= \frac{105 \times 125 + 90 \times 230 + 60 \times 330}{100 \times 125 + 80 \times 230 + 50 \times 330} \\ &= \frac{53\ 625}{47\ 400} = 113.13\% \end{aligned}$$

$$价格变动影响额 = \sum p_1 q_1 - \sum p_0 q_1 = 53\ 625 - 47\ 400 = 6\ 225(元)$$

计算结果说明：虽然三种商品价格变动情况各不相同，但总的来说报告期比基期上涨了13.13%，由于价格上涨而增加的销售额为6 225元。

帕氏数量指数：

$$I_q=\frac{\sum p_1q_1}{\sum p_1q_0}$$
$$=\frac{105\times125+90\times230+60\times330}{105\times120+90\times220+60\times320}$$
$$=\frac{53\ 625}{51\ 600}=103.92\%$$

由于销售量变动而增加的销售额：

销售量影响变动额 $=\sum p_1q_1-\sum p_1q_0=53\ 625-51\ 600=2\ 025$(元)

计算结果说明：三种商品销售量报告期比基期平均增加了3.92%，由于销售量增加而增加的销售额为2 025元。

帕氏指数以报告期变量值作为权数，不能消除权数变动对指数的影响，因而不同时期的指数缺乏可比性。但帕氏指数可以同时反映出价格和消费结构的变化，具有比较明确的经济意义。在实际中，用帕氏公式计算价格、成本等质量指数。帕氏数量指数由于包含了价格的变动，在实际中用得较少。

综上所述，在计算质量指标指数时，应采用报告期的数量指标作为同度量因素，即用公式(11.4)，在计算数量指标指数时，应采用基期质量指标作为同度量因素，采用公式(11.3)，这也是编制综合指数的一般原则。

(三)杨格综合指数

杨格综合指数是指同度量因素固定在某一特定时期的综合指数。其计算公式如下：

杨格质量指数：

$$I_p=\frac{\sum p_1q}{\sum p_0q} \tag{11.6}$$

杨格数量指数：

$$I_q=\frac{\sum pq_1}{\sum pq_0} \tag{11.7}$$

这种方法是英国学者杨格(Young)于1818年首先采用的，故称之为杨格公式。该指数的同度量因素不是基期水平，也不是报告期水平，而是某一典型水平或若干期的平均水平，因此，这里的指数时期和同度量因素的时期是不同的。选择固定的同度量因素，不仅简化了指数计算，而且可以避免某些非正常情况所造成的不可比性，从而便于观察现象长期变化发展的趋势。因此，杨格公式在实践中经常采用。当然，同度量因素在间隔一定时期后，随着情况的变化就应及时加以修正和调整。

第三节　平均指数

一、平均指数的概念

平均指数(average index number)是以某一时期的总量为权数对个体指数加权平均计算出来的,作为权数的总量通常是两个变量的乘积,如商品销售额、工业总产值等。它是从个体指数出发来编制的,通过先计算个体指数,而后对个体指数加权平均来测定现象的总变动程度。

平均指数与综合指数之间的区别,主要表现在两个方面:一是解决同度量问题的思路不同。综合指数是通过引进同度量因素,先综合后对比;而平均指数则是通过计算个体指数,然后加权平均,先对比后综合。二是两种指数所需要的资料有区别。综合指数通常依据总体的全面调查资料,而平均指数则一般使用总体的非全面调查资料。

从理论上讲,平均指数可采用的权数有四种价值形式:p_0q_0、p_0q_1、p_1q_0、p_1q_1、。但在实际工作中,出于对计算结果的经济意义和资料获取的可行性的考虑,将 p_0q_1、p_1q_0 用作权数的较少,常用的是 p_0q_0 和 p_1q_1,并且 p_0q_0 一般用于指数的算术平均形式,而 p_1q_1 则常用于指数的调和平均形式。因此,平均指数一般包括加权算术平均指数和加权调和平均指数两种。

二、加权算术平均指数

(一)加权算术平均指数的含义

加权算术平均指数(weighted average index number)是以基期的总量为权数对个体指数加权平均计算出来的。作为权数的是基期总量 p_0q_0,个体指数可以是个体质量指数,也可以是个体数量指数。

加权算术平均指数的计算公式如下:

$$I_p = \frac{\sum \frac{p_1}{p_0} p_0 q_0}{\sum p_0 q_0} = \frac{\sum k_p p_0 q_0}{\sum p_0 q_0} \tag{11.8}$$

$$I_q = \frac{\sum \frac{q_1}{q_0} p_0 q_0}{\sum p_0 q_0} = \frac{\sum k_q p_0 q_0}{\sum p_0 q_0} \tag{11.9}$$

上式中,$k_p = \frac{p_1}{p_0}$,表示个体质量指数;$k_q = \frac{q_1}{q_0}$,表示个体数量指数;p_0q_0 表示基期的总量指标。

(二)加权算术平均指数的编制步骤

加权算术平均指数的编制步骤如下:

1. 计算个体指数。将报告期的数量(如产量、销售量、购进量、人数或工时等)除以基期的数量,求得数量的个体指数(或质量指数),即 $k_q=\dfrac{q_1}{q_0}\left(\text{或 } k_p=\dfrac{p_1}{p_0}\right)$。

2. 取得基期的总量指标 p_0q_0 的数据。

3. 以求得的个体指数为变量、基期的总量指标 p_0q_0 为权数,使用加权算术平均方法计算总指数。

例 11.3　某三种产品的有关资料见表 11-2,试问三种产品产量平均增长了多少?产量增长对产值有什么影响?

表 11-2　**三种产品的资料**　单位:万元

产品名称	个体产量指数	基期产值	报告期产值
A	1.30	110	135
B	1.15	110	120
C	1.45	70	90

解:根据已知资料,不便于用综合指数计算,应以基期产值为权数计算产量的算术平均指数。即:

$$\begin{aligned}I_q&=\frac{\sum k_qp_0q_0}{\sum p_0q_0}\\&=\frac{1.30\times110+1.15\times110+1.45\times70}{110+110+70}\\&=\frac{371}{290}=127.93\%\end{aligned}$$

计算结果表明,三种产品产量平均增长了 27.93%,由于产量增长而增长的产值为 81 万元。

加权算术平均指数与拉氏综合指数的联系如下:

$$I_p=\frac{\sum k_pp_0q_0}{\sum p_0q_0}=\frac{\sum \dfrac{p_1}{p_0}p_0q_0}{\sum p_0q_0}=\frac{\sum p_1q_0}{\sum p_0q_0}\tag{11.10}$$

$$I_q=\frac{\sum k_qp_0q_0}{\sum p_0q_0}=\frac{\sum \dfrac{q_1}{q_0}p_0q_0}{\sum p_0q_0}=\frac{\sum p_0q_1}{\sum p_0q_0}\tag{11.11}$$

在我国统计实践中,数量指标指数一般采用基期权数形式的加权算术平均指数公式计算。

三、加权调和平均指数

(一)加权调和平均指数含义

加权调和平均指数(weighted harmonic mean index)是以报告期总量 p_1q_1 为权数对个体指数进行加权调和平均得到的,也称报告期加权总量平均。

加权调和平均指数的计算公式如下:

$$I_p = \frac{\sum p_1q_1}{\sum \frac{1}{k_p}p_1q_1} \tag{11.12}$$

$$I_q = \frac{\sum p_1q_1}{\sum \frac{1}{k_q}p_1q_1} \tag{11.13}$$

上式中,$k_p = \frac{p_1}{p_0}$,表示个体质量指数,$k_q = \frac{q_1}{q_0}$,表示个体数量指数,p_1q_1 表示报告期的总量指标。

(二)加权调和平均指数的编制步骤

使用加权调和平均法计算指数的步骤如下:

1. 计算个体指数。将报告期的质量指标(单价、单位成本、劳动生产率等)除以基期的质量指标,求得质量指标的个体指数(或个体数量指标指数),即 $k_p = \frac{p_1}{p_0}$(或 $k_q = \frac{q_1}{q_0}$)。

2. 取得报告期的价值指标 p_1q_1 的资料。

3. 以求得的个体指数为变量、报告期的价值指标 p_1q_1 为权数,采用加权调和平均方法计算总指数。

例 11.4 三种商品销售的资料见表 11-3,通过计算说明其价格总的变动情况。

表 11-3 **三种商品的销售资料** 单位:万元

商品名称	商品销售总额		报告期价格比基期降低(%)
	p_0q_0	p_1q_1	
A	80	90	12
B	20	32	8
C	160	150	16

解:根据表中资料可得:

$$I_p=\frac{\sum p_1q_1}{\sum \frac{1}{k_p}p_1q_1}=\frac{90+32+150}{\frac{90}{0.88}+\frac{32}{0.92}+\frac{150}{0.84}}$$

$$=\frac{272}{315.63}=86.18\%$$

计算结果说明,三种商品价格平均下降了12.2%。

加权调和平均指数与帕氏综合指数的联系如下:

$$I_p=\frac{\sum p_1q_1}{\sum p_1q_1\frac{1}{k_p}}=\frac{\sum p_1q_1}{\sum p_1q_1\frac{p_0}{p_1}}=\frac{\sum p_1q_1}{\sum p_0q_1} \tag{11.14}$$

$$I_q=\frac{\sum p_1q_1}{\sum p_1q_1\frac{1}{k_q}}=\frac{\sum p_1q_1}{\sum p_1q_1\frac{q_0}{q_1}}=\frac{\sum p_1q_1}{\sum p_1q_0} \tag{11.15}$$

四、固定加权平均指数

除了上面介绍的两种平均指数外,实践中还广泛使用一种固定权数的平均指数。

从理论上讲,固定权数平均指数也可分为固定权数加权算术平均指数和固定权数加权调和平均指数两种,但在实际工作中,调和平均的形式很少使用。因此,这里主要介绍固定权数加权算术平均指数,其计算公式如下:

$$I_g=\frac{\sum KW}{\sum W} \tag{11.16}$$

式中,K代表个体指数或类指数,W表示固定权数,为相对数,即比重权数。

这类权数确定之后,一般要使用较长时间(如3年、5年等)才调整一次,所以称它为固定权数。权数可以根据有关的普查资料、抽样调查资料或典型调查资料来确定和计算。我国的商品零售价格指数、生活费用价格指数,西方国家的消费者价格指数、生产者价格指数以及工业生产指数等都是采用固定权数平均数指数的形式计算的。

第四节 指数体系与因素分析

一、指数体系的概念及其作用

(一)指数体系的概念

社会经济现象之间存在着广泛而密切的联系,如工业总产值由产品价格和产品产量决定,这种联系不仅表现为静态的,而且也表现为动态的。如产品价格和产品产量共同变动的结果引起总产值的变化。因此在经济分析中,往往需要将多个指数结合起来加以运用,这就要求建立相应的指数体系(index sysytem)。

指数体系可以有两种不同的涵义。广义的指数体系泛指由若干个内容上互相关联的统计指数所结成的体系。比如工业品批发价格(或出厂价格)指数、农产品收购价格指数、消费品零售价格指数等构成了市场物价指数体系,国民经济运行的生产、流通和使用各个环节以及国民经济各部门的多种经济指数则构成了国民经济核算指数体系,其内容构成十分复杂。

狭义的指数体系仅指几个指数之间在一定的经济联系基础之上所结成的较为严密的数量关系式。其最为典型的表现形式就是:一个总值指数等于若干个(两个或两个以上)因素指数的乘积。我们主要讨论狭义的指数体系。

指数体系具有以下特征:

第一,若干因素指数体系连乘之积等于实际总变动指数;

第二,若干因素影响的绝对数之和等于实际总变动。

(二)指数体系的作用

1. 指导意义

在计算总指数时,从现实经济意义出发,数量指标指数应以基期质量指标为同度量因素。为了满足指数体系的要求,质量指标指数则要以报告期的数量指标为同度量因素。

2. 推算未知指数

在实际工作中,往往缺少一些必要的统计资料,按照现象之间的动态联系,利用指数体系可以将它们推算出来。它既可以推算指数,也可以推算平均指标或相对指标。

3. 因素分析作用

利用指数体系可以分析复杂现象总变动中各个因素变动对其影响的程度,也即利用指数体系可以进行因素分析。

4. 缩减作用

利用指数体系,可以对一些重要的价值指标进行价格缩减(扣除),如假定货币面值不变,则货币购买力指数等于价格指数的倒数;工业总产值指数除以工业品出厂价格指数再减去1,就是工业生产的实际增长率。

二、总量变动的因素分析

(一)总量指标指数体系

由总量指数及其若干个因素指数构成的数量关系式,称为总量指标指数体系。

加权综合指数由于所用权数所属时期的不同,可以形成不同的指数体系。但实际分析中比较常用的是基期权数加权的数量指数和报告期权数加权的质量指数形成的指数体系。该指数体系可表示为：

$$\frac{\sum p_1q_1}{\sum p_0q_0}=\frac{\sum p_0q_1}{\sum p_0q_0}\times\frac{\sum p_1q_1}{\sum p_0q_1} \tag{11.17}$$

因素影响差额之间的关系为：

$$\sum p_1q_1-\sum p_0q_0=\left(\sum p_0q_1-\sum p_0q_0\right)+\left(\sum p_1q_1-\sum p_0q_1\right) \tag{11.18}$$

（二）总量指标的两因素分析

总量指标两因素分析，就是通过总量指标指数体系将影响总量指标变动的两个因素分离出来加以计算，分别测出每个因素变动对总变动的影响程度和数量，从而对总量指标的变动作出解释。

例 11.5　某厂生产的三种产品的有关资料如表 11-4 所示。

表 11-4　**基础数据表**

产品名称	产量(件)		单位产品成本(元)	
	基期 q_0	报告期 q_1	基期 p_0	报告期 p_1
甲	1 100	1 300	11	7
乙	4 800	5 100	3	4
丙	1 400	1 900	9	8

要求：(1)计算三种产品的成本总指数以及由于单位产品成本变动使总成本变动的绝对额；

(2)计算三种产品产量总指数以及由于产量变动而使总成本变动的绝对额；

(3)利用指数体系分析说明总成本(相对程度和绝对额)变动情况。

解：(1)产品成本指数

$$=\frac{\sum q_1p_1}{\sum q_1p_0}=\frac{1\,300\times7+5\,100\times4+1\,900\times8}{1\,300\times11+5\,100\times3+1\,900\times9}=\frac{44\,700}{46\,700}=95.72\%$$

单位产品成本变动使总成本变动的绝对额：

$$\left(\sum q_1p_1-\sum q_1p_0\right)=44\,700-46\,700=-2\,000(\text{万元})$$

(2) 产品产量总指数 $=\frac{\sum q_1p_0}{\sum q_0p_0}=\frac{1\,300\times11+5\,100\times3+1\,900\times9}{1\,100\times11+4\,800\times3+1\,400\times9}=\frac{46\,700}{39\,100}$

$=119.44\%$

产量变动而使总成本变动的绝对额：

$$\left(\sum q_1p_0-\sum q_0p_0\right)=46\ 700-39\ 100=7\ 600(\text{万元})$$

(3) 总成本指数 $=\dfrac{\sum q_1p_1}{\sum q_0p_0}=\dfrac{44\ 700}{39\ 100}=114.32\%$

$$\sum q_1p_1-\sum q_0p_0=44\ 700-39\ 100=5\ 600(\text{万元})$$

指数体系：114.32% =95.72% ×119.44%

5 600(万元) = -2 000(万元) +7600(万元)

分析说明：报告期总成本比基期增加了14.32%，增加的绝对额为5 600万元，各种产品的单位产品成本平均降低了4.28%（甲、丙产品成本降低，乙产品成本提高），使总成本节约了2 000万元；各种产品的产量增加了19.44%，使报告期的总成本比基期增加了7 600万元。

（三）总量指标变动的多因素分析

在具体应用时，总量指标指数体系可以由更多的指数组成，用以分析多因素变动对现象总体变动影响程度，说明总体现象变动的具体原因。例如，工业企业原材料支出总额的变动可以分解为产品产量、单位产品原材料消耗量和单位原材料价格三个因素的变动影响，因此，需要编制原材料支出总额指数及其包括的三个因素指数形成的总量指标指数体系，来进行多因素变动的分析。

多因素现象的指标体系，由于所包含的现象因素较多，因此指数的编制过程比较复杂，具体原则如下：

1. 在编制多因素指标所组成的综合指数时，为了测定某一因素指标的变动影响，要把其他所有因素都固定不变。

2. 综合指数中的各因素要按合理顺序排列，一般是数量指标在前，质量指标在后；主要指标在前，次要指标在后。总之，要根据所研究现象的经济内容，依据各因素之间的内在联系具体确定。

就工业企业原材料支出总额的组成因素的排列顺序而言，要按产品产量、单位产品原材料消耗量（单耗）、单位原材料价格的顺序排列，如：

原材料支出总额 = 产量 × 单耗 × 单位原材料价格

上述公式中，产量与单耗的乘积为原材料消耗量，它具有经济意义；而单耗与单位原材料价格的乘积表示单位产品原材料的消耗额，也具有经济意义。可见上述公式中各因素的排列顺序，能够保持它们之间彼此适应和互相结合，因而是合理的。

设 q、m、p 分别代表产量、单耗和原材料单价，则原材料支出总额指数体系及绝对量关系式如下：

$$\frac{\sum q_1m_1p_1}{\sum q_0m_0p_0}=\frac{\sum q_1m_0p_0}{\sum q_0m_0p_0}\times\frac{\sum q_1m_1p_0}{\sum q_1m_0p_0}\times\frac{\sum q_1m_1p_1}{\sum q_1m_1p_0} \tag{11.19}$$

$$
\begin{aligned}
&\sum q_1 m_1 p_1 - \sum q_0 m_0 p_0 \\
&= \left(\sum q_1 m_0 p_0 - \sum q_0 m_0 p_0\right) + \left(\sum q_1 m_1 p_0 - \sum q_1 m_0 p_0\right) \\
&\quad + \left(\sum q_1 m_1 p_1 - \sum q_1 m_1 p_0\right) \qquad (11.20)
\end{aligned}
$$

例 11.6　设有某企业三种产品的产量,单耗和原材料单价的有关资料,以及原材料支出总额的计算资料分别如表 11-5 和表 11-6 所示。

表 11-5　**三种产品的产量和单耗情况**

产品名称	产量(台)		材料名称	单位产品原材料消耗量(公斤)		单位材料价格(元)	
	基期 q_0	报告期 q_1		基期 m_0	报告期 m_1	基期 p_0	报告期 p_1
甲	40	50	A	140	130	2	2.5
乙	40	40	B	60	63	1.5	1.6
丙	140	180	C	80	80	0.6	0.90

表 11-6　**三种产品原材料支出总额计算表**

产品名称	原材料支出总额(元)			
	$q_0m_0p_0$	$q_1m_1p_1$	$q_1m_0p_0$	$q_1m_1p_0$
甲	11 200	16 250	14 000	13 000
乙	3 600	4 032	3 600	3 780
丙	6 720	12 960	8 640	8 640
合计	21 520	33 242	26 240	25 420

解:根据表 11-5 和表 11-6 的数据,可以分析原材料支出总额的变动情况及其原因。

1. 原材料支出总额的变动情况

$$原材料支出总额指数: I_{qmp} = \frac{\sum q_1 m_1 p_1}{\sum q_0 m_0 p_0} = \frac{33\ 242}{21\ 520} = 154.47\%$$

原材料支出实际总差额:

$$\sum q_1 m_1 p_1 - \sum q_0 m_0 p_0 = 33\ 242 - 21\ 520 = 11\ 722(元)$$

它说明该工厂报告期原材料支出总额比基期增长 54.47%,增加金额即多用 11 722 元。

2. 产量变动影响情况

产量指数：

$$I_q = \frac{\sum q_1 m_0 p_0}{\sum q_0 m_0 p_0} = \frac{26\ 240}{21\ 520} = 121.93\%$$

产量影响差额：

$$\sum q_1 m_0 p_0 - \sum q_0 m_0 p_0 = 26\ 240 - 21\ 520 = 4\ 720(\text{元})$$

它说明产量增加使原材料支出额增长21.93%，多支出费用4 720元。

3. 单位产品原材料消耗量变动影响

产品单耗指数：

$$I_m = \frac{\sum q_1 m_1 p_0}{\sum q_1 m_0 p_0} = \frac{25\ 420}{26\ 240} = 96.88\%$$

产品单耗影响差额：

$$\sum q_1 m_1 p_0 - \sum q_1 m_0 p_0 = 25\ 420 - 26\ 240 = -820(\text{元})$$

它说明单位产品原材料消耗量的降低使原材料支出额下降3.12%，少支出820元。

4. 单位原材料价格变动影响

原材料价格指数：

$$I_p = \frac{\sum q_1 m_1 p_1}{\sum q_1 m_1 p_0} = \frac{33\ 242}{25\ 420} = 130.77\%$$

原材料价格影响差额：

$$\sum q_1 m_1 p_1 - \sum q_1 m_1 p_0 = 33\ 242 - 25\ 420 = 7\ 822$$

它说明由于原材料价格提高，原材料支出额增加30.77%，绝对额增加7 822元。

以上各指数之间的关系如下：

$$154.47\% = 121.93\% \times 96.88\% \times 130.77\%$$

其因素影响差额之间的关系为：

$$11\ 722(\text{元}) = 4\ 720(\text{元}) + (-820)(\text{元}) + 7\ 822(\text{元})$$

可见，原材料支出总额增加54.47%（绝对额为11 722元）是由于产量增加21.93%、单耗下降3.12%、原材料价格增加30.77%共同变动、共同作用而造成的。

通过相对数和绝对数两个方面的分析，影响超支的因素一目了然，便于管理者找出控制成本费用的方法，改善企业的经营管理。事实上，因素分析作为一个非常有用的统计分析方法，已经被引入企业财务分析等诸多领域。

三、平均指标变动的因素分析

在资料分组条件下,平均指标的变动受两个因素的影响:各组平均指标变动、各组单位数在总体中所占比重变动。运用指数因素分析方法可以分析这两个因素变动对平均指标变动的影响方向和影响程度,即进行平均指标的两因素分析。首先必须建立一个平均指标指数体系。其通用公式为:

可变构成指数 = 固定构成指数 × 结构影响指数

上式用符号可以表示为:

$$\frac{\sum x_1 f_1}{\sum f_1} \div \frac{\sum x_0 f_0}{\sum f_0} = \left(\frac{\sum x_1 f_1}{\sum f_1} \div \frac{\sum x_0 f_1}{\sum f_1}\right) \times \left(\frac{\sum x_0 f_1}{\sum f_1} \div \frac{\sum x_0 f_0}{\sum f_0}\right) \tag{11.21}$$

因素影响差额之间的关系为:

$$\frac{\sum x_1 f_1}{\sum f_1} - \frac{\sum x_0 f_0}{\sum f_0} = \left(\frac{\sum x_1 f_1}{\sum f_1} - \frac{\sum x_0 f_1}{\sum f_1}\right) + \left(\frac{\sum x_0 f_1}{\sum f_1} - \frac{\sum x_0 f_0}{\sum f_0}\right) \tag{11.22}$$

上述各项指数的具体如下:

可变构成指数(I_{xf})。统计上把在分组条件下包含各组平均水平及其相应的单位数结构这两个因素变动的总平均指标指数,称为可变构成指数。其计算公式为:

$$I_{xf} = \frac{\bar{x}_1}{\bar{x}_0} = \frac{\sum x_1 f_1}{\sum f_1} \div \frac{\sum x_0 f_0}{\sum f_0} \tag{11.23}$$

式中:$\bar{x}$ 代表总平均指标,x 为各组标志值即平均水平,f 为各组单位数。

固定构成指数(I_x)。为了单纯反映变量值变动的影响,就需要消除总体中各组单位数所占比重变化的影响,即需要将总体内部结构固定起来计算平均指标指数,这样的指数叫固定构成指数。它只反映各组平均水平对总平均指标变动的影响。其计算公式可表示为:

$$I_x = \frac{\sum x_1 f_1}{\sum f_1} \div \frac{\sum x_0 f_1}{\sum f_1} \tag{11.24}$$

结构影响指数(I_f)。为了单纯反映总体结构变动的影响,就需要把变量值固定起来,这样计算的平均指标指数叫结构影响指数。它只反映总体结构变动对总平均指标变动的影响。其计算公式为:

$$I_f = \frac{\sum x_0 f_1}{\sum f_1} \div \frac{\sum x_0 f_0}{\sum f_0} \tag{11.25}$$

例 11.7　某厂的两个分厂的一种产品成本资料如表 11-7 所示，试分析该厂该产品总平均单位成本的变动受各分厂成本水平变动以及全厂产量结构变动的影响情况。

表 11-7　　**平均指标变动影响因素分析表**

厂别	单位成本(元)		产量(件)		总成本(元)		
	X_0	X_1	f_0	f_1	X_0f_0	X_1f_1	X_0f_1
一分厂	10.0	9.0	300	1 300	3 000	11 700	13 000
二分厂	12.0	12.2	700	700	8 400	8 540	8 400
全厂	—	—	1 000	2 000	11 400	20 240	21 400

解：计算分析过程如下：

全厂平均单位成本：

$$\text{基期平均单位成本} = \frac{\sum X_0 f_0}{\sum f_0} = \frac{11\ 400}{1\ 000} = 11.4(\text{元}/\text{件})$$

$$\text{报告期平均单位成本} = \frac{\sum X_1 f_1}{\sum f_1} = \frac{20\ 240}{2000} = 10.12(\text{元}/\text{件})$$

$$\text{假定平均单位成本} = \frac{\sum X_0 f_1}{\sum f_1} = \frac{21\ 400}{2\ 000} = 10.7(\text{元}/\text{件})$$

全厂平均单位成本变动分析：

$$\text{可变构成指数} = \frac{\dfrac{\sum X_1 f_1}{\sum f_1}}{\dfrac{\sum X_0 f_0}{\sum X f_0}} = \frac{10.12}{11.4} = 88.8\%$$

$$\text{单位成本变动额} = \frac{\sum X_1 f_1}{\sum f_1} - \frac{\sum X_0 f_0}{\sum f_0}$$

$$= 10.12 - 11.4 = -1.28(\text{元}/\text{件})$$

其中：

(1) 两分厂单位成本变动对平均单位成本的影响：

$$\text{固定构成指数}=\frac{\dfrac{\sum X_1f_1}{\sum f_1}}{\dfrac{\sum X_0f_1}{\sum f_1}}=\frac{10.12}{10.7}=94.6\%$$

各厂单位成本变动使全厂单位成本变化额

$$=\frac{\sum X_1f_1}{\sum f_1}-\frac{\sum X_0f_1}{\sum f_1}=10.12-10.7=-0.58(\text{元}/\text{件})$$

(2) 各分厂产量变动对总厂平均单位成本变动的影响：

$$\text{结构影响指数}=\frac{\dfrac{\sum X_0f_1}{\sum f_1}}{\dfrac{\sum X_0f_0}{\sum f_0}}=\frac{10.7}{11.4}=93.9\%$$

产量结构变动使全厂单位成本变化额：

$$=\frac{\sum X_0f_1}{\sum f_1}-\frac{\sum X_0f_0}{\sum f_0}$$

$$=10.7-11.4=-0.7(\text{元}/\text{件})$$

(3)指数体系

相对数　　88.8% =94.6% ×93.9%

绝对数　　-1.28 元/件 = -0.58 元/件 + (-)0.7 元/件

计算结果表明，分厂单位成本下降使得总厂单位成本下降了 5.4%，从绝对数上看降低了 0.58 元；产量结构变动使全厂单位成本下降 6.1%，降低额为 0.7 元。两者综合使得全厂平均单位成本下降 11.2%，单位成本节约 1.28 元。

第五节　几种常用的统计指数

统计指数作为一种重要的经济分析指标和方法，在实践中获得了广泛应用。我国目前编制的指数有零售价格指数、消费价格指数、工业生产指数、股票价格指数、农副产品收购价格指数、产品成本指数等。

一、零售价格指数

零售价格指数(retail price index)是反映城乡商品零售价格变动趋势的一种经济指数。它的变动直接影响到城乡居民的生活支出和国家财政收入，影响居民购买力和市场供需平衡以及消费和积累的比例。零售价格指数不仅可以反映商品零售价格变动对城乡居民生活消费支出和货币工资的影响，而且它也是编制零售商品价格计划、财政收支计划以及制定物价收费政策的重要依据和参考。

零售价格指数可以分为全国、城市和农村零售价格指数，也可以按地区编制地区零售价格指数，以及零售商品分类价格指数。零售价格指数与居民消费价格指数，虽然都反映价格的变动情况，但两者还是有很大区别的。商品零售价格指数着眼于整个零售市场的商品，不包括非商品性服务价格的变动；而居民消费价格指数，则着眼于城乡居民的生活，不包含农民购买的农用生产资料价格的变动。

(一)商品分类及代表规格品的选择

零售市场上的商品种类繁多，编制商品零售价格指数所需的价格资料不可能进行全面调查。实际工作中，都是按《商品零售价格指数的商品目录》统一规定的必报商品计算。目前我国零售商品价格指数的商品目录包括 14 大类商品：(1)食品类，(2)饮料烟酒类，(3)服装鞋帽类，(4)纺织品类，(5)中西药品类，(6)化妆品类，(7)书报杂志类，(8)文化体育用品类，(9)日用品类，(10)家用电器类，(11)首饰类，(12)燃料类，(13)建筑装潢材料类，(14)机电产品类。编制商品零售价格指数，基本上按代表商品(规格品)指数、小类指数、大类指数和总指数分为若干层次逐级进行。

(二)选择典型地区

全国零售价格总指数用于反映全社会零售商品价格的总体变动水平，但要包括所有的地区是不可能的，一般选择部分具有代表性的地区编制价格指数。典型地区的选择既要考虑其代表性，也要注意类型上的多样性以及地区分布上的合理性和稳定性。

(三)确定商品价格和权数

在编制零售价格指数时，对所选代表性商品使用的是全社会综合平均价。根据每种代表商品基期和报告期的综合平均价，计算每种商品的价格指数，以此作为计算类指数的依据。

我国目前的零售价格总指数是采用加权算术平均形式计算的，其权数是根据上年商品零售额资料，并根据当年住户调查资料予以调整后确定的。权数均以百分比表示，各层权数之和等于100。为便于计算权数一律取整数。

(四)计算指数

我国全社会商品零售价格总指数的计算公式为：

$$I_p = \frac{\sum k_p W}{\sum W} \tag{11.26}$$

式中，k_p 为个体指数或各层的类指数；W 为各层零售额比重权数。

例 11.8 现以某地粮食零售价格指数的编制为例，说明编制商品零售价格指数的一般步骤,见表 11-8。

表 11-8　**2004 年某地粮食零售价格指数计算简表**

商品类别	规格等级	计量单位	平均价格(元)		权数 W	以上年为基期	
			上年 p_0	本年 p_1		指数 k_p (%)	k_pW (%)
粮食中类总指数					100	107.92	
1. 细粮小类					82	108.74	8 916.68
(1)面粉	标准粉	千克	2.00	2.20	56	110.00	6 160.00
(2)粳米	一等	千克	2.80	3.00	44	107.14	4 714.16
2. 粗粮小类					18	104.18	1 875.24
⋮	⋮	⋮	⋮	⋮		⋮	⋮

解:计算粮食中类价格总指数的步骤为:

第一步:计算代表规格品的个体价格指数

面粉个体价格指数 = 2.20 ÷ 2.00 = 110.00%

粳米个体价格指数 = 3.00 ÷ 2.80 = 107.14%

第二步:计算小类价格指数

例如,细粮小类价格指数

$$I_p = \frac{\sum k_p W}{\sum W} = \frac{6\ 160.00\% + 4\ 714.16\%}{100} = 108.74\%$$

第三步:计算中类价格指数

粮食中类价格总指数

$$I_p = \frac{\sum k_p W}{\sum W} = \frac{8\ 916.68\% + 1\ 875.24\%}{100} = 107.92\%$$

计算结果表明,该地区本年同上年相比,粮食类零售价格平均上涨了 7.92% 。

二、消费价格指数

消费价格指数(consumer price index)是世界各国普遍编制的一种指数,但不同国家对这一指数赋予的名称又有不同。我国称之为居民消费价格指数,也称为居民生活费用价格指数,它反映城乡居民购买生活消费品和获得服务项目的价格变动趋势和变动程度。通过编制居民消费价格指数,可以观察、分析消费品价格和劳务价格变动对城乡居民生活费用支出的影响,研究物价变动对货币工资的影响,计算实际工资及其指数,同时它也是编制价格计划和财政计划,制定物价收费政策与工资政策的重要依据和参考。

消费价格指数可分为城市居民消费价格指数、农民居民消费价格指数和全国居民消费价格总指数。消费价格指数包括消费品价格和服务项目价格两个部分。由于居民消费的商品和劳务种类繁多,为了保持统一性,国家统计局专门制定了《居民消费价格指数的商品和服务项目目录》,各地在编制居民消费价格指数时,都按照全国统一规定的必报商品和服务项目目录计算。

目前的居民消费价格指数分为食品类、衣着类、家庭设备及用品类、医疗保健用品类、交通和通信工具类、娱乐教育文化用品类、居住类、服务项目类等。其中服务项目分为房租、水电费、交通费、邮电费 、医疗保健费、学杂保育费、文娱费、修理费及其他服务费等 8 大类。指数中的权数原则上应采用居民消费支出的构成资料,但由于数据来源的限制,目前仍根据社会商品零售额和服务行业的营业额来确定。通过消费品价格指数和服务价格指数,并将二者进行加权平均汇总。其计算公式为:

$$I_p = \frac{\sum kW}{\sum W} \tag{11.27}$$

式中:k 为类指数,W 为权数,分别为消费品零售额和服务项目营业额占二者总和的比重。

三、工业生产指数

工业生产指数,是指用来反映工业产品实物产量综合增减变动的相对数,是概括反映一个国家或地区各种工业产品产量的综合变动程度,是衡量经济增长水平的重要指标之一。世界各国都非常重视工业生产指数的编制,但采用的编制方法却不完全相同。

在我国,工业生产指数是通过计算各种工业产品的不变价格产值来加以编制的。

设 t 时期的不变价格总产值为 $\sum q_t p_c (t = 1,2,\cdots)$,则该时期的工业生产指数就是固定加权综合指数的形式:

$$I_q = \frac{\sum q_1 p_c}{\sum q_0 p_c} \text{ 或 } I_q = \frac{\sum q_t p_c}{\sum q_{t-1} p_c} \tag{11.28}$$

式中:I_q 代表工业生产指数,q_1 代表报告期产量,q_0 代表基期产量,p_c 代表不变价格。

采用不变价格法编制工业生产指数的特点是:只要具备了完整的不变价格产值资料,就能够很容易地计算出有关的生产指数;而且可以在不同层次上(如各地区、各部门、各企业等)进行编制,满足各方面的分析需要。

与我国的情况不同,在国外,较为普遍地采用平均指数形式来编制工业生产指数。计算公式为:

$$I_q = \frac{\sum k_q q_0 p_0}{\sum q_0 p_0} \tag{11.29}$$

式中：k_q 为各种工业品的个体产量指数，$q_0 p_0$ 则为相应产品的基期增加值。编制这种工业生产指数的目的是为了说明工业增加值中数量因素的综合变动程度，其分析意义与一般的工业总产量指数有所不同。

四、股票价格指数

股票价格指数（stock price index），简称股价指数，是用来反映股票市场价格变动的一种专用经济指标。股价指数值增大，说明股票价格上涨；股价指数值减小，说明股票价格下跌。

股票在最初发行时，通常是按面值出售的，但股票在证券市场上交易时，就出现了与面值不一致的市场价格。股票价格是一个时点值，有开盘价、收盘价、最高价、最低价等，但通常以收盘价作为该种股票当天的价格。由于股票市场上每时每刻都有多种股票进行交易，且价格各异，有跌有涨。用某一种股票的价格显然不能反映整个股票市场的价格变动，这就需要计算股价平均数和股票价格指数。

（一）股价平均数

股价平均数是股票市场上多种股票在某一时点上的算术平均值，一般以收盘价来计算。计算公式为：

$$\text{股价平均数} = \frac{1}{n}\sum_{i=1}^{n} p_i \tag{11.30}$$

式中：p_i 为第 i 种股票的收盘价；n 为样本股票数。

由于股票市场上股票交易品种繁多，股价平均数只能就样本股票来计算，但所选择的样本股票必须具有代表性和敏感性。代表性是指在种类繁多的股票中，既要选择不同行业的股票，又要选择能代表该行业股价变动趋势的股票；敏感性是指样本股票价格的变动能敏感地反映出整个股市价格的升降变化趋势。

（二）股票价格指数

股票价格指数是反映某一股票市场上多种股票价格变动趋势的一种相对数。股价指数可以按月、季、年来编制，但由于股票价格变化频繁，通常要每天都编制。具体编制时，要以某年某月某日的股价为基期股价，这一天叫做基日。一般基日股价定为100，以后各日的实际股价均与基日股价对比，计算出各日的股价指数。为了反映股价变动的实际情况，通常利用两个不同时日股价指数的差额来表示，这就是股票价格指数的“点”。其差额为正，叫做股价上涨了若干点；若差额为负，则称为股价下跌了若干点。

股价指数计算方法很多，但一般以发行量为权数进行加权综合：

$$p = \frac{\sum p_{1i}q_i}{\sum p_{0i}q_i} \tag{11.31}$$

式中:p_{1i}为第 i 种样本股票报告期价格;p_{0i}为第 i 种样本股票基期价格;q_i 为第 i 种股票的发行量,可以是基期,也可以是报告期。一般多以报告期发行量为权数。

例 11.9 上海证券交易所 2004 年 10 月 15 日和 11 月 8 日 4 种股票价格及其发行量资料见表 11-9。

表 11-9 **4 种股票价格及其平均成交量资料**

股票名称	报告期	股票价格(元/股)	
	发行量(股) q	10 月 15 日 p_0	11 月 8 日 p_1
A	6 974	14.41	11.49
B	1 811	15.80	16.52
C	9 331	12.78	13.62
D	9 974	12.93	12.69

解:根据表 11-9 的资料,计算这 4 种股票价格指数如下:

$$\begin{aligned} I_p &= \frac{\sum p_1 q}{\sum p_0 q} \\ &= \frac{11.49 \times 6974 + 16.52 \times 1811 + 13.62 \times 9331 + 12.69 \times 9974}{14.41 \times 6974 + 15.80 \times 1811 + 12.78 \times 9331 + 12.93 \times 9974} \\ &= 96.39\% \end{aligned}$$

计算结果表明,这 4 种股票的平均成交价格大约跌了 3.61 点。

在研究股票市场价格的变化时,通过计算股价指数来反映每天股价变动的大体情况。目前,世界各国的主要证券交易所都有自己的股票价格指数,如道琼斯股票价格指数、标准普尔股票价格指数、法兰克福 DAX 指数、巴黎 CAC 指数、伦敦金融时报指数、瑞士的苏黎世 SMI 指数、日本的日经指数、我国香港的恒生指数等。我国的上海和深圳两个证券交易所也编制了自己的股票价格指数,如上交所的综合指数和深交所的成分股指数和综合指数等。

(三)常用的股票价格指数

下面介绍几种常用的股票价格指数。

1. 香港恒生股价指数

恒生股价指数简称恒生指数,是反映我国香港股票市场价格变动情况的指数。

恒生指数1969年正式编制和发表，当时只编一个总指数，基期定为1964年7月31日，以当天股价的总水平为100。为了给投资者选择投资方向或转移投资提供更有价值的依据，自1985年2月起，除陆续编制总指数（恒生指数）外，增编了工商业、金融业、地产业、公用事业等分类指数。总指数和分类指数也随之将基期改为1984年1月13日，并以当天的收市指数为新基期的基数。不把新基期的基数定为100，是为了和以前的指数相衔接，因此，可以说，实际上并未改变基期，只是1984年1月13日以前没有分类指数而已。

恒生指数采用拉氏综合法计算，是固定以1964年7月31日为基期的定基指数。但考虑到各股权数都可能随时间的推移而变化，难以直接以基日的价格来计算指数，故其计算方法是先计算当日与上日相比较的环比指数，然后用每日连锁法推算基日为100的定基指数。

2. 道琼斯股价平均数

道琼斯股价平均数简称道琼斯平均数（Dow Jones Average，缩写为DJA），是由美国道琼斯公司计算的一种股票平均价格。

道琼斯股价平均数最初是12种股票单价的简单算术平均数。随着股票市场的发展，成分股（样股、代表股）逐步有所更换和增加，现在为65种。除了计算总股价外，还分别计算工业、交通运输和公用事业三类平均数，其中工业股票最活跃、最热门。

DJA本是一种平均，因人们需要不同时间的平均数进行动态比较，以反映股票价格涨跌的点数和幅度，所以人们也称之为道琼斯指数，但从计算方法上看，它实际上只是一种平均数。

3. 上海证券交易所综合股价指数

上海证券交易所综合股价指数是以全部上市股票为计算范围，采用派氏公式计算的，以报告期股票发行量为权数的加权平均股价指数，简称"上证综合指数"，指数以点为单位，基日定为1990年12月19日，基日指数为100点。

4. 深圳证券交易所股价指数

深圳证券交易所编制的综合指数，是在1991年4月4日正式公布的。它将深圳证券交易所上市的所有股票的每日收盘价分别乘以全部上市各公司的总股份数（发行股数），以求得指数股总市值，再与基日的指数股总市值相除计算股价指数。计算公式为：

$$\text{即日指数}=\frac{\text{即日指数股总市值}}{\text{基指数股总市值}}\times\text{基日指数}$$

该综合指数的主要特点是当前新股票在深圳证券交易所上市时，在其上市后的第二天则被纳入指数股进行计算。当某一指数股暂停买卖时，则将其暂时剔除于指数之外。

五、农副产品收购价格指数

农副产品收购价格指数旨在反映各种农副产品收购价格的综合变动程度,由此考察收购价格变化对农业生产者收入和商业部门支出的影响。它可以从购方、售方、价格形式等不同的角度编制各种农产品收购价格指数,例如,从购方角度可以分为国有各企业收购农产品价格指数、工业企业收购农产品价格指数等。目前,由于人力、物力和财力有限,在实际工作中我国仅编制一套按全社会综合平均收购价格计算的全社会农产品收购价格指数,通常简称为农产品收购价格指数。

我国编制的农产品收购价格指数,是根据《农副产品收购价格指数的商品目录》进行的。从 11 类农副产品中选择 276 种主要产品,以它们各自的报告期收购额作为权数,加权调和平均得到各类别的农副产品收购价格指数和农副产品收购价格总指数,公式为:

$$I_p = \frac{\sum p_1 q_1}{\sum \frac{1}{k_p} p_1 q_1} \tag{11.32}$$

其中:k_p 为入编指数的各种农副产品的个体价格指数。

采用加权调和平均法的原因在于:农副产品的收购季节性强,时间比较集中,产品品种相对较少,在期末能够较迅速地取得各种农副产品收购额和代表规格品的价格资料。

小　　结

统计指数是用于反映事物数量的相对变化程度的指标,是经济分析的一种特殊统计方法。指数测定的方法主要有综合指数和平均指数两类,本章主要介绍这两类指数的编制方法以及如何利用指数对事物的数量变化进行描述和分析。

综合指数是把所研究的多个项目综合在一起后进行对比来反映它们的综合变动。平均指数是以某一时期的总量为权数对个体指数加权平均计算出来的,是从个体指数出发来编制的,通过先计算个体指数,而后对个体指数加权平均来测定现象的总变动程度。

指数体系是指几个指数之间在一定的经济联系基础之上所结成的较为严密的数量关系式。其最为典型的表现形式就是:一个总值指数等于若干个(两个或两个以上)因素指数的乘积。指数体系对编制综合指数具有指导意义,能推算未知指数、因素分析作用,并具有缩减作用。

我国常用统计指数有零售价格指数、消费价格指数、工业生产指数、股票价格指数、农副产品收购价格指数等。

思考与练习

11.1　简述统计指数的几种分类。

11.2　简述数量指标综合指数编制的一般原则。

11.3　简述指数体系的基本作用。

11.4　利用指数因素分析方法如何评价平均指标的变动?

11.5　可变指数、固定构成指数和结构影响指数三者在分析意义上有何区别,在数量上又有何联系?

11.6　什么是指数体系?如何进行因素分析?

11.7　我国目前常用的指数有哪些?

11.8　某企业生产四种产品,有关数据见表 11-10。

表 11-10

产品	价格(千元)		产量(台)	
	基　期	报告期	基　期	报告期
甲	25	20	1 200	1 500
乙	36	30	1 000	1 200
丙	60	50	1 100	1 200
丁	150	100	800	1 000

要求计算:

(1)产量个体指数;

(2)出厂价格个体指数。

11.9　某企业生产情况如表 11-11 所示。

表 11-11

产品	价格(千元)		产量(台)	
	基　期	报告期	基　期	报告期
甲	5.2	5.6	100	120
乙	6.9	7.2	400	500

要求计算:

(1)产量个体指数和价格个体指数;

(2)产量总指数和价格总指数。

11.10　某企业产品成本情况如表 11-12 所示。

表 11-12

产品	计量单位	产　量		单位成本(元)	
		报告期	基　期	报告期	基　期
甲	个	350	300	120	100
乙	件	800	720	100	80
丙	台	500	400	105	90

要求计算：

(1)成本个体指数和综合指数；

(2)分析全厂产品总成本变动的原因。

11.11　某企业的资料见表 11-13。

表 11-13

工厂	单位成本(元)		产　量（件）	
	基　期	报告期	基　期	报告期
A	25	24	1 500	1 500
B	24	24	1 000	1 000
C	22	21	1 000	2 500

要求计算：

(1)成本总额的变动并进行因素分析；

(2)总平均单位成本变动并进行因素分析。

11.12　长风公司所属三个工厂生产同种产品，每件成本及产量资料如表 11-14 所示。

表 11-14

工厂	产　量（万件）		每件成本（元）	
	基　期	报告期	基　期	报告期
A 厂	25	24	15	15
B 厂	24	24	10	10
C 厂	22	21	10	25
合计				

根据表中的资料计算:

(1)计算长风公司该种产品的总平均成本指数。

(2)分析长风公司总平均成本的变动受到哪些因素的影响,影响程度如何?

常用统计表

表 1 **二项分布表**

$$P(x)=\frac{n!}{x!\ (n-x)!}p^{x}(1-p)^{n-x}$$

n	x	p								
		0.05	0.10	0.15	0.20	0.25	0.30	0.35	0.40	0.45
1	0	0.950 0	0.900 0	0.850 0	0.800 0	0.750 0	0.700 0	0.650 0	0.600 0	0.550 0
	1	1.000 0	1.000 0	1.000 0	1.000 0	1.000 0	1.000 0	1.000 0	1.000 0	1.000 0
2	0	0.902 5	0.810 0	0.722 5	0.640 0	0.562 5	0.490 0	0.422 5	0.360 0	0.302 5
	1	0.997 5	0.990 0	0.977 5	0.960 0	0.937 5	0.910 0	0.877 5	0.840 0	0.797 5
	2	1.000 0	1.000 0	1.000 0	1.000 0	1.000 0	1.000 0	1.000 0	1.000 0	1.000 0
3	0	0.857 4	0.729 0	0.614 1	0.512 0	0.421 9	0.343 0	0.274 6	0.216 0	0.166 4
	1	0.992 8	0.972 0	0.939 2	0.896 0	0.643 8	0.784 0	0.718 2	0.648 0	0.574 8
	2	0.999 9	0.999 0	0.996 6	0.992 0	0.984 4	0.973 0	0.957 1	0.936 0	0.908 9
	3	1.000 0	1.000 0	1.000 0	1.000 0	1.000 0	1.000 0	1.000 0	1.000 0	1.000 0
4	0	0.814 5	0.656 1	0.522 0	0.409 6	0.316 4	0.240 1	0.178 5	0.129 6	0.091 5
	1	0.986 0	0.947 7	0.890 5	0.819 2	0.738 3	0.651 7	0.563 0	0.475 2	0.391 0
	2	0.999 5	0.996 3	0.988 0	0.972 8	0.949 2	0.916 3	0.873 5	0.820 8	0.758 5
	3	1.000 0	0.999 9	0.999 5	0.998 4	0.996 1	0.991 9	0.985 0	0.974 4	0.959 0
	4	1.000 0	1.000 0	1.000 0	1.000 0	1.000 0	1.000 0	1.000 0	1.000 0	1.000 0

续表

n	x	p								
		0.05	0.10	0.15	0.20	0.25	0.30	0.35	0.40	0.45
5	0	0.773 8	0.590 5	0.443 7	0.327 7	0.237 3	0.168 1	0.116 0	0.077 8	0.050 3
	1	0.977 4	0.918 5	0.835 2	0.737 3	0.632 8	0.528 2	0.428 4	0.337 0	0.256 2
	2	0.998 8	0.991 4	0.973 4	0.942 1	0.896 5	0.836 9	0.764 8	0.682 6	0.593 1
	3	1.000 0	0.999 5	0.997 8	0.993 3	0.984 4	0.969 2	0.946 0	0.913 0	0.868 8
	4	1.000 0	1.000 0	0.999 9	0.999 7	0.999 0	0.997 6	0.994 7	0.989 8	0.981 5
	5	1.000 0	1.000 0	1.000 0	1.000 0	1.000 0	1.000 0	1.000 0	1.000 0	1.000 0
6	0	0.735 1	0.531 4	0.377 1	0.262 1	0.178 0	0.117 6	0.075 4	0.046 7	0.027 7
	1	0.967 2	0.885 7	0.776 5	0.655 4	0.533 9	0.420 2	0.319 1	0.233 3	0.163 6
	2	0.997 8	0.984 2	0.952 7	0.901 1	0.830 6	0.744 3	0.647 1	0.544 3	0.441 5
	3	0.999 9	0.998 7	0.994 1	0.983 0	0.962 4	0.929 5	0.882 6	0.820 8	0.744 7
	4	1.000 0	0.999 9	0.999 6	0.998 4	0.995 4	0.989 1	0.977 7	0.959 0	0.930 8
	5	1.000 0	1.000 0	1.000 0	0.999 9	0.999 8	0.999 3	0.998 2	0.995 9	0.991 7
	6	1.000 0	1.000 0	1.000 0	1.000 0	1.000 0	1.000 0	1.000 0	1.000 0	1.000 0
7	0	0.698 3	0.478 3	0.320 6	0.209 7	0.133 5	0.082 4	0.049 0	0.028 0	0.015 2
	1	0.955 6	0.850 3	0.716 6	0.576 7	0.444 9	0.329 4	0.233 8	0.158 6	0.102 4
	2	0.996 2	0.974 3	0.926 2	0.852 0	0.756 4	0.647 1	0.532 3	0.419 9	0.316 4
	3	0.999 8	0.997 3	0.987 9	0.966 7	0.929 4	0.874 0	0.800 2	0.710 2	0.608 3
	4	1.000 0	0.999 8	0.998 8	0.995 3	0.987 1	0.971 2	0.944 4	0.903 7	0.847 1
	5	1.000 0	1.000 0	0.999 9	0.999 6	0.998 7	0.996 2	0.991 0	0.981 2	0.964 3
	6	1.000 0	1.000 0	1.000 0	1.000 0	0.999 9	0.999 8	0.999 4	0.998 4	0.996 3
	7	1.000 0	1.000 0	1.000 0	1.000 0	1.000 0	1.000 0	1.000 0	1.000 0	1.000 0

续表

n	x	p									
		0.50	0.55	0.60	0.65	0.70	0.75	0.80	0.85	0.90	0.95
1	0	0.500 0	0.450 0	0.400 0	0.350 0	0.300 0	0.250 0	0.200 0	0.150 0	0.100 0	0.050 0
	1	1.000 0	1.000 0	1.000 0	1.000 0	1.000 0	1.000 0	1.000 0	1.000 0	1.000 0	1.000 0
2	0	0.250 0	0.202 5	0.160 0	0.122 5	0.090 0	0.062 5	0.040 0	0.022 5	0.010 0	0.002 5
	1	0.750 0	0.697 5	0.640 0	0.577 5	0.510 0	0.437 5	0.360 0	0.277 5	0.190 0	0.097 5
	2	1.000 0	1.000 0	1.000 0	1.000 0	1.000 0	1.000 0	1.000 0	1.000 0	1.000 0	1.000 0
3	0	0.125 0	0.091 1	0.064 0	0.042 9	0.027 0	0.015 6	0.008 0	0.003 4	0.001 0	0.000 1
	1	0.500 0	0.425 2	0.352 0	0.281 8	0.216 0	0.156 2	0.104 0	0.060 8	0.028 0	0.007 2
	2	0.875 0	0.833 6	0.784 0	0.725 4	0.657 0	0.578 1	0.488 0	0.385 9	0.271 0	0.142 6
	3	1.000 0	1.000 0	1.000 0	1.000 0	1.000 0	1.000 0	1.000 0	1.000 0	1.000 0	1.000 0
4	0	0.062 5	0.041 0	0.025 6	0.015 0	0.008 1	0.003 9	0.001 6	0.000 5	0.000 1	0.000 0
	1	0.312 5	0.241 5	0.179 2	0.126 5	0.083 7	0.050 8	0.027 2	0.012 0	0.003 7	0.000 5
	2	0.687 5	0.609 0	0.524 8	0.437 0	0.348 3	0.261 7	0.180 8	0.109 5	0.052 3	0.014 0
	3	0.937 5	0.908 5	0.870 4	0.821 5	0.759 9	0.683 6	0.590 4	0.478 0	0.343 9	0.185 5
	4	1.000 0	1.000 0	1.000 0	1.000 0	1.000 0	1.000 0	1.000 0	1.000 0	1.000 0	1.000 0
5	0	0.031 2	0.018 5	0.010 2	0.005 3	0.002 4	0.001 0	0.000 3	0.000 1	0.000 0	0.000 0
	1	0.185 7	0.131 2	0.087 0	0.054 0	0.030 8	0.015 6	0.006 7	0.002 2	0.000 5	0.000 0
	2	0.500 0	0.406 9	0.317 4	0.235 2	0.163 1	0.103 5	0.057 9	0.026 6	0.008 6	0.001 2
	3	0.812 5	0.743 8	0.663 0	0.571 6	0.471 8	0.367 2	0.262 7	0.164 8	0.081 5	0.226 6
	4	0.968 8	0.949 7	0.922 2	0.884 0	0.831 9	0.762 7	0.672 3	0.556 3	0.409 5	0.226 2
	5	1.000 0	1.000 0	1.000 0	1.000 0	1.000 0	1.000 0	1.000 0	1.000 0	1.000 0	1.000 0
6	0	0.015 6	0.008 3	0.004 1	0.001 8	0.000 7	0.000 2	0.000 1	0.000 0	0.000 0	0.000 0
	1	0.109 4	0.069 2	0.041 0	0.022 3	0.010 9	0.004 6	0.001 6	0.000 4	0.000 1	0.000 0
	2	0.343 8	0.255 3	0.179 2	0.117 4	0.070 5	0.037 6	0.017 0	0.005 9	0.001 3	0.000 1
	3	0.656 2	0.558 5	0.455 7	0.352 9	0.255 7	0.169 4	0.098 9	0.047 3	0.015 8	0.002 2
	4	0.890 6	0.836 4	0.766 7	0.680 9	0.579 8	0.466 1	0.344 6	0.223 5	0.114 3	0.032 8
	5	0.984 4	0.972 3	0.953 3	0.924 6	0.882 4	0.822 0	0.737 9	0.622 9	0.468 6	0.264 9
	6	1.000 0	1.000 0	1.000 0	1.000 0	1.000 0	1.000 0	1.000 0	1.000 0	1.000 0	1.000 0
7	0	0.007 8	0.003 7	0.001 6	0.000 6	0.000 2	0.000 1	0.000 0	0.000 0	0.000 0	0.000 0
	1	0.062 5	0.035 7	0.018 8	0.009 0	0.003 8	0.001 3	0.000 4	0.000 1	0.000 0	0.000 0
	2	0.226 6	0.152 9	0.096 3	0.055 6	0.028 8	0.012 9	0.004 7	0.001 2	0.000 2	0.000 0
	3	0.500 0	0.391 7	0.289 8	0.199 8	0.126 0	0.070 6	0.003 3	0.012 1	0.002 7	0.000 2
	4	0.773 4	0.683 6	0.580 1	0.467 7	0.352 9	0.243 6	0.148 0	0.073 8	0.025 7	0.003 8
	5	0.938 5	0.897 6	0.841 4	0.766 2	0.670 6	0.555 1	0.423 3	0.283 4	0.149 7	0.044 4
	6	0.992 2	0.984 8	0.972 0	0.951 0	0.917 6	0.866 5	0.790 3	0.679 4	0.521 7	0.301 7
	7	1.000 0	1.000 0	1.000 0	1.000 0	1.000 0	1.000 0	1.000 0	1.000 0	1.000 0	1.000 0

续表

n	x	p								
		0.05	0.10	0.15	0.20	0.25	0.30	0.35	0.40	0.45
8	0	0.663 4	0.430 5	0.272 5	0.167 8	0.100 1	0.057 6	0.031 9	0.016 8	0.008 4
	1	0.942 8	0.813 1	0.657 2	0.503 3	0.367 1	0.255 3	0.169 1	0.106 4	0.063 2
	2	0.994 2	0.961 9	0.894 8	0.796 9	0.678 5	0.551 8	0.427 8	0.315 4	0.220 1
	3	0.999 6	0.995 0	0.978 6	0.943 7	0.886 2	0.805 9	0.706 4	0.594 1	0.477 0
	4	1.000 0	0.999 6	0.997 1	0.989 6	0.972 7	0.942 0	0.893 9	0.826 3	0.739 6
	5	1.000 0	1.000 0	0.999 8	0.998 8	0.995 8	0.988 7	0.974 7	0.950 2	0.911 5
	6	1.000 0	1.000 0	1.000 0	0.999 9	0.999 6	0.998 7	0.996 4	0.991 5	0.981 9
	7	1.000 0	1.000 0	1.000 0	1.000 0	1.000 0	0.999 9	0.999 8	0.999 3	0.998 3
	8	1.000 0	1.000 0	1.000 0	1.000 0	1.000 0	1.000 0	1.000 0	1.000 0	1.000 0
9	0	0.630 2	0.387 4	0.231 6	0.134 2	0.075 1	0.040 4	0.020 7	0.010 1	0.004 6
	1	0.928 8	0.774 8	0.599 5	0.436 2	0.300 3	0.196 0	0.121 1	0.070 5	0.038 5
	2	0.991 6	0.947 0	0.859 1	0.738 2	0.600 7	0.462 8	0.337 3	0.231 8	0.149 5
	3	0.999 4	0.991 7	0.966 1	0.914 4	0.834 3	0.729 7	0.608 9	0.482 6	0.361 4
	4	1.000 0	0.999 1	0.994 4	0.980 4	0.951 1	0.901 2	0.828 3	0.733 4	0.621 4
	5	1.000 0	0.999 9	0.999 4	0.996 9	0.990 0	0.974 7	0.946 4	0.900 6	0.834 2
	6	1.000 0	1.000 0	1.000 0	0.999 7	0.998 7	0.995 7	0.988 8	0.975 0	0.950 2
	7	1.000 0	1.000 0	1.000 0	1.000 0	0.999 9	0.999 6	0.998 6	0.996 2	0.990 9
	8	1.000 0	1.000 0	1.000 0	1.000 0	1.000 0	1.000 0	0.999 9	0.999 7	0.999 2
	9	1.000 0	1.000 0	1.000 0	1.000 0	1.000 0	1.000 0	1.000 0	1.000 0	1.000 0
10	0	0.598 7	0.348 7	0.196 9	0.107 4	0.056 3	0.028 2	0.013 5	0.006 0	0.002 5
	1	0.913 9	0.736 1	0.544 3	0.375 8	0.244 0	0.149 3	0.086 0	0.046 4	0.023 3
	2	0.988 5	0.929 8	0.820 2	0.677 8	0.525 6	0.382 8	0.261 6	0.167 3	0.099 6
	3	0.999 0	0.987 2	0.950 0	0.879 1	0.775 9	0.649 6	0.513 8	0.382 3	0.266 0
	4	0.999 9	0.998 4	0.990 1	0.967 2	0.921 9	0.849 7	0.751 5	0.633 1	0.504 4
	5	1.000 0	0.999 9	0.998 6	0.993 6	0.980 3	0.952 7	0.905 1	0.833 8	0.738 4
	6	1.000 0	1.000 0	0.999 9	0.999 1	0.996 5	0.989 4	0.974 0	0.945 2	0.898 0
	7	1.000 0	1.000 0	1.000 0	0.999 9	0.999 6	0.998 4	0.995 2	0.987 7	0.972 6
	8	1.000 0	1.000 0	1.000 0	1.000 0	1.000 0	0.999 9	0.999 5	0.998 3	0.995 5
	9	1.000 0	1.000 0	1.000 0	1.000 0	1.000 0	1.000 0	1.000 0	0.999 9	0.999 7
	10	1.000 0	1.000 0	1.000 0	1.000 0	1.000 0	1.000 0	1.000 0	1.000 0	1.000 0
11	0	0.568 8	0.313 8	0.167 3	0.085 9	0.042 2	0.019 8	0.008 8	0.003 6	0.001 4
	1	0.898 1	0.697 4	0.492 2	0.322 1	0.197 1	0.113 0	0.060 6	0.030 2	0.013 9
	2	0.984 8	0.910 4	0.778 8	0.617 4	0.455 2	0.312 7	0.200 1	0.118 9	0.065 2
	3	0.998 4	0.981 5	0.930 6	0.838 9	0.713 3	0.569 6	0.425 6	0.296 3	0.191 1
	4	0.999 9	0.997 2	0.984 1	0.949 6	0.885 4	0.789 7	0.668 3	0.532 8	0.397 1
	5	1.000 0	0.999 7	0.997 3	0.988 3	0.965 7	0.921 8	0.851 3	0.753 5	0.633 1
	6	1.000 0	1.000 0	0.999 7	0.998 0	0.992 4	0.978 4	0.949 9	0.900 6	0.826 2
	7	1.000 0	1.000 0	1.000 0	0.999 8	0.998 8	0.995 7	0.987 8	0.970 7	0.939 0
	8	1.000 0	1.000 0	1.000 0	1.000 0	0.999 9	0.999 4	0.998 0	0.994 1	0.985 2
	9	1.000 0	1.000 0	1.000 0	1.000 0	1.000 0	1.000 0	0.999 8	0.999 3	0.997 8
	10	1.000 0	1.000 0	1.000 0	1.000 0	1.000 0	1.000 0	1.000 0	1.000 0	0.999 8
	11	1.000 0	1.0000	1.000 0	1.000 0	1.000 0	1.000 0	1.000 0	1.000 0	1.000 0

续表

n	x	p									
		0.50	0.55	0.60	0.65	0.70	0.75	0.80	0.85	0.90	0.95
8	0	0.003 9	0.001 7	0.000 7	0.000 2	0.000 1	0.000 0	0.000 0	0.000 0	0.000 0	0.000 0
	1	0.035 2	0.018 1	0.008 5	0.003 6	0.001 3	0.000 4	0.000 1	0.000 0	0.000 0	0.000 0
	2	0.144 5	0.088 5	0.049 8	0.025 3	0.011 3	0.004 2	0.001 2	0.000 2	0.000 0	0.000 0
	3	0.363 3	0.260 4	0.173 7	0.106 1	0.058 0	0.027 3	0.010 4	0.002 9	0.000 4	0.000 0
	4	0.636 7	0.523 0	0.405 9	0.293 6	0.194 1	0.113 8	0.056 3	0.021 4	0.005 0	0.000 4
	5	0.855 5	0.779 9	0.684 6	0.572 2	0.448 2	0.321 5	0.203 1	0.105 2	0.038 1	0.005 8
	6	0.964 8	0.936 8	0.893 6	0.830 9	0.744 7	0.632 9	0.496 7	0.342 8	0.186 9	0.057 2
	7	0.996 1	0.991 6	0.983 2	0.968 1	0.942 4	0.899 9	0.832 2	0.727 5	0.569 5	0.336 6
	8	1.000 0	1.000 0	1.000 0	1.000 0	1.000 0	1.000 0	1.000 0	1.000 0	1.000 0	1.000 0
9	0	0.002 0	0.000 8	0.000 3	0.000 1	0.000 0	0.000 0	0.000 0	0.000 0	0.000 0	0.000 0
	1	0.019 5	0.009 1	0.003 8	0.001 4	0.000 4	0.000 1	0.000 0	0.000 0	0.000 0	0.000 0
	2	0.089 8	0.049 8	0.025 0	0.011 2	0.004 3	0.001 3	0.000 3	0.000 0	0.000 0	0.000 0
	3	0.253 9	0.165 8	0.099 4	0.053 6	0.025 3	0.010 0	0.003 1	0.000 6	0.000 1	0.000 0
	4	0.500 0	0.378 6	0.266 6	0.171 7	0.098 8	0.048 9	0.019 6	0.005 6	0.000 9	0.000 0
	5	0.746 1	0.638 6	0.517 4	0.391 1	0.270 3	0.165 7	0.085 6	0.033 9	0.008 3	0.000 6
	6	0.910 2	0.850 5	0.768 2	0.662 7	0.537 2	0.399 3	0.261 8	0.140 9	0.053 0	0.008 4
	7	0.980 5	0.961 5	0.929 5	0.878 9	0.804 0	0.699 7	0.563 8	0.400 5	0.225 2	0.071 2
	8	0.998 0	0.995 4	0.989 9	0.979 3	0.959 6	0.924 9	0.865 8	0.768 4	0.612 6	0.369 8
	9	1.000 0	1.000 0	1.000 0	1.000 0	1.000 0	1.000 0	1.000 0	1.000 0	1.000 0	1.000 0
10	0	0.001 0	0.000 3	0.000 1	0.000 0	0.000 0	0.000 0	0.000 0	0.000 0	0.000 0	0.000 0
	1	0.010 7	0.004 5	0.001 7	0.000 5	0.000 1	0.000 0	0.000 0	0.000 0	0.000 0	0.000 0
	2	0.054 7	0.027 4	0.012 3	0.004 8	0.001 6	0.000 4	0.000 1	0.000 0	0.000 0	0.000 0
	3	0.171 9	0.102 0	0.054 8	0.026 0	0.010 6	0.003 5	0.000 9	0.000 1	0.000 0	0.000 0
	4	0.377 0	0.261 6	0.166 2	0.094 9	0.047 3	0.019 7	0.006 4	0.001 4	0.000 1	0.000 0
	5	0.623 0	0.495 6	0.366 9	0.248 5	0.150 3	0.078 1	0.032 8	0.009 9	0.001 6	0.000 1
	6	0.828 1	0.734 0	0.617 7	0.486 2	0.350 4	0.224 1	0.120 9	0.050 0	0.012 8	0.001 0
	7	0.945 3	0.900 4	0.832 7	0.738 4	0.617 2	0.474 4	0.322 2	0.179 8	0.070 2	0.011 5
	8	0.989 3	0.976 7	0.953 6	0.914 0	0.850 7	0.756 0	0.624 2	0.455 7	0.263 9	0.086 1
	9	0.999 0	0.997 5	0.994 0	0.986 5	0.971 8	0.943 7	0.892 6	0.803 1	0.651 3	0.401 3
	10	1.000 0	1.000 0	1.000 0	1.000 0	1.000 0	1.000 0	1.000 0	1.000 0	1.000 0	1.000 0
11	0	0.000 5	0.000 2	0.000 0	0.000 0	0.000 0	0.000 0	0.000 0	0.000 0	0.000 0	0.000 0
	1	0.005 9	0.002 2	0.000 7	0.000 2	0.000 0	0.000 0	0.000 0	0.000 0	0.000 0	0.000 0
	2	0.032 7	0.014 8	0.005 9	0.002 0	0.000 6	0.000 1	0.000 0	0.000 0	0.000 0	0.000 0
	3	0.113 3	0.061 0	0.029 3	0.012 2	0.004 3	0.001 2	0.000 2	0.000 0	0.000 0	0.000 0
	4	0.274 4	0.173 8	0.099 4	0.050 1	0.021 6	0.007 6	0.002 0	0.000 3	0.000 0	0.000 0
	5	0.500 0	0.366 9	0.246 5	0.148 7	0.078 2	0.034 3	0.011 7	0.002 7	0.000 3	0.000 0
	6	0.725 6	0.602 9	0.467 2	0.331 7	0.210 3	0.114 6	0.050 4	0.015 9	0.002 8	0.000 1
	7	0.886 7	0.808 9	0.703 7	0.574 4	0.430 4	0.286 7	0.161 1	0.069 4	0.018 5	0.001 6
	8	0.967 3	0.934 8	0.881 1	0.799 9	0.687 3	0.544 8	0.382 6	0.221 2	0.089 6	0.015 2
	9	0.994 1	0.986 1	0.969 8	0.939 4	0.887 0	0.802 9	0.677 9	0.507 8	0.302 6	0.101 9
	10	0.999 5	0.998 6	0.996 4	0.991 2	0.980 2	0.957 8	0.914 1	0.832 7	0.686 2	0.431 2
	11	1.000 0	1.000 0	1.000 0	1.000 0	1.000 0	1.000 0	1.000 0	1.000 0	1.000 0	1.000 0

续表

n	x	p								
		0.05	0.10	0.15	0.20	0.25	0.30	0.35	0.40	0.45
12	0	0.540 4	0.282 4	0.142 2	0.068 7	0.031 7	0.013 8	0.005 7	0.002 2	0.000 8
	1	0.881 6	0.659 0	0.443 5	0.274 9	0.158 4	0.085 0	0.042 4	0.019 6	0.008 3
	2	0.980 4	0.889 1	0.735 8	0.558 3	0.390 7	0.252 8	0.151 3	0.083 4	0.042 1
	3	0.997 8	0.974 4	0.907 8	0.794 6	0.648 8	0.492 5	0.346 7	0.225 3	0.134 5
	4	0.999 8	0.995 7	0.976 1	0.927 4	0.842 4	0.723 7	0.583 3	0.438 2	0.304 4
	5	1.000 0	0.999 5	0.995 4	0.980 6	0.945 6	0.882 2	0.787 3	0.665 2	0.526 9
	6	1.000 0	0.999 9	0.999 3	0.996 1	0.985 7	0.961 4	0.915 4	0.841 8	0.739 3
	7	1.000 0	1.000 0	0.999 9	0.999 4	0.997 2	0.990 5	0.974 5	0.942 7	0.888 3
	8	1.000 0	1.000 0	1.000 0	0.999 9	0.999 6	0.998 3	0.994 4	0.984 7	0.964 4
	9	1.000 0	1.000 0	1.000 0	1.000 0	1.000 0	0.999 8	0.999 2	0.997 2	0.992 1
	10	1.000 0	1.000 0	1.000 0	1.000 0	1.000 0	1.000 0	0.999 9	0.999 7	0.998 9
	11	1.000 0	1.000 0	1.000 0	1.000 0	1.000 0	1.000 0	1.000 0	1.000 0	0.999 9
	12	1.000 0	1.000 0	1.000 0	1.000 0	1.000 0	1.000 0	1.000 0	1.000 0	1.000 0
13	0	0.513 3	0.254 2	0.120 9	0.055 0	0.023 8	0.009 7	0.003 7	0.001 3	0.000 4
	1	0.864 6	0.621 3	0.398 3	0.233 6	0.126 7	0.063 7	0.029 6	0.012 6	0.004 9
	2	0.975 5	0.866 1	0.729 6	0.501 7	0.332 6	0.202 5	0.113 2	0.057 9	0.026 9
	3	0.996 9	0.965 8	0.603 3	0.747 3	0.584 3	0.420 6	0.278 3	0.168 6	0.092 9
	4	0.999 7	0.993 5	0.974 0	0.900 9	0.794 0	0.654 3	0.500 5	0.353 0	0.227 9
	5	1.000 0	0.999 1	0.994 7	0.970 0	0.919 8	0.834 6	0.715 9	0.574 4	0.426 8
	6	1.000 0	0.999 9	0.998 7	0.993 0	0.975 7	0.937 6	0.870 5	0.771 2	0.643 7
	7	1.000 0	1.000 0	0.999 8	0.998 8	0.994 4	0.981 8	0.953 8	0.902 3	0.821 2
	8	1.000 0	1.000 0	1.000 0	0.999 8	0.999 0	0.996 0	0.987 4	0.967 9	0.930 2
	9	1.000 0	1.000 0	1.000 0	1.000 0	0.999 9	0.999 3	0.997 5	0.992 2	0.979 7
	10	1.000 0	1.000 0	1.000 0	1.000 0	1.000 0	0.999 9	0.999 7	0.998 7	0.995 9
	11	1.000 0	1.000 0	1.000 0	1.000 0	1.000 0	1.000 0	0.999 7	0.999 9	0.999 5
	12	1.000 0	1.000 0	1.000 0	1.000 0	1.000 0	1.000 0	1.000 0	1.000 0	1.000 0
	13	1.000 0	1.000 0	1.000 0	1.000 0	1.000 0	1.000 0	1.000 0	1.000 0	1.000 0
14	0	0.487 7	0.228 8	0.102 8	0.440	0.017 8	0.006 8	0.002 4	0.000 8	0.000 2
	1	0.847 0	0.584 6	0.356 7	0.197 9	0.101 0	0.047 5	0.020 5	0.008 1	0.002 9
	2	0.969 9	0.841 6	0.647 9	0.448 1	0.281 1	0.160 8	0.083 9	0.039 8	0.017 0
	3	0.995 8	0.955 9	0.853 5	0.698 2	0.521 3	0.355 2	0.220 5	0.124 3	0.063 2
	4	0.999 6	0.990 8	0.953 3	0.870 2	0.741 5	0.584 2	0.422 7	0.279 3	0.167 2
	5	1.000 0	0.998 5	0.988 5	0.956 1	0.888 3	0.780 8	0.640 5	0.485 9	0.337 3
	6	1.000 0	0.999 8	0.997 8	0.988 4	0.961 7	0.906 7	0.816 4	0.692 5	0.546 1
	7	1.000 0	1.000 0	0.999 7	0.997 6	0.989 7	0.968 5	0.924 7	0.849 9	0.741 4
	8	1.000 0	1.000 0	1.000 0	0.999 6	0.997 8	0.991 7	0.975 7	0.941 7	0.881 1
	9	1.000 0	1.000 0	1.000 0	1.000 0	0.999 7	0.998 3	0.994 0	0.982 5	0.957 4
	10	1.000 0	1.000 0	1.000 0	1.000 0	1.000 0	0.999 8	0.998 9	0.996 1	0.988 6
	11	1.000 0	1.000 0	1.000 0	1.000 0	1.000 0	1.000 0	0.999 9	0.999 4	0.997 8
	12	1.000 0	1.000 0	1.000 0	1.000 0	1.000 0	1.000 0	1.000 0	0.999 9	0.999 7
	13	1.000 0	1.000 0	1.000 0	1.000 0	1.000 0	1.000 0	1.000 0	1.000 0	1.000 0
	14	1.000 0	1.000 0	1.000 0	1.000 0	1.000 0	1.000 0	1.000 0	1.000 0	1.000 0

续表

n	x	p 0.50	0.55	0.60	0.65	0.70	0.75	0.80	0.85	0.90	0.95
12	0	0.000 2	0.000 1	0.000 0	0.000 0	0.000 0	0.000 0	0.000 0	0.000 0	0.000 0	0.000 0
	1	0.003 2	0.001 1	0.000 3	0.000 1	0.000 0	0.000 0	0.000 0	0.000 0	0.000 0	0.000 0
	2	0.019 3	0.007 9	0.002 8	0.000 8	0.000 2	0.000 0	0.000 0	0.000 0	0.000 0	0.000 0
	3	0.073 0	0.035 6	0.015 3	0.005 6	0.001 7	0.000 4	0.000 1	0.000 0	0.000 0	0.000 0
	4	0.193 8	0.111 7	0.057 3	0.025 5	0.009 5	0.002 8	0.000 6	0.000 1	0.000 0	0.000 0
	5	0.387 2	0.260 7	0.158 2	0.084 6	0.038 6	0.014 3	0.003 9	0.000 7	0.000 1	0.000 0
	6	0.612 8	0.473 1	0.334 8	0.212 7	0.117 8	0.054 4	0.019 4	0.004 6	0.000 5	0.000 0
	7	0.806 2	0.695 6	0.561 8	0.416 7	0.276 3	0.157 6	0.072 6	0.023 9	0.004 3	0.000 2
	8	0.927 0	0.865 5	0.774 7	0.653 3	0.507 5	0.351 2	0.205 4	0.092 2	0.025 6	0.002 2
	9	0.980 7	0.957 9	0.916 6	0.848 7	0.747 2	0.609 3	0.441 7	0.264 2	0.110 9	0.019 6
	10	0.996 8	0.991 7	0.980 4	0.957 6	0.915 0	0.841 6	0.725 1	0.556 5	0.341 0	0.118 4
	11	0.999 8	0.999 2	0.997 8	0.994 3	0.986 2	0.968 3	0.931 3	0.857 8	0.717 6	0.459 6
	12	1.000 0	1.000 0	1.000 0	1.000 0	1.000 0	1.000 0	1.000 0	1.000 0	1.000 0	1.000 0
13	0	0.000 1	0.000 0	0.000 0	0.000 0	0.000 0	0.000 0	0.000 0	0.000 0	0.000 0	0.000 0
	1	0.001 7	0.000 5	0.000 1	0.000 0	0.000 0	0.000 0	0.000 0	0.000 0	0.000 0	0.000 0
	2	0.011 2	0.004 1	0.001 3	0.000 3	0.000 1	0.000 0	0.000 0	0.000 0	0.000 0	0.000 0
	3	0.046 1	0.020 3	0.007 8	0.002 5	0.000 7	0.000 1	0.000 0	0.000 0	0.000 0	0.000 0
	4	0.133 4	0.069 8	0.032 1	0.012 6	0.004 0	0.001 0	0.000 2	0.000 0	0.000 0	0.000 0
	5	0.290 5	0.178 8	0.097 7	0.046 2	0.018 2	0.005 6	0.001 2	0.000 2	0.000 0	0.000 0
	6	0.500 0	0.356 3	0.228 8	0.129 5	0.062 4	0.024 3	0.007 0	0.001 3	0.000 1	0.000 0
	7	0.709 5	0.573 2	0.425 6	0.284 1	0.165 4	0.030 2	0.030 0	0.005 3	0.000 9	0.000 0
	8	0.866 6	0.772 1	0.647 0	0.499 5	0.345 7	0.206 0	0.099 1	0.026 0	0.006 5	0.000 3
	9	0.953 9	0.907 1	0.831 4	0.721 7	0.579 4	0.415 7	0.252 7	0.096 7	0.034 2	0.003 1
	10	0.988 8	0.973 1	0.942 1	0.886 8	0.797 5	0.667 4	0.498 3	0.270 4	0.133 9	0.024 5
	11	0.998 3	0.995 1	0.987 4	0.970 4	0.936 3	0.873 3	0.766 4	0.601 7	0.378 7	0.135 4
	12	0.999 9	0.999 6	0.998 7	0.996 3	0.990 3	0.976 2	0.945 0	0.879 1	0.745 8	0.486 7
	13	1.000 0	1.000 0	1.000 0	1.000 0	1.000 0	1.000 0	1.000 0	1.000 0	1.000 0	1.000 0
14	0	0.000 0	0.000 0	0.000 0	0.000 0	0.000 0	0.000 0	0.000 0	0.000 0	0.000 0	0.000 0
	1	0.000 9	0.000 3	0.000 1	0.000 0	0.000 0	0.000 0	0.000 0	0.000 0	0.000 0	0.000 0
	2	0.006 5	0.002 2	0.000 6	0.000 1	0.000 0	0.000 0	0.000 0	0.000 0	0.000 0	0.000 0
	3	0.028 7	0.011 4	0.003 9	0.001 1	0.000 2	0.000 0	0.000 0	0.000 0	0.000 0	0.000 0
	4	0.089 8	0.046 2	0.017 5	0.006 0	0.001 7	0.000 3	0.000 0	0.000 0	0.000 0	0.000 0
	5	0.212 0	0.118 9	0.058 3	0.024 3	0.008 3	0.002 2	0.000 4	0.000 0	0.000 0	0.000 0
	6	0.395 3	0.258 6	0.150 1	0.075 3	0.031 5	0.010 3	0.002 4	0.000 3	0.000 0	0.000 0
	7	0.604 7	0.453 9	0.307 5	0.183 6	0.093 3	0.038 3	0.011 6	0.002 2	0.000 2	0.000 0
	8	0.788 0	0.662 7	0.514 1	0.359 5	0.219 5	0.111 7	0.043 9	0.011 5	0.001 5	0.000 0
	9	0.910 2	0.832 8	0.720 7	0.577 3	0.415 8	0.258 5	0.129 8	0.046 7	0.009 2	0.000 4
	10	0.971 3	0.936 8	0.875 7	0.779 5	0.644 8	0.478 7	0.301 8	0.146 5	0.044 1	0.004 2
	11	0.993 5	0.983 0	0.960 2	0.916 1	0.839 2	0.718 9	0.551 9	0.352 1	0.158 4	0.030 1
	12	0.999 1	0.997 1	0.991 9	0.979 5	0.952 5	0.899 0	0.802 1	0.643 3	0.415 4	0.153 0
	13	0.999 9	0.999 8	0.999 2	0.997 6	0.993 2	0.982 2	0.956 0	0.897 2	0.771 2	0.512 3
	14	1.000 0	1.000 0	1.000 0	1.000 0	1.000 0	1.000 0	1.000 0	1.000 0	1.000 0	1.000 0

续表

n	x	p								
		0.05	0.10	0.15	0.20	0.25	0.30	0.35	0.40	0.45
15	0	0.463 3	0.205 9	0.087 4	0.035 2	0.013 4	0.004 7	0.001 6	0.000 5	0.000 1
	1	0.829 0	0.549 0	0.318 6	0.167 1	0.080 2	0.035 3	0.014 2	0.005 2	0.001 7
	2	0.963 8	0.815 9	0.604 2	0.398 0	0.236 1	0.126 8	0.061 7	0.027 1	0.010 7
	3	0.994 5	0.944 4	0.822 7	0.648 2	0.461 3	0.296 9	0.172 7	0.090 5	0.042 4
	4	0.999 4	0.987 3	0.938 3	0.835 8	0.686 5	0.515 5	0.351 9	0.217 3	0.120 4
	5	0.999 9	0.997 8	0.983 2	0.938 9	0.851 6	0.721 6	0.654 3	0.403 2	0.260 8
	6	1.000 0	0.999 7	0.996 4	0.981 9	0.943 4	0.868 9	0.754 8	0.609 8	0.452 2
	7	1.000 0	1.000 0	0.999 4	0.995 8	0.982 7	0.950 0	0.886 8	0.786 9	0.653 5
	8	1.000 0	1.000 0	0.999 9	0.999 2	0.995 8	0.984 8	0.957 8	0.905 0	0.818 2
	9	1.000 0	1.000 0	1.000 0	0.999 9	0.999 2	0.996 3	0.987 6	0.966 2	0.923 1
	10	1.000 0	1.000 0	1.000 0	1.000 0	0.999 9	0.999 3	0.997 2	0.990 7	0.974 5
	11	1.000 0	1.000 0	1.000 0	1.000 0	1.000 0	0.999 9	0.999 5	0.998 1	0.993 7
	12	1.000 0	1.000 0	1.000 0	1.000 0	1.000 0	1.000 0	0.999 9	0.999 7	0.998 9
	13	1.000 0	1.000 0	1.000 0	1.000 0	1.000 0	1.000 0	1.000 0	1.000 0	0.999 9
	14	1.000 0	1.000 0	1.000 0	1.000 0	1.000 0	1.000 0	1.000 0	1.000 0	1.000 0
	15	1.000 0	1.000 0	1.000 0	1000 0	1.000 0	1000 0	1.000 0	1.000 0	1.000 0
16	0	0.440 1	0.185 3	0.074 3	0.028 1	0.010 0	0.003 3	0.001 0	0.000 3	0.000 1
	1	0.810 8	0.514 7	0.283 9	0.140 7	0.063 5	0.026 1	0.009 8	0.003 3	0.001 0
	2	0.957 1	0.789 2	0.561 4	0.351 8	0.197 1	0.099 4	0.045 1	0.018 3	0.006 6
	3	0.993 0	0.631 6	0.789 9	0.598 1	0.405 0	0.245 9	0.133 9	0.065 1	0.028 1
	4	0.999 1	0.983 0	0.920 9	0.798 2	0.630 2	0.449 9	0.289 2	0.166 6	0.085 3
	5	0.999 9	0.996 7	0.976 5	0.918 3	0.810 3	0.659 8	0.490 0	0.328 8	0.197 6
	6	1.000 0	0.999 5	0.994 4	0.973 3	0.920 4	0.824 7	0.688 1	0.527 2	0.366 0
	7	1.000 0	0.999 9	0.998 9	0.993 0	0.972 9	0.925 6	0.840 6	0.716 1	0.562 9
	8	1.000 0	1.000 0	0.999 8	0.998 5	0.992 5	0.974 3	0.932 9	0.857 7	0.744 1
	9	1.000 0	1.000 0	1.000 0	0.999 8	0.998 4	0.992 9	0.977 1	0.971 7	0.875 9
	10	1.000 0	1.000 0	1.000 0	1.000 0	0.999 7	0.998 4	0.993 8	0.980 9	0.951 4
	11	1.000 0	1.000 0	1.000 0	1.000 0	1.000 0	0.999 7	0.998 7	0.995 1	0.985 1
	12	1.000 0	1.000 0	1.000 0	1.000 0	1.000 0	1.000 0	0.999 8	0.999 1	0.996 5
	13	1.000 0	1.000 0	1.000 0	1.000 0	1.000 0	1.000 0	1.000 0	0.999 9	0.999 4
	14	1.000 0	1.000 0	1.000 0	1.000 0	1.000 0	1.000 0	1.000 0	1.000 0	0.999 9
	15	1.000 0	1.000 0	1.000 0	1.000 0	1.000 0	1.000 0	1.000 0	1.000 0	1.000 0
	16	1.000 0	1.000 0	1000 0	1.000 0	1000 0	1.000 0	1.000 0	1.000 0	1.000 0

续表

n	x	p									
		0.50	0.55	0.60	0.65	0.70	0.75	0.80	0.85	0.90	0.95
15	0	0.000 0	0.000 0	0.000 0	0.000 0	0.000 0	0.000 0	0.000 0	0.000 0	0.000 0	0.00 0
	1	0.000 5	0.000 1	0.000 0	0.000 0	0.000 0	0.000 0	0.000 0	0.000 0	0.000 0	0.000 0
	2	0.003 7	0.001 1	0.000 3	0.000 1	0.000 0	0.000 0	0.000 0	0.000 0	0.000 0	0.000 0
	3	0.017 6	0.006 3	0.001 9	0.000 5	0.000 1	0.000 0	0.000 0	0.000 0	0.000 0	0.000 0
	4	0.059 2	0.025 5	0.009 3	0.002 8	0.000 7	0.000 1	0.000 0	0.000 0	0.000 0	0.000 0
	5	0.150 9	0.076 9	0.033 8	0.012 4	0.003 7	0.000 8	0.000 1	0.000 0	0.000 0	0.000 0
	6	0.303 6	0.181 8	0.095 0	0.042 2	0.015 2	0.004 2	0.000 8	0.000 1	0.000 0	0.000 0
	7	0.500 0	0.346 5	0.213 1	0.113 2	0.050 0	0.017 3	0.004 2	0.000 6	0.000 0	0.000 0
	8	0.696 4	0.547 8	0.390 2	0.245 2	0.131 1	0.056 6	0.018 1	0.003 6	0.000 3	0.000 0
	9	0.849 1	0.739 2	0.596 8	0.435 7	0.278 4	0.148 4	0.061 1	0.016 8	0.002 2	0.000 1
	10	0.940 8	0.879 6	0.782 7	0.648 1	0.484 5	0.313 5	0.164 2	0.061 7	0.012 7	0.000 6
	11	0.982 4	0.957 6	0.909 5	0.827 3	0.703 1	0.538 7	0.351 8	0.177 3	0.055 6	0.005 5
	12	0.996 3	0.989 3	0.972 9	0.938 3	0.873 2	0.763 9	0.602 0	0.395 8	0.184 1	0.036 2
	13	0.999 5	0.998 3	0.994 8	0.985 8	0.964 7	0.919 8	0.832 9	0.681 4	0.451 0	0.171 0
	14	1.000 0	0.999 9	0.999 5	0.998 4	0.995 3	0.986 6	0.964 8	0.912 6	0.794 1	0.536 7
	15	1.000 0	1.000 0	1.000 0	1.000 0	1.000 0	1.000 0	1.000 0	1.000 0	1.000 0	1.000 0
16	0	0.000 0	0.000 0	0.000 0	0.000 0	0.000 0	0.000 0	0.000 0	0.000 0	0.000 0	0.000 0
	1	0.000 3	0.000 1	0.000 0	0.000 0	0.000 0	0.000 0	0.000 0	0.000 0	0.000 0	0.000 0
	2	0.002 1	0.000 6	0.000 1	0.000 0	0.000 0	0.000 0	0.000 0	0.000 0	0.000 0	0.000 0
	3	0.010 6	0.003 5	0.000 9	0.000 2	0.000 0	0.000 0	0.000 0	0.000 0	0.000 0	0.000 0
	4	0.038 4	0.014 9	0.004 9	0.001 3	0.000 3	0.000 0	0.000 0	0.000 0	0.000 0	0.000 0
	5	0.105 1	0.048 6	0.019 1	0.006 2	0.001 6	0.000 3	0.000 0	0.000 0	0.000 0	0.000 0
	6	0.227 2	0.124 1	0.058 3	0.022 9	0.007 1	0.001 6	0.000 2	0.000 0	0.000 0	0.000 0
	7	0.401 8	0.255 9	0.142 3	0.067 1	0.025 7	0.007 5	0.001 5	0.000 2	0.000 0	0.000 0
	8	0.598 2	0.437 1	0.283 9	0.159 4	0.074 4	0.027 1	0.007 0	0.001 1	0.000 1	0.000 0
	9	0.772 8	0.634 0	0.472 8	0.311 9	0.175 3	0.079 6	0.026 7	0.005 6	0.000 5	0.000 0
	10	0.894 9	0.802 4	0.671 2	0.510 0	0.340 2	0.189 7	0.081 7	0.023 5	0.003 3	0.000 1
	11	0.961 6	0.914 7	0.833 4	0.710 8	0.550 1	0.369 8	0.201 8	0.079 1	0.017 0	0.000 9
	12	0.989 4	0.971 9	0.934 9	0.866 1	0.754 1	0.595 0	0.401 9	0.210 1	0.068 4	0.007 0
	13	0.997 9	0.993 4	0.981 7	0.954 9	0.900 6	0.872 9	0.648 2	0.438 6	0.210 8	0.042 9
	14	0.999 7	0.999 0	0.996 7	0.990 2	0.973 9	0.936 5	0.859 3	0.716 1	0.485 3	0.189 2
	15	1.000 0	0.999 9	0.999 7	0.999 0	0.996 7	0.990 0	0.971 9	0.925 7	0.814 7	0.559 9
	16	1.000 0	1.000 0	1.000 0	1.000 0	1.000 0	1.000 0	1.000 0	1.000 0	1.000 0	1.000 0

续表

n	x	p								
		0.05	0.10	0.15	0.20	0.25	0.30	0.35	0.40	0.45
17	0	0.418 1	0.166 8	0.063 1	0.022 5	0.007 5	0.002 3	0.000 7	0.000 2	0.000 0
	1	0.792 2	0.481 8	0.252 5	0.118 2	0.050 1	0.019 3	0.006 7	0.002 1	0.000 6
	2	0.949 7	0.761 8	0.519 8	0.309 6	0.163 7	0.077 4	0.032 7	0.012 3	0.004 1
	3	0.991 2	0.917 4	0.755 6	0.548 9	0.353 0	0.201 9	0.102 8	0.046 4	0.018 4
	4	0.998 8	0.977 9	0.901 3	0.758 2	0.573 9	0.388 7	0.234 8	0.126 0	0.059 6
	5	0.999 9	0.995 3	0.968 1	0.894 3	0.765 3	0.596 8	0.419 7	0.263 9	0.147 1
	6	1.000 0	0.999 2	0.991 7	0.962 3	0.892 9	0.775 2	0.618 8	0.447 8	0.290 2
	7	1.000 0	0.999 9	0.998 3	0.989 1	0.959 8	0.895 4	0.787 2	0.640 5	0.474 3
	8	1.000 0	1.000 0	0.999 7	0.997 4	0.987 6	0.959 7	0.900 6	0.801 1	0.662 6
	9	1.000 0	1.000 0	1.000 0	0.999 5	0.996 9	0.996 8	0.961 7	0.908 1	0.816 6
	10	1.000 0	1.000 0	1.000 0	0.999 9	0.999 4	0.999 3	0.988 0	0.965 2	0.917 4
	11	1.000 0	1.000 0	1.000 0	1.000 0	0.999 9	0.999 9	0.997 0	0.989 4	0.969 9
	12	1.000 0	1.000 0	1.000 0	1.000 0	1.000 0	1.000 0	0.999 4	0.997 5	0.991 4
	13	1.000 0	1.000 0	1.000 0	1.000 0	1.000 0	1.000 0	0.999 9	0.999 5	0.998 1
	14	1.000 0	1.000 0	1.000 0	1.000 0	1.000 0	1.000 0	1.000 0	0.999 9	0.999 7
	15	1.000 0	1.000 0	1.000 0	1.000 0	1.000 0	1.000 0	1.000 0	1.000 0	1.000 0
	16	1.000 0	1.000 0	1.000 0	1000 0	1.000 0	1.000 0	1.000 0	1.000 0	1.000 0
	17	1.000 0	1.000 0	1.000 0	1.000 0	1.000 0	1.000 0	1.000 0	1.000 0	1.000 0
18	0	0.397 2	0.150 1	0.053 6	0.018 0	0.005 6	0.001 6	0.000 4	0.000 1	0.000 0
	1	0.773 5	0.450 3	0.224 1	0.099 1	0.039 5	0.014 2	0.004 6	0.001 3	0.000 3
	2	0.941 9	0.733 8	0.479 7	0.271 3	0.135 3	0.060 0	0.023 6	0.008 2	0.002 5
	3	0.989 1	0.901 8	0.720 2	0.501 0	0.305 7	0.164 6	0.078 3	0.032 8	0.012 0
	4	0.998 5	0.971 8	0.879 4	0.716 4	0.518 7	0.332 7	0.188 6	0.094 2	0.041 1
	5	0.999 8	0.993 6	0.958 1	0.867 1	0.717 5	0.534 4	0.355 0	0.208 8	0.107 7
	6	1.000 0	0.998 8	0.988 2	0.948 7	0.861 0	0.721 7	0.549 1	0.374 3	0.225 8
	7	1.000 0	0.999 8	0.997 3	0.983 7	0.943 1	0.859 3	0.728 3	0.563 4	0.391 5
	8	1.000 0	1.000 0	0.999 5	0.995 7	0.980 7	0.940 4	0.860 9	0.736 8	0.577 8
	9	1.000 0	1.000 0	0.999 9	0.999 1	0.994 6	0.979 0	0.940 3	0.865 3	0.747 3
	10	1.000 0	1.000 0	1.000 0	0.999 8	0.998 8	0.993 9	0.978 8	0.942 4	0.872 0
	11	1.000 0	1.000 0	1.000 0	1.000 0	0.999 8	0.998 6	0.993 8	0.979 7	0.946 3
	12	1.000 0	1.000 0	1.000 0	1.000 0	1.000 0	0.999 7	0.998 6	0.994 2	0.981 7
	13	1.000 0	1.000 0	1.000 0	1.000 0	1.000 0	1.000 0	0.999 7	0.998 7	0.995 1
	14	1.000 0	1.000 0	1.000 0	1.000 0	1.000 0	1.000 0	1.000 0	0.999 8	0.999 0
	15	1.000 0	1.000 0	1.000 0	1.000 0	1.000 0	1.000 0	1.000 0	1.000 0	0.999 9
	16	1.000 0	1.000 0	1.000 0	1.000 0	1.000 0	1.000 0	1.000 0	1.000 0	1.000 0
	17	1.000 0	1.000 0	1.000 0	1.000 0	1.000 0	1.000 0	1.000 0	1.000 0	1.000 0
	18	1.000 0	1.000 0	1.000 0	1.000 0	1.000 0	1.000 0	1.000 0	1.000 0	1.000 0

续表

n	x	p									
		0. 50	0. 55	0. 60	0. 65	0. 70	0. 75	0. 80	0. 85	0. 90	0. 95
17	0	0. 000 0	0. 000 0	0. 000 0	0. 000 0	0. 000 0	0. 000 0	0. 000 0	0. 000 0	0. 000 0	0. 000 0
	1	0. 000 1	0. 000 0	0. 000 0	0. 000 0	0. 000 0	0. 000 0	0. 000 0	0. 000 0	0. 000 0	0. 000 0
	2	0. 001 2	0. 000 3	0. 000 1	0. 000 0	0. 000 0	0. 000 0	0. 000 0	0. 000 0	0. 000 0	0. 000 0
	3	0. 006 4	0. 001 9	0. 000 5	0. 000 1	0. 000 0	0. 000 0	0. 000 0	0. 000 0	0. 000 0	0. 000 0
	4	0. 024 5	0. 030 1	0. 002 5	0. 000 6	0. 000 1	0. 000 0	0. 000 0	0. 000 0	0. 000 0	0. 000 0
	5	0. 071 7	0. 082 6	0. 010 6	0. 003 0	0. 000 7	0. 000 1	0. 000 0	0. 000 0	0. 000 0	0. 000 0
	6	0. 166 2	0. 183 4	0. 034 8	0. 012 0	0. 003 2	0. 000 6	0. 000 1	0. 000 0	0. 000 0	0. 000 0
	7	0. 314 5	0. 337 4	0. 091 9	0. 038 3	0. 012 7	0. 003 1	0. 000 5	0. 000 0	0. 000 0	0. 000 0
	8	0. 500 0	0. 525 7	0. 198 9	0. 099 4	0. 040 3	0. 012 4	0. 002 6	0. 000 3	0. 000 0	0. 000 0
	9	0. 685 5	0. 709 8	0. 359 5	0. 212 8	0. 104 6	0. 040 2	0. 010 9	0. 001 7	0. 000 1	0. 000 0
	10	0. 833 8	0. 852 9	0. 552 2	0. 381 2	0. 224 8	0. 107 1	0. 037 7	0. 008 3	0. 000 8	0. 000 0
	11	0. 928 3	0. 940 4	0. 736 1	0. 580 3	0. 403 2	0. 234 7	0. 105 7	0. 031 9	0. 004 7	0. 000 1
	12	0. 975 5	0. 981 6	0. 874 0	0. 765 2	0. 611 3	0. 426 1	0. 241 8	0. 098 7	0. 022 1	0. 001 2
	13	0. 993 6	0. 995 9	0. 953 6	0. 897 2	0. 798 1	0. 647 1	0. 451 1	0. 244 4	0. 082 6	0. 008 8
	14	0. 998 8	0. 999 4	0. 987 7	0. 967 3	0. 922 6	0. 836 3	0. 690 4	0. 480 2	0. 238 2	0. 050 3
	15	0. 999 9	1. 000 0	0. 997 9	0. 993 3	0. 980 7	0. 949 9	0. 881 8	0. 747 5	0. 518 2	0. 207 8
	16	1. 000 0	1. 000 0	0. 998 9	0. 999 3	0. 997 7	0. 992 5	0. 977 5	0. 936 9	0. 833 2	0. 581 9
	17	1. 000 0	0. 000 0	1. 000 0	1. 000 0	1. 000 0	1. 000 0	1. 000 0	1. 000 0	1. 000 0	1. 000 0
18	0	0. 000 0	0. 000 0	0. 000 0	0. 000 0	0. 000 0	0. 000 0	0. 000 0	0. 000 0	0. 000 0	0. 000 0
	1	0. 000 1	0. 000 0	0. 000 0	0. 000 0	0. 000 0	0. 000 0	0. 000 0	0. 000 0	0. 000 0	0. 000 0
	2	0. 000 7	0. 000 1	0. 000 0	0. 000 0	0. 000 0	0. 000 0	0. 000 0	0. 000 0	0. 000 0	0. 000 0
	3	0. 003 8	0. 001 0	0. 000 2	0. 000 0	0. 000 0	0. 000 0	0. 000 0	0. 000 0	0. 000 0	0. 000 0
	4	0. 015 4	0. 004 9	0. 001 3	0. 000 3	0. 000 0	0. 000 0	0. 000 0	0. 000 0	0. 000 0	0. 000 0
	5	0. 048 1	0. 018 3	0. 005 8	0. 001 4	0. 000 3	0. 000 0	0. 000 0	0. 000 0	0. 000 0	0. 000 0
	6	0. 118 9	0. 053 7	0. 020 3	0. 006 2	0. 001 4	0. 000 2	0. 000 0	0. 000 0	0. 000 0	0. 000 0
	7	0. 240 3	0. 128 0	0. 057 6	0. 021 2	0. 006 1	0. 001 2	0. 000 2	0. 000 0	0. 000 0	0. 000 0
	8	0. 407 3	0. 252 7	0. 134 7	0. 059 7	0. 021 0	0. 005 4	0. 000 9	0. 000 1	0. 000 0	0. 000 0
	9	0. 592 7	0. 422 2	0. 263 2	0. 139 7	0. 059 6	0. 019 3	0. 004 3	0. 000 5	0. 000 0	0. 000 0
	10	0. 759 7	0. 608 5	0. 436 6	0. 271 7	0. 140 7	0. 056 9	0. 016 3	0. 002 7	0. 000 2	0. 000 0
	11	0. 881 1	0. 7742	0. 625 7	0. 450 9	0. 278 3	0. 139 0	0. 051 3	0. 011 8	0. 001 2	0. 000 0
	12	0. 951 9	0. 892 3	0. 791 2	0. 645 0	0. 465 6	0. 282 5	0. 132 9	0. 041 9	0. 006 4	0. 000 2
	13	0. 984 6	0. 958 9	0. 905 8	0. 811 4	0. 667 3	0. 481 3	0. 283 6	0. 120 6	0. 028 2	0. 001 5
	14	0. 996 2	0. 988 0	0. 967 2	0. 921 7	0. 835 4	0. 694 3	0. 499 0	0. 279 8	0. 098 2	0. 010 9
	15	0. 999 3	0. 997 5	0. 991 8	0. 976 4	0. 940 0	0. 864 7	0. 728 7	0. 520 3	0. 266 2	0. 058 1
	16	0. 999 9	0. 999 7	0. 998 7	0. 995 4	0. 985 8	0. 960 5	0. 900 9	0. 775 9	0. 549 7	0. 226 5
	17	1. 000 0	1. 000 0	0. 999 9	0. 999 6	0. 998 4	0. 994 4	0. 982 0	0. 946 4	0. 844 9	0. 602 8
	18	1. 000 0	1. 000 0	1. 000 0	1. 000 0	1. 000 0	1. 000 0	1. 000 0	1. 000 0	1. 000 0	1. 000 0

续表

n	x	p								
		0.05	0.10	0.15	0.20	0.25	0.30	0.35	0.40	0.45
19	0	0.377 4	0.135 1	0.045 6	0.014 4	0.004 2	0.001 1	0.000 3	0.000 1	0.000 0
	1	0.754 7	0.420 3	0.198 5	0.082 9	0.031 0	0.010 4	0.003 1	0.000 8	0.000 2
	2	0.933 5	0.705 4	0.441 3	0.236 9	0.111 3	0.046 2	0.017 0	0.005 5	0.001 5
	3	0.986 8	0.885 0	0.684 1	0.455 1	0.263 1	0.133 2	0.059 1	0.023 0	0.007 7
	4	0.998 0	0.964 8	0.855 6	0.673 3	0.465 4	0.282 2	0.150 0	0.069 6	0.028 0
	5	0.999 8	0.991 4	0.946 3	0.836 9	0.667 8	0.473 9	0.296 8	0.162 9	0.077 7
	6	1.000 0	0.998 3	0.983 7	0.932 4	0.825 1	0.665 5	0.481 2	0.308 1	0.172 7
	7	1.000 0	0.999 7	0.995 9	0.976 7	0.922 5	0.818 0	0.665 6	0.487 8	0.316 9
	8	1.000 0	1.000 0	0.999 2	0.993 4	0.971 3	0.916 1	0.814 5	0.667 5	0.494 0
	9	1.000 0	1.000 0	0.999 9	0.998 4	0.991 1	0.967 4	0.925 3	0.813 9	0.671 0
	10	1.000 0	1.000 0	1.000 0	0.999 7	0.997 7	0.989 5	0.965 3	0.911 5	0.815 9
	11	1.000 0	1.000 0	1.000 0	1.000 0	0.999 5	0.997 2	0.988 6	0.964 8	0.912 9
	12	1.000 0	1.000 0	1.000 0	1.000 0	0.999 9	0.999 4	0.996 9	0.988 4	0.965 8
	13	1.000 0	1.000 0	1.000 0	1.000 0	1.000 0	0.999 9	0.999 3	0.996 9	0.989 1
	14	1.000 0	1.000 0	1.000 0	1.000 0	1.000 0	1.000 0	0.999 9	0.999 4	0.997 2
	15	1.000 0	1.000 0	1.000 0	1.000 0	1.000 0	1.000 0	1.000 0	0.999 9	0.999 5
	16	1.000 0	1.000 0	1.000 0	1.000 0	1.000 0	1.000 0	1.000 0	1.000 0	0.999 9
	17	1.000 0	1.000 0	1.000 0	1.000 0	1.000 0	1.000 0	1.000 0	1.000 0	1.000 0
	18	1.000 0	1.000 0	1.000 0	1.000 0	1.000 0	1.000 0	1.000 0	1.000 0	1.000 0
	19	1.000 0	1.000 0	1.000 0	1.000 0	1.000 0	1.000 0	1.000 0	1.000 0	1.000 0
20	0	0.358 5	0.121 6	0.038 8	0.011 5	0.003 2	0.000 8	0.000 2	0.000 0	0.000 0
	1	0.735 8	0.391 7	0.175 6	0.069 2	0.024 3	0.007 6	0.002 1	0.000 5	0.000 1
	2	0.924 5	0.676 9	0.404 9	0.206 1	0.091 3	0.035 5	0.012 1	0.003 6	0.000 9
	3	0.984 1	0.867 0	0.647 7	0.411 4	0.225 2	0.107 1	0.044 4	0.016 0	0.004 9
	4	0.997 4	0.956 8	0.829 8	0.629 6	0.414 8	0.237 5	0.118 2	0.051 0	0.018 9
	5	0.999 7	0.988 7	0.932 7	0.804 2	0.617 2	0.416 4	0.245 4	0.126 5	0.055 3
	6	1.000 0	0.997 6	0.978 1	0.913 3	0.785 8	0.608 0	0.416 6	0.250 0	0.129 9
	7	1.000 0	0.999 6	0.994 1	0.967 9	0.898 2	0.772 3	0.601 0	0.415 9	0.252 0
	8	1.000 0	0.999 9	0.998 7	0.990 0	0.959 1	0.886 7	0.762 4	0.595 6	0.414 3
	9	1.000 0	1.000 0	0.999 8	0.997 4	0.986 1	0.952 0	0.878 2	0.755 3	0.591 4
	10	1.000 0	1.000 0	1.000 0	0.999 4	0.996 1	0.982 9	0.946 8	0.872 5	0.750 7
	11	1.000 0	1.000 0	1.000 0	0.999 9	0.999 1	0.994 9	0.980 4	0.943 5	0.869 2
	12	1.000 0	1.000 0	1.000 0	1.000 0	0.999 8	0.998 7	0.994 0	0.979 0	0.942 0
	13	1.000 0	1.000 0	1.000 0	1.000 0	1.000 0	0.999 7	0.998 5	0.993 5	0.978 6
	14	1.000 0	1.000 0	1.000 0	1.000 0	1.000 0	1.000 0	0.999 7	0.998 4	0.993 6
	15	1.000 0	1.000 0	1.000 0	1.000 0	1.000 0	1.000 0	1.000 0	0.999 7	0.998 5
	16	1.000 0	1.000 0	1.000 0	1.000 0	1.000 0	1.000 0	1.000 0	1.000 0	0.999 7
	17	1.000 0	1.000 0	1.000 0	1.000 0	1.000 0	1.000 0	1.000 0	1.000 0	1.000 0
	18	1.000 0	1.000 0	1.000 0	1.000 0	1.000 0	1.000 0	1.000 0	1.000 0	1.000 0
	19	1.000 0	1.000 0	1.000 0	1.000 0	1.000 0	1.000 0	1.000 0	1.000 0	1.000 0
	20	1.000 0	1.000 0	1.000 0	1.000 0	1.000 0	1.000 0	1.000 0	1.000 0	1.000 0

续表

n	x	p 0.50	0.55	0.60	0.65	0.70	0.75	0.80	0.85	0.90	0.95
19	0	0.000 0	0.000 0	0.000 0	0.000 0	0.000 0	0.000 0	0.000 0	0.000 0	0.000 0	0.000 0
	1	0.000 0	0.000 0	0.000 0	0.000 0	0.000 0	0.000 0	0.000 0	0.000 0	0.000 0	0.000 0
	2	0.000 4	0.000 1	0.000 0	0.000 0	0.000 0	0.000 0	0.000 0	0.000 0	0.000 0	0.000 0
	3	0.002 2	0.000 5	0.000 1	0.000 0	0.000 0	0.000 0	0.000 0	0.000 0	0.000 0	0.000 0
	4	0.009 6	0.002 8	0.000 6	0.000 1	0.000 0	0.000 0	0.000 0	0.000 0	0.000 0	0.000 0
	5	0.031 8	0.010 9	0.003 1	0.000 7	0.000 1	0.000 0	0.000 0	0.000 0	0.000 0	0.000 0
	6	0.083 5	0.034 2	0.011 6	0.003 1	0.000 6	0.000 0	0.000 0	0.000 0	0.000 0	0.000 0
	7	0.179 6	0.087 1	0.035 2	0.011 4	0.002 8	0.000 1	0.000 0	0.000 0	0.000 0	0.000 0
	8	0.323 8	0.184 1	0.088 5	0.034 7	0.010 5	0.000 5	0.000 3	0.000 0	0.000 0	0.000 0
	9	0.500 0	0.329 0	0.186 1	0.087 5	0.032 6	0.002 3	0.001 6	0.000 1	0.000 0	0.000 0
	10	0.676 2	0.506 0	0.332 5	0.185 5	0.083 9	0.008 9	0.006 7	0.000 8	0.000 0	0.000 0
	11	0.820 4	0.683 1	0.512 2	0.334 1	0.182 0	0.028 7	0.023 3	0.004 1	0.000 3	0.000 0
	12	0.916 5	0.827 3	0.691 9	0.518 8	0.334 5	0.077 5	0.067 7	0.016 3	0.001 7	0.000 0
	13	0.968 2	0.922 3	0.837 1	0.703 2	0.526 1	0.174 9	0.163 1	0.0537	0.008 6	0.000 2
	14	0.990 4	0.972 0	0.930 4	0.850 0	0.717 8	0.322 2	0.326 7	0.144 1	0.035 2	0.002 0
	15	0.997 8	0.992 3	0.977 0	0.940 9	0.866 8	0.534 6	0.544 9	0.315 9	0.115 0	0.013 2
	16	0.999 6	0.998 5	0.994 5	0.983 0	0.953 8	0.736 9	0.763 1	0.558 7	0.294 6	0.066 5
	17	1.000 0	0.999 8	0.999 2	0.996 9	0.989 6	0.888 7	0.917 1	0.801 5	0.579 7	0.245 3
	18	1.000 0	1.000 0	0.999 9	0.999 7	0.998 9	0.969 0	0.985 6	0.954 4	0.864 9	0.622 6
	19	1.000 0	1.000 0	1.000 0	1.000 0	1.000 0	0.995 8	1.000 0	1.000 0	1.000 0	1.000 0
20	0	0.000 0	0.000 0	0.000 0	0.000 0	0.000 0	1.000 0	0.000 0	0.000 0	0.000 0	0.000 0
	1	0.000 0	0.000 0	0.000 0	0.000 0	0.000 0	0.000 0	0.000 0	0.000 0	0.000 0	0.000 0
	2	0.000 2	0.000 0	0.000 0	0.000 0	0.000 0	0.000 0	0.000 0	0.000 0	0.000 0	0.000 0
	3	0.001 3	0.000 3	0.000 0	0.000 0	0.000 0	0.000 0	0.000 0	0.000 0	0.000 0	0.000 0
	4	0.005 9	0.001 5	0.000 3	0.000 0	0.000 0	0.000 0	0.000 0	0.000 0	0.000 0	0.000 0
	5	0.020 7	0.006 4	0.001 6	0.000 3	0.000 0	0.000 0	0.000 0	0.000 0	0.000 0	0.000 0
	6	0.057 7	0.021 4	0.006 5	0.001 5	0.000 3	0.000 0	0.000 0	0.000 0	0.000 0	0.000 0
	7	0.131 6	0.058 0	0.021 0	0.006 0	0.001 3	0.000 2	0.000 0	0.000 0	0.000 0	0.000 0
	8	0.251 7	0.130 8	0.056 5	0.019 6	0.005 1	0.000 9	0.000 1	0.000 0	0.000 0	0.000 0
	9	0.411 9	0.249 3	0.127 5	0.053 2	0.017 1	0.003 9	0.000 6	0.000 0	0.000 0	0.000 0
	10	0.588 1	0.408 6	0.244 7	0.121 8	0.048 0	0.013 9	0.002 6	0.000 2	0.000 0	0.000 0
	11	0.748 3	0.585 7	0.404 4	0.237 6	0.113 3	0.040 9	0.010 0	0.001 3	0.000 1	0.000 0
	12	0.868 4	0.748 0	0.584 1	0.399 0	0.227 7	0.101 8	0.032 1	0.005 9	0.000 4	0.000 0
	13	0.942 3	0.870 1	0.750 0	0.583 4	0.392 0	0.214 2	0.086 7	0.021 9	0.002 4	0.000 0
	14	0.979 3	0.944 7	0.874 4	0.754 6	0.583 6	0.382 8	0.195 8	0.067 3	0.011 3	0.000 3
	15	0.994 1	0.981 1	0.949 0	0.881 8	0.762 5	0.585 2	0.370 4	0.170 2	0.043 2	0.002 6
	16	0.998 7	0.995 1	0.984 0	0.955 6	0.892 9	0.774 7	0.588 6	0.352 3	0.133 2	0.015 9
	17	0.999 8	0.999 1	0.996 4	0.987 9	0.964 5	0.908 7	0.793 9	0.595 1	0.323 1	0.075 5
	18	1.000 0	0.999 9	0.999 5	0.997 9	0.992 4	0.975 7	0.930 8	0.824 4	0.608 3	0.264 2
	19	1.000 0	1.000 0	1.000 0	0.999 8	0.999 2	0.996 8	0.988 5	0.961 2	0.878 4	0.641 5
	20	1.000 0	1.000 0	1.000 0	1.000 0	1.000 0	1.000 0	1.000 0	1.000 0	1.000 0	1.000 0

表 2

泊松分布表

$$P\{X=x\}=\frac{\lambda^x}{x!}e^{-\lambda}$$

x	λ							
	0.1	0.2	0.3	0.4	0.5	0.6	0.7	0.8
0	0.904 837	0.818 731	0.740 818	0.670 320	0.606 531	0.548 812	0.496 587	0.449 329
1	0.090 484	0.163 746	0.222 245	0.268 128	0.303 265	0.329 287	0.347 610	0.359 463
2	0.004 524	0.016 375	0.033 337	0.053 626	0.075 816	0.098 786	0.121 663	0.143 785
3	0.000 151	0.001 092	0.003 334	0.007 150	0.012 636	0.019 757	0.027 388	0.038 343
4	0.000 004	0.000 055	0.000 250	0.000 715	0.001 580	0.002 964	0.004 968	0.007 669
5		0.000 002	0.000 015	0.000 057	0.000 158	0.000 356	0.000 696	0.001 227
6			0.000 001	0.000 004	0.000 013	0.000 036	0.000 081	0.000 164
7					0.000 001	0.000 003	0.000 008	0.000 019
8							0.000 001	0.000 002

x	λ							
	0.9	1.0	1.5	2.0	2.5	3.0	3.5	4.0
0	0.406 570	0.367 879	0.223 130	0.135 335	0.082 085	0.049 787	0.030 197	0.018 316
1	0.365 913	0.367 879	0.334 695	0.270 671	0.205 212	0.149 361	0.105 691	0.073 263
2	0.164 661	0.183 940	0.251 021	0.270 671	0.256 516	0.224 042	0.184 959	0.146 525
3	0.049 398	0.061 313	0.125 510	0.180 447	0.213 763	0.224 042	0.215 785	0.195 367
4	0.011 115	0.015 328	0.047 067	0.090 224	0.133 602	0.168 031	0.188 812	0.195 367
5	0.002 001	0.003 066	0.014 120	0.036 089	0.066 801	0.100 819	0.312 169	0.156 293
6	0.000 300	0.000 511	0.003 530	0.012 030	0.027 834	0.050 409	0.077 098	0.104 196
7	0.000 039	0.000 073	0.000 756	0.003 437	0.009 941	0.021 604	0.038 549	0.059 540
8	0.000 004	0.000 009	0.000 142	0.000 859	0.003 106	0.008 102	0.016 865	0.029 770
9		0.000 001	0.000 024	0.000 191	0.000 863	0.002 701	0.006 559	0.013 231
10			0.000 004	0.000 038	0.000 216	0.000 810	0.002 296	0.005 292
11				0.000 007	0.000 049	0.000 221	0.000 730	0.001 925
12				0.000 001	0.000 010	0.000 055	0.000 213	0.000 642
13					0.000 002	0.000 013	0.000 057	0.000 197
14						0.000 003	0.000 014	0.000 056
15						0.000 001	0.000 003	0.000 015
16							0.000 001	0.000 004
17								0.000 001

续表

x	λ 4.5	5.0	6.0	7.0	8.0	9.0	10.0
0	0.011 109	0.006 738	0.002 479	0.000 912	0.000 335	0.000 123	0.000 045
1	0.049 990	0.033 690	0.014 873	0.006 383	0.002 684	0.001 111	0.000 454
2	0.112 479	0.084 224	0.044 618	0.022 341	0.010 735	0.004 998	0.002 270
3	0.168 718	0.140 374	0.089 235	0.052 129	0.028 626	0.014 994	0.007 567
4	0.189 808	0.175 467	0.133 853	0.091 226	0.057 252	0.033 737	0.018 917
5	0.170 827	0.175 467	0.160 623	0.127 717	0.091 604	0.060 727	0.037 833
6	0.128 120	0.146 223	0.160 623	0.149 003	0.122 138	0.091 090	0.063 055
7	0.082 363	0.104 445	0.137 677	0.149 003	0.139 587	0.117 116	0.090 079
8	0.046 329	0.065 278	0.103 258	0.130 377	0.139 587	0.131 756	0.112 599
9	0.023 165	0.036 266	0.068 838	0.101 405	0.124 077	0.131 756	0.125 110
10	0.010 424	0.018 133	0.041 303	0.070 983	0.099 262	0.118 580	0.125 110
11	0.004 264	0.008 242	0.022 529	0.045 171	0.072 190	0.097 020	0.113 736
12	0.001 599	0.003 434	0.011 264	0.026 350	0.048 127	0.072 765	0.094 780
13	0.000 554	0.001 321	0.005 199	0.014 188	0.029 616	0.050 376	0.072 908
14	0.000 178	0.000 472	0.002 228	0.007 094	0.016 924	0.032 384	0.052 077
15	0.000 053	0.000 157	0.000 891	0.003 311	0.009 026	0.019 431	0.034 718
16	0.000 015	0.000 049	0.000 334	0.001 448	0.004 513	0.010 930	0.021 669
17	0.000 004	0.000 014	0.000 118	0.000 596	0.002 124	0.005 786	0.012 764
18	0.000 001	0.000 004	0.000 039	0.000 232	0.000 944	0.002 893	0.007 091
19		0.000 001	0.000 012	0.000 085	0.000 397	0.001 370	0.003 732
20			0.000 004	0.000 030	0.000 159	0.000 617	0.001 866
21			0.000 001	0.000 010	0.000 061	0.000 264	0.000 889
22				0.000 003	0.000 022	0.000 108	0.000 404
23				0.000 001	0.000 008	0.000 042	0.000 176
24					0.000 003	0.000 016	0.000 073
25					0.000 001	0.000 006	0.000 029
26						0.000 002	0.000 011
27						0.000 001	0.000 004
28							0.000 001
29							0.000 001

表 3

标准正态分布表

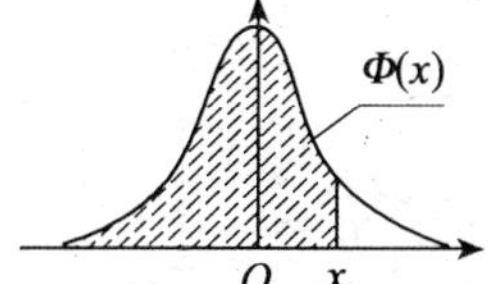

$$\Phi(x)=\int_{-\infty}^{x}\frac{1}{\sqrt{2\pi}}e^{-\frac{u^2}{2}}du$$

x	0.00		0.01		0.02		0.03		0.04	
0.0	0.500	000	0.503	989	0.507	978	0.511	966	0.515	953
0.1	0.539	828	0.543	795	0.547	758	0.551	717	0.555	670
0.2	0.579	260	0.583	166	0.587	064	0.590	957	0.594	835
0.3	0.617	911	0.621	720	0.625	516	0.629	300	0.633	072
0.4	0.655	422	0.659	097	0.662	757	0.666	402	0.670	031
0.5	0.691	462	0.694	974	0.698	468	0.701	944	0.705	401
0.6	0.725	747	0.729	069	0.732	371	0.735	653	0.738	914
0.7	0.758	036	0.761	148	0.764	238	0.767	305	0.770	350
0.8	0.788	145	0.791	030	0.793	892	0.796	731	0.799	546
0.9	0.815	940	0.818	589	0.821	214	0.823	814	0.826	391
1.0	0.841	345	0.843	752	0.846	136	0.848	495	0.850	830
1.1	0.864	334	0.866	500	0.868	643	0.870	762	0.872	857
1.2	0.884	930	0.886	861	0.888	768	0.890	651	0.892	512
1.3	0.903	200	0.904	902	0.906	582	0.908	241	0.909	877
1.4	0.919	243	0.920	730	0.922	196	0.923	641	0.925	066
1.5	0.933	193	0.934	478	0.935	745	0.936	992	0.938	220
1.6	0.945	201	0.946	301	0.947	384	0.948	449	0.949	497
1.7	0.955	435	0.956	367	0.957	284	0.958	185	0.959	070
1.8	0.964	070	0.964	852	0.965	620	0.966	375	0.967	116
1.9	0.971	283	0.971	933	0.972	571	0.973	197	0.973	810
2.0	0.977	250	0.977	784	0.978	308	0.978	822	0.979	325
2.1	0.982	136	0.982	571	0.982	997	0.983	414	1.983	823
2.2	0.986	097	0.986	447	0.986	791	0.987	126	0.987	455
2.3	0.989	276	0.989	556	0.989	830	0.990	097	0.990	358
2.4	0.991	802	0.992	024	0.992	240	0.992	451	0.992	656
2.5	0.993	790	0.993	963	0.994	132	0.994	297	0.994	457
2.6	0.995	339	0.995	473	0.995	604	0.995	731	0.995	855
2.7	0.996	533	0.996	636	0.996	736	0.996	833	0.996	928
2.8	0.997	445	0.997	523	0.997	599	0.997	673	0.997	744
2.9	0.998	134	0.998	193	0.998	250	0.998	305	0.998	359
3.0	0.998	650	0.998	694	0.998	736	0.998	777	0.998	817
3.1	0.999	032	0.999	065	0.999	096	0.999	126	0.999	155
3.2	0.999	313	0.999	336	0.999	359	0.999	381	0.999	402
3.3	0.999	517	0.999	534	0.999	550	0.999	566	0.999	581
3.4	0.999	663	0.999	675	0.999	687	0.999	698	0.999	709

续表

x	0.05	0.06	0.07	0.08	0.09
0.0	0.519 939	0.523 922	0.527 903	0.531 881	0.535 856
0.1	0.559 618	0.563 559	0.567 495	0.571 424	0.575 345
0.2	0.598 706	0.602 568	0.606 420	0.610 261	0.614 092
0.3	0.636 831	0.640 576	0.644 309	0.648 027	0.651 732
0.4	0.673 645	0.677 242	0.680 822	0.684 386	0.687 933
0.5	0.708 840	0.712 260	0.715 661	0.719 043	0.722 405
0.6	0.742 154	0.745 373	0.748 571	0.715 748	0.754 903
0.7	0.773 373	0.776 373	0.779 350	0.782 305	0.785 236
0.8	0.802 337	0.805 105	0.807 850	0.810 570	0.813 267
0.9	0.828 944	0.831 472	0.833 977	0.836 457	0.838 913
1.0	0.853 141	0.855 428	0.857 690	0.859 929	0.862 143
1.1	0.874 928	0.876 976	0.879 000	0.881 000	0.882 977
1.2	0.894 350	0.896 165	0.897 958	0.899 727	0.901 475
1.3	0.911 492	0.913 085	0.914 657	0.916 207	0.917 736
1.4	0.926 471	0.927 855	0.929 219	0.930 563	0.931 888
1.5	0.939 429	0.940 620	0.941 792	0.942 947	0.944 083
1.6	0.950 529	0.951 543	0.952 540	0.953 521	0.954 486
1.7	0.959 941	0.960 796	0.961 636	0.962 462	0.963 273
1.8	0.967 843	0.968 557	0.969 258	0.969 946	0.970 621
1.9	0.974 412	0.975 002	0.975 581	0.976 148	0.976 705
2.0	0.979 818	0.980 301	0.980 774	0.981 237	0.981 691
2.1	0.984 222	0.984 614	0.984 997	0.985 371	0.985 738
2.2	0.987 776	0.988 089	0.988 396	0.988 696	0.988 989
2.3	0.990 613	0.990 863	0.991 106	0.991 344	0.991 576
2.4	0.992 857	0.993 053	0.993 244	0.993 431	0.993 613
2.5	0.994 614	0.994 766	0.994 915	0.995 060	0.995 201
2.6	0.995 975	0.996 093	0.996 207	0.996 319	0.996 427
2.7	0.997 020	0.997 110	0.997 197	0.997 282	0.997 365
2.8	0.997 814	0.997 882	0.997 948	0.998 012	0.998 074
2.9	0.998 411	0.998 462	0.998 511	0.998 559	0.998 605
3.0	0.998 856	0.998 893	0.998 930	0.998 965	0.998 999
3.1	0.999 184	0.999 211	0.999 238	0.999 264	0.999 289
3.2	0.999 423	0.999 443	0.999 462	0.999 481	0.999 499
3.3	0.999 596	0.999 610	0.999 624	0.999 638	0.999 651
3.4	0.999 720	0.999 730	0.999 740	0.999 749	0.999 758

续表

x	0.00	0.01	0.02	0.03	0.04
3.5	0.999 767	0.999 776	0.999 784	0.999 792	0.999 800
3.6	0.999 841	0.999 847	0.999 853	0.999 858	0.999 864
3.7	0.999 892	0.999 896	0.999 900	0.999 904	0.999 908
3.8	0.999 928	0.999 931	0.999 933	0.999 936	0.999 938
3.9	0.999 952	0.999 954	0.999 956	0.999 958	0.999 959
4.0	0.999 968	0.999 970	0.999 971	0.999 972	0.999 973
4.1	0.999 979	0.999 980	0.999 981	0.999 982	0.999 983
4.2	0.999 987	0.999 987	0.999 988	0.999 988	0.999 989
4.3	0.999 991	0.999 992	0.999 992	0.999 993	0.999 993
4.4	0.999 995	0.999 995	0.999 995	0.999 995	0.999 996
4.5	0.999 997	0.999 997	0.999 997	0.999 997	0.999 997
4.6	0.999 998	0.999 998	0.999 998	0.999 998	0.999 998
4.7	0.999 999	0.999 999	0.999 999	0.999 999	0.999 999
4.8	0.999 999	0.999 999	0.999 999	0.999 999	0.999 999
4.9	1.000 000	1.000 000	1.000 000	1.000 000	1.000 000

x	0.05	0.06	0.07	0.08	0.09
3.5	0.999 807	0.999 815	0.999 822	0.999 828	0.999 835
3.6	0.999 869	0.999 874	0.999 879	0.999 883	0.999 888
3.7	0.999 912	0.999 915	0.999 918	0.999 922	0.999 925
3.8	0.999 941	0.999 943	0.999 946	0.999 948	0.999 950
3.9	0.999 961	0.999 963	0.999 964	0.999 966	0.999 967
4.0	0.999 974	0.999 975	0.999 976	0.999 977	0.999 978
4.1	0.999 983	0.999 984	0.999 985	0.999 985	0.999 986
4.2	0.999 989	0.999 990	0.999 990	0.999 991	0.999 991
4.3	0.999 993	0.999 993	0.999 994	0.999 994	0.999 994
4.4	0.999 996	0.999 996	0.999 996	0.999 996	0.999 996
4.5	0.999 997	0.999 997	0.999 998	0.999 998	0.999 998
4.6	0.999 998	0.999 998	0.999 998	0.999 999	0.999 999
4.7	0.999 999	0.999 999	0.999 999	0.999 999	0.999 999
4.8	0.999 999	0.999 999	0.999 999	0.999 999	0.999 999
4.9	1.000 000	1.000 000	1.000 000	1.000 000	1.000 000

注：本表对于 x 给出正态分布函数 $\Phi(x)$ 的数值。

例：对于 $x=1.33$，$\Phi(x)=0.908\ 241$。

表 4

正态分布分位数表

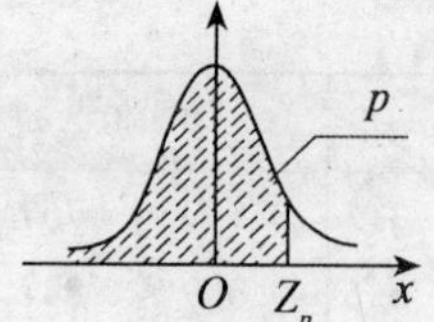

$$Z_p = \int_{-\infty}^{x} \frac{1}{\sqrt{2\pi}} e^{-\frac{u^2}{2}} du = p$$

x	0.000		0.001		0.002		0.003		0.004	
0.50	0.000	000	0.002	507	0.005	013	0.007	520	0.010	027
0.51	0.025	069	0.027	576	0.030	084	0.032	592	0.035	100
0.52	0.050	154	0.052	664	0.055	174	0.057	684	0.060	195
0.53	0.075	270	0.077	784	0.080	298	0.082	813	0.085	329
0.54	0.100	434	0.102	953	0.105	474	0.107	995	0.110	516
0.55	0.125	661	0.128	188	0.130	716	0.133	245	0.135	774
0.56	0.150	969	0.153	505	0.156	042	0.158	580	0.161	119
0.57	0.176	374	0.178	921	0.181	468	0.184	017	0.186	567
0.58	0.201	893	0.204	452	0.207	013	0.209	574	0.212	137
0.59	0.227	545	0.230	118	0.232	693	0.235	269	0.237	847
0.60	0.253	347	0.255	936	0.258	527	0.261	120	0.263	714
0.61	0.279	319	0.281	926	0.284	536	0.287	147	0.289	760
0.62	0.305	481	0.308	108	0.310	738	0.313	369	0.316	003
0.63	0.331	853	0.334	503	0.337	155	0.339	809	0.342	766
0.64	0.358	459	0.361	133	0.363	810	0.366	489	0.369	171
0.65	0.385	320	0.388	022	0.390	786	0.393	433	0.396	142
0.66	0.412	463	0.415	194	0.417	928	0.420	665	0.423	405
0.67	0.439	913	0.442	676	0.445	443	0.448	212	0.450	985
0.68	0.467	699	0.470	497	0.473	299	0.476	104	0.478	914
0.69	0.495	850	0.498	687	0.501	527	0.504	372	0.507	221
0.70	0.524	401	0.527	279	0.530	161	0.533	049	0.535	940
0.71	0.553	385	0.556	308	0.559	237	0.562	175	0.655	108
0.72	0.582	842	0.585	815	0.588	793	0.591	77	0.594	766
0.73	0.612	813	0.615	840	0.618	873	0.621	912	0.624	956
0.74	0.643	345	0.646	431	0.649	524	0.652	622	0.655	727
0.75	0.674	490	0.677	640	0.680	797	0.683	961	0.687	131
0.76	0.706	303	0.709	523	0.712	751	0.715	986	0.719	229
0.77	0.738	847	0.742	144	0.745	450	0.748	763	0.752	085
0.78	0.772	193	0.775	575	0.778	966	0.782	365	0.785	774
0.79	0.806	421	0.809	896	0.813	380	0.816	875	0.820	379
0.80	0.841	621	0.845	199	0.848	787	0.852	386	0.855	996
0.81	0.877	896	0.881	587	0.885	290	0.889	006	0.892	733
0.82	0.915	365	0.919	183	0.923	014	0.926	859	0.930	717
0.83	0.954	165	0.958	124	0.962	099	0.966	088	0.970	093
0.84	0.994	458	0.998	576	1.002	712	1.006	864	1.011	034

续表

x	0.005	0.006	0.007	0.008	0.009
0.50	0.012 533	0.015 040	0.017 547	0.020 054	0.022 562
0.51	0.037 608	0.040 117	0.042 626	0.045 135	0.047 644
0.52	0.062 707	0.065 219	0.067 731	0.070 243	0.072 756
0.53	0.087 845	0.090 361	0.092 879	0.095 396	0.097 915
0.54	0.113 039	0.115 562	0.118 085	0.120 610	0.123 135
0.55	0.138 304	0.140 835	0.143 367	0.145 900	0.148 434
0.56	0.163 658	0.166 199	0.168 741	0.171 285	0.173 829
0.57	0.189 118	0.191 671	0.194 225	0.196 780	0.199 336
0.58	0.214 702	0.217 267	0.219 835	0.222 403	0.224 973
0.59	0.240 426	0.243 007	0.245 590	0.248 174	0.250 760
0.60	0.266 311	0.268 909	0.271 508	0.274 110	0.276 714
0.61	0.292 375	0.294 992	0.297 611	0.300 232	0.302 855
0.62	0.318 639	0.321 278	0.323 918	0.326 561	0.329 206
0.63	0.345 126	0.347 787	0.350 451	0.353 118	0.355 787
0.64	0.371 856	0.374 543	0.377 234	0.379 926	0.382 622
0.65	0.398 855	0.401 571	0.404 289	0.407 011	0.409 735
0.66	0.426 148	0.428 895	0.431 644	0.434 397	0.437 154
0.67	0.453 762	0.456 542	0.459 326	0.462 113	0.464 904
0.68	0.481 727	0.484 544	0.487 365	0.490 189	0.493 018
0.69	0.510 073	0.512 930	0.515 792	0.518 657	0.521 527
0.70	0.538 836	0.544 737	0.544 642	0.547 551	0.550 466
0.71	0.568 051	0.570 999	0.573 952	0.576 910	0.579 873
0.72	0.597 760	0.600 760	0.603 765	0.606 775	0.609 792
0.73	0.628 006	0.631 062	0.634 124	0.637 192	0.640 266
0.74	0.658 838	0.661 955	0.665 079	0.668 209	0.671 346
0.75	0.690 309	0.693 493	0.696 685	0.699 884	0.703 089
0.76	0.722 479	0.725 737	0.729 003	0.732 276	0.735 558
0.77	0.755 415	0.758 754	0.762 101	0.765 456	0.768 820
0.78	0.789 192	0.792 619	0.796 055	0.799 501	0.802 956
0.79	0.823 894	0.827 418	0.830 953	0.834 499	0.838 055
0.80	0.859 617	0.863 250	0.866 894	0.870 550	0.874 217
0.81	0.896 473	0.900 226	0.903 991	0.907 770	0.911 561
0.82	0.934 589	0.938 476	0.942 376	0.946 291	0.950 221
0.83	0.974 114	0.978 150	0.982 203	0.986 271	0.990 356
0.84	1.015 222	1.019 428	1.023 651	1.027 893	1.032 154

续表

x	0.00	0.01	0.02	0.03	0.04
0.85	1.036 433	1.040 732	1.045 050	1.049 387	1.053 744
0.86	1.080 319	1.084 823	0.089 349	1.097 897	1.098 468
0.87	1.126 391	1.131 131	1.135 896	1.140 687	1.145 505
0.88	1.174 987	1.180 001	1.185 044	1.190 118	1.195 223
0.89	1.226 528	1.231 864	1.237 235	1.242 641	1.248 085
0.90	1.281 552	1.287 271	1.293 032	1.298 837	1.304 685
0.91	1.340 755	1.346 939	1.353 174	1.359 463	1.365 806
0.92	1.405 072	1.411 830	1.418 654	1.425 544	1.432 503
0.93	1.475 791	1.483 280	1.490 853	1.498 513	1.506 262
0.94	1.554 774	1.563 224	1.571 787	1.580 467	1.589 268
0.95	1.644 854	1.654 628	1.664 563	1.674 665	1.684 941
0.96	1.750 686	1.762 410	1.774 382	1.786 613	1.799 118
0.97	1.880 794	1.895 698	1.911 036	1.926 837	1.943 134
0.98	2.053 749	2.074 855	2.096 927	2.120 072	2.144 411
0.99	2.326 348	2.365 618	2.408 916	2.457 263	2.512 144

x	0.05	0.06	0.07	0.08	0.09
0.85	1.058 122	1.062 519	1.066 938	1.071 377	1.075 837
0.86	1.103 063	1.107 680	1.112 321	1.116 987	1.121 677
0.87	1.150 349	1.155 221	1.160 120	1.165 047	1.170 002
0.88	1.200 359	1.205 527	1.210 727	1.215 960	1.221 227
0.89	1.253 565	1.259 084	1.264 641	1.270 238	1.275 874
0.90	1.310 579	1.316 519	1.322 505	1.328 539	1.334 622
0.91	1.372 204	1.378 659	1.385 172	1.391 744	1.398 377
0.92	1.439 531	1.446 632	1.453 806	1.461 056	1.468 384
0.93	1.514 102	1.522 036	1.530 068	1.538 199	1.546 433
0.94	1.598 193	1.607 248	1.616 436	1.625 763	1.635 234
0.95	1.695 398	1.706 043	1.716 886	1.727 934	1.739 198
0.96	1.811 911	1.825 007	1.838 424	1.852 180	1.866 296
0.97	1.959 964	1.977 368	1.995 393	2.014 091	2.033 520
0.98	2.170 090	2.197 286	2.226 212	2.257 129	2.290 368
0.99	2.575 829	2.652 070	2.747 781	2.878 162	2.090 232

注：本表对于下侧概率给出正态分布的分位数 z_p。

例：对于 $p = 0.95, z_p = 1.644\ 854$

当 $p < 0.5$ 时，$z_p = z_{1-p}$

例：对于 $\alpha = 0.05, z_{1-\alpha/2} = z_{0.975} = 1.959\ 964$

表 5

t 分布表

$$P\{t(n) > t_{\alpha}(n)\} = \alpha$$

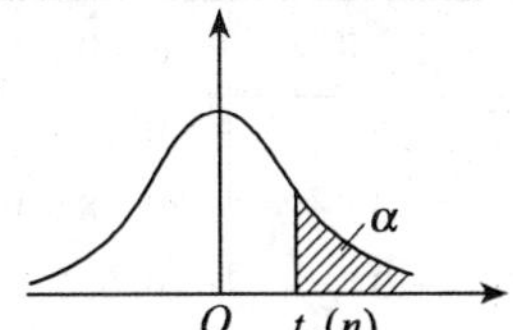

自由度 n	$\alpha=0.25$	0.10	0.05	0.025	0.01	0.005
1	1.000 0	3.077 7	6.313 8	12.706 2	31.820 7	63.657 4
2	0.816 5	1.885 6	2.920 0	4.302 7	6.964 6	9.924 8
3	0.764 9	1.637 7	2.353 4	3.182 4	4.540 7	5.840 9
4	0.740 7	1.533 2	2.131 8	2.776 4	3.746 9	4.604 1
5	0.726 7	1.475 9	2.015 0	2.570 6	3.364 9	4.032 2
6	0.717 6	1.439 8	1.943 2	2.446 9	3.142 7	3.707 4
7	0.711 1	1.414 9	1.894 6	2.364 6	2.998 0	3.499 5
8	0.706 4	1.396 8	1.859 5	2.306 0	2.896 5	3.355 4
9	0.702 7	1.383 0	1.833 1	2.262 2	2.821 4	3.249 8
10	0.699 8	1.372 2	1.812 5	2.228 1	2.763 8	3.169 3
11	0.697 4	1.363 4	1.795 9	2.201 0	2.718 1	3.105 8
12	0.695 5	1.356 2	1.782 3	2.178 8	2.681 0	3.054 5
13	0.693 8	1.350 2	1.770 9	2.160 4	2.650 3	3.012 3
14	0.692 4	1.345 0	1.761 3	2.144 8	2.624 5	2.976 8
15	0.691 2	1.340 6	1.753 1	2.131 5	2.602 5	2.946 7
16	0.690 1	1.368 8	1.745 9	2.119 9	2.583 5	2.920 8
17	0.689 2	1.333 4	1.739 6	2.109 8	2.566 9	2.898 2
18	0.688 4	1.330 4	1.734 1	2.100 9	2.552 4	2.878 4
19	0.687 6	1.327 7	1.729 1	2.093 0	2.539 5	2.860 9
20	0.687 0	1.325 3	1.724 7	2.086 0	2.528 0	2.845 3
21	0.684 6	1.323 2	1.720 7	2.079 6	2.517 7	2.831 4
22	0.685 8	1.321 2	1.717 1	2.073 9	2.508 3	2.818 8
23	0.685 3	1.319 5	1.713 9	2.068 7	2.499 9	2.807 3
24	0.684 8	1.317 8	1.710 9	2.063 9	2.492 2	2.796 9
25	0.684 4	1.316 3	1.708 1	2.059 5	2.485 1	2.787 4
26	0.684 0	1.315 0	1.705 6	2.055 5	2.478 6	2.778 7
27	0.683 7	1.313 7	1.703 3	2.051 8	2.472 7	2.770 7
28	0.683 4	1.312 5	1.701 1	2.048 4	2.467 1	2.763 3
29	0.683 0	1.311 4	1.699 1	2.045 2	2.462 0	2.756 4
30	0.682 8	1.310 4	1.697 3	2.042 3	2.457 3	2.750 0
31	0.682 5	1.309 5	1.695 5	2.039 5	2.452 8	2.744 0

续表

自由度 n	$\alpha=0.25$	0.10	0.05	0.025	0.01	0.005
32	0.682 2	1.308 6	1.693 9	2.036 9	2.448 7	2.738 5
33	0.682 0	1.307 7	1.692 4	2.034 5	2.444 8	2.733 3
34	0.681 8	1.307 0	1.690 9	2.032 2	2.441 1	2.728 4
35	0.681 6	1.306 2	1.689 6	2.030 1	2.437 7	2.723 8
36	0.681 4	1.305 5	1.688 3	2.028 1	2.454 3	2.719 5
37	0.681 2	1.304 9	1.687 1	2.036 2	2.431 4	2.715 4
38	0.681 0	1.304 2	1.686 0	2.024 4	2.428 6	2.711 6
39	0.680 8	1.303 6	1.684 9	2.022 7	2.425 8	2.707 9
40	0.680 7	1.303 0	1.683 9	2.021 1	2.423 3	2.704 5
41	0.680 5	1.302 5	1.682 9	2.019 5	2.420 8	2.701 2
42	0.680 4	1.302 0	1.682 0	2.018 1	2.418 5	2.698 1
43	0.680 2	1.301 6	1.681 1	2.016 7	2.416 3	2.695 1
44	0.680 1	1.301 1	1.680 2	2.015 4	2.414 1	2.692 3
45	0.680 0	1.300 6	1.679 4	2.014 1	2.412 1	2.689 6

表6

χ^2 分布表

$$P\{\chi^2(n) > \chi_\alpha^2(n)\} = \alpha$$

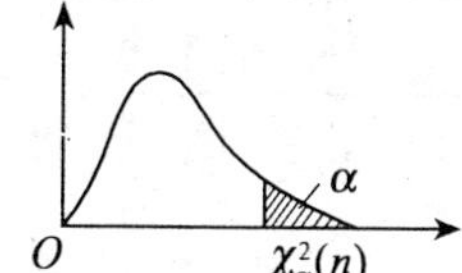

n	$\alpha=0.995$	0.99	0.975	0.95	0.90	0.75
1	—	—	0.001	0.004	0.016	0.102
2	0.010	0.020	0.051	0.103	0.211	0.575
3	0.072	0.115	0.216	0.352	0.584	1.213
4	0.207	0.297	0.484	0.711	1.064	1.923
5	0.412	0.554	0.831	1.145	1.610	2.675
6	0.676	0.872	1.237	1.635	2.204	3.455
7	0.989	1.239	1.690	2.167	2.833	4.255
8	1.344	1.646	2.180	2.733	3.490	5.071
9	1.735	2.088	2.700	3.325	4.168	5.899
10	2.156	2.558	3.247	3.940	4.865	6.737
11	2.603	3.053	3.816	4.575	5.578	7.584
12	3.047	3.571	4.404	5.226	6.804	8.438
13	3.565	4.107	5.009	5.892	7.042	9.299
14	4.075	4.660	5.629	6.571	7.790	10.165
15	4.601	5.229	6.262	7.261	8.547	11.037
16	5.142	5.812	6.908	7.962	9.312	11.912
17	5.697	6.408	7.564	8.672	10.085	12.792
18	6.265	7.015	8.231	9.390	10.865	13.675
19	6.844	7.633	8.907	10.117	11.651	14.562
20	7.434	8.260	9.591	10.851	12.443	15.452
21	8.034	8.897	10.283	11.591	13.240	16.344
22	8.643	9.542	10.982	12.338	14.042	17.240
23	9.260	10.196	11.689	13.091	14.848	18.137
24	9.886	10.856	12.401	13.848	15.659	19.037
25	10.520	11.524	13.120	14.611	16.473	19.939
26	11.160	12.198	13.844	15.379	17.292	20.843
27	11.808	12.879	14.573	16.151	18.114	21.749

续表

n	α = 0.995	0.99	0.975	0.95	0.90	0.75
28	12.461	13.565	15.308	16.928	18.493	22.657
29	13.121	14.257	16.047	17.708	19.281	23.567
30	13.787	14.954	16.791	18.493	20.599	24.478
31	14.458	15.655	17.539	19.281	21.434	25.390
32	15.134	16.362	18.291	20.072	22.271	26.304
33	15.815	17.074	19.047	20.867	23.110	27.219
34	16.501	17.789	19.806	21.664	23.952	28.136
35	17.192	18.509	20.569	22.465	24.797	29.054
36	17.887	19.233	21.336	23.269	25.643	29.973
37	18.586	19.960	22.106	24.075	26.492	30.893
38	19.289	20.691	22.878	24.884	27.343	31.815
39	19.996	21.426	23.654	25.695	28.196	32.737
40	20.707	22.164	24.433	26.509	29.051	33.660
41	21.421	22.906	25.215	27.326	29.907	34.585
42	22.138	23.650	25.999	28.144	30.765	35.510
43	22.859	24.398	26.785	28.965	31.625	36.436
44	23.584	25.148	27.575	29.787	32.487	37.363
45	24.311	25.901	28.366	30.621	33.350	38.291

n	α = 0.25	0.10	0.05	0.025	0.01	0.005
1	1.323	2.706	3.841	5.024	6.635	7.879
2	2.773	4.605	5.991	7.378	9.210	10.597
3	4.108	6.251	7.815	9.348	11.345	12.838
4	5.385	7.779	9.448	11.143	13.277	14.806
5	6.626	9.236	11.072	12.833	15.086	16.750
6	7.841	10.645	12.592	14.449	16.812	18.548
7	9.037	12.017	14.067	16.013	18.475	20.278
8	10.219	13.362	15.507	17.535	20.090	21.955
9	11.389	14.684	16.919	19.023	21.666	23.589
10	12.549	15.987	18.307	20.483	23.209	25.188
11	13.701	17.275	19.675	21.920	24.725	26.757
12	14.845	18.549	21.026	23.337	26.217	28.299
13	15.984	19.812	22.362	24.736	27.688	29.819

续表

n	$\alpha=0.25$	0.10	0.05	0.025	0.01	0.005
14	17.117	21.064	23.685	26.119	29.141	31.319
15	18.245	22.307	24.996	27.488	30.578	32.801
16	19.369	23.542	26.296	28.845	32.000	34.267
17	20.489	24.769	27.587	30.191	33.409	35.718
18	21.605	29.989	28.869	31.526	34.805	37.156
19	22.718	27.204	30.144	32.852	36.191	38.582
20	23.828	28.412	31.410	34.170	37.566	39.997
21	24.935	29.615	32.671	35.479	38.932	41.401
22	26.039	30.813	33.924	36.781	40.289	42.796
23	27.141	32.007	35.172	38.076	41.638	44.181
24	28.241	33.196	36.415	39.364	42.980	45.559
25	29.339	34.382	37.652	40.646	44.314	46.928
26	30.435	35.563	38.885	41.923	45.642	48.290
27	31.528	36.741	40.113	43.194	46.963	49.645
28	32.620	37.916	41.337	44.461	48.278	50.993
29	33.711	39.087	42.557	45.722	49.588	52.336
30	34.800	40.256	43.773	46.949	50.892	53.672
31	35.887	41.422	44.985	48.232	52.191	55.003
32	36.973	42.585	46.194	49.480	53.486	56.328
33	38.058	43.745	47.400	50.725	54.776	57.648
34	39.141	44.903	48.602	51.966	56.061	58.964
35	40.223	46.059	49.802	53.203	57.342	60.275
36	41.304	47.212	50.998	54.437	58.619	61.581
37	42.383	48.363	52.192	55.668	59.892	62.883
38	43.462	49.513	53.384	56.896	61.162	64.181
39	44.539	50.660	54.572	58.120	62.428	65.476
40	45.616	51.805	55.758	59.342	63.691	66.766
41	46.692	52.949	56.942	60.561	64.950	68.053
42	47.766	54.090	58.124	61.777	66.206	69.336
43	48.840	55.230	59.354	62.990	67.459	70.616
44	49.913	56.369	60.481	46.201	68.710	71.893
45	40.985	57.505	61.656	65.410	69.957	73.166

表 7

F 分布表

$$P\{F(n_1,n_2)>F_\alpha(n_1,n_2)\}=\alpha$$

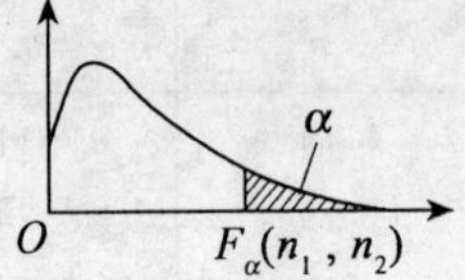

($\alpha=0.10$)

n_2 \ n_1	1	2	3	4	5	6	7	8	9	10
1	39.86	49.50	53.59	55.83	57.24	58.20	58.91	59.44	59.86	60.19
2	8.53	9.00	9.16	9.24	9.29	9.33	9.35	9.37	9.38	9.39
3	5.54	5.46	5.39	5.34	5.31	5.28	5.27	5.25	5.24	5.23
4	4.54	4.32	4.19	4.11	4.05	4.01	3.98	3.95	3.94	3.92
5	4.06	3.78	3.62	3.52	3.45	3.40	3.37	3.34	3.32	6.30
6	3.78	3.46	3.29	3.18	3.11	3.05	3.01	2.98	2.96	2.94
7	3.59	3.26	3.07	2.96	2.88	2.83	2.78	2.57	2.72	2.70
8	3.46	3.11	2.92	2.81	2.73	2.67	2.62	2.95	2.56	2.54
9	3.36	3.01	2.81	2.69	2.61	2.55	2.51	2.47	2.44	2.42
10	3.29	2.92	2.73	2.61	2.52	2.46	2.41	2.38	2.35	2.32
11	3.23	2.86	2.66	2.54	2.45	2.39	2.34	2.30	2.27	2.25
12	3.18	2.81	2.61	2.48	2.39	2.33	2.38	2.24	2.21	2.19
13	3.14	2.76	5.56	2.43	2.35	2.28	2.23	2.20	2.16	2.14

n_2 \ n_1	12	15	20	24	30	40	60	120	∞
1	60.71	61.22	61.74	62.00	62.26	62.53	62.79	63.06	63.33
2	9.41	9.42	9.44	9.45	9.46	9.47	9.47	9.48	9.49
3	5.22	5.20	5.18	5.18	5.17	5.16	5.15	5.14	5.13
4	3.90	3.87	3.84	3.83	3.82	3.80	3.79	3.78	3.72
5	3.27	3.24	3.21	3.19	3.17	3.16	3.14	3.12	3.10
6	2.90	2.87	2.84	2.82	2.80	2.78	2.76	2.74	2.72
7	2.67	2.63	2.59	2.58	2.56	2.54	2.51	2.49	2.47
8	2.50	2.46	2.42	2.40	2.38	2.36	2.34	2.32	2.29
9	2.38	2.34	2.30	2.28	2.25	2.23	2.21	2.18	2.16
10	2.28	2.24	2.20	2.18	2.16	2.13	2.11	2.08	2.06
11	2.21	2.17	2.12	2.10	2.08	2.05	2.03	2.00	1.97
12	2.15	2.10	2.06	2.04	2.01	1.99	1.96	1.93	1.90
13	2.10	2.05	2.01	1.98	1.96	1.93	1.90	1.88	1.85

续表

n_2 \ n_1	1	2	3	4	5	6	7	8	9	10
14	3. 10	2. 73	2. 52	2. 39	2. 31	2. 24	2. 19	2. 15	2. 12	2. 10
15	3. 07	2. 70	2. 49	2. 36	2. 27	2. 21	5. 16	2. 12	2. 09	2. 06
16	305	2. 67	2. 46	2. 33	2. 24	2. 18	2. 13	2. 09	2. 06	2. 03
17	3. 03	2. 64	2. 44	2. 31	2. 22	2. 15	2. 10	2. 16	2. 03	2. 00
18	3. 01	2. 62	2. 42	2. 29	2. 20	2. 13	2. 08	2. 04	2. 00	1. 98
19	2. 99	2. 61	2. 40	2. 27	2. 18	2. 11	2. 06	2. 02	1. 98	1. 96
20	2. 97	2. 59	2. 38	2. 25	2. 16	2. 09	2. 04	2. 00	1. 96	1. 94
21	2. 96	2. 57	2. 36	2. 23	2. 14	2. 08	2. 02	1. 98	1. 95	1. 92
22	2. 95	2. 56	2. 35	2. 22	2. 13	2. 06	2. 01	1. 97	1. 93	1. 90
23	2. 94	2. 55	2. 34	2. 21	2. 11	2. 05	1. 99	1. 95	1. 92	1. 89
24	2. 93	2. 54	2. 33	2. 19	2. 10	2. 04	1. 98	1. 94	1. 91	1. 88
25	2. 92	2. 53	2. 32	2. 18	2. 09	2. 02	1. 97	1. 9	1. 89	1. 87
26	2. 91	2. 52	2. 31	2. 17	2. 08	2. 01	1. 96	1. 92	1. 88	1. 86
27	2. 90	2. 51	2. 31	2. 17	2. 07	2. 00	1. 95	1. 91	1. 87	1. 85
28	2. 89	2. 50	2. 29	2. 16	2. 06	2. 00	1. 94	1. 90	1. 87	1. 84
29	2. 89	2. 50	2. 28	2. 15	2. 06	1. 99	1. 93	1. 89	1. 86	1. 83
30	2. 89	2. 49	2. 28	2. 14	2. 05	1. 98	1. 93	1. 88	1. 85	1. 82
40	2. 84	2. 44	2. 23	2. 09	2. 00	1. 93	1. 87	1. 83	1. 79	1. 76
60	2. 79	2. 39	2. 18	2. 04	1. 95	1. 87	1. 82	1. 77	1. 74	1. 71
120	2. 75	2. 35	2. 13	1. 99	1. 90	1. 82	1. 77	1. 72	1. 68	1. 60
∞	2. 71	2. 30	2. 08	1. 94	1. 85	1. 77	1. 72	1. 67	1. 63	1. 65

n_2 \ n_1	12	15	20	24	30	40	60	120	∞
14	2. 05	2. 01	2. 96	1. 94	1. 91	1. 89	1. 86	1. 83	1. 80
15	2. 02	1. 97	1. 92	1. 90	1. 87	1. 85	1. 82	1. 79	1. 76
16	1. 99	1. 94	1. 89	1. 87	1. 84	1. 81	1. 78	1. 75	1. 72
17	1. 96	1. 91	1. 86	1. 84	1. 81	1. 78	1. 75	1. 72	1. 69
18	1. 93	1. 89	1. 84	1. 81	1. 78	1. 75	1. 72	1. 69	1. 66
19	1. 91	1. 86	1. 81	1. 79	1. 76	1. 73	1. 70	1. 67	1. 63
20	1. 89	1. 84	1. 79	1. 77	1. 74	1. 71	1. 68	1. 64	1. 61
21	1. 87	1. 83	1. 78	1. 75	1. 72	1. 69	1. 66	1. 62	1. 59
22	1. 86	1. 81	1. 76	1. 73	1. 70	1. 67	1. 64	1. 60	1. 57
23	1. 84	1. 80	1. 74	1. 72	1. 69	1. 66	1. 62	1. 59	1. 55
24	1. 83	1. 78	1. 73	1. 70	1. 67	1. 64	1. 61	1. 57	1. 53
25	1. 82	1. 77	1. 72	1. 69	1. 66	1. 63	1. 59	1. 56	1. 52
26	1. 81	1. 76	1. 71	1. 68	1. 65	1. 61	1. 58	1. 54	1. 50
27	1. 80	1. 75	1. 70	1. 67	1. 64	1. 60	1. 57	1. 53	1. 49
28	1. 79	1. 74	1. 69	1. 66	1. 63	1. 59	1. 56	1. 52	1. 48
29	1. 78	1. 73	1. 68	1. 65	1. 62	1. 58	1. 55	1. 51	1. 47
30	1. 77	1. 72	1. 67	1. 64	1. 61	1. 57	1. 54	1. 50	1. 46
40	1. 71	1. 66	1. 61	1. 57	1. 54	1. 51	1. 47	1. 42	1. 38
60	1. 66	1. 60	1. 54	1. 51	1. 48	1. 44	1. 40	1. 35	1. 29
120	1. 60	1. 55	1. 48	1. 45	1. 41	1. 37	1. 32	1. 26	1. 19
∞	1. 55	1. 49	1. 42	1. 38	1. 34	1. 30	1. 24	1. 17	1. 00

（$\alpha=0.05$） 续表

n_2 \ n_1	1	2	3	4	5	6	7	8	9	10
1	161. 40	199. 50	215. 70	224. 60	230. 20	234. 00	236. 80	238. 90	240. 50	241. 90
2	18. 51	19. 00	19. 16	19. 25	19. 30	19. 33	19. 35	19. 37	19. 28	19. 40
3	10. 13	9. 55	9. 28	9. 12	9. 01	8. 94	8. 89	8. 85	8. 81	8. 79
4	7. 71	6. 94	6. 59	6. 39	6. 26	6. 16	6. 09	6. 04	6. 00	5. 96
5	6. 61	5. 79	5. 41	5. 19	5. 05	4. 95	4. 88	4. 82	4. 77	4. 74
6	5. 99	5. 14	4. 76	4. 53	4. 39	4. 28	4. 21	4. 15	4. 10	4. 06
7	5. 59	4. 74	4. 35	4. 12	3. 97	3. 87	3. 79	3. 73	3. 68	3. 64
8	5. 32	4. 46	4. 07	3. 84	3. 69	3. 58	3. 50	3. 44	3. 39	3. 35
9	5. 12	4. 26	3. 86	3. 63	3. 48	3. 37	3. 29	3. 23	3. 18	3. 14
10	4. 96	4. 10	3. 71	3. 48	3. 33	3. 22	3. 14	3. 07	3. 02	2. 98
11	4. 84	3. 98	3. 59	3. 36	3. 20	3. 09	3. 01	2. 95	2. 90	2. 85
12	4. 75	3. 89	3. 49	3. 26	3. 11	3. 00	2. 91	2. 85	2. 80	2. 75
13	4. 67	3. 81	3. 41	3. 18	3. 03	2. 92	2. 83	2. 77	2. 71	2. 67
14	4. 60	3. 74	3. 34	3. 11	2. 96	2. 85	2. 76	2. 70	2. 65	2. 60
15	4. 54	3. 68	3. 29	3. 06	2. 90	2. 79	2. 71	2. 64	2. 59	2. 54
16	4. 49	3. 63	3. 24	3. 01	2. 85	2. 74	2. 66	2. 59	2. 54	2. 49
17	4. 45	3. 59	3. 20	2. 96	2. 81	2. 70	2. 61	2. 55	2. 49	2. 45

n_2 \ n_1	12	15	20	24	30	40	60	120	∞
1	243. 9	245. 9	248. 0	249. 1	250. 1	251. 1	252. 3	253. 3	254. 3
2	19. 41	19. 43	19. 45	19. 45	19. 46	19. 47	19. 48	19. 49	19. 50
3	8. 74	8. 70	8. 66	8. 64	8. 62	8. 59	8. 57	8. 55	8. 53
4	5. 91	5. 86	5. 80	5. 77	5. 75	5. 72	5. 69	5. 66	5. 63
5	4. 68	4. 62	4. 56	4. 53	4. 50	4. 46	4. 43	4. 40	4. 36
6	4. 00	3. 94	3. 87	3. 84	3. 81	3. 77	3. 74	3. 70	3. 67
7	3. 57	3. 51	3. 44	3. 41	3. 83	3. 34	3. 30	3. 27	3. 23
8	3. 28	3. 22	3. 15	3. 12	3. 08	3. 04	3. 01	2. 97	2. 93
9	3. 07	3. 01	2. 94	2. 90	2. 86	2. 83	2. 79	2. 75	2. 71
10	2. 91	2. 85	2. 77	2. 74	2. 70	2. 66	2. 62	2. 58	2. 54
11	2. 79	2. 72	2. 65	2. 61	2. 57	2. 53	2. 49	2. 45	2. 40
12	2. 69	2. 62	2. 54	2. 51	2. 47	2. 43	2. 38	2. 34	2. 30
13	2. 60	2. 53	2. 46	2. 42	2. 38	2. 34	2. 30	2. 25	2. 21
14	2. 53	2. 46	2. 39	2. 35	2. 31	2. 27	2. 22	2. 18	2. 13
15	2. 48	2. 40	2. 33	2. 29	2. 25	2. 20	2. 16	2. 11	2. 07
16	2. 42	2. 35	2. 28	2. 24	2. 19	2. 15	2. 11	2. 06	2. 01
17	2. 38	2. 31	2. 23	2. 19	2. 15	2. 10	2. 06	2. 01	1. 96

(α=0.05) 续表

n_2 \ n_1	1	2	3	4	5	6	7	8	9	10
18	4.41	3.55	3.16	2.93	2.77	2.66	2.58	2.51	4.46	2.41
19	4.38	3.52	3.13	2.90	2.74	2.63	2.54	2.48	2.42	2.33
20	4.35	3.49	3.10	2.87	2.71	2.60	2.51	2.45	2.39	2.35
21	4.32	3.47	3.07	2.84	2.68	2.57	2.49	2.42	2.37	2.32
22	4.30	3.44	3.05	2.82	2.66	2.55	2.46	2.40	2.34	2.30
23	4.28	3.42	3.03	2.80	2.64	2.53	2.44	2.37	2.32	2.27
24	4.26	3.40	3.01	2.78	2.62	2.51	2.42	2.36	2.30	2.25
25	4.24	3.39	2.99	2.76	2.60	2.49	2.40	2.34	2.28	2.24
26	4.23	3.37	2.98	2.74	2.59	2.47	2.39	2.32	2.27	2.22
27	4.21	3.35	2.95	2.73	2.57	2.46	2.37	2.31	2.25	2.20
28	4.20	3.34	2.96	2.71	2.56	2.45	2.36	2.29	2.24	2.19
29	4.18	3.33	2.93	2.70	2.55	2.43	2.35	2.23	2.22	2.18
30	4.17	3.32	2.92	2.69	2.53	2.42	2.33	2.27	2.21	2.16
40	4.08	3.23	2.84	2.61	2.45	2.34	2.25	2.18	2.12	2.08
60	4.00	3.15	2.76	2.53	2.37	2.25	2.17	2.10	2.04	1.99
120	3.92	3.07	2.68	2.45	2.29	2.17	2.09	2.02	1.96	1.91
∞	3.84	3.00	2.60	2.37	2.21	2.10	2.01	1.94	1.88	1.83

n_2 \ n_1	12	15	20	24	30	40	60	120	∞
18	2.34	2.27	2.19	2.15	2.11	2.06	2.02	1.97	1.92
19	2.31	2.23	2.16	2.11	2.07	2.03	1.98	1.93	1.88
20	2.28	2.20	2.12	2.08	2.04	1.99	1.95	1.90	1.84
21	2.25	2.18	2.10	2.05	2.01	1.96	1.92	1.87	1.81
22	2.23	2.15	2.07	2.03	1.98	1.94	1.89	1.84	1.78
23	2.20	2.13	2.05	2.01	1.96	1.94	1.86	1.81	1.76
24	2.18	2.11	2.03	1.98	1.94	1.89	1.84	1.79	1.73
25	2.16	2.09	2.01	1.96	1.93	1.87	1.82	1.77	1.71
26	2.15	2.07	1.99	1.95	1.90	1.85	1.80	1.75	1.69
27	2.13	2.06	1.97	1.93	1.88	1.84	1.79	1.73	1.67
28	2.12	2.04	1.93	1.91	1.87	1.82	1.77	1.71	1.65
29	2.10	2.03	1.94	1.90	1.85	1.81	1.75	1.70	1.64
30	2.09	2.01	1.93	1.89	1.84	1.79	1.71	1.68	1.62
40	2.00	1.92	1.84	1.79	1.74	1.69	1.64	1.58	1.51
60	1.92	1.84	1.75	1.70	1.65	1.59	1.53	1.47	1.39
120	1.83	1.75	1.66	1.61	1.55	1.50	1.43	1.35	1.25
∞	1.75	1.67	1.57	1.52	1.46	1.39	1.32	1.22	1.00

（$\alpha=0.025$） 续表

n_2 \ n_1	1	2	3	4	5	6	7	8	9	10
1	647.8	799.5	864.2	899.6	921.8	937.1	948.2	956.7	963.3	968.6
2	38.51	39.00	39.17	39.25	39.30	39.33	39.86	39.37	39.39	39.40
3	17.44	16.04	15.44	15.10	14.88	14.73	14.62	14.54	14.47	14.42
4	12.22	10.65	9.98	9.60	9.36	9.20	9.07	8.98	8.90	8.64
5	10.01	8.43	7.76	7.39	7.15	6.98	6.85	6.76	6.68	6.82
6	8.81	7.26	6.60	6.23	5.99	5.82	5.70	5.60	5.52	5.45
7	8.07	6.54	4.89	5.52	5.29	5.12	4.99	4.90	4.82	4.76
8	7.57	6.06	5.42	5.05	4.82	4.65	4.53	4.43	4.36	4.30
9	7.21	5.71	5.08	4.72	4.48	4.32	4.20	4.10	4.03	3.96
10	6.94	5.46	4.83	4.47	4.24	4.07	3.95	3.85	3.78	3.72
11	6.72	5.26	4.63	4.28	4.04	3.88	3.76	3.66	4.59	3.53
12	6.55	5.10	4.47	4.12	3.89	3.73	3.61	3.51	3.44	3.37
13	6.41	4.97	1.35	4.00	3.77	3.60	3.48	3.39	3.31	3.25
14	6.30	4.86	4.24	3.89	3.66	3.50	3.38	3.29	3.21	3.15
15	6.20	4.77	4.15	3.80	3.58	3.41	3.29	3.20	3.12	3.06
16	6.12	4.69	4.08	3.73	3.50	3.34	3.22	3.12	3.05	2.99
17	6.04	4.62	4.01	3.66	3.44	3.28	3.16	3.06	2.98	2.92

n_2 \ n_1	12	15	20	24	30	40	60	120	∞
1	976.7	984.9	993.1	997.2	100.1	100.6	1010	1014	1018
2	39.41	39.43	39.45	39.46	39.46	39.47	39.48	39.49	39.50
3	14.34	14.25	14.17	14.12	14.08	14.04	13.99	13.95	13.90
4	8.75	8.66	8.65	8.51	8.46	8.41	8.36	8.31	8.26
5	6.52	6.34	6.33	6.28	6.32	6.18	6.12	6.07	6.02
6	5.37	5.27	5.17	5.12	5.07	5.01	4.96	4.90	4.85
7	4.67	4.57	4.47	4.42	4.36	4.31	4.25	4.20	4.14
8	4.20	4.10	4.00	3.96	3.89	3.84	3.78	3.73	3.67
9	3.87	3.77	3.67	3.61	3.56	3.51	3.45	3.39	3.33
10	3.62	3.52	3.42	3.37	3.31	3.26	3.20	3.16	3.08
11	3.43	3.33	3.23	3.17	3.12	3.06	3.00	2.94	2.88
12	3.28	3.18	3.07	3.02	2.96	2.91	2.85	3.79	3.72
13	3.15	3.05	2.95	2.89	2.84	2.78	2.72	2.66	2.60
14	3.05	2.95	2.84	2.79	2.73	2.67	2.61	2.55	2.49
15	2.96	2.86	2.76	2.70	5.64	2.59	2.52	2.46	2.40
16	2.89	2.79	2.68	2.63	2.57	2.51	2.45	2.38	2.32
17	2.82	2.72	2.62	2.56	2.50	2.44	2.38	2.32	2.25

($\alpha=0.025$) 续表

n_2 \ n_1	1	2	3	4	5	6	7	8	9	10
18	5.98	4.56	3.95	3.61	3.38	3.22	3.10	3.01	2.92	2.87
19	5.92	4.51	3.90	3.56	3.33	3.07	3.05	2.96	2.88	2.82
20	5.87	4.46	3.86	3.51	3.29	3.13	3.01	2.91	2.84	2.77
21	5.83	4.42	3.82	3.48	3.25	3.09	2.97	2.87	2.80	2.73
22	5.79	4.38	3.78	3.44	3.22	3.05	2.93	2.84	2.76	2.70
23	5.75	4.35	3.75	3.41	3.18	3.02	3.90	2.81	2.73	2.67
24	5.72	4.32	3.72	3.38	3.15	2.99	2.87	2.78	2.70	2.64
25	5.69	4.29	3.69	3.35	3.13	2.97	5.58	2.75	2.68	2.61
26	5.66	4.27	3.67	3.33	3.10	2.94	2.82	2.73	2.65	2.59
27	5.63	4.24	3.65	3.31	3.08	2.92	2.80	2.71	2.63	2.57
28	5.61	4.22	6.63	3.29	3.06	2.90	2.78	2.69	2.61	2.55
29	5.59	4.20	3.61	3.27	3.04	2.88	2.76	2.67	2.59	2.53
30	5.57	4.18	3.59	3.25	3.03	2.87	2.75	3.65	2.57	2.51
40	5.42	4.05	3.46	3.13	2.90	2.74	2.62	2.53	2.45	2.39
60	5.29	3.93	3.34	3.01	2.79	2.63	2.51	2.41	2.33	2.27
120	5.15	3.80	3.23	2.89	2.67	2.52	2.39	2.30	2.22	2.16
∞	5.02	3.69	3.12	2.79	2.57	2.41	2.29	2.19	2.11	2.05

n_2 \ n_1	12	15	20	24	30	40	60	120	∞
18	2.77	2.67	2.56	2.50	2.44	2.38	2.32	2.26	2.19
19	2.72	2.62	2.51	2.45	2.39	2.33	2.27	2.20	2.13
20	2.68	2.57	2.46	2.41	2.35	2.29	2.22	2.16	2.09
21	2.64	2.53	2.42	2.37	2.31	2.95	2.18	2.11	2.04
22	2.60	2.50	2.39	2.33	2.27	2.21	2.14	2.08	2.00
23	2.57	2.47	2.30	2.36	2.24	2.18	2.11	2.04	1.97
24	2.54	2.44	2.33	2.27	2.21	2.15	2.08	2.01	1.94
25	2.51	2.41	2.30	2.24	2.18	2.12	2.05	1.98	1.91
26	2.49	2.39	2.28	2.22	2.16	2.09	2.03	1.95	1.88
27	2.47	2.36	2.25	2.19	2.13	2.07	2.00	1.93	1.85
28	2.45	2.34	2.23	2.17	2.11	2.05	1.98	1.91	1.83
29	2.43	2.32	2.21	2.15	2.09	2.03	1.96	1.89	1.81
30	2.41	2.31	2.20	2.14	2.07	2.01	1.94	1.87	1.79
40	2.29	2.18	2.07	2.01	1.94	1.88	1.80	1.72	1.64
60	2.17	2.06	1.94	1.88	1.82	1.74	1.67	1.58	1.48
120	2.05	1.94	1.82	1.76	1.69	1.61	1.53	1.43	1.31
∞	1.94	1.83	1.77	1.64	1.57	1.48	1.39	1.27	1.00

（$\alpha=0.01$） 续表

n_2 \ n_1	1	2	3	4	5	6	7	8	9	10
1	4 052	4999.5	5 403	5 625	5 764	5 859	5 928	5 982	6 022	60.56
2	98.50	99.00	99.17	99.25	99.30	99.33	99.36	99.37	99.39	99.40
3	34.12	30.82	29.46	28.71	28.24	27.91	27.67	27.49	27.35	27.23
4	21.20	18.00	16.69	15.98	15.52	15.21	14.98	14.80	14.66	14.55
5	16.26	13.27	12.06	11.39	10.97	10.67	10.46	10.29	10.16	10.05
6	13.75	10.92	9.78	9.15	8.75	8.47	8.26	8.10	7.98	7.87
7	12.25	9.55	8.45	7.85	7.46	7.19	6.99	6.84	6.72	6.62
8	11.26	8.65	7.59	7.01	6.63	6.37	6.18	6.03	5.91	5.81
9	10.56	8.02	6.99	6.42	6.06	5.80	5.61	2.47	5.35	5.26
10	10.04	7.56	6.55	5.99	5.64	5.39	5.20	5.06	4.94	4.85
11	9.65	7.21	6.22	5.67	5.32	5.07	4.98	4.47	4.63	4.54
12	9.33	6.93	5.95	5.41	5.06	4.82	4.64	4.50	4.39	4.30
13	9.07	6.70	5.74	5.21	4.86	4.62	4.44	4.30	4.19	3.10
14	8.86	6.51	5.56	5.04	4.69	4.46	4.28	4.14	4.03	3.94
15	8.68	6.36	5.42	4.89	4.56	4.32	4.14	4.00	3.89	3.80
16	8.53	6.23	5.29	4.77	4.44	4.20	4.03	3.89	3.78	3.69
17	8.40	6.11	5.18	4.67	4.34	4.10	3.93	3.79	3.68	3.59

n_2 \ n_1	12	15	20	24	30	40	60	120	∞
1	6 106	6 157	6 209	6 235	6 261	6 287	6 313	6 339	6 366
2	99.42	99.43	99.45	99.46	99.47	99.47	99.48	99.49	99.50
3	24.05	26.87	26.69	26.60	26.50	26.41	26.32	26.22	26.13
4	14.37	14.20	14.02	13.93	13.84	13.75	13.65	13.56	13.46
5	9.89	9.72	9.55	9.47	9.38	9.29	9.20	9.11	9.02
6	7.72	7.56	7.40	7.31	7.23	7.14	7.06	6.97	9.88
7	6.47	6.31	6.16	6.07	5.99	5.91	5.82	5.74	5.65
8	5.67	5.52	5.39	5.28	5.20	5.12	5.03	4.95	4.86
9	5.11	4.96	4.81	4.73	4.65	4.57	4.48	4.40	4.31
10	4.71	4.56	4.41	4.33	4.25	4.17	4.08	4.00	3.91
11	4.40	4.25	4.10	4.02	3.94	3.86	4.78	3.69	3.60
12	4.16	4.01	3.86	3.78	3.70	3.62	3.54	3.45	3.36
13	3.96	3.82	3.66	3.59	3.51	3.43	3.34	3.25	3.17
14	3.80	3.66	3.51	3.43	3.35	3.27	3.18	3.09	3.00
15	3.67	3.52	3.37	3.29	3.21	3.13	3.05	2.96	2.87
16	3.35	3.41	3.26	3.18	3.10	3.02	2.93	2.84	2.75
17	3.46	3.31	3.16	3.08	3.00	2.92	2.83	2.75	2.65

（α=0.01） 续表

n_2 \ n_1	1	2	3	4	5	6	7	8	9	10
18	8.29	6.01	5.09	4.58	4.25	4.01	3.84	3.71	3.60	3.51
19	8.18	5.93	5.01	4.50	4.17	3.94	3.77	3.63	3.52	3.43
20	8.10	5.85	4.94	4.43	4.10	3.87	3.70	3.56	3.46	3.37
21	8.02	5.78	4.84	4.37	4.04	3.81	3.64	3.51	3.40	3.31
22	7.95	5.72	4.82	4.31	3.99	3.76	3.59	3.45	3.35	3.26
23	7.88	5.66	4.76	4.26	3.94	3.71	3.54	3.41	3.30	3.21
24	7.82	5.61	4.72	4.22	3.90	3.67	3.50	3.36	3.26	3.17
25	7.77	5.57	4.68	4.18	3.85	3.63	3.46	3.32	3.22	3.13
26	7.72	5.53	4.64	4.14	3.82	3.59	3.42	3.26	3.18	3.09
27	7.68	5.49	4.60	4.11	3.78	6.56	3.39	3.26	3.15	3.06
28	7.64	5.45	4.57	4.07	3.75	3.53	3.36	3.23	3.12	6.03
29	7.60	5.42	4.54	4.04	3.73	3.50	3.33	3.20	3.09	3.00
30	7.56	5.39	4.51	4.02	3.70	3.47	3.30	3.17	3.07	2.98
40	7.31	5.18	4.31	3.83	3.51	3.29	3.12	3.99	2.89	2.80
60	7.08	4.98	4.13	3.65	3.34	3.12	2.95	2.82	2.72	2.63
120	6.85	4.79	3.95	3.48	3.17	2.96	2.79	2.66	2.56	2.47
∞	6.63	4.61	3.78	3.32	3.02	2.80	2.64	2.51	2.41	2.32

n_2 \ n_1	12	15	20	24	30	40	60	120	∞
18	3.37	3.23	3.08	3.00	2.92	2.84	2.75	2.66	2.57
19	3.30	3.15	3.00	2.92	2.84	2.76	2.67	2.58	2.49
20	3.23	3.09	2.94	2.86	2.78	2.69	2.61	2.52	2.42
21	3.17	3.03	2.88	2.80	2.72	2.64	2.55	2.46	2.36
22	3.12	2.98	2.83	2.75	2.67	2.58	2.50	2.40	2.31
23	3.07	2.93	2.78	2.70	2.62	2.54	2.45	2.35	2.26
24	3.03	2.89	2.74	2.66	2.58	2.49	2.40	2.31	2.21
25	2.99	2.85	2.70	2.62	2.54	2.45	2.36	2.27	2.17
26	2.96	2.81	2.66	2.58	2.50	2.42	2.33	2.23	2.13
27	2.93	2.78	2.63	2.55	2.47	2.38	2.29	2.20	2.10
28	2.90	2.75	2.60	2.52	2.44	2.35	2.26	2.17	2.06
29	2.87	2.73	2.57	2.49	2.41	2.33	2.23	2.14	2.03
30	2.84	2.70	2.55	2.47	2.39	2.30	2.21	2.11	2.01
40	2.66	2.52	2.37	2.59	2.20	2.11	2.02	1.92	1.80
60	2.50	3.35	2.20	2.12	2.03	1.94	1.84	1.73	1.60
120	2.34	2.19	2.03	1.95	1.86	1.76	1.66	1.53	1.38
∞	2.18	2.04	1.88	1.79	1.70	1.59	1.47	1.32	1.00

（α=0.05） 续表

n_2 \ n_1	1	2	3	4	5	6	7	8	9	10
1	16 211	20 000	21 615	22 500	23 056	23 437	23 715	23 925	24 091	24 224
2	198.5	199.0	199.2	199.2	199.3	199.3	199.4	199.4	199.4	199.4
3	55.55	49.80	47.47	46.19	45.39	44.84	44.44	44.13	43.88	43.69
4	31.33	26.28	24.26	23.15	22.46	21.97	21.62	21.35	21.14	20.97
5	22.78	18.31	16.53	15.56	14.96	14.51	14.20	13.96	13.77	13.62
6	18.63	14.54	12.92	12.03	11.46	11.07	10.79	10.57	10.39	10.25
7	16.24	12.40	10.88	10.05	9.52	9.16	8.89	8.68	8.51	8.38
8	14.69	11.04	9.60	8.81	8.30	7.95	7.69	7.50	7.34	7.21
9	13.61	10.11	8.72	7.96	7.47	7.13	6.88	6.69	6.54	6.42
10	12.83	9.43	8.08	7.34	6.87	6.54	6.30	6.12	5.97	5.85
11	12.23	8.91	7.60	6.88	6.42	6.10	5.86	5.68	5.54	5.42
12	11.75	8.51	7.23	6.52	6.07	5.76	5.52	5.35	5.20	5.09
13	11.37	8.19	6.93	6.23	5.79	5.48	5.25	5.08	4.94	4.82
14	11.06	7.92	6.68	6.00	5.56	5.26	5.03	4.86	4.72	4.60
15	10.80	7.70	6.48	5.80	5.37	5.07	4.85	4.67	4.54	4.42
16	10.58	7.51	6.30	5.64	5.21	4.91	4.69	4.52	4.38	4.27
17	10.38	7.35	6.16	5.50	5.07	4.78	4.56	4.39	4.25	4.14

n_2 \ n_1	12	15	20	24	30	40	60	120	∞
1	24 426	24 630	24 836	24 940	25 044	25 148	25 253	25 359	25 465
2	199.4	199.4	199.4	199.5	199.5	199.5	199.5	199.5	199.5
3	43.39	43.08	42.78	42.62	42.47	42.31	42.15	41.99	41.83
4	20.76	20.44	20.17	20.03	19.89	19.75	19.61	19.47	19.32
5	13.38	13.15	12.90	12.78	12.66	12.53	12.40	12.27	12.14
6	10.03	9.81	9.59	9.47	9.39	9.24	9.12	9.00	8.88
7	8.18	7.97	7.75	7.65	7.53	7.42	7.31	7.19	7.08
8	7.01	6.81	6.61	6.50	6.40	6.29	6.18	6.06	5.95
9	6.23	6.03	5.83	5.73	5.62	5.52	5.41	5.30	5.19
10	5.66	5.47	5.27	5.17	5.07	4.79	4.86	4.75	4.64
11	5.24	5.05	4.86	4.76	4.65	4.55	4.44	4.34	4.23
12	4.91	4.72	4.53	4.43	4.33	4.23	4.12	4.01	3.90
13	4.64	4.46	4.27	4.17	4.07	3.97	3.87	3.76	3.65
14	4.43	4.25	4.06	3.96	3.86	3.76	3.66	3.55	3.44
15	4.25	4.07	3.88	3.79	3.69	3.58	3.48	3.37	3.26
16	4.10	3.92	3.73	3.64	3.54	3.44	3.33	3.32	3.11
17	3.97	3.79	3.61	3.51	3.41	3.31	3.21	3.10	3.98

(α =0. 05) 续表

n_2 \ n_1	1	2	3	4	5	6	7	8	9	10
18	10. 22	7. 21	6. 03	5. 37	4. 96	4. 66	4. 44	4. 28	4. 14	4. 03
19	10. 77	7. 09	5. 92	5. 27	4. 85	4. 56	4. 24	4. 18	4. 14	3. 39
20	9. 94	6. 99	5. 82	5. 17	4. 76	4. 47	4. 26	1. 09	3. 96	3. 85
21	8. 83	6. 89	5. 73	5. 09	4. 68	4. 39	4. 18	4. 01	3. 88	3. 77
22	8. 73	6. 81	5. 65	5. 02	4. 61	4. 32	4. 11	3. 94	3. 81	3. 70
23	9. 63	6. 73	5. 58	4. 95	4. 54	4. 26	4. 05	3. 88	3. 75	3. 64
24	9. 55	6. 66	5. 52	4. 89	4. 49	4. 20	3. 99	3. 83	3. 69	3. 59
25	9. 48	6. 60	5. 46	4. 84	4. 43	4. 15	3. 94	3. 78	3. 64	3. 54
26	9. 41	6. 54	5. 41	4. 79	4. 38	4. 10	3. 89	3. 73	3. 60	3. 49
27	9. 34	6. 49	5. 36	4. 74	4. 34	4. 06	3. 85	3. 69	3. 56	3. 45
28	9. 28	6. 44	5. 32	4. 70	4. 30	4. 02	3. 81	3. 65	3. 52	3. 41
29	9. 23	6. 40	5. 28	4. 66	4. 26	3. 89	3. 77	3. 61	3. 48	3. 38
30	9. 18	6. 35	5. 24	4. 62	4. 23	3. 95	3. 74	3. 58	3. 45	3. 34
40	8. 83	6. 07	4. 98	4. 37	3. 99	3. 71	3. 51	3. 35	3. 22	3. 12
60	8. 49	5. 79	4. 73	4. 14	3. 76	3. 49	3. 29	3. 13	3. 01	2. 90
120	8. 18	5. 54	4. 50	3. 92	3. 55	3. 28	3. 09	3. 93	2. 81	2. 71
∞	7. 88	5. 30	4. 28	3. 72	3. 35	3. 09	2. 90	2. 74	3. 62	2. 52

n_2 \ n_1	12	15	20	24	30	40	60	120	∞
18	3. 86	3. 68	3. 50	3. 40	3. 30	3. 20	3. 10	2. 99	2. 87
19	3. 76	3. 59	3. 40	3. 31	3. 21	3. 11	3. 00	2. 89	3. 78
20	3. 68	3. 50	3. 32	3. 22	3. 12	3. 02	3. 92	3. 81	2. 69
21	3. 60	3. 43	3. 24	3. 15	3. 05	2. 95	2. 84	2. 73	2. 61
22	3. 54	3. 36	3. 18	3. 08	2. 98	2. 88	2. 77	2. 66	2. 55
23	3. 47	3. 30	3. 12	3. 02	2. 92	2. 82	2. 71	2. 60	2. 48
24	3. 42	3. 25	3. 06	2. 97	2. 87	2. 77	2. 66	2. 55	2. 43
25	3. 37	3. 20	3. 01	2. 92	2. 82	2. 72	2. 61	2. 50	2. 38
26	3. 33	3. 15	2. 97	2. 87	2. 77	2. 67	2. 56	2. 45	2. 33
27	3. 28	3. 11	2. 93	2. 83	2. 73	2. 63	2. 52	2. 41	2. 29
28	3. 25	3. 07	2. 89	2. 79	2. 69	2. 59	2. 48	2. 37	2. 25
29	3. 21	3. 04	2. 86	2. 76	2. 66	2. 52	2. 45	2. 33	2. 21
30	3. 18	2. 01	2. 82	2. 73	2. 63	2. 52	2. 42	2. 30	2. 18
40	2. 95	2. 78	2. 60	2. 50	2. 40	2. 30	2. 18	2. 06	1. 93
60	2. 74	2. 57	2. 39	2. 29	2. 19	2. 08	1. 96	1. 83	1. 69
120	2. 54	2. 37	2. 19	2. 09	1. 98	1. 87	1. 75	1. 61	1. 43
∞	2. 36	2. 19	2. 00	1. 90	1. 79	1. 67	1. 53	1. 36	1. 00

(α=0.001) 续表

n_2 \ n_1	1	2	3	4	5	6	7	8	9	10
1	4 053 +	5 000 +	5 404 +	5 625 +	5 764 +	5 859 +	5 929 +	5 981 +	6 023 +	6 056 +
2	998.5	999.0	999.2	999.2	999.3	999.3	999.4	999.4	999.4	999.4
3	167.0	148.5	141.1	137.1	134.6	132.8	131.66	130.6	129.9	129.2
4	74.14	61.25	56.18	53.44	51.71	50.53	49.66	49.00	48.47	48.05
5	47.18	37.12	33.20	31.09	29.75	28.84	28.16	27.64	27.24	26.92
6	35.51	27.00	23.70	21.92	20.81	20.03	19.46	19.03	18.69	18.41
7	29.25	21.69	18.77	17.19	16.21	15.52	15.02	14.63	14.33	14.08
8	25.42	18.49	15.83	14.39	13.49	12.86	12.40	12.04	11.77	11.54
9	22.86	16.39	13.90	12.56	11.71	11.13	10.70	10.37	10.11	9.89
10	21.04	14.91	12.55	11.28	10.48	9.29	9.52	9.20	8.96	8.75
11	19.69	13.81	11.56	10.35	8.58	8.05	8.66	8.35	8.12	7.92
12	18.64	12.97	10.80	9.63	8.89	8.38	8.00	7.71	7.48	7.29
13	17.81	12.31	10.21	9.07	8.35	7.86	7.49	7.21	6.98	6.80
14	17.14	11.78	9.73	8.62	7.92	7.43	7.08	6.80	6.58	6.40
15	16.59	11.34	9.34	8.25	7.57	7.09	6.74	6.47	6.26	6.08
16	16.12	10.97	9.00	8.94	7.27	6.81	6.46	6.19	5.98	5.81
17	15.72	10.66	8.73	7.68	7.02	7.56	6.22	5.96	5.75	5.58

n_2 \ n_1	12	15	20	24	30	40	60	120	∞
1	6 107 +	6 158 +	6 209 +	6 235 +	6 261 +	6 287 +	6 313 +	6 340 +	6 366 +
2	999.4	999.4	999.4	999.5	999.5	999.5	999.5	999.5	999.5
3	128.3	127.4	126.4	125.9	125.4	125.0	124.5	124.0	123.5
4	47.41	46.76	46.10	45.77	45.43	45.09	44.75	44.40	44.05
5	26.42	25.91	25.39	25.14	24.87	24.60	24.33	24.60	23.79
6	17.99	17.56	17.12	16.89	16.67	16.44	16.21	15.99	15.75
7	13.71	13.32	12.93	12.73	12.53	12.33	12.12	11.91	11.70
8	11.19	10.48	10.48	10.30	10.11	9.92	9.73	9.53	9.33
9	9.57	9.24	8.90	8.72	8.55	8.37	8.19	8.00	7.81
10	8.45	8.13	7.80	7.64	7.47	7.30	7.12	6.94	6.76
11	7.63	7.32	7.01	6.85	6.68	6.52	6.35	6.17	6.00
12	7.00	6.71	6.40	6.25	6.09	5.93	5.76	5.59	5.42
13	6.52	6.23	5.93	5.78	5.63	5.47	5.30	5.14	4.97
14	6.13	5.85	5.56	5.41	5.25	5.10	4.94	4.77	4.60
15	5.81	5.54	5.25	5.10	4.95	4.80	4.64	4.47	4.31
16	5.55	5.27	4.99	4.85	4.70	4.54	4.39	4.23	4.06
17	5.32	2.05	4.78	4.63	4.48	4.33	4.18	4.02	3.85

(α=0.001) 续表

n_2 \ n_1	1	2	3	4	5	6	7	8	9	10
18	15.38	10.39	8.49	7.46	6.81	6.35	6.02	5.76	5.56	5.39
19	15.08	10.16	8.28	7.26	6.62	6.18	5.85	5.59	5.39	5.22
20	14.82	9.95	8.10	7.10	6.46	6.02	5.69	5.44	5.24	5.08
21	14.59	9.77	7.94	6.95	6.32	5.88	5.56	5.31	5.11	4.95
22	14.38	9.61	7.80	6.81	6.19	5.76	5.44	5.19	4.99	4.83
23	14.19	9.47	7.67	6.69	6.08	5.65	5.33	5.09	4.89	4.73
24	14.03	9.34	7.55	6.59	5.98	5.55	5.23	4.99	4.80	4.64
25	13.88	9.22	7.56	6.49	5.88	5.46	5.15	4.99	4.71	4.56
26	13.74	9.12	7.36	6.41	5.80	5.38	5.07	4.83	4.64	4.48
27	13.61	9.02	7.27	6.33	5.73	5.31	5.00	4.76	4.57	4.41
28	13.50	8.93	7.19	6.25	5.66	5.24	4.93	4.69	4.50	4.35
29	13.39	8.35	7.12	6.19	5.59	5.18	4.87	4.64	4.45	4.29
30	13.29	8.77	7.05	6.12	5.53	5.12	4.82	4.52	4.239	4.24
40	12.61	8.25	6.60	5.70	5.13	4.73	4.44	4.21	4.02	3.87
60	11.97	7.76	6.17	5.31	4.76	4.37	4.09	3.87	3.69	3.54
120	11.38	7.22	5.79	4.95	4.42	4.04	3.77	3.55	3.38	3.24
∞	10.83	6.91	5.42	4.62	4.10	3.74	3.47	3.27	3.10	2.96

n_2 \ n_1	12	15	20	24	30	40	60	120	∞
18	5.13	4.87	4.59	4.45	4.30	4.15	4.00	3.84	3.67
19	4.97	4.70	4.43	4.29	4.14	3.99	3.84	3.68	3.51
20	4.82	4.56	4.29	4.15	4.00	3.86	3.70	3.54	3.38
21	4.70	4.44	4.17	4.03	3.88	3.74	3.58	3.42	3.26
22	4.58	4.33	4.06	3.92	3.78	3.63	3.48	3.32	2.15
23	4.48	4.23	3.96	3.82	3.68	3.53	3.38	3.22	3.05
24	4.39	4.14	3.87	3.74	3.59	3.45	3.29	3.14	2.97
25	4.31	4.06	3.79	3.66	3.52	3.37	3.22	3.08	2.89
26	4.24	3.99	3.72	3.59	3.44	3.30	3.15	2.99	2.82
27	4.17	3.92	3.66	3.52	3.38	3.23	3.08	2.92	2.75
28	4.11	3.86	3.60	3.46	3.32	3.18	3.02	2.86	2.69
29	4.05	3.80	3.54	3.41	3.27	3.12	2.97	2.81	2.64
30	4.00	3.75	3.49	3.36	3.22	3.07	2.92	2.76	2.59
40	3.64	3.40	3.15	3.01	3.87	2.73	2.57	2.41	2.23
60	3.31	3.08	2.83	2.69	2.55	2.41	2.25	2.08	1.89
120	3.02	2.78	2.53	2.40	2.26	2.11	1.95	1.76	1.54
∞	2.74	2.51	2.27	2.13	1.99	1.84	1.66	1.45	1.00

注：+表示要将此数乘以100。

表 8 相关系数 $\rho = 0$ 的临界值表

$n-2$	5%	1%	$n-2$	5%	1%	$n-2$	5%	1%
1	0.997	1.000	16	0.468	0.590	31	0.325	0.418
2	0.950	0.990	17	0.456	0.575	32	0.304	0.393
3	0.878	0.959	18	0.444	0.561	33	0.288	0.372
4	0.811	0.917	19	0.433	0.549	34	0.273	0.354
5	0.754	0.874	20	0.423	0.537	35	0.250	0.325
6	0.707	0.834	21	0.413	0.526	36	0.232	0.302
7	0.666	0.798	22	0.404	0.515	37	0.217	0.283
8	0.632	0.865	23	0.396	0.505	38	0.205	0.267
9	0.602	0.735	24	0.388	0.496	39	0.195	0.254
10	0.576	0.708	25	0.381	0.487	40	0.174	0.228
11	0.553	0.684	26	0.374	0.478	41	0.159	0.208
12	0.532	0.661	27	0.367	0.470	42	0.138	0.181
13	0.514	0.641	28	0.361	0.463	43	0.113	0.148
14	0.497	0.623	29	0.355	0.456	44	0.098	0.128
15	0.482	0.606	30	0.349	0.449	45	0.062	0.081

参考文献

1. 倪加勋,袁卫等. 应用统计学. 中国人民大学出版社,2002

2. 黄良文,曾五一副. 统计学原理. 中国统计出版社,2000

3. 袁卫,庞皓,曾五一. 统计学. 高等教育出版社,2002

4. 贾俊平,何晓群,金勇进. 统计学. 中国人民大学出版社,2000

5. 李心愉. 应用经济统计学. 北京大学出版社,2000

6. 游士兵,余艳琴. 统计学. 武汉大学出版社,2001

7. 陈珍珍,罗乐勤. 统计学. 厦门大学出版社,2002

8. 江永红,刘竹林. 统计学. 中国科学技术大学出版社,2002

9. 耿修林. 商务经济统计学. 科学出版社,2003

10. D. Freedman, R. Pisani, R. Purves & A. Adhikari 著,魏宗舒等译,吴喜之校. 统计学. 中国统计出版社,1999

11. G. R. Iversen & M. Gergen 著,吴喜之,程博等译. 统计学—基本概念和方法. 高等教育出版社与 Springer 出版社,2000

12. David S. Moore 著,郑惟厚译. 统计学的世界. 中信出版社,2003

13. D. R. Andorson, D. J. Sweeney & T. A. Williams 著,李淳,苏治宝译. 商务经济统计学. 机械工业出版社,2004

14. 谢忠秋,丁兴烁. 应用统计学. 立信会计出版社,2005

15. 张梅琳. 应用统计学. 复旦大学出版社,2004

16. 龚曙明. 应用统计学(第二版). 清华大学出版社,2005

17. 卫海英. 应用统计学. 暨南大学出版社,2002

18. 朱洪文,宋力. 应用统计学. 高等教育出版社,2004

19. 同济大学概率统计教研组. 概率统计. 同济大学出版社,2000

20. 侯华玲. 现代社会经济统计学——SPSS 应用. 中国统计出版社,2002

21. 黄少敏. 计量经济学入门. 北京大学出版社,2003

22. 李子奈,潘文卿. 计量经济学. 高等教育出版社,2003

参考文献

管理学通用教材

- 管理学
- 战略管理
- 管理信息系统
- 公共关系学
- 物流管理
- 企业管理基础
- 应用统计学
- 电子商务
- 商品流通概论